Contabilidade Rural

Respeite o direito autoral

O GEN | Grupo Editorial Nacional – maior plataforma editorial brasileira no segmento científico, técnico e profissional – publica conteúdos nas áreas de ciências sociais aplicadas, exatas, humanas, jurídicas e da saúde, além de prover serviços direcionados à educação continuada e à preparação para concursos.

As editoras que integram o GEN, das mais respeitadas no mercado editorial, construíram catálogos inigualáveis, com obras decisivas para a formação acadêmica e o aperfeiçoamento de várias gerações de profissionais e estudantes, tendo se tornado sinônimo de qualidade e seriedade.

A missão do GEN e dos núcleos de conteúdo que o compõem é prover a melhor informação científica e distribuí-la de maneira flexível e conveniente, a preços justos, gerando benefícios e servindo a autores, docentes, livreiros, funcionários, colaboradores e acionistas.

Nosso comportamento ético incondicional e nossa responsabilidade social e ambiental são reforçados pela natureza educacional de nossa atividade e dão sustentabilidade ao crescimento contínuo e à rentabilidade do grupo.

Silvio Aparecido Crepaldi

Contabilidade Rural
Uma abordagem decisorial
9ª EDIÇÃO

O autor e a editora empenharam-se para citar adequadamente e dar o devido crédito a todos os detentores dos direitos autorais de qualquer material utilizado neste livro, dispondo-se a possíveis acertos caso, inadvertidamente, a identificação de algum deles tenha sido omitida.

Não é responsabilidade da editora nem do autor a ocorrência de eventuais perdas ou danos a pessoas ou bens que tenham origem no uso desta publicação.

Apesar dos melhores esforços do autor, do editor e dos revisores, é inevitável que surjam erros no texto. Assim, são bem-vindas as comunicações de usuários sobre correções ou sugestões referentes ao conteúdo ou ao nível pedagógico que auxiliem o aprimoramento de edições futuras. Os comentários dos leitores podem ser encaminhados à **Editora Atlas Ltda.** pelo e-mail faleconosco@grupogen.com.br.

Direitos exclusivos para a língua portuguesa
Copyright © 2019 by
Editora Atlas Ltda.

Reservados todos os direitos. É proibida a duplicação ou reprodução deste volume, no todo ou em parte, sob quaisquer formas ou por quaisquer meios (eletrônico, mecânico, gravação, fotocópia, distribuição na internet ou outros), sem permissão expressa da editora.

Rua Conselheiro Nébias, 1384
Campos Elíseos, São Paulo, SP – CEP 01203-904
Tels.: 21-3543-0770/11-5080-0770
faleconosco@grupogen.com.br
www.grupogen.com.br

Designer de capa: OFÁ Design | Manu
Imagem de capa: fotokostic | iStockphoto
Editoração Eletrônica: Set-up Time Artes Gráficas

CIP-BRASIL. CATALOGAÇÃO NA PUBLICAÇÃO
SINDICATO NACIONAL DOS EDITORES DE LIVROS, RJ

Crepaldi, Silvio Aparecido
Contabilidade rural: uma abordagem decisorial / Silvio Aparecido Crepaldi. – 9. ed. – São Paulo: Atlas, 2019.

Bibliografia
ISBN 978-85-97-02142-4

1. Contabilidade agrícola. 2. Administração rural. I. Título.

19-55997
CDD-657.863

Índice para catálogo sistemático:

1. Contabilidade agrícola   631.162

A meus pais
    Silvio (in memoriam) e *Maria Terezinha*,
    princípio de tudo.

A meus irmãos
    Maria de Fátima, Joaquim e *Otília*.

A minha esposa
    Solange,
        meio e fim de muito amor.

A meus filhos
    Cynthia, Guilherme e *Silvia*.

Aos meus netos
    Helena e *Gustavo*.

Jamais poderemos compreender o que o outro espera e o que esperamos do outro, mas ainda é preferível fazer, mesmo errando, a nada fazer pelo medo de errar.

Àqueles que buscam ajudar, nossa eterna gratidão.

Aos que, imbuídos de egoísmo, só trouxeram obstáculos, somos gratos também, pois dificuldades são para vencer, eis aqui nossa vitória.

Fica a certeza de que tudo foi feito buscando o melhor, e nossa única preocupação foi de fazermos desta obra algo inesquecível.

Prefácio à 9ª edição

A Contabilidade Rural é uma técnica em alta no setor rural brasileiro. No entanto, nem todos os produtores rurais dão a devida importância às práticas modernas de gestão da empresa rural e à contabilidade rural.

Isso constitui um grande erro, porque o planejamento contábil pode ser determinante, pois, a carga tributária sobre a empresa rural é elevada e complexa. Desta forma, necessita de um eficiente controle financeiro.

A tomada de decisão dentro das empresas rurais envolve um conjunto de técnicas e controles, que atingem várias áreas envolvendo a exploração da atividade rural, uma destas técnicas é a contabilidade rural.

A administração rural leva o produtor a refletir sobre situações administrativas da propriedade e sobre o processo de tomada de decisão. Proporciona estratégias no que se relaciona ao que produzir, quanto produzir e como produzir. Ressalta-se que o resultado depende de fatores internos, e outros fatores, inclusive capital, mas, há também o fator mercado, que condiciona as decisões do proprietário rural.

Deve iniciar com um inventário inicial do seu patrimônio, que apura o ativo – bens e direitos, o passivo – obrigações exigíveis e inexigíveis, que compõem as atividades rurais exploradas.

Determinando o patrimônio líquido é possível calcular o fluxo de caixa, a fim de estimar as entradas e saídas financeiras que a exploração da empresa rural proporciona. A gestão financeira se constitui numa das questões mais importantes dentro do processo administrativo de qualquer organização, possuindo esta objetivos que focalizem lucros financeiros ou não. Dessa feita, é importante reconhecer a relevância da contabilidade de custos sob o aspecto de um processo que visa à otimização dos limitados recursos disponíveis para que qualquer organização possa prosperar.

A contabilidade rural é uma importante técnica de gerenciamento para as empresas rurais, e usuários, pois ela gera informações que possibilitam verificar a situação real da empresa, evidenciando suas principais necessidades, e imprescindíveis para o processo de tomada de decisão.

A Contabilidade rural é uma ferramenta gerencial que permite, por meio da informação contábil, o planejamento e o controle orçamentário para a tomada de decisões, informações estas indispensáveis para o planejamento e a diversificação de culturas e a modernização do setor rural.

Os Autores

Prefácio à 1ª edição

A Contabilidade Rural no Brasil é pouco utilizada, tanto pelos empresários quanto pelos contadores. Isso acontece devido ao desconhecimento por parte desses empresários da importância das informações obtidas através da Contabilidade, da maior segurança e clareza que estas informações proporcionariam nas tomadas de decisões. Isso acontece também em função da mentalidade conservadora da maioria dos agropecuaristas que persistem em manter controles baseados em sua experiência adquirida com o passar dos anos. Dessa forma abrem mão de dados reais que poderiam ser obtidos através da Contabilidade.

O grande problema para utilização efetiva da Contabilidade Rural está na complexidade e no custo de manutenção de um bom serviço contábil. A dificuldade de separar o que é custo de produção do que é gasto pessoal do empresário rural, a inexistência de recibos, notas fiscais, avisos de lançamentos e cópias de cheques ou extratos de contas bancárias pessoais, fazem com que não se possa adotar a Contabilidade para este fim. A própria acomodação do contador que não esclarece o empresário rural sobre a necessidade de separação de custos faz com que a Contabilidade seja voltada para o atendimento do fisco.

Talvez a primeira coisa que devemos fazer é responder à seguinte indagação: Por que não encontramos livros de Contabilidade Rural?

É simples a resposta: porque, apesar da existência de excelentes profissionais no mercado, praticamente não procuram dar sua colaboração para com a aplicação da ciência contábil ao setor rural.

Portanto, o grande objetivo aqui não foi reinventar a Contabilidade Rural, mas olhá-la sob o prisma de quem é obrigado a conhecê-la dentro do contexto rural brasileiro e com informações geradas dentro de nosso modelo Agrícola. Só que, para que pudesse a obra ser aproveitada também na parte legal, não deixamos de fornecer as ideias básicas de como se geram as finanças. Por outro lado, a fim de não ficar um trabalho extremamente voltado para os aspectos legais, limitamo-nos à visão do empresário rural, vista a partir da unidade microeconômica empresarial.

Provavelmente algumas partes poderão ser mais bem explanadas em edições posteriores, outras eventualmente reduzidas; tudo depende das críticas e dos comentários que desde já fazemos questão de solicitar de todos os leitores, quer profissionais, quer professores, quer alunos; retorno esse pelo qual desde já agradecemos.

Uberlândia, maio de 1993.
O Autor

Agradecimentos

A DEUS

"Você se fez presente em todos os momentos firmes ou trêmulos e, passo a passo, pude sentir a Tua mão na minha, transmitindo-me a segurança necessária para enfrentar meu caminho e seguir...

... A Tua presença é qualquer coisa como a luz e a vida, e eu sinto que, em meu gesto, existe o Teu gesto e em minha voz, a Tua voz."

Vinícius de Moraes

Material Suplementar

Este livro conta com os seguintes materiais suplementares:

- Tabelas de cálculo de produção.
- Quadros de controle de resultados.
- Mapas e formulários de controle da atividade pecuária.
- Modelos de contrato de arrendamento e de parceria.
- Slides (apenas para professores).

O acesso aos materiais suplementares é gratuito. Basta que o leitor se cadastre em nosso *site* (www.grupogen.com.br), faça seu *login* e clique em Ambiente de Aprendizagem, no menu superior do lado direito.

É rápido e fácil. Caso haja dificuldade de acesso, entre em contato conosco (gendigital@grupogen.com.br).

GEN-IO (GEN | Informação Online) é o ambiente virtual de aprendizagem do GEN | Grupo Editorial Nacional, maior conglomerado brasileiro de editoras do ramo científico-técnico-profissional, composto por Guanabara Koogan, Santos, Roca, AC Farmacêutica, Forense, Método, Atlas, LTC, E.P.U. e Forense Universitária. Os materiais suplementares ficam disponíveis para acesso durante a vigência das edições atuais dos livros a que eles correspondem.

Sumário

1 **Agricultura, 1**
    1.1   Agricultura como negócio: fatores que afetam a tomada de decisões, 4
    1.2   Administração Rural e seu campo de ação, 5
    1.3   Formas jurídicas de exploração da atividade rural, 6
    1.4   Empresa rural, 6
    1.5   Empresário, 10
        1.5.1   Sociedade, 10
            1.5.1.1   Sociedade empresária, 10
            1.5.1.2   Sociedade simples, 11
        1.5.2   Sociedade limitada, 12
    1.6   Características peculiares do setor agrícola, 12
    1.7   Módulo rural, 14
    1.8   Parcerias ainda insuficientes, 15
        1.8.1   Arrendamento rural, 17
            1.8.1.1   Participantes do contrato, 17
        1.8.2   Normas do arrendamento rural, 18
            1.8.2.1   Obrigações do arrendador, 20
            1.8.2.2   Obrigações do arrendatário, 20
        1.8.3   Casos de despejo, 21
        1.8.4   Casos de extinção do contrato de arrendamento, 22
        1.8.5   Parceria rural, 22
            1.8.5.1   Normas da parceria rural, 23
            1.8.5.2   Obrigações do parceiro-outorgante, 24
            1.8.5.3   Obrigações do parceiro-outorgado, 25

        1.8.6   Comodato, 25
        1.8.7   Condomínio ou consórcio, 26
   1.9   Princípios da parceria agrícola, 26
   1.10 Considerações finais, 30
   Questões, 30
   Múltipla escolha, 32

2 **Administração rural moderna, 37**
   2.1   Conceito de administração moderna na agropecuária, 38
        2.1.1   Organização, 39
        2.1.2   Estrutura organizacional, 39
        2.1.3   Práticas administrativas, 40
        2.1.4   Planejamento rural, 41
   2.2   Administração financeira e contabilidade, 43
   2.3   Sistemas de informação: um meio seguro de obter qualidade, 44
   2.4   Contabilidade rural: necessidade urgente, 45
   2.5   O atual cenário da contabilidade rural, 48
   2.6   Informações geradas pela contabilidade, 49
   2.7   A contabilidade para o desenvolvimento do agronegócio, 49
   2.8   Controle interno, 52
   2.9   Considerações finais, 53
   Múltipla escolha, 55

3 **Controle gerencial, 61**
   3.1   Introdução, 61
   3.2   Avaliação do controle, 64
   3.3   Questionário para avaliação gerencial, 64
   3.4   Sistemas de informações gerenciais, 66
   3.5   Gerência empresarial de uma propriedade rural, 67
        3.5.1   Controle gerencial de resultado, 69
   3.6   Controle técnico-gerencial, 71
   3.7   Tipos de controle: contábeis e administrativos, 71
   3.8   Considerações finais, 73
   Múltipla escolha, 74

4 **Importância da contabilidade rural, 79**
   4.1   Introdução, 79
   4.2   Contabilidade rural, 83
   4.3   Finalidades da contabilidade rural, 84
   4.4   Conceito, 86
   4.5   Objeto da Contabilidade Rural, 88
        4.5.1   Objeto, 89
   4.6   Balanço patrimonial da empresa rural, 90

4.7 Fixação do exercício social, 93
4.8 Demonstração do resultado do exercício, 94
4.9 Demonstrativo do resultado abrangente, 96
4.10 Demonstração das Mutações do Patrimônio Líquido – DMPL, 98
4.11 Notas Explicativas, 99
4.12 Normas para a Contabilidade Rural, 99
4.13 Considerações finais, 101
Múltipla escolha, 103

5 Operacionalização contábil na empresa rural, 111
5.1 Introdução, 111
5.2 Contabilidade da atividade rural, 112
5.3 Classificação das atividades agrícolas, 113
5.4 Custos, despesas, gastos e investimentos, 117
    5.4.1 Comprovação das receitas e as despesas de custeio, gastos e investimentos da atividade rural, 118
    5.4.2 Terminologia contábil, 119
5.5 Custos diretos e indiretos, 121
    5.5.1 Custos diretos, 121
    5.5.2 Custos indiretos, 122
5.6 Custos fixos e variáveis, 123
    5.6.1 Custos fixos, 123
    5.6.2 Custos variáveis, 123
5.7 Outros conceitos, 124
    5.7.1 Receitas operacionais decorrentes da exploração de atividade rural, 125
5.8 Ganhos e perdas, 126
5.9 Etapas desenvolvidas nas atividades agrícolas, 126
5.10 Contabilização, 127
    5.10.1 Cultura temporária, 129
    5.10.2 Cultura permanente, 131
5.11 Considerações finais, 134
Múltipla escolha, 134
Exercícios, 139

6 Depreciação, exaustão e amortização na agropecuária, 143
6.1 Imobilizado e Intangível, 144
    6.1.1 Imobilizado, 144
    6.1.2 Intangível, 144
6.2 Terminologia e conceitos, 145
6.3 Conceitos de depreciação, exaustão e amortização na área da Contabilidade Rural, 147

6.4 Os métodos, 148
    6.4.1 Método linear, 149
    6.4.2 Método da soma dos dígitos dos anos, 150
    6.4.3 Método das taxas decrescentes, 151
    6.4.4 Método das taxas variáveis, 152

6.5 Taxas, 154
    6.5.1 Base de cálculo, 154

6.6 Depreciação acelerada, 155
    6.6.1 Depreciação acelerada incentivada, 155
    6.6.2 Como deverá proceder a pessoa jurídica com relação à escrituração do valor dos bens do ativo imobilizado considerados como integralmente depreciados no período de apuração da aquisição?, 159

6.7 Casos práticos, 160
    6.7.1 Depreciação, 160
        6.7.1.1 Atividade agrícola, 160
        6.7.1.2 Atividade zootécnica, 161
        6.7.1.3 Implementos rurais, 162
    6.7.2 Exaustão, 162
    6.7.3 Amortização, 166

6.8 Recuperação de Ativos (*Impairment Test*), 167
6.9 Considerações finais, 168

Múltipla escolha, 169
Problemas, 181

7 Cálculo do custo de produção na empresa rural, 183

7.1 Introdução, 183
7.2 Sistemas de gerenciamento de custos e desempenho, 184
7.3 Conceitos e classificação de custos, 185
7.4 Custo total, custo total médio e lucro, 187
7.5 Custo do Produto Agrícola colhido proveniente de Ativo Biológico, 188
7.6 Exemplo de cálculo de custo de preparação do solo, 189
7.7 Custo do produto agrícola colhido proveniente de ativo biológico, 192
7.8 Avaliação: custo × benefícios, 193
7.9 Ponto de equilíbrio, 195
    7.9.1 Fórmula matemática, 197
    7.9.2 Ponto de equilíbrio contábil, econômico e financeiro, 198
        7.9.2.1 Ponto de equilíbrio contábil (PEC), 198
        7.9.2.2 Ponto de equilíbrio econômico (PEE), 199
        7.9.2.3 Ponto de equilíbrio financeiro (PEF), 200

            7.9.2.4   Diferenças entre os métodos de cálculo de ponto de equilíbrio, 202

            7.9.2.5   Limitações ao uso do ponto de equilíbrio, 202

7.10   Considerações finais, 204

Múltipla escolha, 205

Exercícios, 212

8   Planejamento contábil na empresa rural, 219

8.1   Introdução, 219

8.2   Aspectos relevantes para a elaboração do plano de contas, 221

        Bases de mensuração de ativos e passivos, 225

        8.2.1   Elenco de contas, 225

            8.2.1.1   Importância do plano de contas para o usuário, 239

8.3   Acumulação de custos, 239

        8.3.1   Avaliação de estoques, 239

            8.3.1.1   Inventário periódico, 240

            8.3.1.2   Inventário permanente, 241

8.4   Sistema e métodos de custeio, 242

8.5   Considerações finais, 243

Múltipla escolha, 244

9   Contabilidade da pecuária, 251

9.1   Introdução, 251

        9.1.1   Reprodução – opções, 252

        9.1.2   Forragens, 253

        9.1.3   Feno: alimento na produção leiteira, 253

9.2   Espécies de atividades, 254

        9.2.1   Cria, 254

        9.2.2   Recria, 254

        9.2.3   Engorda, 254

9.3   Classificação contábil do gado, 255

        9.3.1   Ativo não circulante imobilizado, 255

        9.3.2   Ativo circulante, 255

        9.3.3   Avaliação do rebanho no balanço patrimonial, 256

        9.3.4   Gado utilizado simultaneamente para renda e custeio, 256

9.4   Exercício social e ciclo operacional, 256

9.5   Alterações no resultado da agropecuária, 256

        9.5.1   Nas empresas em geral, 258

9.6   Variação patrimonial líquida, 258

9.7   Superveniências Ativas e Insubsistências Ativas, 259

9.8   Método de custo e método a valor de mercado, 260

        9.8.1   Método de custo (custeio por absorção), 260
        9.8.2   Método a valor de mercado, 262
  9.9   Considerações finais, 263
Múltipla escolha, 263
Exercícios, 268

10 Contabilização da pecuária pelo método de custo, 271
  10.1   Introdução, 271
  10.2   Princípios e conceitos contábeis aplicados à Contabilidade Rural, 271
        10.2.1   Princípio da entidade, 272
        10.2.2   Princípio da continuidade, 272
        10.2.3   Princípio da oportunidade, 273
        10.2.4   Princípio do registro pelo valor original, 274
        10.2.5   Princípio da competência, 275
        10.2.6   Princípio da prudência, 277
  10.3   O método de custo, 277
  10.4   Técnicas, 279
        10.4.1   Custo distribuído ao rebanho (com inclusão dos bezerros a nascer), 279
        10.4.2   Custo distribuído ao rebanho (excluindo os recém-nascidos), 279
        10.4.3   Custo unitário das unidades animais, 279
  10.5   Plano de contas na contabilidade de custos agropecuários, 280
  10.6   Críticas e pontos positivos do método de custeio, 286
  10.7   Proposição de custeio variável na agropecuária, 286
  10.8   Sistema de controle da atividade agropecuária, 289
        10.8.1   Características do sistema de controle e contabilização, 289
  10.9   Aspectos fiscais, 289
  10.10 Considerações finais, 292
Múltipla escolha, 292
Exercícios, 298

11 Críticas ao custo histórico utilizado na pecuária, 301
  11.1   Introdução, 301
  11.2   Custo histórico e reavaliações, 302
  11.3   Lei societária – Lei nº 6.404/76, 303
  11.4   Proposição da contabilidade na pecuária pelo método de custo corrigido, 304
        11.4.1   Necessidade de custos, 305
        11.4.2   Custos extracontábeis com correção monetária dos estoques, 305
  11.5   Esquema de contabilização pelo método do custo corrigido, 308
  11.6   Considerações finais, 310
Múltipla escolha, 310

12 Custos e resultados na avicultura, 315
12.1 Introdução, 315
12.2 Cálculo do custo do frango, 317
12.3 Metodologia para cálculo do custo, 324
12.4 Considerações finais, 325
Múltipla escolha, 326

13 Fluxo de caixa e análise econômico-financeira na atividade rural, 327
13.1 Movimento do caixa, 328
13.2 Controle individual, 328
13.3 A função do administrador financeiro, 329
13.4 Conceito, 329
13.5 Objetivos, 329
13.6 Capacidade de caixa da empresa rural, 331
13.7 Como fazer previsões, 331
    13.7.1 Utilização, 332
13.8 Equilíbrio financeiro, 332
13.9 Desequilíbrio financeiro, 333
13.10 Medidas de saneamento financeiro, 333
13.11 Fluxo de caixa de projetos agropecuários, 334
13.12 Contabilidade e fluxo de caixa, 336
13.13 Ciclo econômico e ciclo financeiro, 336
13.14 Capital de giro, 344
13.15 Análise do capital de giro, 345
13.16 Necessidade de capital de giro, 346
13.17 Fatores redutores e geradores do capital de giro, 347
13.18 Análise econômico-financeira, 348
    13.18.1 Indicadores, 348
    13.18.2 Análise, 348
    13.18.3 Avaliação, 351
    13.18.4 Sintomas, 352
    13.18.5 Causas, 352
13.19 CAPEX e OPEX, 353
Múltipla escolha, 353
Exercícios, 355

14 Apuração e tributação dos resultados, 357
14.1 Atividades rurais consideradas para fins de tributação, 357
14.2 Regras tributárias para os produtores rurais, 358
14.3 Tributação da empresa rural, 359
    14.3.1 Principais tributos incidentes na atividade rural, 359
    14.3.2 Imposto sobre a Propriedade Territorial Rural – ITR, 360

14.3.3 Imposto Sobre Circulação de Mercadorias e Serviços – ICMS, 361
14.3.4 Programa Integração Social do Trabalhador – PIS e Contribuição para o Financiamento da Seguridade Social – COFINS, 362
14.3.5 Contribuição ao Instituto Nacional do Seguro Social – INSS e ao Fundo de Assistência ao Trabalhador Rural – FUNRURAL, 363
14.3.6 Contribuição Social sobre o Lucro Líquido – CSLL, 363
14.3.7 Imposto de Renda sobre Pessoa Física – IRPF e Imposto de Renda sobre Pessoa Jurídica – IRPJ, 364
14.4 Regimes de tributação, 365
14.4.1 Pessoa física, 366
14.4.2 Pessoa jurídica, 366
14.4.3 Tributação do produtor rural pessoa física, 370
14.4.4 Tributação do produto rural pessoa jurídica, 370
14.4.5 Tributação da agroindústria, 371
14.5 Receita da atividade rural, 373
14.5.1 Conceito, 373
14.5.2 Valores integrantes, 373
14.5.3 Vendas a prazo, 374
14.5.4 Adiantamentos de recursos recebidos por conta de venda para entrega futura, 374
14.5.5 Venda com preço final sujeito a variação, 374
14.5.6 Venda da terra nua, 374
14.5.7 Comprovação, 374
14.6 Despesas de custeio, 375
14.7 Investimentos, 375
14.7.1 Valores considerados investimento, 375
14.7.2 Dedução no mês do pagamento, 376
14.7.3 Comprovação, 377
14.8 Resultado da atividade rural, 377
14.8.1 Compensação de prejuízos, 377
14.8.2 Resultado presumido, 378
14.9 Forma de apuração do resultado, 378
14.10 Escrituração do livro-caixa, 379
14.10.1 Insuficiência de caixa, 379
14.11 Atividade rural exercida no Brasil por residente no exterior, 380
14.12 Atividade rural exercida no exterior por residente no Brasil, 380
14.13 Cálculo do Imposto de Renda Pessoa Jurídica – lucro real, 381
14.14 Cálculo do Imposto de Renda Pessoa Jurídica – lucro presumido, 384
14.15 Cálculo da Contribuição Social sobre o Lucro Líquido – resultado ajustado, 386
14.16 Cálculo da Contribuição Social sobre o Lucro Líquido – resultado presumido, 388

14.17 Cálculo da contribuição para financiamento da seguridade social – não cumulativa, 389
14.18 Cálculo da contribuição para financiamento da seguridade social – cumulativa, 391
14.19 Cálculo da contribuição para o programa de integração social – não cumulativo, 393
14.20 Cálculo da contribuição para o programa de integração social – cumulativo, 395
14.21 Planejamento tributário, 398
14.22 As principais diferenças na tributação da parceria e do arrendamento rural, 402
14.23 Considerações finais, 408
Exercícios, 408

Gabarito, 411

Referências, 427

1
AGRICULTURA

As atividades rurais são exercidas das mais variadas formas, desde o cultivo caseiro para a própria subsistência até os grandes complexos industriais, explorando os setores agrícolas, pecuários e agroindustriais. Apesar da importância referida e do avanço de tecnologias modernas, observa-se que o papel da Contabilidade, como responsável pelo controle econômico das atividades e seus eventos, não tem se desempenhado à mesma razão, deixando os administradores sem as ferramentas necessárias para as tomadas de decisões, consoante CREPALDI (1993).

A agricultura representa toda a atividade de exploração da terra, seja ela o cultivo de lavouras e florestas ou a criação de animais, com vistas à obtenção de produtos que venham a satisfazer às necessidades humanas.

De acordo com o art. 249 da Instrução Normativa (IN RFB) nº 1.700, de 14 de março de 2017, e **Lei nº 8.023/90, art. 2º; art. 59, Lei nº 9.430/96; art. 51, Decreto nº 9.580/2018**, são consideradas atividades rurais:

a) agricultura;

b) pecuária;

c) extração e exploração vegetal e animal;

d) exploração de atividades zootécnicas, tais como apicultura, avicultura, cunicultura, suinocultura, sericicultura, piscicultura e outras culturas animais;

e) cultivo de florestas que se destinem ao corte para comercialização, consumo ou industrialização;
f) venda de rebanho de renda, reprodutores ou matrizes;
g) transformação de produtos decorrentes da atividade rural, sem que sejam alteradas a composição e as características do produto in natura, feita pelo próprio agricultor ou criador. A atividade deve ser feita com equipamentos e utensílios usualmente empregados nas atividades rurais, utilizando exclusivamente matéria-prima produzida na área rural explorada.

A IN nº 1.700 também determina as atividades que não são consideradas rurais, embora sejam desenvolvidas no meio rural, como é o caso do arroz beneficiado em máquinas industriais e da fabricação de bebidas alcoólicas em geral.

Nos últimos anos, ocorreu no Brasil uma grande industrialização, do que resultou um aumento da população das cidades e uma redução da população rural. Apesar disso, a agricultura continua desempenhando papel fundamental no desenvolvimento do país. Os principais produtos de exportação são todos oriundos da agricultura, ou seja, o café, o açúcar e a soja. A agricultura deve desempenhar os seguintes papéis no processo de desenvolvimento:

1. produzir alimentos baratos e de boa qualidade;
2. produzir matéria-prima para a indústria;
3. pela exportação, trazer dinheiro para o país;
4. dar condições dignas de vida para o trabalhador rural.

A atividade agrícola compreende uma série de atividades, por exemplo, aumento de rebanhos, silvicultura, colheita anual ou constante, cultivo de pomares e de plantações, floricultura e cultura aquática (incluindo criação de peixes). Certas características comuns existem dentro dessa diversidade, segundo o CPC 29:

- capacidade de mudança. Animais e plantas vivos são capazes de transformações biológicas;
- gerenciamento de mudança. O gerenciamento facilita a transformação biológica, promovendo, ou pelo menos estabilizando, as condições necessárias para que o processo ocorra (por exemplo, nível de nutrientes, umidade, temperatura, fertilidade, luz). Tal gerenciamento é que distingue as atividades agrícolas de outras atividades.

Por exemplo, colher de fontes não gerenciadas, tais como pesca no oceano ou desflorestamento, não é atividade agrícola; e
- mensuração da mudança. A mudança na qualidade (por exemplo, mérito genético, densidade, amadurecimento, nível de gordura, conteúdo proteico e resistência da fibra) ou quantidade (por exemplo, descendência, peso, metros cúbicos, comprimento e/ou diâmetro da fibra e a quantidade de brotos) causada pela transformação biológica ou colheita é mensurada e monitorada como uma função rotineira de gerenciamento.

A transformação biológica resulta dos seguintes eventos:

- mudanças de ativos por meio de (i) crescimento (aumento em quantidade ou melhoria na qualidade do animal ou planta), (ii) degeneração (redução na quantidade ou deterioração na qualidade de animal ou planta) ou (iii) procriação (geração adicional de animais ou plantas); ou
- produção de produtos agrícolas, tais como látex, folhas de chá, lã, leite.

A *planta portadora* é uma planta viva que:

- é utilizada na produção ou no fornecimento de produtos agrícolas;
- é cultivada para produzir frutos por mais de um período; e
- tem uma probabilidade remota de ser vendida como ativo biológico – produto agrícola, exceto para eventual venda como sucata.

A *produção agrícola* é o produto colhido de ativo biológico da entidade.

O *ativo biológico* é um animal e/ou uma planta, vivos.

A *transformação biológica* compreende o processo de crescimento, degeneração, produção e procriação que causam mudanças qualitativa e quantitativa no ativo biológico.

As *despesas de venda* são despesas incrementais diretamente atribuíveis à venda de ativo, exceto despesas financeiras e tributos sobre o lucro.

O *grupo de ativos biológicos* é um conjunto de animais ou plantas vivas semelhantes.

A *colheita* é a extração do produto de ativo biológico ou a cessação da vida desse ativo biológico.

O CPC 29, nas mesmas condições que a IAS 41 – Agriculture, exige que todas as empresas brasileiras que exploram ativos biológicos devem apresentar esses ativos nas demonstrações financeiras com base no valor justo.

1.1 Agricultura como negócio: fatores que afetam a tomada de decisões

Nos últimos anos, tem havido especialização da agricultura na produção. Outra alteração havida na orientação do agricultor, comandada pelo mercado, ocorreu na suinocultura, pelo abandono da criação do porco tipo banha e sua substituição pelo porco tipo carne, entre outras.

Nem sempre, no entanto, essa situação beneficia o agricultor. Dependendo sua renda de poucos ou de apenas um produto, uma queda do preço desse produto ou uma frustração de safra leva o agricultor a sérios prejuízos. No atual estágio de desenvolvimento da agricultura, o custo de produção é bastante elevado. Não se obtém produção aceitável pelo mercado se não são empregadas fortes doses de adubação, sementes selecionadas e defensivos agrícolas, todos esses insumos de elevados preços. Da mesma forma, intensifica-se cada vez mais a mecanização da lavoura, o que possibilita melhoria significativa de qualidade das práticas agrícolas, mas torna necessário o desembolso de quantias vultosas para sua compra, conservação e serviço.

Assim, na situação atual de vinculação e dependência do agricultor em relação ao mercado, torna-se indispensável aos produtores rurais o conhecimento aprofundado de seu negócio, a agricultura. Para tanto, deve o produtor estar bem-informado sobre as condições de mercado para os produtos agrícolas, bem como conhecer as condições dos recursos naturais de seu estabelecimento rural. Pelo conhecimento do que está ocorrendo no mercado, o agricultor pode escolher melhor o tipo de atividade que deve desenvolver.

Os recursos naturais e seu conhecimento permitem ao produtor saber quais culturas e criações encontram boas perspectivas de mercado e se adaptam ao clima e ao solo existentes em seu estabelecimento agropecuário. Dessas duas condições, ou seja, o mercado de produtos agrícolas e os recursos naturais, o agricultor pode tomar conhecimento consultando as Cooperativas e Sindicatos, bem como os escritórios dos Serviços de Extensão Rural ou outros técnicos que atuam na área.

O Agronegócio é o motor da economia nacional, registrando importantes avanços quantitativos e qualitativos; mantém-se como setor de grande capacidade empregadora e de geração de renda, e cujo desempenho médio tem superado o desempenho do setor industrial. Ocupando posição de destaque no âmbito global, tem importância crescente no processo de desenvolvimento econômico, por ser um setor dinâmico da economia e pela sua capacidade de impulsionar os demais setores (indústria, comércio, turismo etc.).

1.2 Administração Rural e seu campo de ação

O conhecimento das condições de mercado e dos recursos naturais dá ao produtor rural os elementos básicos para o desenvolvimento de sua atividade econômica. Cabe a ele agora decidir **o que, quanto e como produzir, controlar a ação após iniciar a atividade e, por último, avaliar os resultados alcançados e compará-los com os previstos inicialmente.**

O conjunto dessas ações de decidir **o que, quanto e como** produzir, **controlar** o andamento do trabalho e **avaliar** os resultados alcançados se constitui o campo de ação da Administração Rural.

Assim, ao Administrador Rural cabem as seguintes tarefas:

1. tomar decisão sobre **o que** produzir, baseando-se nas condições de mercado e dos recursos naturais de seu estabelecimento rural;
2. decidir sobre **o quanto** produzir, levando em consideração fundamentalmente a quantidade de terra de que dispõe, e ainda o capital e a mão de obra que pode empregar;
3. estabelecer o modo **como** vai produzir, a tecnologia que vai empregar, ou seja, se vai mecanizar ou não a lavoura, o tipo de adubo a ser aplicado, a forma de combater as pragas e doenças etc.;
4. **controlar** a ação desenvolvida, verificando se as práticas agrícolas recomendadas estão sendo aplicadas corretamente e no devido tempo;
5. **avaliar** os resultados obtidos na safra medindo os lucros ou prejuízos e analisando quais as razões que fizeram com que o resultado alcançado fosse diferente daquele previsto no início de seu trabalho.

A Administração Rural é, portanto, o conjunto de atividades que facilita aos produtores rurais a tomada de decisões ao nível de sua unidade de produção, a empresa agrícola, com o fim de obter o melhor resultado econômico, mantendo a produtividade da terra.

1.3 Formas jurídicas de exploração da atividade rural

São as seguintes formas jurídicas de exploração da atividade rural:

- Pessoa física – modalidade de exploração que aparenta ser menos onerosa e a obter mais vantagens fiscais quando for feita em pequenas propriedades rurais.

Para cálculo do Imposto sobre a Renda, não é exigida a escrituração contábil regular completa de todos os livros contábeis.

Contudo, nada impede de os produtores rurais pessoas físicas os utilizar para fins gerenciais.

O produtor rural autônomo atua como pessoa física, não tem inscrição na Junta Comercial. É exigida a escrituração do livro-caixa pela Receita Federal do Brasil – RFB.

- Pessoa jurídica – sujeita-se à tributação dos seguintes tributos:
    - Imposto de renda da pessoa jurídica;
    - Contribuição social sobre o lucro líquido;
    - Contribuição para o programa de integração social;
    - Contribuição para o programa de formação do patrimônio do servidor público;
    - Contribuição para financiamento da seguridade social;
    - Imposto sobre a propriedade territorial rural;
    - Imposto sobre operações à circulação de mercadorias e sobre as prestações de serviços de transporte interestadual e intermunicipal e de comunicações.

O empresário rural pode ser inscrito na Junta Comercial como pessoa jurídica.

1.4 Empresa rural

Empresa Rural é o empreendimento de pessoa física ou jurídica, pública ou privada, que explore econômica e racionalmente imóvel rural, dentro de condição de rendimento econômico da região em que se situe e que explore área mínima agricultável do imóvel segundo padrões fixados, pública e previamente, pelo Poder Executivo. Para esse fim, equiparam-se às áreas cultivadas as pastagens, as matas naturais e artificiais e as áreas ocupadas com benfeitorias.

É a unidade de produção em que são exercidas atividades que dizem respeito a culturas agrícolas, criação de gado ou culturas florestais, com a finalidade de obtenção de renda. À propriedade privada da terra cabe intrinsecamente uma função social, e seu uso é condicionado ao bem-estar coletivo previsto na Constituição Federal.

Empresário Rural é aquele que exerce profissionalmente atividade econômica para a produção ou circulação de bens ou serviços. Essa atividade de produção, realizada de forma profissional com a finalidade de gerar riqueza, reconheceu o trabalho do produtor rural como o de criação de bens e serviços.

Qualquer tipo de Empresa Rural, seja familiar ou patronal, é integrada por um conjunto de recursos, denominados **fatores da produção**. São três os fatores da produção:

1. a terra;
2. o capital;
3. o trabalho.

O fator de produção mais importante para a agropecuária é a terra, pois nesta se aplicam os capitais e se trabalha para obter a produção. Se a terra for ruim ou muito pequena, dificilmente se produzirão colheitas abundantes e lucrativas, por mais capital e trabalho de que disponha o agricultor. Desse modo, uma das preocupações fundamentais que deve ter o empresário rural é conservar a capacidade produtiva da terra, evitando seu desgaste pelo mau uso e pela erosão.

Entidades rurais são aquelas que exploram a capacidade produtiva do solo ou da água, mediante extração vegetal, o cultivo da terra ou da água (hidroponia) e a criação de animais.

O capital representa o conjunto de bens colocados sobre a terra com objetivo de aumentar sua produtividade e ainda facilitar e melhorar a qualidade do trabalho humano. Assim, constitui o capital da empresa agropecuária:

1. as benfeitorias (galpões, aramados, galinheiros, pocilgas, terraços etc.);
2. os animais de produção (bovinos de cria, bovinos de leite, suínos, aves) e os animais de serviço (bois de serviço, cavalos e asininos);
3. as máquinas e implementos agrícolas;
4. os insumos agropecuários (adubos, sementes, inseticidas, fungicidas, sais minerais, vacinas etc.).

O empresário rural necessita conhecer exatamente a quantidade e o valor de cada bem que constitui o capital da empresa que dirige. É fácil verificar que os diversos tipos de capital apresentam características bem diferentes. Assim, as benfeitorias, os animais e as máquinas e implementos permanecem em uso na empresa durante vários anos. Já os insumos, uma vez utilizados, desaparecem imediatamente, sendo, portanto, consumidos dentro do ano agrícola em curso. Esse fato é de enorme importância para quem dirige uma empresa agrícola, porque o administrador deve ter especial cuidado com a conservação daqueles capitais que permanecem por vários anos na empresa.

Esses capitais costumam ter um valor muito elevado e devem ser mantidos em condições de contribuir para a produção pelo maior tempo possível. Assim, uma casa de madeira deve durar pelo menos 25 anos; um trator deve trabalhar no mínimo 10.000 horas, ou seja, cerca de 10 anos; uma construção de alvenaria deve durar mais de 50 anos.

Esses capitais que permanecem durante vários anos na empresa são chamados de **capital fixo**. Os capitais que são consumidos dentro do ano agrícola são denominados **capital circulante**. Essa separação entre **capital fixo e capital circulante** é fundamental para o cálculo do resultado econômico da empresa. Costuma-se calcular anualmente o resultado econômico da empresa. Se determinado tipo de capital deve durar vários anos, não se pode incluir como gasto daquele ano o total do valor de sua compra. Por exemplo, quando se compra um trator ou se constrói uma cerca com financiamento bancário, o valor do empréstimo solicitado é dividido em diversos anos. Cada parcela anual é a amortização da dívida e é essa quantia que se paga todos os anos, que deve ser considerada como a despesa do ano. Mesmo que se tenha pago a despesa à vista, no cálculo econômico se deve proceder como se fosse financiada, ou seja, dividir o total da despesa em várias parcelas iguais, cada uma correspondendo a um ano.

Para orientação do empresário quanto ao número de parcelas em que deve dividir a despesa, ele pode consultar no banco o número de prestações ou o prazo de financiamento que é concedido para aquele tipo de investimento.

O ano agrícola, ou ano de atividade da empresa agrícola, é diferente do ano fiscal. Enquanto o ano fiscal abrange o período de 12 meses, que vai de 1º de janeiro a 31 de dezembro, o ano agrícola corresponde ao período de 12 meses, que engloba o início do cultivo até a colheita das principais culturas da região.

Na Empresa Rural, ocorre o mesmo; assim, determina-se o início e o fim do ano agrícola quando se obtêm a colheita e a comercialização da atividade de maior renda bruta. Segundo a NBC-T-10, o exercício social das entidades rurais é aquele estabelecido no seu instrumento societário e, na ausência dele, o ano-calendário.

Entretanto, ano fiscal é o período determinado pelo estatuto, normalmente de um ano, ao fim do qual a Diretoria da Empresa Rural fará elaborar, com base na escrituração mercantil da entidade, as demonstrações financeiras que deverão exprimir com clareza a situação do patrimônio da companhia e as mutações ocorridas no exercício. Na constituição da entidade e nos casos de alteração estatutária, o exercício social poderá ter duração inferior ou superior a um ano; entretanto, a legislação determina a duração de um ano.

O último fator da produção é o trabalho. O trabalho é o conjunto de atividades desempenhadas pelo homem. A tarefa de administrar é também considerada trabalho, assim como lavrar a terra, cuidar de animais, construir cercas etc. A diferença fundamental entre a administração e a execução de práticas agrícolas é que para a primeira há uma exigência de conhecimento maior. O empresário deve ter sempre em vista a totalidade da empresa, enquanto o executor de tarefas específicas necessita apenas saber fazer aquilo para o que foi designado. A tarefa do empresário é, portanto, muito mais complexa. A ele cabe não somente a função de coordenar a atividade dos demais trabalhadores, como também de combinar a utilização de todos os fatores de produção, com a finalidade de obter resultados econômicos satisfatórios e manter elevada a produtividade daqueles fatores. Para isso o empresário deve-se preocupar com dois aspectos: a organização e o manejo da empresa agrícola.

Entende-se por organização da empresa agrícola a combinação das atividades desenvolvidas em função das características dos fatores de produção disponíveis. Isso quer dizer escolher todas as culturas e criações que serão exploradas de modo a aproveitar da melhor maneira possível a terra, as benfeitorias, as máquinas e implementos e a mão de obra. Um excelente exemplo de organização é o que vem ocorrendo nas empresas que cultivam trigo e soja em sucessão. Essas duas culturas permitem a utilização da terra e das máquinas e implementos em forma contínua durante o ano agrícola. Não há, por conseguinte, ociosidade na utilização desses fatores da produção.

O manejo da empresa agrícola é o conjunto de medidas que deve tomar o administrador para que todas as práticas agropecuárias sejam realizadas a tempo e de maneira eficiente. Assim, as máquinas e implementos devem estar em perfeitas condições de funcionamento ao iniciar seu serviço.

Os insumos (adubos, sementes, vacinas etc.) devem ser adquiridos com antecedência, para evitar que, por falta no mercado, fique prejudicada a produção da empresa. O serviço dos trabalhadores deve ser controlado permanentemente para impedir que práticas mal executadas causem graves prejuízos à Empresa Rural.

1.5 Empresário

Considera-se empresário quem exerce profissionalmente atividade econômica organizada para a produção ou circulação de bens ou de serviços (art. 966, Código Civil).

Veja que o dispositivo trata do empresário como sendo o sujeito individualmente considerado, o que nos permite concluir que todos aqueles que atuavam na condição de Firma Individual passam, agora, a ser considerados empresários, já que ou atuavam na produção (indústria), ou na circulação (comércio) de produtos ou mercadorias (bens).

Como podemos verificar no conceito trazido pelo Código Civil, empresário não é apenas aquele que produz ou circula mercadorias, mas também aquele que produz ou circula serviços.

Assim, muitos dos que até então eram considerados autônomos passam a ser empresários, como é o caso do representante comercial, do mecânico de automóveis, do profissional que conserta eletrodomésticos, do encanador, do pintor, do pedreiro etc.

E se quiser atuar com outros sócios? Neste caso, deverá constituir uma sociedade.

1.5.1 Sociedade

O Código Civil assim define sociedades: celebram contrato de sociedade as pessoas que reciprocamente se obrigam a contribuir, com bens ou serviços, para o exercício de atividade econômica (um ou mais negócios determinados) e a partilha, entre si, dos resultados (art. 981 e parágrafo único, Código Civil).

Portanto, sempre que duas pessoas ou mais se reunirem com o objetivo de, juntas, organizarem uma empresa para explorarem uma atividade qualquer e partilharem seus resultados, estarão constituindo uma sociedade.

1.5.1.1 Sociedade empresária

A Sociedade Empresária tem por objeto o exercício de atividade própria de empresário sujeito a registro, inclusive a sociedade por ações, independentemente de seu objeto, devendo inscrever-se na Junta Comercial do respectivo Estado (art. 982 e parágrafo único, do Código Civil).

Isto é, Sociedade Empresária é aquela em que se exerce profissionalmente atividade econômica organizada para a produção ou circulação de bens ou de serviços, constituindo elemento de empresa.

Dessa forma, podemos dizer que Sociedade Empresária é a reunião de dois empresários ou mais, para a exploração, em conjunto, de atividade(s) econômica(s).

1.5.1.2 Sociedade simples

Sociedades Simples são sociedades formadas por pessoas que exercem profissão intelectual (gênero), de natureza científica, literária ou artística (espécies), mesmo sem contar com auxiliares ou colaboradores, salvo se o exercício da profissão constituir elemento de empresa.

Dessa forma, Sociedade Simples é a reunião de duas ou mais pessoas (que, caso atuassem individualmente, seriam consideradas autônomas) que reciprocamente se obrigam a contribuir com bens ou serviços, para o exercício de atividade econômica e a partilha, entre si, dos resultados, não tendo por objeto o exercício de atividade própria de empresário.

Exemplos:

a) dois médicos veterinários se unem e constituem um consultório para, juntos, explorarem atividade intelectual relacionada aos seus conhecimentos científicos na área veterinária;

b) dois engenheiros agrônomos se unem e constituem um escritório para, juntos, explorarem atividade intelectual relacionada aos seus conhecimentos técnicos na área da agronomia.

Deve-se esclarecer que o objetivo da Sociedade Simples será somente prestação de serviços relacionados à habilidade profissional e intelectual pessoal dos sócios, não devendo conter outros serviços estranhos, caso em que poderá configurar o elemento de empresa que, então, se transformará em uma Sociedade Empresária.

Vejamos alguns exemplos em que o elemento de empresa se apresenta:

a) dois médicos veterinários que se unem e constituem um consultório para, juntos, explorarem atividade intelectual relacionada aos seus conhecimentos científicos na área veterinária, mas que, também, realizam exames clínicos laboratoriais oferecidos ao público em geral;

b) dois engenheiros agrônomos que se unem e constituem uma empreiteira para construir pisciculturas;

c) dois profissionais da área de marketing que se unem para constituir uma agência de propaganda e marketing.

1.5.2 Sociedade limitada

A Sociedade Limitada, assim como a Sociedade em Nome Coletivo, Sociedade em Conta de Participação, Sociedade em Comandita Simples e por Ações e a Sociedade Anônima, continuam existindo e são tipos de sociedades.

Sociedade Simples e Sociedade Empresária são consideradas gênero (padrão), ou seja, todas as sociedades empresárias serão, necessariamente, Sociedade Empresária ou Sociedade Simples e poderão adotar um dos tipos mencionados.

A Sociedade Simples possui regras próprias que a regulamentam; entretanto, o Código Civil prevê que ela poderá optar por um dos tipos acima mencionados, com exceção da Sociedade Anônima, que será sempre Sociedade Empresária.

A Sociedade Empresária, por sua vez, não possui regras próprias, devendo, portanto, adotar, necessariamente, um dos tipos mencionados.

1.6 Características peculiares do setor agrícola

O setor agrícola apresenta algumas características peculiares que o distinguem dos demais setores da economia. Essas características são citadas em vários livros e artigos sobre Administração Rural, mas convém lembrar que sua existência condiciona a adequação dos princípios gerais de administração, utilizados no setor urbano, para o setor rural. Deve ser notado também que essas características são válidas, de modo geral, não apenas para a agricultura brasileira, mas para as de todos os países.

São as seguintes as características peculiares do setor agrícola:

DEPENDÊNCIA DO CLIMA. É a característica mais citada pelos estudiosos e da qual muitas outras dependem. O clima condiciona a maioria das explorações agropecuárias. Determina épocas de plantio, tratos culturais, colheitas, escolha de variedades e espécies, vegetais e animais.

CORRELAÇÃO TEMPO DE PRODUÇÃO VERSUS TEMPO DE TRABALHO. O processo produtivo agropecuário desenvolve-se, em algumas de suas fases, independentemente da existência do trabalho físico imediato. Em outros setores da economia, a indústria, por exemplo, somente o trabalho modifica a produção de determinado bem e é sempre igual ao tempo de trabalho consumido na obtenção do produto final. Isso deverá ser favoravelmente levado em conta.

DEPENDÊNCIA DE CONDIÇÕES BIOLÓGICAS. O ciclo de produção da agropecuária está intimamente relacionado às condições biológicas. As condições determinam também a irreversibilidade do ciclo produtivo, ou seja, não se pode alterar a sequência da produção (interromper o desenvolvimento de uma lavoura de milho para se obter soja, por exemplo).

Por outro lado, limitam a adoção de medidas que normalmente são utilizadas em outros setores da economia, como recursos para acelerar a produção, como o estabelecimento de um terceiro turno de trabalho. A pesquisa agropecuária pode conseguir espécies animais e variedades vegetais mais precoces e produtivas, mas ainda assim sujeitas às condições biológicas.

TERRA COMO PARTICIPANTE DA PRODUÇÃO. Na agropecuária, a terra não é apenas um suporte para o estabelecimento de atividades produtivas, ao contrário, na maioria das explorações agropecuárias, participa diretamente do ciclo produtivo. Assim, é importante conhecê-la e analisá-la em suas condições químicas, físicas, biológicas e topográficas.

ESTACIONALIDADE DA PRODUÇÃO. No setor agrícola, normalmente, não existe um fluxo contínuo de produção, como na indústria, e uma tarefa pode também não depender de outra. As atividades estão dispersas por toda a empresa, podendo ocorrer em locais distantes um do outro. Não há relação, por exemplo, entre o trabalho executado por uma equipe que reforma as cercas da propriedade com outra que faz "a limpeza" das pastagens.

Ressalte-se que essas situações exigem do empresário rigorosas ações de planejamento e controle. Outra característica que se apresenta no setor rural é o trabalho ao ar livre. Positiva sob certos aspectos (inexistência de poluição por exemplo), essa característica reveste-se de aspectos negativos, como sujeição ao frio, ao calor e às chuvas. O trabalho disperso e ao ar livre induz a uma menor produtividade do trabalhador rural.

INCIDÊNCIA DE RISCOS. Toda e qualquer atividade econômica está sujeita a riscos. Na agropecuária, os riscos assumem maiores proporções, pois as explorações podem ser afetadas por problemas causados pelo clima (seca, geada, granizo), pelo ataque de pragas e moléstias e pelas flutuações dos preços de seus produtos.

SISTEMA DE COMPETIÇÃO ECONÔMICA. A agricultura está sujeita a um sistema de competição que tem as seguintes características: (a) existência de um grande número de produtores e consumidores; (b) produtos que apresentam, normalmente, pouca diferenciação entre si; (c) a entrada no negócio e a saída dele pouco alteram a oferta total.

A consequência da conjugação desses fatores é que, isoladamente, o empresário rural não consegue controlar o preço de seus produtos, que é ditado pelo mercado, podendo ser até inferior aos custos de produção.

PRODUTOS NÃO UNIFORMES. Na agropecuária, ao contrário da indústria, há dificuldades em se obter produtos uniformes, quanto à forma, ao tamanho e à qualidade. Esse fato é decorrente das condições biológicas e acarreta, para o empresário rural, custos adicionais com classificação e padronização, além de receitas mais baixas, em virtude do menor valor dos produtos que apresentarem padrão de qualidade inferior.

ALTO CUSTO DE SAÍDA E/OU ENTRADA. No negócio agrícola, algumas explorações exigem altos investimentos em benfeitorias e máquinas e, consequentemente, condições adversas de preço e mercado devem ser suportadas a curto prazo, pois o prejuízo, ao abandonar a exploração, poderá ser maior. A cultura de café e a pecuária leiteira podem ser consideradas como explorações de alto custo de entrada, enquanto culturas anuais – milho e soja, por exemplo – são explorações de menor custo de entrada.

Analisando-se essas características em conjunto, pode-se observar que o efeito delas, na administração da empresa agrícola, é mais prejudicial do que benéfico. Isso indica que o empresário agrícola rural deve assumir ações administrativas eficazes, para atenuar e modificar os efeitos prejudiciais de cada característica. Indica também, como foi dito, que as teorias da administração, ao serem transferidas ao setor rural, devem ser adaptadas às suas condições.

1.7 Módulo rural

É uma unidade de medida, expressa em hectares, que busca exprimir a interdependência entre a dimensão, a situação geográfica dos imóveis rurais e a forma e condições do seu aproveitamento econômico.

Serve de parâmetro para classificação do imóvel rural quanto ao tamanho, na forma da Lei nº 8.629, de 25/2/93, e também para definir os beneficiários do PRONAF (pequenos agricultores de economia familiar, proprietários, meeiros, posseiros ou arrendatários de até quatro módulos fiscais). O módulo rural também serve para enquadramento sindical rural.

Entende-se como:

1. Pequena propriedade: o imóvel rural de área compreendida entre um e quatro módulos fiscais.
2. Média propriedade: o imóvel rural de área superior a quatro e até quinze módulos fiscais.
3. Diferença entre Módulo Rural e Módulo Fiscal: o Módulo Rural é calculado para cada imóvel rural em separado, e sua área reflete o tipo de exploração predominante no imóvel rural, segundo sua localização. O Módulo Fiscal, por sua vez, é estabelecido para cada município, e procura refletir a área média dos módulos rurais dos imóveis rurais do município.
4. Propriedade familiar: o imóvel rural que, direta e pessoalmente explorado pelo agricultor e sua família, absorva-lhes toda a força de trabalho, garantindo-lhes a subsistência e o progresso social e econômico, com área máxima fixada para cada região e tipo de exploração, e, eventualmente, trabalhando com ajuda de terceiros.

1.8 Parcerias ainda insuficientes

Em alguns segmentos da produção primária, como a agricultura e a bovinocultura, as parcerias rurais já são utilizadas em níveis razoáveis, mas não na proporção que os resultados disponíveis permitiriam, nem sempre de forma adequada aos objetivos propostos.

Para um país de dimensões continentais como o Brasil, com cerca de seis milhões de propriedades rurais, a associação de patrimônios potencialmente produtivos nesses setores ainda é inexpressiva.

Poucos já se propuseram a analisar a deficiente produção rural brasileira e o contraste determinado pela riqueza patrimonial que representa, para toda a sociedade, a imensa extensão territorial agricultável do país.

Invariavelmente, quando se trata de encontrar motivos que estacam o desenvolvimento da produção agropecuária, menciona-se em primeiro lugar, sempre em qualquer circunstância, a falta de recursos financeiros subsidiados.

A manutenção desse riquíssimo patrimônio – terras e máquinas agrícolas – em estado improdutivo, degradando-se e depreciando-se, é consequência, principalmente, da falta de conscientização social quanto à importância da produção rural para o desenvolvimento econômico e a distribuição de renda, e dos meios de implementá-lo por meio de associações produtivas.

Adotar parcerias rurais como instrumento de desenvolvimento da atividade agropecuária não tem sido o recurso prático utilizado por proprietários e produtores rurais que estão com seus bens inativos, muito embora esses dispositivos estejam a seu alcance para exercício imediato.

Podendo ser executadas normalmente, com fórmulas e desempenho já consagrados pela prática em algumas regiões do país, por que então as parcerias rurais ainda não alcançaram crescimento proporcional à disponibilidade patrimonial existente, passível de exploração, e em conformidade com as necessidades de produção?

Diversos motivos ainda dificultam a solução das parcerias rurais em muito maior escala e em níveis empresariais, relacionados, quase todos, sem dúvida, à falta de conhecimentos de como utilizá-las a contento. Por meio de práticas equilibradamente participativas, seriam estabelecidos com clareza seus objetivos e garantidos os rendimentos proporcionais aos pactuantes.

Na agricultura e na pecuária, as parcerias modernas, com características empresariais, já acontecem, mas ainda de forma incipiente. Esses setores, pelo imenso volume patrimonial envolvido e grande contingente profissional empregado, poderiam elevar consideravelmente sua produção e produtividade apenas pelas parcerias que ajustam adequadamente os bens subutilizados. O uso racional desse valioso complexo de bens, ainda insuficientemente trabalhado, permitiria que as necessidades alimentares da população brasileira fossem supridas, planejando a utilização racional de determinadas áreas, dispensando a abertura de novas glebas de maneira aleatória e evitando, assim, prejuízos para o meio ambiente.

A parceria agrícola é uma forma de exploração de terras para cultivo de uma cultura agrícola na qual, através de contrato escrito, o parceiro e o proprietário da terra a ser explorada dividem entre si os riscos e os frutos obtidos.

Esse tipo de atividade é regulamentado pela Lei nº 4.504/64, conhecida como Estatuto da Terra, em seu art. 96.

Caso não seja estipulado prazo no contrato, o mesmo será de 3 anos.

Em relação à participação nos frutos, ou seja, no resultado da cultura explorada na área dada em parceria, a participação do proprietário não poderá ser superior aos seguintes percentuais:

a) 20% (vinte por cento), quando concorrer apenas com a terra nua;
b) 25% (vinte e cinco por cento), quando concorrer com a terra preparada;
c) 30% (trinta por cento), quando concorrer com a terra preparada e moradia;
d) 40% (quarenta por cento), caso concorra com o conjunto básico de benfeitorias, constituído especialmente de casa de moradia, galpões, cercas, valas, conforme o caso;
e) 50% (cinquenta por cento), caso concorra com a terra preparada e o conjunto básico de benfeitorias enumeradas na alínea *d* deste inciso e mais o fornecimento de máquinas e implementos agrícolas, para atender aos tratos culturais, bem como as sementes e animais de tração.

Ainda, o parceiro, ou seja, aquele que está explorando a terra tem direito à preferência para a renovação desse contrato e também para aquisição do imóvel caso ele seja posto à venda.

1.8.1 Arrendamento rural

Arrendamento Rural é o contrato agrário pelo qual uma pessoa se obriga a outra, por tempo determinado ou não, ao uso e gozo de imóvel rural, parte ou partes dele, incluindo ou não outros bens, benfeitorias e facilidades, com o objetivo de nele ser exercida atividade de exploração agrícola, pecuária, agroindustrial, extrativa ou mista, mediante certa retribuição ou aluguel, observados os limites percentuais da lei, conforme art. 3º do Regulamento do Estatuto da Terra.

Ocorre quando o proprietário da terra aluga seu capital fundiário por determinado período a um empresário. O arrendador recebe do arrendatário uma retribuição certa, que é o valor do aluguel.

1.8.1.1 Participantes do contrato

1. *Arrendador* é o proprietário do imóvel rural que o cede em arrendamento.

2. *Arrendatário* é a pessoa ou conjunto familiar, representado pelo chefe, que recebe ou toma por aluguel o imóvel rural ou parte dele.
3. *Subarrendatário* é a pessoa a quem o arrendatário transfere seus direitos e obrigações, no todo ou em parte, com permissão do arrendador.

Agora que já foi definido o que é arrendamento rural e quem são os participantes possíveis de um contrato, vamos aos princípios reguladores do arrendamento, contidos no art. 95 do Estatuto da Terra – Lei nº 4.505/64.

Esse contrato deverá, obrigatoriamente, ser averbado, ou seja, registrado junto à matrícula do imóvel rural dado em arrendamento, no respectivo Cartório de Registro de Imóveis.

Ainda, o arrendatário, ou seja, aquele que alugou o imóvel rural para exploração de uma determinada cultura tem direito à preferência para a renovação desse contrato e também para aquisição do imóvel caso ele seja posto à venda. O prazo para utilização desse direito de preferência é de 6 meses antes do vencimento do contrato.

Ainda, é estabelecido que o valor do aluguel previsto pelo contrato de arrendamento não poderá ser superior a 15% do valor do imóvel, permitido, no caso de glebas de terra selecionadas para uso intensivo, que esse limite seja de até 30% do seu valor.

1.8.2 Normas do arrendamento rural

O art. 95 do Estatuto da Terra, por sua vez, dispõe sobre os princípios a serem observados, quais sejam:

1. Os prazos de arrendamento terminarão sempre depois de encerrada a colheita, inclusive de plantas forrageiras temporárias cultiváveis. No caso de retardamento da colheita por motivo de força maior, ficam prorrogados até o fim dela.
2. O arrendatário, antes de iniciar qualquer cultura cujos frutos não possam ser colhidos antes de encerrado o prazo de arrendamento, deverá ajustar previamente com o arrendador a forma de pagamento do uso da terra por esse prazo excedente.
3. Em igualdade de condições com estranhos, o arrendatário terá preferência à renovação do contrato, devendo o proprietário, até seis

meses antes de seu vencimento, fazer-lhe a notificação das propostas existentes. Não se verificando a notificação, o contrato é considerado automaticamente renovado, desde que o arrendatário, nos 30 dias seguintes, não manifeste sua desistência ou formule nova proposta, mediante simples registro de suas declarações no competente Registro de Títulos e Documentos.

4. Os direitos assegurados na norma anterior não prevalecerão se, no prazo de seis meses antes do vencimento do contrato, o proprietário, por via de notificação, declarar sua intenção de retomar o imóvel para explorá-lo diretamente ou por meio de descendente seu.

5. É vedado o subarrendamento sem consentimento do proprietário.

6. Poderá ser acertada, entre o proprietário e o arrendatário, cláusula que permita a substituição da área arrendada por outra equivalente no mesmo imóvel rural, desde que respeitadas as condições de arrendamento e os direitos do arrendatário.

7. O arrendatário, ao término do contrato, será indenizado pelas benfeitorias úteis e necessárias, mas só será indenizado pelas benfeitorias que voluntariamente fizer se tiver obtido, antecipadamente, consentimento do proprietário. Enquanto o arrendatário não for indenizado pelas benfeitorias necessárias e úteis, poderá permanecer no imóvel, no uso das vantagens por ele oferecidas, nos termos do contrato de arrendamento e nas condições da norma nº 1.

8. Constando do contrato de arrendamento de animais de cria, de corte ou de trabalho, cuja forma de restituição não tenha sido expressamente regulada, o arrendatário é obrigado, findo ou rescindido o contrato, a restituí-los em igual número, espécie e valor.

9. O arrendatário não responderá por nenhum dano ou prejuízo a que não tiver dado causa. Entretanto, deve auxiliar o proprietário no combate ou na recuperação de prejuízos ocasionados nas terras arrendadas.

10. Nos contratos de arrendamento devem constar:
    a. limites de preços de aluguel e formas de pagamento em dinheiro ou seu equivalente em produtos colhidos;
    b. prazos mínimos de arrendamento e limites de vigência para os vários tipos de atividade agrícola;

c. bases para as renovações convencionadas;

d. forma de extinção ou rescisão;

e. direito e forma de indenização ajustados quanto às benfeitorias realizadas.

11. O preço do arrendamento, sob qualquer forma de pagamento, não será superior a 15% do valor cadastral do imóvel, incluídas as benfeitorias que entram na composição do contrato, salvo se o arrendamento for parcial e recair apenas em glebas selecionadas para fins de exploração intensiva de alta rentabilidade, caso em que o preço poderá chegar até o limite de 30%.

1.8.2.1 Obrigações do arrendador

O arrendador (proprietário) está sujeito às seguintes obrigações:

a. entregar ao arrendatário o imóvel rural objeto do contrato na data estabelecida ou segundo os usos e costumes da região;

b. garantir ao arrendatário o uso e gozo do imóvel arrendado durante todo o prazo do contrato;

c. fazer no imóvel, durante a vigência do contrato, as obras e os reparos necessários;

d. pagar as taxas, impostos, foros e toda e qualquer contribuição que incida ou venha a incidir sobre o imóvel rural arrendado, se não houver sido convencionado de outra forma.

1.8.2.2 Obrigações do arrendatário

Da mesma forma que o arrendador, o arrendatário também está sujeito a obrigações:

a. pagar pontualmente o preço do arrendamento nos prazos e locais ajustados;

b. usar o imóvel rural conforme o convencionado ou presumido e tratá-lo com o mesmo cuidado que teria se fosse seu, não podendo mudar sua destinação contratual;

c. levar ao conhecimento do arrendador, imediatamente, qualquer ameaça ou ato de turbação ou esbulho que, contra sua posse, vier a sofrer, e, ainda, de qualquer fato do qual resulte a necessidade de execução de obras de reparos indispensáveis à garantia do imóvel rural;

d. fazer no imóvel, durante a vigência do contrato, as benfeitorias úteis e necessárias, salvo convenção em contrário;

e. não utilizar o imóvel objeto de contrato de arrendamento para culturas ilegais de plantas psicotrópicas;

f. devolver o imóvel ao término do contrato tal como o recebeu, com seus acessórios, salvo as deteriorações naturais ao uso regular. O arrendatário será responsável por qualquer prejuízo resultante do uso predatório, culposo ou doloso, quer em relação à área cultivada, quer em relação às benfeitorias, equipamentos, máquinas, instrumentos de trabalho e quaisquer outros bens cedidos pelo arrendador.

1.8.3 *Casos de despejo*

O despejo do arrendatário pode ocorrer nos seguintes casos:

a. término do prazo contratual ou de sua renovação;

b. se o arrendatário subarrendar, ceder ou emprestar o imóvel rural, no todo ou em parte, sem o prévio e expresso consentimento do arrendador;

c. se o arrendatário não pagar o aluguel ou renda no prazo convencionado;

d. dano causado à gleba arrendada ou à colheita, provado dolo ou culpa do arrendatário;

e. se o arrendatário mudar a destinação do imóvel rural;

f. se utilizar a área ou parte arrendada para cultivo de culturas ilegais de plantas psicotrópicas;

g. abandono total ou parcial do cultivo;

h. inobservância das normas obrigatórias fixadas na lei;

i. se o arrendatário infringir obrigação legal ou cometer infração grave de obrigação contratual;

j. nos demais casos de pedido de retomada, permitidos pela legislação em vigor, devidamente comprovada a sinceridade do pedido perante o Juízo.

1.8.4 Casos de extinção do contrato de arrendamento

O regulamento do Estatuto da Terra traz os casos em que o contrato de arrendamento se extingue:

1. pelo término do prazo de contrato e do de sua revogação;
2. pela retomada;
3. pela aquisição da gleba arrendada, pelo arrendatário;
4. pelo distrato ou pela rescisão do contrato;
5. pela resolução ou extinção do direito do arrendador;
6. por motivo de força maior, que impossibilite a execução do contrato;
7. por sentença judicial irrecorrível;
8. pela perda do imóvel rural;
9. pela desapropriação, parcial ou total, do imóvel rural;
10. por qualquer outra causa prevista em lei.

Não constitui motivo de extinção do contrato de arrendamento o falecimento do chefe de um conjunto familiar, desde que no conjunto familiar haja outra pessoa capaz de assumir a liderança e prosseguir na execução do contrato.

1.8.5 Parceria rural

Parceria Rural é o contrato agrário pelo qual uma pessoa se obriga a ceder a outra, por tempo determinado ou não, o uso específico do imóvel rural, de parte ou partes dele, incluindo, ou não, benfeitorias, outros bens e/ou facilidades, com o objetivo de nele ser exercida atividade de exploração agrícola, pecuária, agroindustrial, extrativa vegetal ou mista; e/ou lhe entrega animais para cria, recria, invernagem, engorda ou extração de matérias-primas de origem animal, mediante partilha de riscos do caso fortuito e de força maior do empreendimento rural e dos frutos, produtos ou lucros havidos nas proporções que estipularem, observados os limites percentuais da lei, segundo art. 4º do Regulamento do Estatuto da Terra.

Parceiro-outorgante é a pessoa que cede em parceria, podendo ser proprietário ou não. É o que entrega os bens.

Parceiro-outorgado é a pessoa ou o conjunto familiar, representado por seu chefe, que recebe a propriedade ou os bens para os fins próprios de explorar em parceria. É o agricultor que vai trabalhar na terra.

Ocorre parceria quando o proprietário da terra contribui no negócio com o capital fundiário e o capital de exercício, associando-se a terceiros, que executarão o trabalho rural. O capitalista entra com o capital e, geralmente, com a gerência do negócio, e o parceiro entra com a execução do trabalho.

1.8.5.1 Normas da parceria rural

1. O prazo dos contratos de parceria, desde que não convencionados pelas partes, será, no mínimo, de três anos, assegurado ao parceiro direito à conclusão da colheita pendente.

2. Expirado o prazo, se o proprietário não quiser explorar diretamente a terra por conta própria, o parceiro em igualdade de condições com estranhos terá preferência para firmar novo contrato de parceria. Em qualquer hipótese, é recomendável que os entendimentos sejam mantidos 6 (seis) meses antes do término do prazo do contrato.

3. As despesas com o tratamento e criação dos animais, não havendo acordo em contrário, correrão por conta do parceiro tratador e criador (parceiro-outorgado).

4. O proprietário assegurará ao parceiro-outorgado que residir no imóvel rural e para atender ao uso exclusivo da família deste casa de moradia higiênica e área suficiente para horta e criação de pequeno porte.

5. Nos contratos de parceria rural (agrícola, agroindustrial ou extrativa), constarão as seguintes condições:

    a. quota-limite do proprietário na participação dos frutos, segundo a natureza da atividade agropecuária e facilidades oferecidas ao parceiro;

    b. prazos mínimos de duração e limites de vigência segundo os vários tipos de atividade agrária;

    c. bases para renovações convencionadas;

    d. formas de extinção ou rescisão;

    e. direitos e obrigações quanto às indenizações por benfeitorias levantadas com consentimento do proprietário e aos danos substanciais causados pelo parceiro, por práticas predatórias na área de exploração ou nas benfeitorias, nos equipamentos, ferramentas e implementos agrícolas a ele cedidos;

    f. direito e oportunidade de dispor dos frutos repartidos.

6. Na participação dos frutos da parceria, a quota do proprietário não poderá ser superior a:

   a. 10% (dez por cento), quando concorrer com a terra nua;

   b. 20% (vinte por cento), quando concorrer com a terra preparada e moradia;

   c. 30% (trinta por cento), caso concorra com o conjunto básico de benfeitorias, constituído especialmente de casa de moradia, galpões, banheiro para gado, cercas, valas ou currais, conforme o caso;

   d. 50% (cinquenta por cento), caso concorra com a terra preparada e o conjunto básico de benfeitorias enumeradas na letra *c* mais o fornecimento de máquinas e implementos agrícolas, para atender aos tratos culturais, bem como as sementes e animais de tração e, no caso de parceria pecuária, com animais de cria em proporção superior a 50% do número total de cabeças objeto da parceria;

   e. 70% (setenta por cento), nas zonas de pecuária ultraextensiva em que os animais de cria forem em proporção superior a 20% do rebanho e onde se adotem a meação do leite e a comissão mínima de 5% por animal vendido;

   f. o proprietário poderá sempre cobrar do parceiro-outorgado, por seu preço de custo, o valor de fertilizantes e inseticidas fornecidos, no percentual que corresponder à participação parceiro-outorgado, em qualquer das modalidades previstas nas letras anteriores;

   g. nos casos não previstos nas letras anteriores, a quota adicional do proprietário será fixada com base em percentagem máxima de 10% do valor das benfeitorias ou dos bens postos à disposição do parceiro.

7. Aplicam-se à parceria agrícola, pecuária, agropecuária, agroindustrial ou extrativa as normas pertinentes ao arrendamento rural, no que couber, bem como as regras do contrato de sociedade, no que não estiver regulado pela lei.

1.8.5.2 Obrigações do parceiro-outorgante

O parceiro-outorgante (o proprietário) é obrigado a:

a. entregar ao parceiro-outorgado o imóvel rural objeto de contrato, na data estabelecida, ou segundo os usos e costumes da região;

b. garantir ao parceiro-outorgado o uso e gozo do imóvel cedido, durante o prazo de contrato;

c. fazer no imóvel, durante a vigência do contrato, as obras e os reparos necessários;
d. pagar as taxas, impostos, foros e toda e qualquer contribuição que incida ou venha a incidir o imóvel rural dado em parceria, se de outro modo não se houver convencionado;
e. ceder casa de moradia higiênica e área suficiente para horta e criação de animais de pequeno porte, isso se o parceiro-outorgado for residir no imóvel rural;
f. assumir as despesas com tratamento e criação dos animais, isso se não houver acordo em contrário.

1.8.5.3 Obrigações do parceiro-outorgado

O parceiro-outorgado é obrigado a:

a. entregar ao parceiro-outorgante a quota que lhe couber na partilha, no dia e hora estipulados, bem como nos locais ajustados;
b. usar o imóvel rural conforme o convencionado ou presumido e tratá-lo com o mesmo cuidado que teria se fosse seu, não podendo mudar sua destinação contratual;
c. levar ao conhecimento do parceiro-outorgante, imediatamente, qualquer ameaça ou ato de turbação ou esbulho, que contra sua posse vier a sofrer, e ainda de qualquer fato do qual resulte a necessidade da execução de obras e reparos indispensáveis à garantia do uso do imóvel rural;
d. fazer no imóvel, durante a vigência do contrato, as benfeitorias úteis e necessárias, salvo convenção em contrário;
e. devolver o imóvel, ao término do contrato, tal como o recebeu com seus acessórios, salvo as deteriorações do uso regular. O parceiro-outorgado será responsável por qualquer prejuízo resultante do uso predatório, culposo ou doloso, quer em relação à área cultivada, quer em relação a benfeitorias, equipamentos, máquinas, instrumentos de trabalho e quaisquer outros bens a ele cedidos pelo parceiro-outorgante.

1.8.6 *Comodato*

É o empréstimo gratuito da propriedade rural para que se use pelo tempo e nas condições preestabelecidas. O proprietário do capital fundiário não recebe nada do comodatário, conforme a legislação.

1.8.7 Condomínio ou consórcio

É a propriedade em comum, ou copropriedade, em que os condôminos proprietários compartilham dos riscos e dos resultados na proporção da parte que lhes cabe no condomínio.

1.9 Princípios da parceria agrícola

São princípios da parceria (agrícola, pecuária, agroindustrial e extrativa), prescritos no art. 96 do Estatuto da Terra:

1. o prazo dos contratos de parceria, desde que não convencionados, será, no mínimo, de 3 (três) anos, assegurado ao parceiro-outorgado a conclusão da colheita pendente, observadas as normas constantes do Estatuto da Terra, art. 95, I;
2. expirado o prazo, se o proprietário não quiser explorar diretamente a terra por conta própria, o parceiro-outorgado, em igualdade de condições com terceiros, terá preferência para firmar novo contrato;
3. as despesas com o tratamento e criação de animais, não havendo acordo em contrário, correrão por conta do parceiro-outorgado;
4. o proprietário (parceiro-outorgante) assegurará ao parceiro-outorgado, que residir no imóvel objeto do contrato, para o uso exclusivo da família deste, casa de moradia higiênica e área para horta e criação de animais de pequeno porte;
5. o Regulamento do Estatuto da Terra dispõe sobre as condições que constarão obrigatoriamente dos contratos, como quota-limite do proprietário de participação nos frutos; prazo mínimo de duração; bases para a renovação negociada; direitos e obrigações quanto à benfeitorias; direitos e obrigações de danos causados pelo parceiro-outorgado; direito e oportunidade de dispor sobre os frutos repartidos;
6. na participação dos frutos da parceria, a quota do proprietário não poderá ser superior a:
    - 20% (vinte por cento), quando concorrer apenas com a terra nua;
    - 25% (vinte e cinco por cento), quando concorrer com a terra preparada;
    - 30% (trinta por cento), quando concorrer com a terra preparada e moradia;

- 40% (quarenta por cento), caso concorra com o conjunto básico de benfeitorias, constituído especialmente de casa de moradia, galpões, banheiro para gado, cercas, valas ou currais, conforme o caso;
- 50% (cinquenta por cento), caso concorra com a terra preparada e o conjunto básico de benfeitorias enumeradas no item anterior e mais o fornecimento de máquinas e implementos agrícolas, para atender aos tratos culturais, bem como as sementes e animais de tração, e, no caso de parceria pecuária, com animais de cria em proporção superior a 50% (cinquenta por cento) do número total de cabeças objeto de parceria;
- 75% (setenta e cinco por cento), nas zonas de pecuária ultraextensiva em que forem os animais de cria em proporção superior a 25% (vinte e cinco por cento) do rebanho e onde se adotarem a meação do leite e a comissão mínima de 5% (cinco por cento) por animal vendido;
- nos casos não previstos nos itens anteriores, a quota adicional do proprietário será fixada com base em percentagem máxima de dez por cento do valor das benfeitorias ou dos bens postos à disposição do parceiro;

O Estatuto da Terra dispõe, ainda, em seu art. 96, que se aplicam aos contratos de parceria as normas pertinentes ao arrendamento rural, no que couberem, bem como as regras dos contratos de sociedades, no que não estiver regulado pelo Decreto n. 59.566/66.

Quadro com características do arrendamento e parceria.

CARACTERÍSTICAS	ARRENDAMENTO	PARCERIA
DENOMINAÇÕES		
Proprietário	Arrendante ou arrendador	Parceiro Outorgante
Produtor	Arrendatário	Parceiro Outorgado
Cláusulas Obrigatórias	Art. 95 do Estatuto da Terra	Art. 96 do Estatuto da Terra
MOTIVAÇÃO E OBJETIVOS		
Motivação do Proprietário	Dispõe de uma propriedade que por diversas razões (falta de recursos) prefere não explorar pessoalmente mas deseja auferir renda do estabelecimento.	Busca novos sócios para melhor aproveitamento da capacidade produtiva do estabelecimento, racionalização de custos e reestruturação do negócio.

CARACTERÍSTICAS	ARRENDAMENTO	PARCERIA
Motivação dos Arrendatários e Parceiros	Possibilidade de ampliar as atividades sem imobilizar capital em terra. Possuem máquinas e capacidade empreendedora.	Trabalhadores rurais e pequenos produtores que possuem experiência como produtores e querem se tornar independentes (não mais empregados). Precisam de emprego para a família. Jovens produtores que conhecem a atividade.
Benefícios para o Proprietário	Geralmente ele não é mais o produtor. O proprietário paga o Imposto de Renda.	Beneficia o proprietário, pois ele continua produtor. Os impostos são pagos apenas na sua parcela da produção.
Divisão do Risco da Atividade	O arrendatário (ou grupo) assume a totalidade do risco da atividade. Pagamento fixo em dinheiro. Compromisso fixo. Não depende do resultado da colheita.	O proprietário assume parte do risco de frustração de safra ou perda de animais. É melhor para o parceiro, do ponto de vista do risco financeiro. Depende do resultado da colheita.
Recomendável para o Público Meta de Trabalhadores Rurais e Pequenos Produtores	Menos recomendável, exceto na modalidade de consórcio ou condomínio. Predominam atividades de longa maturação. Mas pode haver arrendamento para cultivos de ciclo curto.	Recomendável nos casos de grupos de consórcios e condomínios devido à divisão de risco. Atividades e cultivos de curto período de maturação.
Opção Contratual da Compra da Terra	Recomendável. Requer inserção de cláusula no contrato.	Recomendável. Requer inserção de cláusula no contrato.
CONDIÇÕES		
Área do Estabelecimento	Geralmente todo o estabelecimento.	Parte da área do estabelecimento.
Prazo Mínimo	3 anos.	3 anos.
Prazos Existentes Hoje	Casos de 8 a 20 anos.	Casos de 8 a 10 anos.
Preços e Valor	R$ por unidade de área. Há casos de pagamentos em produto (litros de leite, cabeças de gado etc.), a preços de mercado.	Predominam os pagamentos em produto. Em percentuais variáveis, de acordo com o aporte de fatores e insumos.
Condições de Pagamento	Há casos de implantação da exploração com período de carência de X anos. Em seguida, pagamentos anuais.	Pagamentos anuais ou de acordo com a geração de receita. Predominam empreendimentos de curta maturação.
Benfeitorias	Aquelas existentes no estabelecimento. São cedidas de forma integral. Faz-se uma vistoria prévia, prevista no contrato.	Acesso a apenas uma parte das benfeitorias. O acesso maior é à terra.

CARACTERÍSTICAS	ARRENDAMENTO	PARCERIA
Implantação de Benfeitorias	Com consulta prévia ao proprietário, inclusive com orçamento. O arrendatário é indenizado no final do contrato.	Pode-se dizer que quase não há necessidade de implantação de benfeitorias. Quando há, quem as faz é o proprietário.
Normas Técnicas para Preservação dos Solos	Rigorosas quanto à conservação de solos, combate à erosão, aplicação de calcário e fertilizantes e adubos.	Acompanhamento da correção da acidez e aplicação de fertilizantes pelo proprietário.
Conservação dos Recursos Naturais	Cláusulas contratuais de conservação de matas, mananciais, observância das normas de legislação ambiental. Responsabilidade do arrentadatário.	Acompanhamento mais de perto pelo proprietário. O parceiro assume sua parte nesta questão juntamente com o proprietário.
ITR, Taxas e Impostos	O arrendatário assume a responsabilidade total pelo pagamento.	O proprietário acerta com o parceiro o pagamento dos impostos.
Garantia dos Contratos	Em alguns casos há exigência de fiança ou aval, em contratos de Consórcios e Condomínios.	Contrato entre as partes, sem exigência de fiança ou aval.
PROAGRO	Deve ser feito. Se não houver o seguro, o risco é assumido integralmente pelo arrendatário.	É necessário. O proprietário pode exigir, porque assume riscos de frustração de safra.
ATIVIDADES		
Explorações Predominantes	Hortaliças, folhosas, legumes. Predominância de pecuária leiteira. Pecuária de corte (cria e engorda). Recuperação de pastagens.	Cereais, grãos, fibras e oleaginosas. Há também hortaliças e legumes.
OPÇÕES QUANDO HÁ ESCASSEZ DE CAPITAL		
INSUMOS		
Sementes, Adubos, Fertilizantes, Calcário, Combustíveis etc.	Geralmente por conta do arrendatário.	Há muitos casos de fornecimento pelo proprietário, com percentuais da parceria ajustados para cobrir custos.
FATORES DE PRODUÇÃO		
Máquinas e Equipamentos	Por conta do arrendatário. Com exceções.	Fornecido em parte pelo proprietário.
Benfeitorias	Fornecidas pelos proprietários (casas, energia elétrica, instalações de manejo etc.). Aquelas dos estabelecimentos.	As pertencentes ao estabelecimento. Parceiro proprietário: instalações. Parceiro lavourista: trabalho e insumos.

CARACTERÍSTICAS	ARRENDAMENTO	PARCERIA
Animais	De propriedade dos arrendatários. Há casos de propriedade comum dos animais separados em partes de um e de outro.	Fornecidos pelo proprietário. Parceria nos resultados da pecuária.
Combinações na Exploração da Pecuária	Arrendador: pastagens e instalações. Arrendatário: rebanhos.	Há modelos novos como da parceria escalonada, cujo funcionamento está descrito no contrato anexo a este Manual.
Combinação de Trabalho e Arrendamento ou Parceria	Não é comum.	Sim. O parceiro pode ser trabalhador e parceiro no estabelecimento.

Fonte: Estatuto da Terra.

1.10 Considerações finais

A Administração Rural leva o produtor a refletir sobre situações administrativas da propriedade e sobre o processo de tomada de decisão. Proporciona estratégias no que se relaciona ao que produzir, quanto produzir e como produzir. Ressalta-se que o resultado depende de fatores internos, e outros fatores, inclusive capital, mas, há também o fator mercado, que condiciona as decisões do proprietário rural.

Os empresários rurais sofrem com a acomodação dos contadores, que, muitas vezes, não fornecem orientações adequadas e os devidos esclarecimentos acerca da necessidade de separar os custos, o que faz com que a Contabilidade Rural seja voltada para o atendimento dos interesses fiscais.

A Contabilidade Rural objetiva fornecer informações aos empresários rurais e, torna-se necessário desenvolver uma assessoria e consultoria contábil personalizada, que atenda às necessidades do setor.

Questões

1.1. Qual o papel que a agricultura deve desempenhar no processo de desenvolvimento econômico?

1.2. Conceitue Empresa Rural.

1.3. Dentro do campo de ação da Contabilidade Rural, quais são os questionamentos que o produtor rural faz? O que espera que os profissionais da área possam fazer para ajudá-lo a encontrar respostas?

1.4. Toda Empresa Rural, mesmo sendo familiar, é integrada por um conjunto de recursos denominados fatores da produção. Quais são eles?

1.5. A Fazenda Jequitibá possui várias atividades agrícolas, sendo que pomares e cereais (milho e feijão) representam 40% de suas atividades. Os outros 60% vêm da atividade Zootécnica, basicamente criação de gado bovino.

Em 2009, apurou-se o seguinte:

Janeiro a Março Venda de Frutas	10%	Custos	3%
Junho a Agosto Nascimento de bezerros aumento do rebanho	25%	Custos	10%
Outubro Venda de Cereais	30%	Custos	11%
Dezembro Abate e venda a prazo (30 dias) de gado	35%	Custos	15%

Pergunta-se:

a. Qual a atividade economicamente mais produtiva da Fazenda Jequitibá?
b. Qual o período para se fazer a apuração do resultado?
c. A receita apurada da venda de gado irá pertencer a qual exercício?
d. Justifique suas respostas.

1.6. Qual a importância para uma empresa agrícola administrar bem seu capital, principalmente quanto a sua divisão em Capital Fixo e Capital Circulante?

1.7. Dadas as implicações que envolvem as atividades rurais, como: safra, clima, ciclos biológicos dos produtos, políticas de preços, altos custos de estocagem etc., a Contabilidade oferece condições de servir como instrumento real e preciso de informações para tomadas de decisões? Justifique sua resposta.

Múltipla escolha

1. Faça a relação corretamente:
   a. parceria
   b. arrendamento
   (   ) 10% da produção quando o proprietário concorrer com a terra nua.
   (   ) Consta nos contratos o limite do aluguel e as formas de pagamento em dinheiro ou produtos colhidos.
   (   ) O proprietário poderá cobrar pelo preço de custo o valor de fertilizantes e inseticidas fornecidos.
   (   ) Os prazos devem terminar sempre após o término da colheita.

2. Todas as afirmativas estão corretas, exceto:
   (   ) a. O fator de produção mais importante para a agropecuária é a terra, pois é nela que se aplica o capital e se trabalha para obter a produção.
   (   ) b. O capital é o conjunto de bens colocados sobre a terra com o objetivo de aumentar sua produtividade e ainda facilitar e melhorar a qualidade do trabalho humano.
   (   ) c. Os capitais que permanecem durante vários anos na empresa são chamados capital fixo e os que são consumidos dentro do ano agrícola são denominados capital circulante.
   (   ) d. O ano agrícola é diferente do ano fiscal. Enquanto o ano fiscal abrange 12 meses, que vai de 1º de janeiro a 31 de dezembro, o ano agrícola corresponde ao período de 12 meses, que engloba o início do cultivo até sua respectiva colheita ou a colheita das principais culturas da região.
   (   ) e. O conhecimento das condições de mercado e dos recursos naturais não dá ao produtor rural os elementos básicos para o desenvolvimento de sua atividade econômica.

3. Nos últimos anos ocorreu no Brasil uma grande industrialização que resultou no aumento de população nas cidades e diminuição na área rural. Para atender a grande demanda, observe os papéis que a Agricultura pode e deve desenvolver. Assinale a única alternativa que não combina com a ideia:
   (   ) a. Produção de alimentos baratos e de boa qualidade.

( ) b. Produzir matéria-prima para a indústria.
( ) c. Trazer dinheiro para o país, através de exportação.
( ) d. Trazer divisas para o país por meio de importação.
( ) e. Dar condições de vida para o trabalhador rural.

4. A terra, o capital e o trabalho constituem fatores de produção:
( ) a. da Administração Rural;
( ) b. da Indústria;
( ) c. das Cooperativas;
( ) d. dos Sindicatos;
( ) e. da Empresa Rural;

5. Relacione os elementos que constituem o capital da empresa agropecuária, numerando as colunas abaixo de acordo com:
(1) benfeitoria
(2) animal de produção
(3) equipamento
(4) insumo

( ) suíno   ( ) terraço
( ) trator   ( ) fungicida
( ) curral   ( ) ceifadeira
( ) asinino   ( ) pocilga
( ) fosfato   ( ) sais minerais

6. Identifique com a letra A as obrigações do parceiro-outorgante e com B as obrigações do parceiro-outorgado:
( ) A moradia higiênica, quintal, área para a horta e para a criação de animais de pequeno porte.
( ) Desfrutar, zelar e conservar a moradia sem, entretanto, mudar os termos do contrato.
( ) Desenvolver benfeitorias necessárias no imóvel.
( ) Assumir despesas com acidentes, tratamento e criação de animais.
( ) Responsabilizar-se pelo imóvel e devolvê-lo ao término do contrato, sem pagar nada pelo tempo que nele residiu.
( ) Pagar taxas, impostos ou qualquer outra contribuição que incidir sobre o imóvel rural.

7. Relacione:

   (POT) = Parceiro-outorgante

   (POG) = Parceiro-outorgado

   (   ) Quem vai explorar a terra que recebeu.

   (   ) Quota inferior a 70% nas zonas de pecuária ultraextensiva, em que os animais de reprodução forem superiores a 20%.

   (   ) Proprietário.

   (   ) Pessoa que recebe em parceria.

   (   ) Pessoa que cede em parceria.

8. Assinale com X o que constitui casos de despejo:

   (   ) a. Abandono do cultivo, seja total ou parcial.

   (   ) b. Rescisão de contrato.

   (   ) c. Infringir obrigação legal.

   (   ) d. Falta de pagamento de aluguel.

   (   ) e. Mudança da destinação do imóvel rural.

   (   ) f. Infração grave de obrigação contratual.

9. Marque os casos de extinção de contrato:

   (   ) a. Sentença judicial irrecorrível.

   (   ) b. Mudança da destinação do imóvel rural.

   (   ) c. Rescisão de contrato.

   (   ) e. Infração de obrigação.

   (   ) d. Perda do imóvel rural.

   (   ) f. Retomada do imóvel rural.

10. Identifique:

    1. Arrendador

    2. Arrendatário

    3. Subarrendatário

    (   ) a. pessoa autorizada a receber transferência de direitos e totais de obrigações.

    (   ) b. pessoa com direito a indenização pelas benfeitorias úteis e necessárias feitas na área ou imóvel rural.

    (   ) c. aquele que cede em arrendamento.

    (   ) d. aquele que aluga parcial ou totalmente o imóvel.

( ) e. pessoa autorizada a receber transferência parcial de direitos e obrigações.

( ) f. conjunto familiar representado pelo chefe, que arrenda um imóvel rural.

( ) g. proprietário do imóvel.

11. As ações o que, quanto e como produzir constituem, no campo da Administração Rural:

( ) a. Conhecimento das condições.

( ) b. Elementos básicos.

( ) c. Condições de mercado.

( ) d. Recursos naturais.

( ) e. Aspectos de decisão.

12. No caso de contrato de arrendamento rural em que haja pluralidade de arrendatários, o direito de preempção que cabe a estes:

( ) a. não pode ser exercido.

( ) b. pode ser exercido por qualquer um relativamente à totalidade do imóvel, se os demais arrendatários não exercerem esse direito.

( ) c. deve ser exercido conjuntamente por todos, necessariamente.

( ) d. pode ser exercido por qualquer um relativamente a sua fração ideal, independentemente do exercício desse direito pelos demais arrendatários.

( ) e. apenas pode ser exercido por aquele que for possuidor de mais de metade do imóvel.

13. Assinale o elemento que não deve fazer parte de um contrato de arrendamento:

( ) a. forma de extinção.

( ) b. indenização.

( ) c. danos ou prejuízos.

( ) d. prazo.

( ) e. limite de preço.

14. O preço de arrendamento sob qualquer forma de pagamento não deve ser superior a .... do valor cadastral do imóvel.

( ) a. 20%;
( ) b. 50%;
( ) c. 30%;
( ) d. 10%;
( ) e. 15%.

15. Os princípios reguladores do arrendamento do Estatuto da Terra estão contidos no artigo de número:
   ( ) a. 90;
   ( ) b. 70;
   ( ) c. 60;
   ( ) d. 95;
   ( ) e. 50.

16. Sobre a definição de empresas rurais, é correto afirmar que:
   ( ) a. São todas as empresas sem fins lucrativos que exercem atividade agrícola.
   ( ) b. São as empresas familiares que atuam fora da zona urbana.
   ( ) c. São aquelas que exploram a capacidade produtiva na atividade agroindustrial.
   ( ) d. São aquelas que exploram a capacidade produtiva do solo por meio de cultivo de terra, criação de animais e transformação de produtos agrícolas.

17. Relativamente aos princípios e normas que regem os contratos de parceria agrária é correto afirmar que:
   A. as despesas com o tratamento e a criação dos animais, não havendo acordo em contrário, correrão por conta do parceiro tratador e criador.
   B. expirado o prazo, se o proprietário não quiser explorar por si diretamente a terra, o parceiro não terá preferência para firmar um novo se em igualdade de condições com terceiros.
   C. o prazo desde que não expressamente convencionado pelas partes será no mínimo de dois anos.
   D. o proprietário assegurará ao parceiro que residir no imóvel rural, e para assegurar a exclusiva lucratividade da propriedade, área suficiente para criação de animais de pequeno porte.
   E. sendo por prazo fixo e uma vez expirado, é assegurado ao parceiro o direito à conclusão da colheita desde que obrigatoriamente se convencione pagamento adicional.

2

Administração rural moderna

Com o desenvolvimento tecnológico, a agricultura vem se desenvolvendo e produzindo cada vez mais, reduzindo os custos, gerando renda e criando empregos, fornecendo, dessa forma, as bases para a implantação de indústrias. É de suma importância a necessidade de profissionais e de mão de obra qualificados para operarem nas atividades rurais, tanto na própria produção como na área administrativa, visando buscar um controle econômico-financeiro mais rigoroso.

Nesse contexto, a contabilidade pode desempenhar um importante papel como ferramenta gerencial, por meio de informações que permitam o planejamento, o controle e a tomada de decisão, transformando as propriedades rurais em empresas com capacidade para acompanhar a evolução do setor, principalmente no que tange aos objetivos e atribuições da administração financeira, controle de custos, diversificação de culturas e comparação de resultados.

A necessidade de uma atualização dos meios de gerenciamento nas empresas rurais é, hoje, uma realidade fundamental para alcançar resultados de produção e produtividade que garantam o sucesso do empreendimento. Por meio de tecnologias que permitem interligar criações, pode ser possível obter rendimentos adicionais, diluir custos e economizar insumos.

Uma Empresa Rural existe para aumentar a riqueza de seus proprietários. A administração cuida em determinar que produtos e serviços são necessários e em colocá-los nas mãos dos consumidores. A administração financeira trata das decisões sobre planejamento a fim de atingir o objetivo de maximizar a riqueza dos proprietários rurais. Como as finanças estão envolvidas em todos os aspectos operacionais da Empresa Rural, os gerentes não financeiros, assim como os gerentes financeiros, não podem efetivar suas obrigações sem informações financeiras.

Um método eficaz para uma devida avaliação da administração do empreendimento pode ser resumido em duas etapas: levantamento do estágio atual e elaboração de um plano de medidas tomadas a curto prazo.

É preciso considerar que com a situação de política agrícola é necessário que a tomada de decisão em um empreendimento agropecuário seja de forma rápida a fim de adequar-se às mudanças constantes da política e de economia do país.

Para a primeira etapa deste trabalho podem ser dados os seguintes passos:

1. *características gerais da organização:* histórico; estrutura jurídica e acionária; influências;
2. *objetivos* e *estratégia:* metodologia de definição dos objetivos; estratégias adotadas e investimentos realizados;
3. *finanças:* administração financeira; balanços e contas de resultados; fontes e aplicações de recursos; planejamento e previsão financeira;
4. *sistemas administrativos* e *práticas adotadas:* estrutura organizacional; processo de tomada de decisão; comunicação; sistema interno de informações; planejamento e controle; técnicas empregadas; cultura organizacional;
5. *recursos humanos:* administração de pessoal; quadro de pessoal; remuneração e motivação;
6. conclusões sobre o estado atual da administração.

Após a análise e as conclusões obtidas, será possível determinar o melhor direcionamento para uma administração eficiente.

Com a definição do objetivo do sistema, é possível traçar uma estratégia para atingir as metas preestabelecidas. Administração é um processo de tomar decisões e realizar ações que compreendem quatro processos principais interligados: planejamento, organização, direção e controle.

2.1 Conceito de administração moderna na agropecuária

A atividade agropecuária, por suas múltiplas atividades e volume financeiro das operações (compra, venda, contratação de serviços, produção etc.), constitui-se na realidade em empresa, apesar de nem sempre estar formalmente assim denominada e estruturada.

No auge do desenvolvimento do agronegócio brasileiro as empresas rurais substituem suas práticas administrativas obsoletas por novos conceitos administrativos de planejamento, controle e estratégias organizados em torno da busca de objetivos eficazes e lucrativos. A empresa rural vem se tornando a escolha da administração moderna em conceitos adaptados à realidade e imprevisibilidade devido às suas condições desfavoráveis na produção agrícola atualmente.

2.1.1 Organização

É imprescindível que o empreendimento seja ao máximo desvinculado da pessoa física do ponto de vista organizacional, mesmo que isso não venha a ser formalizado juridicamente.

Para um gestor rural, o conhecimento técnico, a sensibilidade e a competência pelo diagnóstico da empresa determinam grande parte do seu sucesso na agropecuária devido às múltiplas atividades e ao volume financeiro das operações, constituindo-se, na realidade, como uma empresa, apesar de nem sempre estar estruturada e denominada dessa forma.

As operações de gestão agrária são consideradas sob tríplice aspecto: o técnico, o econômico e o financeiro.

Sob o aspecto técnico, estuda-se a possibilidade de plantio de determinada cultura vegetal ou criação de gado na área rural, isso implica a escolha das sementes, os implementos a serem usados, os tipos de alimentação do gado, a rotação de culturas, as espécies de fertilizantes e o sistema de trabalho etc.

No aspecto econômico, estudam-se várias operações a serem executadas, quanto ao seu custo e aos seus resultados, isto é, o custo de cada produção e sua recuperação, através do qual se obtém o lucro.

Considera-se o aspecto financeiro quando se estudam as possibilidades de obtenção de recursos monetários necessários e o modo de sua aplicação, ou seja, o movimento de entradas e saídas de numerários, de modo a manter o equilíbrio financeiro do negócio.

2.1.2 Estrutura organizacional

No sentido de desvincular o empreendimento ou "emancipá-lo", ele deve ser dotado de uma estrutura autônoma responsável por todas as atividades que compõem a administração, administração financeira, contábil etc.

A solução proposta seria de reagrupar, por departamento, as atividades e dar mais altura ao organograma, criando níveis intermediários efetivos (gerências de setores). Devem atentar para:

- os escritórios de base na cidade e na fazenda tornam-se responsáveis pela Contabilidade (registros e processamento de dados);
- os departamentos estariam cada um sob a responsabilidade de um técnico de nível médio ou superior;
- o administrador assumiria a responsabilidade integral pelos resultados do empreendimento.

O administrador será o responsável pelas seguintes tarefas:

- planejamento (produção e finanças);
- organização (produção e administração);
- direção de seus subalternos diretos; e
- controle (produção, administração e finanças).

Ele deverá apresentar planos (ex.: orçamento) ao proprietário que, uma vez aceitos, deverão ser implantados, além de elaborar um sistema de relatório e controle que permita a este último acompanhar o andamento do empreendimento.

2.1.3 Práticas administrativas

Deve-se estar atento para os seguintes pontos:

PLANEJAMENTO. As programações anuais elaboradas devem ser mantidas, aprimoradas e servir de lista de ações, direcionando as atividades a serem executadas.

Elas servirão de base ao orçamento, elemento indispensável à administração do empreendimento para:

- previsão das necessidades e geração de recursos;
- controle do andamento, comparando o real e o orçado.

CONTROLE FINANCEIRO E DE RESULTADOS. Por constituir uma ferramenta indispensável à administração do empreendimento, os instrumentos de controle financeiro e de resultados devem ser do alcance do administrador e executados sob sua supervisão.

O desempenho na realização de qualquer tipo de tarefa é influenciado por forças chamadas motivos, as quais produzem a motivação. Pode-se citar como exemplo de motivos internos valores e habilidades das pessoas.

2.1.4 Planejamento rural

O planejamento é definir objetivos, atividades e recursos. É um esforço humano, feito de forma conjunta e organizada, para que, modificando a sociedade, acelere o ritmo de desenvolvimento da coletividade. Ele tem uma formulação sistemática e devidamente integrada que expressa uma série de propósitos a serem realizados dentro de determinado prazo, levando em consideração as limitações impostas pelos recursos disponíveis e as metas prioritárias definidas.

Embora existam diferentes definições, planejamento (ou planificação) é, antes de mais nada, a formulação sistemática de um conjunto de decisões, devidamente integrado, que expressa os propósitos de um indivíduo, grupo ou associação de indivíduos, e que condiciona os meios disponíveis para esses mesmos propósitos, através do tempo. O planejamento é, assim, um processo dinâmico e, portanto, deve ser bem diferenciado de plano, programa e projeto, que são documentos, na forma de relatórios, contendo todas as informações necessárias à implantação, execução e controle das proposições feitas.

O planejamento rural tem por principal meta organizar os planos de produção da propriedade visando melhor utilização dos fatores de produção, aumento das eficiências técnica e econômica e, por conseguinte, melhoria da rentabilidade econômica e da renda do proprietário, assim como também capacitar os produtores nos aspectos de tecnologia de produção, gestão administrativa dos negócios e comercialização da produção de sua propriedade.

Quando se executa um planejamento em uma propriedade rural, faz-se um diagnóstico completo levantando-se os seguintes pontos:

- benfeitorias (casas, galpões, cercas, mangueiras para gado etc.);
- estradas, aceiros e pontes;
- tipo de cultura que está sendo usado;
- tipo de vegetação e floresta dominante na região;

- localização em nível de país, estado e município;
- dados relativos à temperatura local, umidade do ar e altitude;
- tipo de solo característico da propriedade (pH, umidade, fertilidade etc.);
- descrição dos cursos d'água e rios;
- localização das divisas e confrontantes da propriedade;
- diferentes utilizações na propriedade etc.

No planejamento, deve-se ter em conta sua:

- viabilidade econômica, que diz respeito aos custos e às receitas envolvidos no projeto, às condições de financiamento, à capacidade de pagamento etc.;
- viabilidade técnica, isto é, o planejamento deve ser compatível com a disponibilidade de matéria-prima, de equipamentos, de *know-how*, de pessoal especializado etc.;
- viabilidade política e institucional, isto é, deve-se considerar a situação legal, a aceitabilidade do plano pelos responsáveis por sua execução e pelos que serão atingidos pelo processo.

Uma medida importante é a separação da Contabilidade gerencial (instrumento de administração) da Contabilidade fiscal e das contas bancárias particulares das contas da empresa.

O sistema de controle gerencial de resultados deve ser concebido de forma a permitir a identificação dos problemas operacionais e avaliação de desempenho de cada unidade estratégica de negócio. O processo pelo qual a administração se assegura, tanto quanto possível, do seguimento dos planos e políticas da administração é o controle.

CONTROLE DE PRODUÇÃO. Esses controles estarão sob a responsabilidade direta dos gerentes de departamento.

Com a definição das funções e responsabilidades sobre todas as atividades do empreendimento, é possível medir o desempenho e avaliar os resultados obtidos ao longo do desenvolvimento do projeto.

Outra forma bem simples de avaliar o desempenho administrativo é através da aplicação de um questionário que apresenta o modelo de sistema de controle gerencial utilizado.

2.2 Administração financeira e contabilidade

A função financeira e a contábil dentro de uma Empresa Rural são bem parecidas. Embora haja relação íntima entre essas funções, a função contábil é mais bem visualizada como um insumo necessário à função financeira, isto é, como subfunção da administração financeira. Essa visão está de acordo com a organização das atividades de uma Empresa Rural em três áreas básicas: produção, finanças e comercialização. Em geral, considera-se que a função contábil deve ser controlada pelo empresário rural. Contudo, há duas diferenças básicas de perspectivas entre a administração financeira e a Contabilidade: uma refere-se ao tratamento de fundos; a outra, à tomada de decisão.

O CPC 29 estabelece o tratamento contábil, e as respectivas divulgações, relacionados aos ativos biológicos e aos produtos agrícolas. Assim, o empresário rural deve cuidar de desempenhar a função de administrar financeiramente seu empreendimento, já que a maioria das decisões precisa ser de algum modo medida em termos financeiros. Obviamente, a importância da função financeira na empresa depende amplamente de seu porte. Em empresas grandes, ela pode ser manipulada por um departamento separado; em pequenas empresas, a função será geralmente realizada pelo departamento de Contabilidade e/ou pelo empresário rural. As funções de finanças são: (a) fazer a análise e planejamento financeiro; (b) administrar a estrutura de ativo da empresa e (c) administrar sua estrutura financeira.

O conhecimento financeiro auxilia no planejamento, na solução de problemas e nas tomadas de decisão. As finanças fornecem um mapa com números e análises que o ajudam a desempenhar bem suas funções. Além disso, o empresário rural precisa conhecer Contabilidade e finanças para entender os relatórios financeiros preparados por outros segmentos da organização. O empresário precisa saber o que significam os números, ainda que não tenha como gerá-los.

As finanças fornecem um meio de ligação que facilita a comunicação entre os diferentes departamentos. Por exemplo, o orçamento comunica os objetivos globais aos gerentes de departamento, de modo que eles saibam o que se espera deles; ele também fornece indicações de como cada departamento pode conduzir suas atividades. O mais importante é que o empresário rural, como gerente de departamento, tem de apresentar fortes justificativas à administração superior para fazer dotações orçamentárias. A administração econômica conjunta de operações praticadas por alguém com o objetivo de conservar e tornar produtiva determinada riqueza.

2.3 Sistemas de informação: um meio seguro de obter qualidade

Os donos ou executivos de empresas rurais onde esteja sendo implantado um programa de qualidade total já devem ter deparado com a seguinte dúvida: "Está certo, minhas vendas aumentaram, mas em que medida o esforço pela qualidade contribuiu para esse aumento, em relação a outros fatores, como demanda aquecida ou o próprio crescimento vegetativo?" Ou então: "Até que ponto esse programa contribui para aumentar meus lucros e diminuir meus custos?"

O empresário em questão talvez se pergunte também se o custo do esforço pela qualidade (consultoria, sistemas modificados, treinamento para o programa, pesquisas etc.) é mais baixo que os benefícios advindos de sua implantação.

A maioria das empresas rurais brasileiras e estrangeiras que adotam programas de melhoria contínua não sabe responder a essas perguntas. Isso só será possível no dia em que os sistemas financeiros das empresas estiverem integrados aos sistemas de qualidade e produtividade.

Na maioria dos casos, as empresas rurais apenas sabem que estão num processo de qualidade, mas, no final das contas, não conseguem dizer o peso que isso tem em seus resultados.

O segredo para garantir a continuidade eficaz e bem monitorada de um programa de qualidade passa pela implementação de um sistema de mensuração mais sensível, capaz de medir os ganhos efetivos. Isso seria feito através da criação de um sistema de informações que reunisse num mesmo arcabouço as informações econômico-financeiras, de qualidade, de produtividade e de cunho social. Diferente dos sistemas hoje em prática, baseados em demonstrações financeiras e relatórios gerenciais.

Os sistemas de informações no mundo inteiro não evoluíram muito desde 1930. Muitas organizações de grande porte têm sistemas caóticos. Como querer mensurar qualidade – que dá margem a índices muito mais complexos – se a maioria das empresas demora meses para consolidar as informações de seus balanços após o fim do exercício?

Por exemplo, uma grande agropecuária há um ano envolvida num programa de qualidade, mas que ainda não consegue determinar o custo individual de cada um dos diversos produtos que comercializa.

Uma tendência no empresariado rural afinado com a qualidade é procurar respostas para essas questões, na direção de um novo modelo que muitos chamam de "balanço social"; no entanto, predomina hoje nesse modelo ainda a vertente laboral. Acredito que rumamos para algo como "sistema de informações empresariais integradas", funcionando *on-line,* em tempo real. Num sistema assim, podem-se criar até três milhões de itens de controle.

Duas saídas para as empresas que identificarem esse problema:

1. repensar o atual sistema por meio de um processo de sensibilização;
2. fazer uma completa reengenharia no sistema de informações, adaptando-o às novas diretrizes ou, simplesmente, criando um novo sistema, completamente diferente.

Outra dificuldade encontrada pelas empresas está na própria definição do conceito de qualidade: **não existe uniformidade**. Para algumas correntes, qualidade é atender às necessidades do cliente. Para outras, é atender às especificações do produto. Há quem defenda que ela é inata ao produto, e ainda os que preconizam que é o equilíbrio entre preços e custos. O ponto de partida deve ser sempre definir o que é qualidade para a empresa, e depois calcular quanto custa a não conformidade a esse parâmetro. Assim se cria uma base segura e começa a desenhar-se um histórico de informações.

2.4 Contabilidade rural: necessidade urgente

A Contabilidade Rural no Brasil ainda é pouco utilizada, tanto pelos empresários quanto pelos contadores. Isso acontece devido ao desconhecimento por parte desses empresários da importância das informações obtidas através da contabilidade, da maior segurança e clareza que essas informações proporcionariam nas tomadas de decisões. Isso acontece também em função da mentalidade conservadora da maioria dos agropecuaristas, que persiste em manter controles baseados em sua experiência adquirida com o passar dos anos. Dessa forma, abrem mão de dados reais que poderiam ser obtidos através da contabilidade.

O grande problema para utilização efetiva da contabilidade rural está na complexidade e no custo de manutenção de um bom serviço contábil. A dificuldade de separar o que é custo de produção do que é gasto pessoal do empresário rural, a inexistência de recibos, notas fiscais, avisos de lançamentos e cópias de cheques ou extratos de contas bancárias pessoais fazem com que não se possa adotar a contabilidade para esse fim.

A função financeira e a contábil dentro de uma empresa rural são bem parecidas. Embora haja relação íntima entre essas funções, a função contábil é visualizada como um insumo necessário à função financeira. Essa visão está de acordo com a organização das atividades de uma empresa rural em três áreas básicas: produção, finanças e comercialização. Em geral, considera-se que a função contábil deve ser controlada pelo empresário rural. Contudo, há duas diferenças básicas de perspectivas entre a administração financeira e a contabilidade: uma refere-se ao tratamento de fundos; a outra, à tomada de decisão.

Assim, o empresário rural deve cuidar de desempenhar a função de administrar financeiramente seu empreendimento, já que a maioria das decisões precisa ser de algum modo medida em termos financeiros. Obviamente, a importância da função financeira na empresa depende amplamente de seu porte. Em empresas grandes ela pode ser manipulada por um departamento separado; em pequenas empresas, a função será geralmente realizada pelo departamento de contabilidade e/ou pelo empresário rural.

O conhecimento financeiro auxilia no planejamento, na solução de problemas e nas tomadas de decisão. As finanças fornecem um mapa com números e análises que ajudam o empresário rural a desempenhar bem suas funções. Além disso, o empresário rural ou o gestor precisa conhecer contabilidade e finanças para entender os relatórios financeiros preparados pela organização.

As finanças fornecem um meio de ligação que facilita a comunicação entre os diferentes departamentos. Por exemplo, o departamento do orçamento comunica os objetivos globais aos gerentes de departamentos, de modo que eles saibam o que se espera deles; ele também fornece indicações de como cada departamento pode conduzir suas atividades. O mais importante é que o gerente de departamento tem de apresentar fortes justificativas à administração superior para fazer dotações orçamentárias.

A tarefa de gerar informações gerenciais que permitam a tomada de decisão com base em dados consistentes e reais é uma dificuldade constante para os produtores rurais. O administrador de um empreendimento tem a necessidade de saber onde e de que forma está aplicando seus recursos e qual está sendo o retorno financeiro obtido. A informação gerencial é o resultante do que na realidade ocorre no empreendimento. Por meio da classificação e organização dos dados referentes ao movimento econômico-financeiro diário da propriedade, é possível gerar essas informações. Elas vão indicar o volume de receitas por atividade, os níveis do investimento por setor e as quantias desembolsadas por tipo de despesas.

Resumindo, o que o administrador precisa saber é como está a rentabilidade de sua atividade produtiva, quais são os resultados obtidos e como eles podem ser otimizados por meio de avaliação dos resultados, fontes de receitas e tipos de despesas e como melhorar as receitas e reduzir as despesas. Essas análises só serão possíveis a partir do momento em que se sabe onde estão sendo gastos os recursos e onde se estão gerando receitas.

A contabilidade sempre foi reconhecida por sua capacidade de mensurar e de informar de forma objetiva os eventos, atividades e transações que são planejados e executados nas empresas rurais. Pelos aspectos motivacionais nela implícitos, a contabilidade também nunca perdeu de vista sua responsabilidade como meio de comunicação, ou seja, suas potencialidades como uma das formas mais eficazes de linguagem entre os empresários rurais. Certamente, não será agora que perderemos a oportunidade de partirmos confiantes para um futuro pleno de desafios e oportunidade de grandes realizações pessoais e profissionais.

Construir uma nova base de informações gerenciais para dar suporte à excelência competitiva global não é tarefa fácil ou rápida. A contabilidade está apta a desempenhar esse papel de forma responsável para que possa contribuir lucrativamente para as empresas rurais.

O CPC 29 deve ser aplicado para a produção agrícola, assim considerada aquela obtida no momento e no ponto de colheita dos produtos advindos dos ativos biológicos da entidade. Após esse momento, o CPC 16 – Estoques, ou outro Pronunciamento Técnico mais adequado, deve ser aplicado. Portanto, este Pronunciamento não trata do processamento dos produtos agrícolas após a colheita, como, por exemplo, o processamento de uvas para a transformação em vinho por vinícola, mesmo que ela tenha cultivado e colhido a uva. Tais itens são excluídos deste Pronunciamento, mesmo que seu processamento, após a colheita, possa ser extensão lógica e natural da atividade agrícola, e os eventos possam ter similaridades.

A contabilidade é obrigatória, conforme de termina o art. 1.179, CC. O empresário e a sociedade empresária são obrigados a seguir um sistema de contabilidade com as seguintes características:

- Escrituração uniforme de seus livros.
- Em correspondência com a documentação.
- Levantamento anual do balanço patrimonial.

2.5 O atual cenário da contabilidade rural

Todas as atividades rurais, por menores que elas sejam, requerem um controle eficiente, uma vez que os impactos das decisões administrativas são fundamentais para uma boa gestão. Um fato real que acontece hoje na maioria das propriedades rurais é que muitos dos serviços contábeis, que são importantes instrumentos gerenciais, não são utilizados por seus administradores ou proprietários. Muitas vezes, o produtor rural guarda em sua memória as informações, não anota os acontecimentos que são de extrema importância para a correta contabilização, de maneira que com o passar do tempo são esquecidos, e não calculados na hora da comercialização dos produtos.

Há muita falta de controle e organização financeira, pois apenas poucos separam suas despesas particulares de seu negócio agropecuário. Ou seja, a grande maioria não apura o lucro adequadamente de seu negócio, já que não possui um sistema simples de separação do que é despesa normal de sua vida cotidiana em relação à sua atividade empresarial.

Assim, na maioria das propriedades os seus gestores não possuem condições para discernir os resultados obtidos com suas culturas, os custos de cada plantio desenvolvido em sua propriedade, verificar quais seriam os mais rentáveis, onde poderiam minimizar os custos de produção. Muitas vezes, o produtor rural não consegue distinguir o dinheiro que obteve com a venda do milho, do recebido da venda do leite. Então o controle de caixa da propriedade fica totalmente desorganizado, envolvendo também seu capital particular, dificultando ainda mais a contabilização de seus resultados.

Mas, para que haja a realização de um trabalho mais preciso e dinâmico, o contador deve estar ciente de que o produtor rural vem de longa data acostumado ou "impossibilitado" de adquirir alguns conhecimentos que serão passados; o que se percebe nas organizações que se dedicam a essa atividade é uma contabilidade insuficientemente explorada quanto a seu poder de identificar, registrar, mensurar e possibilitar a análise dos fatos ocorridos.

Dessa forma, deve ser realizado um trabalho de maneira clara e objetiva, para haver aceitação e entendimento por parte do agricultor, permitir que ele perceba que esses recursos trarão para ele e sua família uma comodidade e também poderão elevar o rendimento dos seus negócios.

Muitos administradores rurais reconhecem a necessidade da Contabilidade, reivindicam um quadro de informações básicas para a tomada de decisões e utilizam alguns relatórios contábeis. Todavia, esses relatórios são analisados algumas vezes por esses administradores sem adequada consideração das informações necessárias ou adequado conhecimento de como esses relatórios deveriam ser interpretados.

A atividade rural seria mais bem gerenciada se existisse o mesmo desenvolvimento como acontece com os outros setores, em se tratando de informações contábeis, elaboradas e aplicadas no ramo da atividade rural.

2.6 Informações geradas pela contabilidade

A contabilidade rural e agrícola é o registro dos fatos ocorridos na atividade rural e agrícola em um determinado momento. Trata-se de uma escrituração contábil obrigatória, devendo ser contabilizados mensalmente todas as receitas, os custos e as despesas, respeitando os princípios contábeis e as normas brasileiras de contabilidade, consoante PEREIRA (s/d).

A contabilidade aplicada na atividade rural pode demonstrar toda a vida evolutiva da empresa. Por isso é imprescindível que também na agropecuária, a contabilização dos fatos e sua estruturação sejam realizadas com o perfeito conhecimento, não apenas técnico, mas também de sua atividade operacional, respeitando as peculiaridades da atividade.

Todas essas informações devem estar de forma clara e objetiva, com o intuito de abastecer o empresário rural com as instruções corretas e capaz de ajudá-lo no bom desempenho do agronegócio. Pois, assim como os demais setores, a agropecuária objetiva o retorno econômico-financeiro que satisfaça o produtor rural e seus familiares. Assim, a contabilidade está constantemente gerando informações diretamente relacionadas com a lucratividade, liquidez e alguns riscos que podem ocorrer no agronegócio.

2.7 A contabilidade para o desenvolvimento do agronegócio

Com a concorrência acirrada e a busca por melhores produtos, surge a necessidade de uma contabilidade diferenciada para a atividade rural, que desenvolva informações concretas para que o empresário rural consiga distinguir em sua propriedade o real desempenho de seu negócio.

Tecnologias novas contribuem para a formação de um círculo virtuoso, no qual quem ganha mais investe mais e pesquisa mais, aumentando a produção e os lucros futuros. Do mesmo modo, a integração de atividades, criando complexos agroindustriais, também permite que se agregue valor à produção e lucro à conta bancária dos produtores.

Dessa maneira, a contabilidade desenvolvida e aplicada no gerenciamento da propriedade rural será uma ferramenta indispensável para todos os produtores rurais, até os que não possuem estrutura suficiente para manter um controle de seus custos, despesas e receitas em suas propriedades rurais.

A atividade agropecuária tem destacada importância em países de grandes extensões territoriais e condições climáticas como o Brasil. Apesar da ausência de incentivos e de uma política governamental destinada ao setor agropecuário, este tem movido milhões de reais em recursos, gerado milhares de empregos e tornando algumas regiões do país polos econômicos de riquezas.

Estudos da Unetad, o órgão da Organização das Nações Unidas responsável pelo desenvolvimento do comércio internacional, calculam que o Brasil liderará a produção de alimentos no planeta em poucos anos. E que o agronegócio gira a roda de toda a nossa economia, estando por trás do processo de desenvolvimento dos países mais avançados do mundo. A riqueza de um país vem de agricultura e da pecuária, já que nenhuma nação nasceu industrial.

Dessa forma, percebe-se um vasto campo a ser explorado nesse setor pela contabilidade, e que esta proporcionará mais segurança ao empresário rural na hora de tomar suas decisões. Assim, a contabilidade aplicada de forma precisa e correta busca seu principal objetivo, que é desempenhar um importante papel para as empresas rurais. E unindo o empresário rural com seus conhecimentos práticos, e a contabilidade bem elaborada, irão desempenhar um excelente trabalho junto à atividade rural desenvolvida pelo empresário. Tudo isso faz com que o empresário rural obtenha melhores resultados em menos tempo, adquirindo assim uma ótima rentabilidade para seus negócios.

O produtor deve ter ferramentas para descrever financeiramente a atividade em andamento e evidenciar seu desempenho. Dessa forma, a contabilidade deve ser adequada conforme as necessidades e o grau de aplicabilidade do estabelecimento rural.

Nesse contexto, o empresário rural deve possuir a correta contabilização de sua atividade, sendo indispensável recorrer ao auxílio de um profissional contábil. Assim, ele terá melhores condições de elaborar relatórios específicos para sua propriedade e seu ramo de atividade, sabendo quais as tendências do mercado, tanto interno quanto externo, e buscando um aprimoramento e a diversificação de seus produtos com base nessas tendências.

Através dessa assessoria o produtor rural poderá explorar melhor o seu ciclo produtivo, uma vez que terá melhores condições de acompanhar todos os procedimentos que são realizados em sua propriedade. O processo produtivo, por sua vez, é o conjunto de eventos e ações através dos quais os fatores de produção se transformam em produtos vegetais e animais.

O desenvolvimento gerencial contábil possibilitará um aumento dos resultados econômicos, voltado para melhor utilização dos recursos econômicos da empresa, através de um adequado controle dos insumos efetuado por um sistema de informação gerencial de maneira que os recursos existentes e disponíveis da propriedade rural serão mais bem aproveitados e estarão em harmonia com as atividades desenvolvidas na unidade de produção, estabelecendo metas e objetivos definidos e direcionando a tomada de decisões em busca da rentabilidade desejada.

E assim como as demais empresas, as empresas rurais também devem ter preocupações quando se trata de custos na produção, aumento da lucratividade, planejamento, controle e retorno do capital investido. A agricultura será tão mais próspera quanto maior for o domínio que o homem venha a ter sobre o processo de produção, que se obterá na medida do conhecimento acerca das técnicas de execução e gerência. De maneira geral, o gerenciamento das atividades rurais, comparando os resultados obtidos entre uma cultura e outra.

Assim, as instruções contábeis devem estar sincronizadas com os recursos disponíveis na propriedade rural, de maneira que o custo × benefício estejam em evidência, para que o empresário rural possua condições de visualizar seu desenvolvimento de hoje e do futuro.

No mundo dos negócios, as mudanças ocorrem desenfreadamente, e em algumas vezes geram certas incertezas, devido às variáveis econômicas e à concorrência acirrada parecem trabalhar juntas, podendo levar os resultados a influenciar os negócios de modo geral. No agronegócio, isso também acontece, e o empresário rural deve estar atento aos acontecimentos do mercado e às inovações da tecnologia e buscar o aprimoramento de suas técnicas produtivas e financeiras. Assim, a contabilidade deve assegurar ao empresário rural condições de sobreviver e garantir a competitividade no agronegócio, direcionando na tomada de decisões e possibilitando o aumento dos resultados econômicos.

Por outro lado, deve preservar o que será deixado aos seus sucessores, para que eles possam ter condições de dar continuidade ao trabalho realizado. Essas são algumas das vantagens que a contabilidade trará para a atividade rural e para o empresário rural.

Dessa forma, os resultados dos empreendimentos devem satisfazer ao empresário rural e permitir a ele lutar por seu espaço, em um mundo cada vez mais globalizado e com tantas novidades surgindo a todo tempo. Após, o empresário rural poderá perceber que a atividade rural unida com a contabilidade vêm dando certo, e que seu correto planejamento e controle irá lhe proporcionar ótimos resultados econômicos.

2.8 Controle interno

Nos países mais desenvolvidos é dada uma grande importância aos métodos científicos de administração, pois dessa forma torna-se muito mais fácil alcançar os objetivos planejados. É de lá que provêm os termos *Internal Check* e *Internal Control*. Os controles internos podem ser todas as políticas adotadas pelas empresas com o intuito de mitigar riscos e melhorar processos.

De acordo com as NBCs TA, as deficiências significativas devem ser comunicadas aos administradores e aos responsáveis pela governança. De acordo com a norma sobre "Comunicação de Deficiências de Controle Interno", uma deficiência de controle interno existe quando o controle é planejado, implementado, operado, de tal forma que não consegue prevenir ou detectar e corrigir, tempestivamente, distorções nas demonstrações contábeis. Qualquer processo de controle interno é passível de apresentar deficiência significativa.

Os problemas de controle interno encontram-se em todas as áreas das empresas modernas. Como exemplo disso podem-se citar: vendas, fabricação, compras, tesouraria etc. Quando exercido adequadamente sobre cada uma das funções acima, o controle assume fundamental importância, objetivando atingir os resultados mais favoráveis com menores desperdícios.

Atualmente, o conceito da avaliação dos controles internos tem-se alargado além das preocupações com a "confiabilidade" dos dados; acrescentou-se a "qualidade" deles. O processo que tem por finalidade, entre outras, proporcionar à empresa razoável garantia de promover eficácia em suas operações é denominado sistema contábil e de controle interno. Um fator relevante que deve ser considerado pelo auditor independente no estudo e na avaliação dos sistemas contábil e de controle interno é o grau de descentralização de decisão adotado pela administração. O auditor deve estudar o sistema contábil, orçamentário, patrimonial, financeiro e o sistema de controles internos, em virtude de suas influências nos trabalhos de auditoria.

Deficiência de controle interno existe quando, segundo a NBC TA 265 – Comunicação de Deficiências de Controle Interno:

- o controle é planejado, implementado ou operado de tal forma que não consegue prevenir, ou detectar e corrigir tempestivamente, distorções nas demonstrações contábeis; ou
- falta um controle necessário para prevenir, ou detectar e corrigir tempestivamente distorções nas demonstrações contábeis.

Deficiência significativa de controle interno é a deficiência ou a combinação de deficiências de controle interno, de importância suficiente para merecer a atenção dos responsáveis pela governança. Se o auditor identificou uma ou mais deficiências de controle interno, ele deve determinar e comunicar tempestivamente por escrito à administração se elas constituem deficiência significativa, bem como descrever as deficiências e explicar seus possíveis efeitos.

Sistema Contábil e de Controle Interno é o plano de organização e o conjunto integrado de métodos e procedimentos adotados pela entidade para proteger seu patrimônio, promovendo, entre outras, a eficácia de suas operações.

2.9 Considerações finais

A gestão financeira se constitui numa das questões mais importantes dentro do processo administrativo de qualquer organização, possuindo esta objetivos que focalizem lucros financeiros ou não. Dessa feita, é importante reconhecer a relevância da contabilidade de custos sob o aspecto de um processo que visa à otimização dos limitados recursos disponíveis para que qualquer organização possa prosperar.

A gestão de empresas rurais é focalizada geralmente nos fatores do trabalho agrícola, zootécnico e agroindustrial, concentrando técnicas de produção e conceitos operacionais das atividades específicas desenvolvidas.

Dentro desse contexto, pode-se perceber que a contabilidade rural é um instrumento administrativo pouco utilizado pelos produtores rurais. Essa técnica gerencial é tida como complexa em sua exceção, além de apresentar um baixo retorno prático. Pode-se constatar também que, em quase sua totalidade, a aplicação da contabilidade de custos em empresas rurais é quase sempre conhecida por suas finalidades fiscais, não possuindo grande interesse por uma aplicação gerencial.

Uma administração eficaz e participativa é desejada em todas as modalidades de negócios, mesmo para empresas rurais. Para que qualquer atividade econômica seja rentável, ela deverá possuir um estilo de gestão compatível com suas características organizacionais para que essa estrutura possa garantir padrões de competitividade dentro da indústria na qual ela atua. A eficiência de uma administração dentro de qualquer negócio depende, dentre vários fatores, de um suporte capaz de prover informações contábeis relevantes para as diversas decisões gerenciais, atualizando de maneira sistemática os diversos usuários dessas informações. Esse processo se dá através de um sistema gerador do perfil real da situação financeira e contábil da empresa rural.

Considerando essas características necessárias para a obtenção de padrões de competitividade orientados por um sistema de informações, as empresas rurais brasileiras apresentam uma de suas mais visíveis debilidades. Pode-se constatar facilmente que a administração rural moderna no Brasil ainda se desenvolve dentro de critérios tradicionais, apresentando um baixo padrão de desempenho operacional e econômico, principalmente na atualidade, com uma crescente integração econômica internacional e sua exposição aos concorrentes internacionais.

A Contabilidade Rural, por sua vez, atua auxiliando no gerenciamento e na adoção de estratégias que possibilitam melhorar os resultados operacionais. Assim, é possível aumentar a produtividade e o lucro da empresa rural.

Tecnologias novas contribuem para a formação de um círculo virtuoso, no qual quem ganha mais investe mais e pesquisa mais, aumentando a produção e os lucros futuros. Do mesmo modo, a integração de atividades, criando complexos agroindustriais, também permite que se agregue valor à produção e lucro à conta bancária dos produtores (REVISTA VEJA, 2004, p. 20).

As informações contábeis atendem às mais diferentes necessidades, segundo a Resolução nº 1.121/2008 do Conselho Federal de Contabilidade (CFC). Além disso, devem-se observar os princípios básicos da Contabilidade, os quais englobam regras, doutrinas, essências e teorias utilizadas para fixar padrões de comparação e de credibilidade, estabelecendo critérios adotados para a elaboração das demonstrações financeiras e demais relatórios contábeis, conforme a Resolução CFC nº 750/93 alterada pela Resolução CFC nº 1.282/2010. Os Princípios de Contabilidade são:

- entidade;
- continuidade;
- oportunidade;
- registro pelo valor original;
- competência;
- prudência.

As características qualitativas são de enorme importância, pois asseguram a qualidade das informações contábeis, que são:

- relevância;
- materialidade;
- representação fidedigna.

Além disso, destacam-se as características qualitativas de melhoria, como:

- comparabilidade;
- verificabilidade;
- tempestividade;
- compreensibilidade.

Múltipla escolha

1. Numa empresa, o processo de decidir que curso de ação deverá ser tomado para o futuro é o(a):
    ( ) a. planejamento;
    ( ) b. controle;
    ( ) c. fiscalização;
    ( ) d. verificação;
    ( ) e. materialização.

2. Como se conceitua Administração Econômica?
    ( ) a. gestão econômica de patrimônio com o fim de aumentar sua utilização;
    ( ) b. conjunto de operações praticadas por alguém com o objetivo de conservar e tornar produtiva determinada riqueza;
    ( ) c. administração no tempo e no espaço de um patrimônio com o fim precípuo de lucro;
    ( ) d. conjunto de bens e direitos vinculado a uma entidade ou pessoa;
    ( ) e. utilização dos princípios e leis econômicas no encaminhamento de uma solução.

3. O processo pelo qual a administração se assegura, tanto quanto possível, do seguimento dos planos e políticas da administração é o(a):
    ( ) a. planejamento;
    ( ) b. registro;

( ) c. controle;
( ) d. escrituração;
( ) e. demonstração do resultado do exercício.

4. Em relação aos critérios de avaliação do desempenho das organizações, analise as seguintes conceituações:

( ) I. qualidade de conformidade, que é representada pela razão entre resultados e objetivos;

( ) II. produtividade, que é a razão entre resultado obtido e recursos utilizados;

( ) III. eficiência, que é a antítese do desperdício;

( ) IV. eficácia, que significa a razão entre itens dentro de especificação e o total de itens produzidos.

Estão corretamente conceituados somente os critérios:

( ) a. I e II;
( ) b. I e III;
( ) c. I e IV;
( ) d. II e III;
( ) e. II e IV.

5. Administração é um processo de tomar decisões e realizar ações que compreendem quatro processos principais interligados: planejamento, organização, direção e controle. Pode-se afirmar que:

( ) a. direção é definir as tarefas a serem realizadas e as responsabilidades pelas realizações;

( ) b. organização é assegurar a realização dos objetivos e de identificar a necessidade de modificá-los;

( ) c. planejamento é definir objetivos, atividades e recursos;

( ) d. controle é distribuir recursos disponíveis segundo algum critério;

( ) e. organização é definir objetivos, atividades e recursos.

6. Nas organizações, usualmente os gerentes são agrupados em três níveis hierárquicos principais: supervisores, gerentes intermediários e executivos. Os supervisores e os gerentes intermediários:

( ) a. são usualmente denominados superintendentes e diretores, respectivamente;

( ) b. coordenam as atividades dos departamentos e chefiam grupos de funcionários operacionais, respectivamente;

( ) c. chefiam grupos de funcionários operacionais e coordenam as atividades dos departamentos, respectivamente;

( ) d. são os ocupantes dos cargos mais elevados da hierarquia e são os responsáveis diretos pelo fornecimento de produtos ou serviços aos clientes, respectivamente;

( ) e. têm autoridade sobre todos os demais gerentes e avaliam o desempenho da organização, respectivamente.

7. O desempenho na realização de qualquer tipo de tarefa é influenciado por forças chamadas motivos, as quais produzem a motivação. Podemos citar como exemplos de motivos internos:

( ) a. discurso de exortação feito por líder político;
( ) b. valores e habilidades das pessoas;
( ) c. desafio proposto pelo gerente de vendas;
( ) d. escala de progressão salarial;
( ) e. perspectiva de receber gratificações.

8. O Sr. Anibal foi trabalhar em uma empresa do setor agropecuário, cujo estilo de gestão de pessoas é condizente com os modelos atuais. Isso significa dizer que, nessa empresa:

( ) a. comunicação entre os participantes da organização e os programas de treinamento deixam a cultura organizacional cada vez mais implícita;

( ) b. as pessoas têm a mentalidade de "habilidade única", incentivando a especialização;

( ) c. o sistema de recompensa pelo desempenho estimula a competitividade interna e a iniciativa;

( ) d. os gestores estão envolvidos com objetivos de lucros e crescimento;

( ) e. esquemas de participação nos resultados estão disponíveis apenas para os níveis mais altos da organização.

9. Os critérios básicos de mensuração e avaliação do desempenho dos sistemas organizacionais são: eficiência, eficácia e competitividade. A eficácia pode ser vista como:

( ) a. a capacidade de realizar atividades ou tarefas com perdas mínimas;

( ) b. a capacidade de realizar tarefas com o mínimo de esforço e com o melhor aproveitamento possível dos recursos;

( ) c. a relação entre esforço e resultado;

( ) d. o grau de coincidência dos resultados em relação aos objetivos;

( ) e. a relação entre itens produzidos dentro das especificações e a quantidade total de itens.

10. A educação profissional é a educação institucionalizada ou não, que visa ao preparo do indivíduo para a vida profissional. Ela compreende três etapas interdependentes: formação, desenvolvimento e treinamento profissionais. É **correto** afirmar que:

( ) a. a formação profissional aperfeiçoa o homem para uma carreira dentro de uma profissão;

( ) b. a formação profissional adapta o homem para um cargo ou função;

( ) c. o treinamento aperfeiçoa o homem para uma carreira dentro de uma profissão;

( ) d. o treinamento prepara o homem para uma profissão;

( ) e. o desenvolvimento aperfeiçoa o homem para uma carreira dentro de uma profissão.

11. A delegação refere-se ao processo pelo qual os gerentes:

( ) a. atribuem poderes aos seus superiores hierárquicos;

( ) b. estabelecem metas a serem cumpridas;

( ) c. desempenham as tarefas de acordo com conveniências;

( ) d. explicitam objetivos não atingidos;

( ) e. atribuem tarefas, autoridade e responsabilidade.

12. O conceito de variabilidade de custos é amplamente utilizado no processo de resultados e na tomada de decisões administrativas. Assim:

( ) a. para determinar o efeito do volume de produção sobre os custos, é preciso classificar e separar os custos em diretos e indiretos;

( ) b. na decisão de eliminar ou não um determinado produto, este conceito não tem aplicação;

( ) c. quando se deseja aumentar a capacidade para fabricar um produto já existente, a maioria das empresas exclui os custos fixos da análise;

( ) d. se o que se deseja é determinar o preço e o volume de venda de um novo produto, para que seja lucrativo, a maioria das empresas exclui os custos variáveis na análise;

( ) e. as empresas que possuem apenas um produto não devem utilizar este conceito em suas análises.

13. Diretores financeiros são responsáveis por decisões acerca de como investir os recursos de uma empresa para expandir seus negócios e sobre como obter tais recursos. Investidores são instituições financeiras ou indivíduos que financiam os investimentos feitos pelas empresas e os governos. Assim, decisões de investimento tomadas por diretores financeiros e investidores são, normalmente, semelhantes.

PORQUE

As decisões de investimento dos diretores financeiros focalizam os ativos financeiros (ações e títulos de dívidas), enquanto as decisões de investimento dos investidores focalizam ativos reais (edificações, máquinas, computadores etc.).

Com base na leitura dessas frases, é **correto** afirmar que:

a. ( ) a primeira afirmação é falsa, e a segunda é verdadeira;

b. ( ) a primeira afirmação é verdadeira, e a segunda é falsa;

c. ( ) as duas afirmações são falsas;

d. ( ) as duas afirmações são verdadeiras, e a segunda é uma justificativa correta da primeira;

e. ( ) as duas afirmações são verdadeiras, mas a segunda não é uma justificativa correta da primeira.

3

Controle gerencial

3.1 Introdução

A tarefa de gerar informações gerenciais que permitam a tomada de decisão, com base em dados consistentes e reais, é uma dificuldade constante para os produtores rurais. O administrador de um empreendimento tem a necessidade de saber onde e de que forma estão aplicando seus recursos e qual está sendo o retorno financeiro obtido.

A informação gerencial é a resultante do que na realidade ocorre no empreendimento. Por meio da classificação e organização dos dados referentes ao movimento econômico-financeiro diário da propriedade, é possível gerar essas informações. Elas vão indicar o volume de receitas por atividade, os níveis do investimento por setor e as quantias desembolsadas por tipo de despesas.

Em resumo, o que o administrador precisa saber é como está a rentabilidade de sua atividade produtiva. Quais são os resultados obtidos e como eles podem ser otimizados por meio de avaliação dos resultados, fontes de receitas e tipos de despesas? Como melhorar as receitas e reduzir as despesas? Essa análise só será possível a partir do momento em que se sabe onde estamos gastando os recursos e onde estamos gerando receitas.

Em primeiro lugar, é preciso que se tenha a consciência de que, ao administrar sua propriedade, o produtor tem em suas mãos a maioria dos dados necessários para definir a situação econômico-financeira de seu empreendimento. O que falta é trabalhar com tais informações, para obter os resultados indispensáveis para um gerenciamento profissional de seu empreendimento.

Entretanto, como trabalhar essas informações se o tempo é escasso até para as tarefas rotineiras de cada dia? Esse é o ponto mais importante a ser analisado: o modelo de controle gerencial a ser adotado.

Existem diversas técnicas de controle que podem auxiliar na obtenção dessas informações gerenciais. O importante é saber em qual nível de detalhamento e sofisticação o seu empreendimento se encaixa. O primeiro passo é partir do princípio de que o modelo adotado deve utilizar dados que sua estrutura organizacional consiga gerar normalmente.

Um esquema sofisticado de controle exige informações precisas e detalhadas. Se não existe uma estrutura capaz de gerar essas informações, é preciso procurar uma solução mais simples, porque, ao trabalhar com informações não confiáveis, se estará gerando resultados também sem confiabilidade.

A definição por uma solução sofisticada e detalhada passa pelo fato de existirem ou não condições para efetuar uma coleta eficiente de dados de campo. O ideal nesse caso é apurar resultados por unidade de trabalho, que pode ser uma cultura, uma quadra específica de plantio ou até mesmo uma atividade. Essa apuração depende dos dados coletados em campo.

Basicamente, devem ser apurados os recursos alocados por unidade de trabalho; esses recursos representam insumos, mão de obra e serviços mecanizados.

Dois fatores irão definir a viabilidade de apuração desses resultados. Um, como já foi abordado, é a coleta de dados de campo que deverá oferecer os quantitativos dos recursos alocados. O outro é a possibilidade de gerar uma planilha dos custos unitários de cada recurso, isto é, como valorizar os insumos, a mão de obra e os serviços de motomecanização.

Essa definição envolve inúmeros parâmetros, como a alocação de custos indiretos, a amortização de investimentos, o cálculo de encargos, os provisionamentos e muitos outros fatores que devem ser trabalhados cuidadosamente. É preciso que se tenha consciência de que para administrar sua propriedade, o Produtor tem em suas mãos a maioria dos dados necessários para definir a situação econômico-financeira de seu empreendimento. Sabendo traçar o modelo ideal de controle e ao mesmo tempo utilizando os recursos tecnológicos atuais, o Produtor deixará de ter a geração de informações gerenciais como problema e passará a ter nelas o suporte necessário para solucionar suas dificuldades de tomada de decisões administrativas.

Se este é um modelo complexo para a estrutura administrativa existente, outra opção seria o controle baseado nas movimentações financeiras; uma solução bem mais simples e de resultados não tão precisos, mas bastante interessantes.

Apuração de resultados pela movimentação financeira

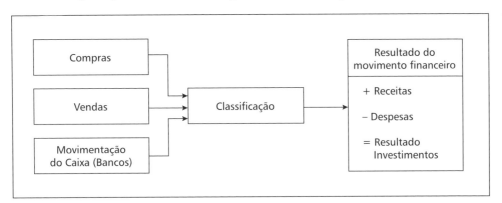

No demonstrativo de apuração de resultados pela movimentação financeira, pode-se notar que esse tipo de apuração depende de um bom controle das compras, vendas de produtos e movimentação do caixa. Este não é um controle difícil de se instalar, pois certamente essas informações passam pelo administrador do empreendimento.

Com uma simples estruturação de um plano de contas de receitas, despesas e investimentos, o produtor poderá ter em mãos os itens de classificação dessas movimentações; se a cada movimentação efetuada ou até mesmo a cada cheque emitido ele classificar em que item essa movimentação se encaixa, bastará um agrupamento por conta desse lançamento para obter os resultados.

Como se pode notar, esse é um controle bem mais simples do que o de Alocação de Recursos e pode ser gerado de forma bem mais dinâmica, oferecendo resultados globais que permitam avaliar rapidamente o andamento da atividade. Dois extremos para solucionar o problema do modelo foram apresentados: soluções intermediárias entre a obtenção de um resultado financeiro global e um resultado de alocações de recursos detalhados podem ser encontradas em função do empreendimento.

Nos dois casos, recai-se, porém, no problema da ordenação dos dados, ou seja, no processamento dessas informações para a obtenção de resultados. Nos tempos atuais, somos obrigados a admitir que, possuindo dados classificados, parece lógico que o processamento desses dados deva ser efetuado por uma máquina, um computador.

Sabendo traçar o modelo ideal de controle e ao mesmo tempo utilizando os recursos tecnológicos atuais, o produtor deixará de ter a geração de informações gerenciais como um problema e passará a ter nelas o suporte necessário para solucionar suas dificuldades de tomada de decisões administrativas. O controle interno é classificado nas seguintes categorias:

a) operacional – relacionado às ações que propiciam o alcance dos objetivos da entidade;

b) contábil – relacionado à veracidade e à fidedignidade dos registros e das demonstrações contábeis;

c) normativo – relacionado à observância da regulamentação pertinente.

Diversos aspectos têm contribuído para confirmar o enfoque atual dos sistemas de controle gerencial. Os custos fixos estão assumindo cada vez maior relevância em relação aos custos variáveis, em função das inversões em novas tecnologias.

3.2 Avaliação do controle

Os controles são de fundamental importância para o trabalho da contabilidade. Quanto mais precisos eles forem, maior segurança haverá. Quanto mais imprecisos forem, maiores terão de ser os cuidados da administração. Sob esse enfoque do controle, a segregação de funções cria independência entre a execução operacional, custódia de bens patrimoniais e respectiva contabilização (CREPALDI, 2018).

A estrutura organizacional da entidade e os métodos de delegação de autoridade e responsabilidade devem ser considerados na avaliação do ambiente de controle. Muitas vezes, o produtor rural não utiliza as valiosas informações produzidas pela contabilidade rural. Estes dados podem ser usados gerencialmente para melhorar os resultados da empresa rural.

Com o emprego do controle, pode-se acompanhar a produtividade de determinado equipamento e, com isso, programar o período das manutenções preventivas. Com paradas planejadas, fica mais fácil relocar a produção, garantindo assim que não ocorram perdas significativas na produtividade da empresa rural. Esse tipo de controle é importante tanto para evitar prejuízo na manutenção de máquinas, quanto para impedir que a produtividade seja colocada em risco pela falta de equipamentos no momento da colheita.

3.3 Questionário para avaliação gerencial

As finanças usam informações contábeis para tomar decisões relativas à receita e ao uso de fundos para atingir os objetivos da Empresa Rural. A Contabilidade geralmente se divide em duas categorias: a Contabilidade financeira e a Contabilidade administrativa. A Contabilidade *financeira* registra a história financeira da empresa e trata da criação de relatórios para usuários externos, como investidores e fornecedores. A Contabilidade *administrativa* usa as informações financeiras úteis para se tomar melhores decisões relativas ao futuro.

Sistema de informação contábil:

- A Contabilidade gerencial é feita na empresa?
- A Contabilidade está normalmente atualizada?
- A administração superior recebe relatório de receitas, custos e despesas (em que é apurado o lucro ou prejuízo)?
- A administração superior recebe do setor contábil relatório contendo uma análise econômica e financeira da empresa?

Relatórios ou controles de estoque:

- Para efeito de levantamento do estoque físico e financeiro de materiais, a empresa utiliza-se de qual critério?
- A empresa tem controle de estoque?

Relatórios ou procedimentos de apuração e controle de custos:

- A empresa tem sistema de custos integrados à Contabilidade?
- Como é calculado o custo de produção?
- Qual o critério utilizado para considerar a inflação no custo de produção?
- A empresa possui informação da natureza física (horas-homem, insumos e horas-máquina)?
- Qual é a subdivisão de custo utilizado pela empresa?
- A administração superior recebe normalmente relatório de custos?
- A administração superior recebe relatório contendo uma análise do ponto de equilíbrio?

Além dos Sistemas de Informação e de Acompanhamento, também é função primordial do Controle Gerencial a direção e a implantação dos Sistemas de Motivação; Coordenação; Avaliação e Planejamento. O processo que tem por finalidade, entre outras, proporcionar à empresa uma razoável garantia de promover eficácia nas suas operações é denominado sistema contábil e de controle interno.

3.4 Sistemas de informações gerenciais

Com a evolução da tecnologia e a busca por adquirir produtos de melhor qualidade, o produtor rural necessita desenvolver cada vez mais técnicas tanto na área de produção como no gerenciamento financeiro de sua propriedade. Além disso, deve buscar um acompanhamento para suas atividades e para a tomada de decisões, pois cada vez mais luta-se por mais espaço no mercado e o aprimoramento dos produtos agrícolas.

Dessa forma, a contabilidade pode desempenhar um importante papel como ferramenta gerencial, através de informações que permitam o planejamento, o controle e a tomada de decisão, transformando as propriedades rurais em empresas com capacidade para acompanhar a evolução do setor, principalmente no que tange aos objetivos e às atribuições da administração financeira, controle dos custos, diversificação de culturas e comparação de resultados.

Existe uma metodologia efetiva de planejamento e definição de sistemas de informação gerencial, com ênfase no acompanhamento das metas estabelecidas no Planejamento Estratégico de Negócios da Empresa, priorizando informações críticas para a condução dos negócios e efetivo controle empresarial.

Uma das preocupações-chave que geralmente ocorrem durante a implantação de um sistema de informações é a de como podemos assegurar que a implantação será bem-sucedida. Como podemos nos assegurar de que o sistema forneça exatamente o que os empresários necessitam? As respostas são obtidas pela implantação do sistema de necessidades de informação, possibilitando:

- tomada de decisões oportuna e efetiva;
- redução do tempo de obtenção de informações;
- melhoria e agilização da comunicação interna entre áreas e executivos;
- esforços dirigidos para a consecução de objetivos.

A Contabilidade sempre foi reconhecida por sua capacidade de mensurar e de informar de forma objetiva os eventos, atividades e transações que são planejados e executados nas empresas rurais. Pelos aspectos motivacionais nela implícitos, a Contabilidade também nunca perdeu de vista sua responsabilidade com o meio de comunicação, ou seja, suas potencialidades como uma das formas mais eficazes de linguagem entre os empresários rurais. Certamente, não será agora que perderemos a oportunidade de partirmos confiantes para um futuro pleno de desafios e a oportunidade de grandes realizações pessoais e profissionais.

O modo de pensar adotado pelas empresas significa que as informações gerenciais afetam o desempenho de uma Empresa Rural, moldando suas metas e influenciando as ações empreendidas pelas pessoas para atingi-las. Entretanto, o desempenho favorável a longo prazo somente ocorrerá se as informações gerenciais definirem metas e dispararem ações que satisfaçam termos relevantes de competitividade.

Construir uma nova base de informações gerenciais para dar suporte à excelência competitiva global não é tarefa fácil ou rápida. A Contabilidade irá desempenhar um papel ao qual não está habituada na nova base de informações. Um Sistema de Informações Gerenciais pode ser entendido como o processo de transformação de dados em informações que são utilizadas na estrutura decisória da empresa, proporcionando, ainda, a sustentação administrativa para otimizar os resultados esperados. A eficiência depende da rapidez com que as informações fluem dos pontos sensores aos centros de decisão. Além dos Sistemas de Informação e de Acompanhamento, também são funções primordiais do Controle Gerencial a direção e a implantação dos Sistemas de Motivação; Coordenação; Avaliação e Planejamento.

3.5 Gerência empresarial de uma propriedade rural

A filosofia de fazenda-empresa baseia-se em uma gerência moderna e eficiente. Dentro da administração geral de uma Empresa Rural, a gerência corresponde ao coração de todo o sistema, ou seja, tem a responsabilidade de funcionamento de toda a máquina produtiva.

É justamente por isso que se resumirão algumas etapas que o responsável por essa gerência, o gerente geral ou administrador, deve cumprir para obter melhores resultados.

PRIMEIRA ETAPA. Formação da equipe de execução de campo, de acordo com os objetivos e a dimensão do empreendimento, determinando as funções, as responsabilidades e o número de funcionários necessários.

Não importa qual o tamanho do empreendimento agropecuário, se de pequeno, médio ou grande porte. Essa primeira etapa é fundamental para o início de uma administração mais eficiente da propriedade rural.

O processo de formação de uma equipe é gradual, em virtude da intensa seleção dos funcionários que necessitam apresentar um bom desempenho e, consequentemente, boa produtividade.

Os recursos humanos são, dentro do sistema de produção, um dos fatores mais importantes. E é por isso mesmo que a gerência da Empresa Rural deve implantar uma filosofia de trabalho em que a produtividade seja o ganho real de todos, de acordo com a participação de cada um.

Portanto, a formação de uma equipe com todos se esforçando e caminhando na mesma direção é a base de uma administração eficiente.

SEGUNDA ETAPA. Definição do sistema de controle operacional por setor, cujas atividades devem ser controladas diária ou mensalmente, conforme o caso.

A cada final de mês, o gerente geral deve realizar uma análise desses controles operacionais por setor e por relatórios.

TERCEIRA ETAPA. Execução diária de todo o planejamento. O dia a dia da administração de uma propriedade rural deve começar com uma reunião do gerente/administrador com os chefes de setores, na qual são discutidos os serviços prioritários do dia. Os chefes de setores, por sua vez, distribuem as tarefas aos encarregados após essa reunião.

Depois, é hora de realizar inspeções em todos os setores e fiscalizar o andamento dos serviços.

O fluxo de informação é importante para o gerente/administrador se manter bem-informado de todas as ocorrências dentro da Empresa Rural. Para isso, resumindo, são necessários:

- reunião diária no início do dia;
- fiscalização diária dos serviços em andamento;
- relatórios diários, semanais e/ou mensais;
- reunião mensal com análise geral dos resultados técnicos/econômicos.

QUARTA ETAPA. Elaboração do orçamento, que deve, necessariamente, ser realizado anualmente, podendo ser relativo de janeiro a dezembro ou relativo ao ano agrícola.

Toda Empresa Rural com uma administração eficiente tem, no orçamento, um dos fatores mais importantes, pois ele é o instrumento medidor do andamento das atividades.

O procedimento para elaboração de um orçamento inclui:

a. reunião do gerente/administrador da fazenda com os chefes de setores, para definir:
   - estimativa de produção, como, por exemplo, quantidade de litros de leite/ano, número de bois gordos/ano, produção de milho, arroz, soja etc.;
   - estimativa das necessidades físicas de insumos (sal mineral, adubo, óleo diesel etc.);
   - investimentos necessários na fazenda;

b. definir os valores financeiros para as receitas, despesas e investimentos;
c. analisar os resultados estimados e definir as prioridades das atividades;
d. reavaliar os valores, adaptando-os em função das possibilidades financeiras da Empresa Rural;
e. acompanhar e analisar todo mês os resultados reais, comparando-os aos orçados.

Com o orçamento em mãos e com a análise mensal do andamento das atividades e resultados obtidos, o gerente/administrador pode, então, na comparação dos dois, tomar as decisões necessárias para o direcionamento geral da Empresa Rural.

Os resultados práticos obtidos com a elaboração do orçamento e seu acompanhamento podem ser demonstrados por meio de:
– receitas geradas nos melhores momentos do mercado;
– controle das despesas diretas de produção;
– detecção de setores improdutivos;
– controle dos investimentos realizados.

O êxito de uma administração depende diretamente do desempenho de sua gerência/administração, cuja eficiência deve basear-se, resumindo, em:

1. definição do organograma de recursos humanos, com funções e tarefas, de acordo com o planejamento e os objetivos;
2. definição do sistema de controle por setor de produção;
3. acompanhamento e fiscalização de área dos serviços em andamento e análise mensal dos resultados técnicos;
4. elaboração do orçamento anual com acompanhamento e análise mensal dos resultados (orçado × realizado).

3.5.1 Controle gerencial de resultado

Enfocar-se-á o controle gerencial de resultado evidenciando *quando, como* e *por que* utilizá-los.

QUANDO. Para que exista uma administração moderna e eficiente, deverá existir também um controle gerencial de resultado, elaborado de acordo com o tamanho e as atividades do empreendimento, com suas reais necessidades.

COMO. Para o êxito e o bom aproveitamento do controle são necessários, antes de mais nada, um estudo e uma clara definição do que se espera do empreendimento, ou seja, as atividades e metas devem estar bem definidas.

Após essas definições, passa-se, então, para a parte de elaboração do controle em si, tendo como base o orçamento anual.

O orçamento anual deve ser dividido em duas partes: investimentos e resultados operacionais:

- infraestrutura e melhoramentos;
- benfeitorias e instalações;
- veículos, máquinas e equipamentos;
- produção vegetal;
- estudos e pesquisas;
- rebanhos permanentes (reprodutores e matrizes);
- estoque de produtos agrícolas.

Na parte de resultados operacionais, as verbas deverão ser alocadas por atividade (setores de produção) e individualmente, de maneira a permitir a apuração real dos resultados, com suas receitas e seus custos bem-definidos.

Com dada atividade operacional previamente estabelecida e com um departamento de apoio, criado para alocar e ratear corretamente as receitas e despesas, pode-se, então, saber a margem de contribuição individual de cada setor.

Ainda dentro de resultados operacionais, deverão ser definidos os custos administrativos necessários para o desenvolvimento do empreendimento, bem como os resultados não operacionais, com receitas eventuais e outros custos não operacionais, como custos financeiros. Após a elaboração desse orçamento de investimentos e resultados operacionais, a primeira etapa do controle está concluída.

Agora, esse orçamento deverá ser controlado, de maneira a permitir a detecção das falhas ou das melhorias ocorridas.

Para o controle, deve-se criar um sistema com os mesmos itens utilizados no orçamento já exposto, que faça uma comparação entre os resultados previamente orçados e os valores reais dentro de cada mês e, ainda, os resultados acumulados e seus índices de variações.

Isso irá demonstrar a evolução dos custos e das receitas (resultados de cada atividade) e os totais investidos dentro de um determinado período.

POR QUÊ. O controle gerencial de resultado é importante em qualquer empresa, e, numa empresa agropecuária, não seria diferente.

Investimentos são feitos da mesma forma; portanto, o tratamento deve ser o mesmo, permitindo ao proprietário checar as metas e o retorno esperado dentro de um prazo preestabelecido.

Tanto o orçamento de investimentos e resultados operacionais quanto o de controle deles são ferramentas de fundamental importância para uma eficiente administração, pois, a qualquer momento, o proprietário rural poderá avaliar a real situação econômica em que se encontra seu empreendimento.

3.6 Controle técnico-gerencial

As exigências legais não são a única razão de ser da escrituração contábil. Independentemente delas, os registros e acompanhamentos das transações são um dos mais importantes instrumentos de controle técnico-gerencial e são de extrema utilidade, especialmente nas seguintes situações:

- quando a empresa precisa comprovar, em juízo, fatos ou contestações de ações trabalhistas que dependem de perícia contábil;
- em caso de requerimento de recuperação judicial ou extrajudicial por insolvência financeira;
- para contestar acusações de falência fraudulenta, em que os sócios ou titular da empresa ficam sujeitos às penalidades previstas na Lei de Falências;
- para demonstrar a verdadeira situação patrimonial da empresa no caso de dissolução da sociedade ou saída de um dos sócios, para fins de reconstituição de capital ou venda de participação societária;
- quando for necessário comprovar a legitimidade dos créditos, em caso de impugnação de habilitações, feitas em recuperação judicial ou extrajudicial ou falências.

3.7 Tipos de controle: contábeis e administrativos

Os objetivos do controle interno são: proteger os ativos, produzir dados contábeis confiáveis e ajudar a equipe gestora na condução organizada dos negócios da empresa. Para atingir esses objetivos, torna-se necessária a realização de controles contábeis e de controles administrativos. Ela representa em uma organização os procedimentos, métodos ou rotinas cujos objetivos são proteger os ativos, produzir os dados contábeis confiáveis e ajudar na condução ordenada dos negócios da empresa (CREPALDI, 2016).

Os controles dos primeiros objetivos representam controles contábeis e os do último, controles administrativos. Os controles contábeis compreendem o plano de organização e todos os métodos e procedimentos utilizados para salvaguardar o patrimônio e a propriedade dos itens que o compõem:

- **segregação de funções:** cria independência entre as funções de execução operacional, custódia dos bens patrimoniais e sua contabilização. **Exemplo: Segregar as seguintes funções: sistemas de conferência, aprovação, autorização, controle físico sobre ativos;**
- **sistema de autorização:** controla as operações através de métodos de aprovações, de acordo com as responsabilidades e riscos envolvidos;
- **sistema de registro:** compreende a classificação dos dados dentro de uma estrutura formal de contas, existência de um plano de contas que facilite o registro e preparação das demonstrações contábeis, e a utilização de um manual descritivo para o uso das contas.

Um exemplo de controle interno contábil, utilizado para confrontar a mesma informação com dados vindos de bases diferentes e estabelecido para detecção de falhas nos procedimentos, é a conciliação de registros.

Os controles administrativos compreendem o plano de organização e todos os métodos e procedimentos utilizados para proporcionar eficiência às operações, dar ênfase à política de negócios da empresa, bem como a seus registros financeiros. Eles abrangem:

- normas salutares, que observam práticas saudáveis aos interesses da empresa no cumprimento dos deveres e funções;
- pessoal qualificado, que esteja apto a desenvolver suas atividades, seja bem instruído e supervisionado por seus responsáveis.

O plano organizacional é a forma como estão sendo organizados os sistemas. A estrutura organizacional precisa obedecer a uma divisão adequada e balanceada, de forma que sejam estabelecidas as relações de autoridade e responsabilidade entre os vários níveis pelas parcelas de trabalho exigidas para a consecução dos objetivos da empresa, e de maneira que sejam definidas, claramente, as autoridades e responsabilidades de cada um que nela trabalha.

Os métodos e procedimentos a serem adotados estabelecem os caminhos e os meios de comparação e julgamento para se chegar a determinado fim, mesmo que não tenham sido preestabelecidos formalmente.

Ao planejar um sistema, deve-se pensar em torná-lo eficiente, prático, econômico e útil. Uma forma prática de se fazer isso passa pela definição dos procedimentos que promoverão o controle sobre as operações e atividades.

3.8 Considerações finais

Em um mundo globalizado em que as margens de lucro, no setor primário, são cada vez menores, a profissionalização e a busca de novos padrões de qualidade por parte do produtor rural são necessidades prementes. Portanto, a preocupação do produtor deve estar voltada não somente aos processos produtivos, mas também às ações gerenciais e administrativas de sua propriedade.

Trabalhar com eficiência e eficácia requer conhecimento de gestão do negócio, em que as análises agronômicas, gerenciais e financeiras são elementos fundamentais para a maximização dos resultados e minimização dos custos.

Alguns dos quesitos mais importantes para o produtor rural são o conhecimento e o acompanhamento dos custos de produção dentro da propriedade. Ao ignorar o que está acontecendo com os custos, o produtor não saberá se está efetivando ou não os lucros e tampouco terá subsídios para tomar decisões acertadas e atingir os melhores resultados.

Uma gestão eficaz de custos faz com que toda equipe passe a dar mais importância a detalhes que antes passavam despercebidos: ação gerencial; entendimento e análise das operações; correta distribuição de funções, em que todos os participantes do processo produtivo conheçam seu papel, e o estabelecimento de metas financeiras e produtivas que podem levar a uma melhoria na postura capaz de reduzir os custos.

O produtor, antes de se decidir pela forma de cálculo e acompanhamentos dos custos, deve encarar seu negócio como uma opção de investimento que gere riqueza, isto é, planejar e controlar cada passo a ser dado, de forma que esqueça o "achismo" e tome suas decisões de forma equilibrada para que os erros estratégicos sejam minimizados ou até mesmo evitados.

O controle e o acompanhamento dos custos permitem que as pessoas responsáveis pela atividade visualizem quais são os mais significativos. Um bom controle possibilita monitorar as metas de cada setor. Controlar os custos é uma forma de verificar o desempenho e corrigir falhas com agilidade. Por fim, os custos de produção são verdadeiras ferramentas de gestão, pois permitem que se façam análises econômicas mais detalhadas e precisas da atividade.

Todas essas análises são importantes para fundamentar as atitudes a serem tomadas, estabelecer quais são as prioridades, a possibilidade de novos investimentos e a visão de viabilidade do negócio.

Poucos são os produtores que fazem anotações contábeis de forma sistemática e sabem realmente como vai o seu negócio. A maior parte está preocupada em acompanhar os índices de produtividade e esquece os de rentabilidade. Isso se justifica pelo simples fato de estarem mais ligados aos aspectos produtivos da propriedade.

Sob todos os aspectos, pode-se constatar que o levantamento dos custos de produção é de grande valia como diagnóstico da eficiência do processo produtivo, ferramenta gerencial e avaliação econômica da atividade. Portanto, o controle não deve ser usado apenas como relato histórico das finanças da empresa, mas também aplicado nas tomadas de decisões.

O setor rural se caracteriza principalmente pela instabilidade e pelos riscos. Isso porque a produção de bens depende de fatores climáticos, do mercado e da variação de preços de produtos e insumos. A Contabilidade Rural, por sua vez, objetiva auxiliar na administração e na aplicação de estratégias que possibilita auferir resultados compensadores e contínuos. Dessa forma, é possível aumentar a produtividade e o lucro do setor rural.

Múltipla escolha

1. Os relatórios gerados pela Contabilidade gerencial são utilizados:
    ( ) a. só pelos usuários externos à empresa;
    ( ) b. pelos usuários internos e externos, com destaque para a fiscalização do Imposto de Renda;
    ( ) c. só pelos usuários internos;
    ( ) d. somente pela auditoria externa das Sociedades Anônimas;
    ( ) e. somente pela Auditoria interna ou externa das sociedades de capital aberto.

2. Em relação ao plano de contas utilizado pela contabilidade gerencial podemos afirmar que:
    ( ) a. é o mesmo utilizado pela contabilidade financeira;

( ) b. deve ser adequado às necessidades gerenciais de cada empresa;

( ) c. o plano de contas gerencial deve seguir a legislação do Imposto de Renda e as normas da CVM;

( ) d. o plano de contas a ser utilizado independe da análise gerencial a ser elaborada;

( ) e. o plano de contas deve ser refeito baseado nos centros de custo efetivamente produtivos, sempre de acordo com as normas da CVM.

3. Um Sistema de Informações Gerenciais pode ser entendido como o processo de transformação de dados em informações que são utilizadas na estrutura decisória da empresa, proporcionando, ainda, a sustentação administrativa para otimizar os resultados esperados.

    Com base no descrito acima, podemos afirmar que a eficiência de um SIG depende da:

    ( ) a. rapidez com que as informações fluem dos pontos sensores aos centros de decisão;

    ( ) b. rapidez com que as informações fluem dos centros de decisão para os pontos sensores;

    ( ) c. significância das informações recebidas;

    ( ) d. distância entre pontos sensores e centros de decisão;

    ( ) e. capacidade do equipamento (computadores) em processar as informações e transmiti-las.

4. Além dos Sistemas de Informação e de Acompanhamento, também são funções primordiais do Controle Gerencial a direção e a implantação dos Sistemas de:

    ( ) a. Reciprocidade Social; Coordenação; Avaliação e Planejamento.

    ( ) b. Motivação; Coordenação; Avaliação e Corporação.

    ( ) c. Motivação; Coordenação; Absenteísmo e Planejamento.

    ( ) d. Recreação; Coordenação; Avaliação e Planejamento.

    ( ) e. Motivação; Coordenação; Avaliação e Planejamento.

5. Diversos aspectos têm contribuído para confirmar o enfoque atual dos sistemas de controle gerencial. Assinale a resposta que contém um desses aspectos:

    ( ) a. a mão de obra direta tem aumentado progressivamente sua participação no custo total do produto;

( ) b. os custos variáveis estão assumindo cada vez maior relevância em relação aos custos fixos, em função das inversões em novas tecnologias;

( ) c. os custos fixos estão assumindo cada vez maior relevância em relação aos custos variáveis, em função das inversões em novas tecnologias;

( ) d. o conhecimento da posição competitiva da empresa é um dado de pouca relevância;

( ) e. o conhecimento da fórmula de determinar preço de venda.

6. O processo que tem por finalidade, entre outras, proporcionar à empresa uma razoável garantia de promover eficácia nas suas operações é denominado:

( ) a. auditoria operacional e financeira;

( ) b. sistema contábil e de controle interno;

( ) c. auditoria das demonstrações contábeis;

( ) d. supervisão e controle de qualidade;

( ) e. sistema de orçamento e gastos.

7. Indique a opção que representa um fator relevante que deve ser considerado no estudo e avaliação do sistema contábil e de controle interno:

( ) a. o grau de descentralização de decisão adotado pela administração;

( ) b. o índice de liquidez e de rentabilidade da entidade;

( ) c. as transações e os eventos subsequentes à data-base do balanço;

( ) d. a reavaliação de ativos tangíveis e a aprovação em assembleia;

( ) e. os critérios adotados para elaboração do relatório da administração.

8. Plano de organização é o conjunto integrado de métodos e procedimentos adotados pela entidade para proteger seu patrimônio, promovendo, entre outras, a eficácia das suas operações, é a definição de:

( ) a. auditoria contábil e fiscal;

( ) b. sistema de controle de bens patrimoniais;

( ) c. controle de orçamento e gestão de gastos;

( ) d. sistema contábil e de controle interno;

( ) e. auditoria interna de gestão.

9. São exemplos de controles de natureza contábil:

(   ) a. análises estatísticas de lucratividade por linha de produtos – segregação de funções – análise das variações entre os valores orçados e os incorridos;

(   ) b. segregação de funções – sistemas de conferência, aprovação e autorização – análise das variações entre os valores orçados e os incorridos;

(   ) c. sistemas de conferência, aprovação e autorização – análise das variações entre os valores orçados e os incorridos – controles físicos sobre ativos;

(   ) d. segregação de funções – sistemas de conferência, aprovação e autorização – controle físico sobre ativos;

(   ) e. análises estatísticas de lucratividade por linha de produtos – segregação de funções – sistema de conferência, aprovação e autorização.

10. A Indústria de Sorvetes Sem Nome avalia o desempenho de seus três negócios (Pecuária, Laticínios e Sorveteria), considerados centros de resultados. Para esse fim, utiliza o Preço de Transferência nas transações internas. Para a determinação do Preço de Transferência, a empresa considera o quanto pagaria no mercado para adquirir prontos seus produtos intermediários.

Considerando-se os dados a seguir, o *controller* pretende identificar se todos os negócios da empresa são lucrativos.

DADOS	PECUÁRIA	LATICÍNIOS	SORVETERIA
Produto	Leite	Creme	Sorvete
Custos Variáveis/unidade Matéria-prima Outros	– $ 1,00	Leite $ 0,20	Creme $ 0,50
Custos Fixos/mês	$ 500,00	$ 500,00	$ 1.000,00
Preço Mercado Quantidade	$ 2,00 1.000 unidades	$ 2,50 1.000 unidades	$ 5,00 1.000 unidades

Outras informações:

O produto da Pecuária (leite) não tem matéria-prima.

Os produtos da Pecuária e do Laticínio são, respectivamente, matérias-primas do Laticínio e da Sorveteria.

O produto da Sorveteria é vendido no mercado.

Após analisar os dados, o *controller* conclui que:
( ) a. a Pecuária e a Sorveteria são negócios lucrativos;
( ) b. a Pecuária e o Laticínio são negócios lucrativos;
( ) c. a Pecuária, a Sorveteria e o Laticínio são lucrativos;
( ) d. a Sorveteria é lucrativa e a Pecuária não é lucrativa;
( ) e. o Laticínio e a Sorveteria são negócios lucrativos.

11. Qual das alternativas abaixo não é um dos objetivos de um Sistema de Informação Gerencial:
( ) a. demonstrar o potencial da ciência contábil integrado;
( ) b. identificar os subsistemas componentes de informação contábil;
( ) c. alterar todas as integrações que devem existir com os demais sistemas operacionais de empresa;
( ) d. facilitar a apresentação de relatórios;
( ) e. obedecer à regulamentação para elaboração dos relatórios.

12. O Sistema de Informação Gerencial, a fim de atender a seus usuários, produz informações para atender aos seguintes aspectos, exceto:
( ) a. níveis empresariais;
( ) b. ciclo administrativo;
( ) c. nível de estruturação de informação;
( ) d. administração de RH;
( ) e. externos à empresa.

4

IMPORTÂNCIA DA CONTABILIDADE RURAL

4.1 Introdução

O sucesso de qualquer empreendimento está subordinado a uma administração eficiente. É justamente nesse aspecto que a Empresa Rural brasileira apresenta uma de suas mais visíveis carências, prejudicando todo o processo de modernização da agropecuária.

Grosso modo, é possível constatar que a administração rural no Brasil ainda se desenvolve dentro de critérios bastante tradicionais ou com um padrão de desempenho inaceitável. Essa característica não é atributo apenas de pequenas propriedades rurais, prevalecendo também entre as médias e grandes empresas, com economia de mercado e elevados níveis de renda.

Uma das ferramentas administrativas menos utilizadas pelos produtores brasileiros é, sem dúvida, a Contabilidade Rural, vista, geralmente, como uma técnica complexa em sua execução, com baixo retorno na prática. Além disso, quase sempre é conhecida apenas dentro de suas finalidades fiscais. A maioria dos produtores sujeitos à tributação do Imposto de Renda não mostra grande interesse por uma aplicação gerencial, relegando toda sua Contabilidade a profissionais da área contábil. As características qualitativas das demonstrações contábil-financeiras, de acordo com o CPC 00 representação fidedigna, tempestividade, compreensibilidade.

Entre os diversos fatores que têm contribuído para isso, destacam-se: a adaptação de sistemas estrangeiros e de Contabilidade Comercial e Industrial, inadequados para retratar as características da agropecuária brasileira; a falta de profissionais capacitados na transmissão de tecnologias administrativas aos fazendeiros; a não inclusão da Contabilidade Rural como instrumento de políticas governamentais agrícolas ou fiscais.

Verifica-se, entretanto, que a crise econômica, a retirada de subsídios e incentivos fiscais ao setor e o aumento da tributação da renda agrícola vêm provocando uma reversão desse quadro. Em segmentos mais dinâmicos do setor rural, muitos empresários vêm sentindo a necessidade de melhores conhecimentos administrativos, como condição imprescindível para a própria sobrevivência da empresa.

Compreende-se, enfim, que o êxito do empreendimento não consiste apenas em alcançar elevados níveis de produtividade por meio do emprego de técnicas produtivas modernas e dispendiosas. É preciso, também, saber como gerenciar a produtividade obtida para se alcançar o resultado almejado, ou seja, a contínua maximização do lucro.

Essa conscientização tem favorecido interesse e procura crescentes por tecnologias gerenciais que permitam uma administração verdadeiramente eficiente e competitiva. Nesse contexto, a Contabilidade Rural destaca-se como o principal instrumento de apoio às tomadas de decisões durante a execução e o controle das operações da Empresa Rural.

Como parte integrante do Sistema de informações da empresa, a Contabilidade Rural é desenvolvida dentro de um ciclo de coleta e processamento de dados que culmina com a produção e a distribuição de informações da saída, na forma de relatórios contábeis. Tais relatórios devem garantir à gerência um fluxo contínuo de informações sobre os mais variados aspectos econômicos e financeiros da Empresa Rural, permitindo a avaliação de sua situação atual e comparações com o que foi planejado. Esse confronto possibilita a identificação e o controle dos desvios e suas causas, bem como auxilia o aperfeiçoamento de futuros planejamentos.

A principal função da contabilidade rural é a de fornecer informações úteis para a tomada de decisão. Pode-se dividir os usuários em dois grandes grupos:

- os **usuários externos** das demonstrações contábeis incluem-se investidores atuais e potenciais, empregados, financiadores e outros credores por empréstimos, fornecedores e outros credores comerciais, clientes, governos e suas agências e o público. Eles usam as demonstrações contábeis para satisfazer algumas das suas diversas necessidades de informações.

- **os usuários internos** (administração da empresa): a situação muda totalmente. Não há necessidade de credibilidade. Como a administração controla a elaboração das informações, não iria "enganar a si mesma", com informações falsas.

Isto não significa que a Administração não use as demonstrações contábeis. Mas as demonstrações são feitas principalmente para atender aos usuários externos.

A contabilidade rural tem em sua essência, basicamente, duas funções:

- **função administrativa**: como função administrativa, a contabilidade ajude no controle do patrimônio. A saber, por exemplo, quanto temos de mercadoria em estoque, quanto temos de pagar de tributos, qual o valor que temos a pagar de salários, qual o montante que temo em caixa, no banco.
- **função econômica**: a função econômica da contabilidade está atrelada à apuração do lucro ou prejuízo do exercício. Tal apuração é feita em uma demonstração específica, chamada demonstração do resultado do exercício, por meio do cotejo entre as receitas e despesas. Quando as receitas suplantam as despesas, temos lucro. Caso contrário, prejuízo.

Um sistema contábil eficiente, aliado ao bom senso do administrador, deve proporcionar um diagnóstico realista, com a localização dos pontos fracos e fortes de cada atividade produtiva e da empresa como um todo. De posse de tais informações, poderão ser tiradas inúmeras conclusões para diversas finalidades.

Atualmente, o produtor rural encontra à disposição no mercado diversos tipos bastante diferenciados de sistemas contábeis informatizados. Entretanto, nem todos apresentam capacidade informativa, flexibilidade e confiabilidade necessárias a uma utilização gerencial. Muitos são voltados apenas para a finalidade de apuração do Imposto de Renda da Atividade Rural, e outros não incorporam, com exatidão, características fundamentais de certas atividades agropecuárias.

Falhas bastante frequentes são falta de tratamento para o problema inflacionário e erros conceituais, que podem levar a resultados altamente distorcidos, com sérias consequências para a empresa. A forma de implantação também tem sido um grave problema, uma vez que nem sempre é realizada gradualmente, partindo dos procedimentos mais simples e evoluindo à medida que a empresa e os usuários do sistema mostrem condições de absorver, plenamente, a tecnologia que está sendo introduzida.

O conhecimento técnico, a sensibilidade e a competência dos profissionais responsáveis pelo diagnóstico da empresa e pela implantação do sistema contábil determinam, com certeza, grande parte do sucesso.

Portanto, é sempre importante que o empresário adote uma postura bem informada, prudente e crítica na avaliação e escolha do sistema contábil que melhor se adapte à natureza das atividades de sua empresa, levando em conta seu modo de operar, sua forma de organização, constituição jurídica e dimensão patrimonial. Antes de tudo, porém, é imprescindível que se tenha absoluta consciência da relação entre custos e benefícios da implantação de um sistema de Contabilidade Rural Gerencial e da própria capacidade de compreender e utilizar seus recursos, fornecendo-lhes dados realmente confiáveis. Planejar as atividades, os custos, as receitas e os resultados faz parte de uma estruturação mínima para o sucesso de uma empresa, principalmente na possibilidade de corrigir rotas de problemas.

Se a informação contábil-financeira é para ser útil, ela precisa ser relevante e representar com fidedignidade o que se propõe a representar. A utilidade da informação contábil-financeira é melhorada se ela for comparável, verificável, tempestiva e compreensível.

As características qualitativas foram divididas em duas categorias: características qualitativas fundamentais (relevância e representação fidedigna) e características qualitativas de melhoria (comparabilidade, verificabilidade, tempestividade e compreensibilidade), consoante o CPC 00. Comparabilidade, verificabilidade, tempestividade e compreensibilidade são características qualitativas que melhoram a utilidade da informação que é relevante e que é representada com fidedignidade. As características qualitativas de melhoria podem também auxiliar a determinar qual de duas alternativas que sejam consideradas equivalentes em termos de relevância e fidedignidade de representação deve ser usada para retratar um fenômeno.

Entre as características qualitativas de melhoria, a comparabilidade é uma das quais os analistas de demonstrações contábeis mais buscam. Dessa forma, pode-se definir pela estrutura conceitual contábil que comparabilidade é a característica que permite que os usuários identifiquem e compreendam similaridades dos itens e diferenças entre eles nas Demonstrações Contábeis.

O valor preditivo e o valor confirmatório da informação contábil-financeira estão inter-relacionados. A informação que tem valor preditivo muitas vezes também tem valor confirmatório. Por exemplo, a informação sobre receita para o ano corrente, a qual pode ser utilizada como base para predizer receitas para anos futuros, também pode ser comparada com predições de receita para o ano corrente que foram feitas nos anos anteriores. Os resultados dessas comparações podem auxiliar os usuários a corrigirem e a melhorarem os processos que foram utilizados para fazer tais predições.

Materialidade

A informação é material se a sua omissão ou sua divulgação distorcida (*misstating*) puder influenciar decisões que os usuários tomam com base na informação contábil-financeira acerca de entidade específica que reporta a informação. Em outras palavras, a materialidade é um aspecto de relevância específico da entidade baseado na natureza ou na magnitude, ou em ambos, dos itens para os quais a informação está relacionada no contexto do relatório contábil-financeiro de uma entidade em particular.

Consequentemente, não se pode especificar um limite quantitativo uniforme para materialidade ou predeterminar o que seria julgado material para uma situação particular.

4.2 Contabilidade rural

A Contabilidade é a ciência que estuda e pratica as funções de orientação, controle e registro dos atos e fatos de uma administração econômica, servindo como ferramenta para o gerenciamento da evolução de uma entidade e, também, para a prestação de contas entre os sócios e demais usuários, entre os quais se destacam as autoridades responsáveis pela a arrecadação dos tributos. Pode-se também afirmar que a Contabilidade é uma ciência mista, pois a contabilidade se divide em uma ciência exata com processos matemáticos e partidas dobradas e uma ciência social relativa às pessoas que administram as organizações.

O conceito de contabilidade rural é a metodologia especialmente concebida para captar, registrar, resumir e interpretar os fenômenos que afetam as situações patrimoniais, financeiras e econômicas de qualquer empresa rural. É o estudo do patrimônio das entidades rurais, mediante o registro, a exposição e a interpretação dos fatos ocorridos, com o fim de oferecer informações sobre sua composição e suas variações, bem como sobre o resultado econômico da gestão.

Tem por finalidade o registro dos fatos e a produção das informações que possibilitem ao administrador do patrimônio o planejamento e o controle das suas ações. Assim, a função econômica da contabilidade é apurar o lucro ou o prejuízo, planejar as atividades, os custos, as receitas e os resultados. Fazem parte de uma estruturação mínima para o sucesso de uma empresa, e principalmente na possibilidade de corrigir problemas. É assegurar o controle do patrimônio administrado e fornecer aos usuários informações sobre a composição e as variações patrimoniais, bem como sobre o resultado das atividades econômicas desenvolvidas pela entidade para alcançar seus fins.

"A contabilidade é a língua dos negócios", segundo Warren Buffett considerado o investidor mais bem sucedido de todo o mundo. Afirma que existem muitas maneiras de descrever o que está acontecendo com uma empresa, mas independentemente do que se diga, elas acabam na contabilidade.

A contabilidade rural deve ser compreendida como o processo que tem por objetivo medir para depois informar o conhecimento financeiro para quem toma a decisão na empresa rural. É um instrumento de gestão e de controle das organizações, expressando sua capacidade para solver suas dívidas, auxiliando a definir o preço de venda e mostrar sua lucratividade.

De acordo com a legislação, o conjunto completo das Demonstrações Contábeis é composto por: Balanço Patrimonial, Demonstração do Resultado, Demonstração do Resultado Abrangente, Demonstração das Mutações do Patrimônio Líquido, Demonstração do Fluxo de Caixa, Demonstração do Valor Adicionado e Notas Explicativas.

As Demonstrações Contábeis devem ser divulgadas com as seguintes informações destacadas: nome da entidade; se são individuais ou de um grupo de entidades; a data-base de elaboração e período abrangido; moeda de apresentação; e nível de arredondamento.

4.3 Finalidades da contabilidade rural

No momento em que se avalia a importância da Contabilidade Rural em gerar informações para a tomada de decisões, a empresa, para obter sucesso, deverá estar subordinada a uma administração eficiente, e isso requer conhecimento do negócio, do capital, da especialização e da modernização da agropecuária. É justamente nesses aspectos que a empresa rural apresenta carências e prejudica todo um processo de desenvolvimento e modernização do setor.

A Contabilidade Rural é um dos principais sistemas de controle e informação das Empresas Rurais. Com a análise do Balanço Patrimonial e da Demonstração do Resultado do Exercício é possível verificar a situação da empresa, sob os mais diversos enfoques, tais como análises de estrutura, de evolução, de solvência, de garantia de capitais próprios e de terceiros, de retorno de investimentos etc. Também fornece informações sobre condições de expandir-se, sobre necessidades de reduzir custos ou despesas, necessidades de buscar recursos etc. Está aí outra finalidade da Contabilidade Rural: o planejamento.

As informações contábeis são de grande interesse dos investidores. Estas dirão se o investimento é seguro, se há possibilidade de retorno rápido etc. Outro grupo de pessoas tem interesse nas informações extraídas da Contabilidade Rural. São os administradores das empresas rurais relacionadas comercialmente, sobretudo os fornecedores, os bancos, as financeiras, os clientes etc. Por força da legislação tributária, a Contabilidade Rural também apura os valores devidos pelas empresas rurais ao governo. Temos, assim, mais um grande interessado nas informações contábeis. Por isso, técnicos do governo analisam constantemente a Contabilidade da empresa, buscando, além da apuração da regularidade fiscal, outras informações de cunho econômico, necessárias para subsidiar decisões governamentais.

Especificamente, a Contabilidade Rural tem as seguintes finalidades:

- orientar as operações agrícolas e pecuárias;
- medir o desempenho econômico-financeiro da empresa e de cada atividade produtiva individualmente;
- controlar as transações financeiras;
- apoiar as tomadas de decisões no planejamento da produção, das vendas e dos investimentos;
- auxiliar as projeções de fluxos de caixa e necessidades de crédito;
- permitir a comparação da *performance* da empresa no tempo e desta com outras empresas;
- conduzir as despesas pessoais do proprietário e de sua família;
- justificar a liquidez e a capacidade de pagamento da empresa junto aos agentes financeiros e outros credores;
- servir de base para seguros, arrendamentos e outros contratos;
- gerar informações para a declaração do Imposto de Renda.

Os relatórios contábil-financeiros representam um fenômeno econômico em palavras e números. Para ser útil, a informação contábil-financeira não tem só que representar um fenômeno relevante, mas tem também que representar com fidedignidade o fenômeno que se propõe representar. Para ser representação perfeitamente fidedigna, a realidade retratada precisa ter três atributos. Ela tem que ser completa, neutra e livre de erro. É claro, a perfeição é rara, se de fato alcançável. O objetivo é maximizar referidos atributos na extensão que seja possível.

4.4 Conceito

A Contabilidade é a ciência da informação que estuda e pratica as funções de orientação, de controle e de registro dos atos e fatos de uma administração econômica. Tem como objetivo registrar e informar os fatos econômico-financeiros ocorridos no patrimônio de uma entidade; mediante a aplicação do seu conjunto de princípios, normas, técnicas e procedimentos próprios, a fim de subsidiar o seu processo decisório da empresa rural. Através dela é fornecido o máximo de informações úteis para as tomadas de decisões, tanto dentro quanto fora da empresa rural, estudando, interpretando, registrando e controlando o patrimônio.

Contabilidade Rural é um instrumento da função administrativa que tem como finalidade:

- controlar o patrimônio das entidades rurais;
- apurar o resultado das entidades rurais;
- prestar informações sobre o patrimônio e sobre o resultado das entidades rurais aos diversos usuários das informações contábeis.

É o registro dos fatos ocorridos na atividade rural em determinado momento. Trata-se de uma escrituração contábil obrigatória, devendo ser contabilizadas mensalmente todas as receitas, os custos e as despesas, respeitando os princípios contábeis e as normas brasileiras de Contabilidade. Essa escrituração contábil deve evidenciar as contas de receitas, os custos e as despesas segregadas por tipo de atividades, e os critérios de avaliação adotados pelas entidades rurais devem ser fundamentados nos seus ciclos operacionais.

Entidade rural é qualquer pessoa física ou pessoa jurídica detentora de um patrimônio. Pessoa física ou pessoa natural é o ser humano, o indivíduo. Sua personalidade começa com seu nascimento, conforme o art. 4º do Código Civil brasileiro. A pessoa jurídica é um indivíduo de existência abstrata, que nasce da reunião de duas ou mais pessoas físicas ou jurídicas, que se associam com determinado fim. Serve para designar a existência legal de uma sociedade, corporação, associação ou instituição, que auferiu o direito de ter vida própria e isolada das pessoas físicas que a constituíram.

Contabilidade Rural pode ser definida de diversas formas. Numa visão geral, Contabilidade é uma ciência, uma disciplina, um ramo de conhecimento humano, uma profissão que tem por objeto o estudo dos fenômenos patrimoniais.

Dessa forma, Contabilidade é a ciência que estuda e controla o patrimônio das entidades, mediante o registro, a demonstração expositiva e a interpretação dos fatos nele ocorridos, com o fim de oferecer informações sobre sua composição e variação, bem como sobre o resultado econômico decorrente da gestão da riqueza patrimonial.

Analisando a definição, vemos que se caracteriza a Contabilidade como a ciência que estuda e controla o patrimônio. Portanto, o objeto da Contabilidade é o patrimônio. Diz, ainda, que o patrimônio é controlado mediante o registro, ou seja, os fatos contábeis são anotados por meio dos lançamentos, possibilitando, dessa forma, a demonstração expositiva pelas demonstrações financeiras (balanço) e por sua consequente análise. Temos, assim, informações sobre a variação da *composição* de bens, direitos e obrigações, e detalhes sobre a formação do lucro ou prejuízo apurado no período.

Podemos dizer, em outras palavras, que a Contabilidade é um método universal utilizado para registrar todas as transações de uma empresa rural, que possam ser expressas em termos monetários. A universalidade do método é de fundamental importância para possibilitar a interpretação uniforme das "demonstrações expositivas" de qualquer empresa. A Contabilidade é a ciência que estuda e pratica as funções de orientação, controle e registro dos atos e fatos de uma administração econômica, servindo como ferramenta para o gerenciamento da evolução de uma entidade e, também, para a prestação de contas entre os sócios e demais usuários, entre os quais se destacam as autoridades responsáveis pela arrecadação dos tributos. Podemos também afirmar que a Contabilidade é uma ciência mista, pois se divide em uma ciência exata com processos matemáticos e partidas dobradas e uma ciência social relativa às pessoas que administram as organizações.

A Contabilidade Rural é um dos principais sistemas de controle e informação das empresas rurais. Com base nos registros contábeis e na análise das demonstrações contábeis ou financeiras, é possível levantar a real situação financeira da empresa sob a ótica da análise de estrutura, de evolução do negócio, análise de solvência, retorno sobre o investimento etc. A informação contábil também pode ser utilizada no planejamento e controle para análise de redução de custos e despesas e para avaliação da necessidade de captação de recursos de terceiros.

As decisões de usuários implicam escolhas entre alternativas, como, por exemplo, vender ou manter um investimento, ou investir em uma entidade ou noutra. Consequentemente, a informação acerca da entidade que reporta informação será mais útil caso possa ser comparada com informação similar sobre outras entidades e com informação similar sobre a mesma entidade para outro período ou para outra data.

Comparabilidade não significa uniformidade. Para que a informação seja comparável, coisas iguais precisam parecer iguais e coisas diferentes precisam parecer diferentes. A comparabilidade da informação contábil financeira não é aprimorada ao se fazer com que coisas diferentes pareçam iguais ou ainda ao se fazer coisas iguais parecerem diferentes. É a característica qualitativa que permite que os usuários identifiquem e compreendam similaridades dos itens e diferenças entre eles.

Consistência, embora esteja relacionada com a comparabilidade, não significa o mesmo. Consistência refere-se ao uso dos mesmos métodos para os mesmos itens, tanto de um período para outro considerando a mesma entidade que reporta a informação, quanto para um único período entre entidades. Comparabilidade é o objetivo; a consistência auxilia a alcançar esse objetivo.

A verificabilidade ajuda a assegurar aos usuários que a informação representa fidedignamente o fenômeno econômico que se propõe representar. A verificabilidade significa que diferentes observadores, cônscios e independentes, podem chegar a um consenso, embora não cheguem necessariamente a um completo acordo, quanto ao retrato de uma realidade econômica em particular ser uma representação fidedigna. Informação quantificável não necessita ser um único ponto estimado para ser verificável. Uma faixa de possíveis montantes com suas probabilidades respectivas pode também ser verificável.

Tempestividade significa ter informação disponível para tomadores de decisão a tempo de poder influenciá-los em suas decisões.

Em geral, a informação mais antiga é a que tem menos utilidade. Contudo, certa informação pode ter o seu atributo tempestividade prolongado após o encerramento do período contábil, em decorrência de alguns usuários, por exemplo, necessitarem identificar e avaliar tendências.

4.5 Objeto da Contabilidade Rural

Dentro do conceito da ciência chamada Contabilidade, estão embutidos conceitos administrativos que interessam a quem usa essa ciência.

> *Controle.* É o acompanhamento das atividades da organização. Por meio dele, o administrador observa se o comportamento da organização está de acordo com os planos traçados.
> *Planejamento.* É o conjunto de linhas de ação e a maneira de executá-las para alcance dos objetivos.

Uma Empresa Rural pode determinar qual o curso a seguir e por meio do *controle* observar se a política traçada está sendo cumprida. A Contabilidade Rural, dentro do sistema de informações da Empresa Rural, auxilia sobremaneira na geração de informações para o planejamento e o controle das atividades, e, por conseguinte, sua estrutura, quer seja na apresentação das informações, quer seja no registro e avaliação, deverá atender a essa finalidade. Historicamente, o objetivo da Contabilidade Rural tem sido o patrimônio e seu uso, a determinação do lucro e o controle do patrimônio.

4.5.1 Objeto

O objeto da Contabilidade Rural é o patrimônio das entidades rurais.

A Contabilidade Rural surgiu da necessidade de controlar o patrimônio. É fato que existem pessoas, entidades e empresas que realizam muitas transações, decorrendo daí maior complexidade de controle. Seria impossível controlar um patrimônio, que é o conjunto de bens, direitos e obrigações, sem que houvesse registros organizados de todas as mutações ocorridas.

Em muitos casos, especialmente para as pessoas físicas, é perfeitamente dispensável a escrituração, pois o controle desse pequeno patrimônio não necessita de uma Contabilidade sistematizada para exercê-lo.

Com o aperfeiçoamento dos sistemas contábeis e a universalização de seus métodos foi possível acompanhar a evolução patrimonial, comparativamente, inclusive, com outras empresas, como no modelo a seguir:

RELATÓRIO DE RESULTADOS AGROPECUÁRIA PALMIRA LTDA.
RECEITAS Venda de macho refugo Venda de garrote Venda de boi gordo
TOTAL DAS RECEITAS
DESPESAS Mão de obra Compra de machos Sal mineral Medicamentos Manutenção das pastagens Motomecanização Manutenção da infraestrutura Diversos

TOTAL DAS DESPESAS
MARGEM CONTRIBUIÇÃO ® (Receitas – Despesas) – A Despesas Administrativas ® B
RESULTADO OPERACIONAL ® (A – B) = C
INVESTIMENTOS Formação de pastagens Infraestrutura
TOTAL DOS INVESTIMENTOS ® D
TOTAL ® (C – D)

4.6 Balanço patrimonial da empresa rural

A NBC TG – Estrutura Conceitual para a Elaboração e Apresentação das Demonstrações Contábeis estabelece os conceitos que fundamentam a preparação e a apresentação de demonstrações contábeis destinadas a usuários externos:

- apoiar os usuários das demonstrações contábeis na interpretação de informações nelas contidas, preparadas em conformidade com as normas.
- auxiliar os auditores independentes a formar sua opinião sobre a conformidade das demonstrações contábeis com as normas.
- dar suporte aos responsáveis pela elaboração das demonstrações contábeis na aplicação das normas e no tratamento de assuntos que ainda não tiverem sido objeto de normas.

Conforme inciso I do art. 176 da Lei nº 6.404/76, todas as companhias são obrigadas a confeccionar o Balanço Patrimonial (BP) que é a Demonstração Financeira destinada a evidenciar/mostrar, qualitativa e quantitativamente, a posição patrimonial, econômica e financeira de uma empresa rural em um determinado momento, normalmente no final do ano, representando uma posição estática. Ele é considerado uma das principais Demonstrações Financeiras da empresa rural, pois faz parte de um conjunto de relatórios que compõem suas Demonstrações Contábeis. Tem por objetivo evidenciar o patrimônio de uma entidade em determinado momento.

É um demonstrativo contábil que, em dado momento, apresenta de forma sintética e ordenada as contas patrimoniais agrupadas de acordo com a natureza dos bens, direitos ou obrigações que representam.

Tem por finalidade apresentar a situação patrimonial em dado momento. É um resumo que apresenta, dentro da ordenação citada, os saldos finais das contas do sistema patrimonial. O balanço, em geral, é apresentado em duas colunas. Na coluna da esquerda, as contas do Ativo, e na coluna da direita, as contas do Passivo Exigível e do Patrimônio Líquido, que vão totalizar o Passivo. Representa uma fotografia da empresa em certa data. No ativo, estão as aplicações dos recursos colocados à disposição da empresa. O passivo e o patrimônio líquido indicam a origem desses recursos.

Os **registros contábeis das entidades rurais** são de escrituração contábil obrigatória, devendo as receitas, os custos e as despesas ser contabilizados mensalmente. Devem evidenciar as contas de receitas, custos e despesas, segregados por tipo de atividades. Os critérios de avaliação adotados pelas entidades rurais devem fundamentar-se nos seus ciclos operacionais, incluindo as perdas, parciais ou totais, decorrentes de ventos, geada, inundação, praga, granizo.

As contas serão classificadas segundo os elementos do patrimônio que registrem e agrupadas de modo que facilitem o conhecimento e a análise da situação financeira e patrimonial da empresa rural e atender às exigências da legislação tributária. É um demonstrativo contábil que, em dado momento, apresenta de forma sintética e ordenada as contas patrimoniais agrupadas de acordo com a natureza dos bens, direitos ou obrigações que representam. Tem por finalidade apresentar a situação patrimonial em dado momento. É um resumo que apresenta, dentro da ordenação acima, os saldos finais das contas do sistema patrimonial. O balanço, em geral, é apresentado em duas colunas. Na coluna da esquerda, as contas do ativo, e na coluna da direita, temos as contas do passivo e patrimônio líquido. Representa uma fotografia da empresa em certa data. No ativo estão as aplicações dos recursos colocados à disposição da empresa. O passivo e o patrimônio líquido indicam a origem desses recursos.

Os elementos diretamente relacionados com a mensuração da posição patrimonial financeira são ativos, passivos e patrimônio líquido. Estes são definidos como segue:

- **Ativo** é um recurso controlado pela entidade como resultado de eventos passados e do qual se espera que fluam futuros benefícios econômicos para a entidade. São representados pelos bens, direitos e demais aplicações.

Exemplo: estoques de sementes para plantio, estoques de insumos (adubos, calcário, defensivos, herbicidas, ureia etc.).

Os bens são aqueles que a empresa rural possui com o objetivo de satisfazer suas necessidades de consumo ou aplicação. Classificam-se em:

- ✓ tangíveis – são corpóreos, ou seja, tem presença física. Exemplo: tratores, arados etc.
- ✓ Intangíveis – são imateriais, ou seja, não tem presença física. Exemplo: marcas, patentes etc.

Os direitos consistem naquilo que a empresa rural tem para receber de terceiros provenientes das operações. Exemplo: duplicatas a receber.

- **Passivo** é uma obrigação presente da entidade, derivada de eventos passados, cuja liquidação se espera que resulte na saída de recursos da entidade capazes de gerar benefícios econômicos.
  Exemplo: fornecedores, salários a pagar, financiamentos a pagar etc.

- **Patrimônio Líquido** é o interesse residual nos ativos da entidade depois de deduzidos todos os seus passivos.

As principais fontes de patrimônio líquido da empresa rural são:

- ✓ integralizações de capital – investimentos dos sócios na empresa rural.
- ✓ lucros gerados – resultado gerado pela empresa rural que podem ser reinvestidos.

No momento da elaboração das demonstrações contábeis, o contador deverá definir a estrutura do balanço patrimonial, considerando a normatização contábil. Esse procedimento tem como objetivo principal aprimorar a capacidade informativa para os usuários das demonstrações contábeis.

Balanço Patrimonial	
Ativo	Passivo
Ativo Circulante	Passivo Circulante
Ativo Não Circulante:	Passivo Não Circulante
Realizável a Longo Prazo Investimento Imobilizado Intangível	Patrimônio Líquido: Capital Social Reservas de Capital Ajustes de Avaliação Patrimonial Reservas de Lucros (-) Ações em Tesouraria (-) Prejuízos Acumulados
Total	Total

As demonstrações contábeis são uma representação estruturada da posição patrimonial e financeira e do desempenho da empresa rural. Para satisfazer a seus objetivos, as demonstrações contábeis proporcionam informação da entidade acerca dos ativos, passivos, patrimônio líquido, receitas e despesas, alterações no capital próprio e fluxos de caixa. Devem ser divulgadas com as seguintes informações destacadas: nome da entidade; se são individuais ou de um grupo de entidades; a data-base de elaboração e o período abrangido; moeda de apresentação; e nível de arredondamento.

O conjunto completo das Demonstrações Contábeis é composto por: Balanço Patrimonial, Demonstração do Resultado, Demonstração do Resultado Abrangente, Demonstração das Mutações do Patrimônio Líquido, Demonstração do Fluxo de Caixa, Demonstração do Valor Adicionado e Notas Explicativas.

4.7 Fixação do exercício social

Um dos questionamentos frequentes que fazem os contadores ao iniciarem uma contabilidade rural é quanto ao término do exercício social. Ao contrário do que ocorre com a maioria das empresas ao fazerem o exercício social coincidir com o ano civil, essa prática não é adequada para as empresas rurais.

Na atividade rural, a concentração da receita normalmente ocorre durante ou logo após a colheita. Devido à sua produção sazonal, concentrada em determinado período, muitas vezes em alguns dias do ano, nada mais justo que, após seu término, proceder em seguida à apuração do resultado, tão importante para a tomada de decisão, sobretudo a respeito do que fazer no novo ano agrícola (ano agrícola é o período compreendido pela plantação, colheita e normalmente a comercialização da safra agrícola).

Por outro lado, fazendo a apuração dos resultados antes da colheita, com a cultura em formação, seria quase impossível determinar com probidade o valor econômico desta cultura.

Como exemplo, uma cultura de milho com 1 m de altura há dois meses da colheita ou um pomar de maçãs na floração.

Também na atividade pecuária o período adequado para encerramento do exercício social não é o ano civil. O ideal é realizá-lo logo após o nascimento dos bezerros, que, de maneira geral, concentra-se em determinado período do ano. Outro critério válido é fixá-lo com base no mês em que se concentra a venda das rezes para o frigorífico.

Nas propriedades rurais em que há atividades diversificadas, agrícolas e pecuárias, adequado será adotar como término do exercício social o mês seguinte ao da ocorrência da colheita ou receita pecuária de maior representatividade econômica para a propriedade.

Obrigações decorrentes de custos operacionais são classificadas como passivos circulantes, ainda que estejam para ser liquidadas em prazo superior ao ciclo operacional da entidade, que, normalmente, é de doze meses.

O CPC 26(R2), ao tratar da classificação dos passivos, informa que as competências relativas a gastos com empregados e a outros custos operacionais são parte do capital circulante usado no ciclo operacional normal da entidade.

Com relação à falta de identificação clara do ciclo operacional, o aludido CPC 26(R2) estabelece que o mesmo deva ser considerado com a duração de 12 meses.

4.8 Demonstração do resultado do exercício

A Demonstração do Resultado do Exercício, conforme a Lei nº 11.941/09, junto ao Balanço Patrimonial, constitui-se num relatório sucinto das operações realizadas por uma empresa rural durante determinado período de tempo, constatando nele um dos valores mais relevantes: o resultado líquido.

Com essas duas demonstrações, o Balanço Patrimonial e a Demonstração do Resultado do Exercício, a Contabilidade Rural alcança o objetivo de ilustrar a situação patrimonial, econômica e financeira da empresa rural.

Segundo a Lei nº 6.404/76, devidamente atualizada, a Demonstração do Resultado do Exercício discriminará:

DEMONSTRAÇÃO DO RESULTADO DO EXERCÍCIO
Receita Bruta de Vendas – Produtos Agrícolas
(–) Deduções de vendas
(–) Abatimentos
(–) Tributos
= Receita Líquida de Vendas
(–) Custo de Produtos Vendidos
= Lucro Bruto
(–) Despesas com Vendas
(–) Despesas Financeiras
(+) Receitas Financeiras
(–) Despesas Gerais e Administrativas
(–) Outras Despesas Operacionais
(+) Outras Receitas Operacionais
= Resultado Operacional Líquido
(–) Imposto de Renda
(–) Contribuição Social sobre o Lucro Líquido
= Resultado após o IR e CSLL
(–) Despesas com participações estatutárias
= Lucro/Prejuízo do Exercício
Lucro/Prejuízo por ação do capital social

Na Demonstração do Resultado do Exercício por função no método da natureza da despesa, as despesas são agregadas na demonstração do resultado de acordo com a sua natureza (por exemplo, depreciações, compras de materiais, despesas com transporte, benefícios aos empregados e despesas de publicidade), não sendo realocados entre as várias funções dentro da entidade.

A segunda forma de análise é o método da função da despesa ou do "custo dos produtos e serviços vendidos", classificando-se as despesas de acordo com a sua função como parte do custo dos produtos ou serviços vendidos ou, por exemplo, das despesas de distribuição ou das atividades administrativas.

No mínimo, a entidade deve divulgar o custo dos produtos e serviços vendidos segundo esse método separadamente das outras despesas.

4.9 Demonstrativo do resultado abrangente

A entidade deve apresentar todos os itens de receita e despesa reconhecidos no período em duas demonstrações: demonstração do resultado do período e demonstração do resultado abrangente do período; esta última começa com o resultado líquido e inclui os outros resultados abrangentes.

Resultado abrangente é a mutação que ocorre no patrimônio líquido durante um período que resulta de transações e outros eventos **que não derivados de transações com os sócios na sua qualidade de proprietários**. Compreende todos os componentes da "demonstração do resultado" e da "demonstração dos outros resultados abrangentes.

A demonstração do resultado e outros resultados abrangentes (demonstração do resultado abrangente) devem apresentar, além das seções da demonstração do resultado e de outros resultados abrangentes, conforme a NBC TG 26 (R2):

(a) o total do resultado (do período);
(b) total de outros resultados abrangentes;
(c) resultado abrangente do período, sendo o total do resultado e de outros resultados abrangentes.

A **Demonstração do Resultado Abrangente (DRA)** apresenta ajustes e alterações no Patrimônio Líquido da empresa como se fossem lucro (ou prejuízo). Porém, para entrarem na DRA, esses ajustes e alterações não podem ter sido feitos pelos sócios.

A demonstração do resultado abrangente deve, no mínimo, incluir as seguintes rubricas:

a) resultado líquido do período;
b) cada item dos outros resultados abrangentes classificados conforme sua natureza (exceto montantes relativos ao item c);
c) parcela dos outros resultados abrangentes de empresas investidas reconhecida por meio do método de equivalência patrimonial;
d) resultado abrangente do período.

Se a entidade apresenta a demonstração do resultado separada da demonstração do resultado abrangente, ela não deve apresentar a demonstração do resultado incluída na demonstração do resultado abrangente.

A entidade deve apresentar os seguintes itens, além da demonstração do resultado e de outros resultados abrangentes, como alocação da demonstração do resultado e de outros resultados abrangentes do período:

(a) resultado do período atribuível a:
- participação de não controladores, e
- sócios da controladora;

(b) resultado abrangente atribuível a:
- participação de não controladores, e
- sócios da controladora.

Demonstração do Resultado Abrangente – DRA (CPC)

Lucro ou prejuízo líquido do exercício (apurado na DRE)

(+/-) Reserva de avaliação (se ainda permitida)

(+/-) Ganhos/Perdas atuariais em planos de pensão

(+/-) Conversão câmbio de operações no exterior

(+/-) Avaliação de instrumentos disponíveis para venda

(+/-) Ganhos/perdas em operações de *hedge* de fluxo de caixa

(+/-) Outros resultados abrangentes de investidas avaliadas pelo MEP

(=) Resultado Abrangente do período (RA)

Exemplo:

Uma sociedade empresária apresentou em 31.12 as seguintes informações:

CONTAS	SALDOS
Ajuste Credor de Avaliação Patrimonial	R$ 400,00
Ajuste Credor de Conversão do Período	R$ 400,00
Aumento do Capital Social	R$ 1.600,00
Custo da Mercadoria Vendida	R$ 2.400,00
Despesa com IRPJ e CSLL	R$ 80,00
ICMS Incidentes sobre Vendas	R$ 400,00
Receita Bruta de Vendas	R$ 4.000,00
Receitas Financeiras	R$ 800,0

Com base nessas informações, determine o Resultado Abrangente Total do Período.

Resolução:

Para elaborar a DRA, primeiro devemos encontrar o resultado líquido do período na **Demonstração do Resultado do Exercício (DRE).**

Demonstração do Resultado do Exercício:

Receita Bruta de Vendas	4.000,00
(-) ICMS sobre Vendas	(400,00)
(=) Receita Operacional Líquida	3.600,00
(-) Custo da Mercadoria Vendida	(2.400,00)
(=) Resultado Operacional Bruto (Lucro Bruto)	1.200,00
(+) Receitas Financeiras	800,00
(=) Resultado Operacional antes do IR e da CSLL	2.000,00
(-) Tributos sobre o Lucro	**(80,00)**
(=) Resultado Líquido do Exercício	**1.920,00**

Demonstração do Resultado Abrangente:

Lucro Líquido do Exercício	1.920,00
(+) Ajuste Credor de Avaliação Patrimonial	400,00
(+) Ajuste Credor de Conversão do Período	**400,00**
(=) Resultado Abrangente	**2.720,00**

4.10 Demonstração das Mutações do Patrimônio Líquido – DMPL

A **NBC TG 26 – Apresentação das Demonstrações Contábeis**, no tocante à informação a ser apresentada na Demonstração das Mutações do Patrimônio Líquido (DMPL) ou nas Notas Explicativas, determina:

- Para cada componente do patrimônio líquido, a entidade deve apresentar, ou na demonstração das mutações do patrimônio líquido ou nas notas explicativas, uma análise dos outros resultados abrangentes por item.
- O patrimônio líquido deve apresentar o capital social, as reservas de capital, os ajustes de avaliação patrimonial, as reservas de lucros, as

ações ou quotas em tesouraria, os prejuízos acumulados, se legalmente admitidos, os lucros acumulados e as demais contas exigidas pelas normas emitidas pelo Conselho Federal de Contabilidade.
- A entidade deve apresentar na demonstração das mutações do patrimônio líquido, ou nas notas explicativas, o montante de dividendos reconhecidos como distribuição aos proprietários durante o período e o respectivo montante por ação.

Ao apresentar a demonstração das mutações do patrimônio líquido, uma entidade controlada deverá desmembrar, no resultado abrangente do período, o montante total atribuível aos proprietários da entidade controladora e o montante correspondente à participação de não controladores.

4.11 Notas Explicativas

De acordo com o que estabelece a **NBC TG 26 (R3) – Apresentação das Demonstrações Contábeis**, as Notas Explicativas contêm informação adicional em relação à apresentada nas demonstrações contábeis. As Notas Explicativas oferecem descrições narrativas ou segregações e aberturas de itens divulgados nessas demonstrações e informação acerca de itens que não se enquadram nos critérios de reconhecimento nas demonstrações contábeis.

A entidade não pode retificar políticas contábeis inadequadas por meio da divulgação das políticas contábeis utilizadas ou por meio de Notas Explicativas ou qualquer outra divulgação explicativa.

A informação acerca da elaboração das demonstrações contábeis e das políticas contábeis específicas utilizadas pela contabilidade, bem como a divulgação da informação requerida pelas normas, interpretações e comunicados técnicos, que não tenha sido apresentada nas demonstrações contábeis, consta das notas explicativas.

4.12 Normas para a Contabilidade Rural

A Contabilidade Rural segue as mesmas regras que a Contabilidade Geral. As Normas Brasileiras de Contabilidade constituem-se basicamente em um conjunto de normas e procedimentos de conduta que devem ser observados como prerrogativa para o exercício da profissão contábil, bem como de conceitos doutrinários, princípios, estrutura técnica e procedimentos a serem aplicados na realização dos trabalhos previstos nas normas aprovadas por resoluções emitidas pelo Conselho Federal de Contabilidade.

Podemos entender que as Normas Brasileiras de Contabilidade estão sendo formalizadas como segue:

- Lei nº 6.404/76 com as alterações trazidas, principalmente, pelas Leis nº 11.638/07 e nº 11.941/09;
- normas emitidas pela Comissão de Valores Mobiliários (CVM), cuja aplicação é exclusiva para as companhias abertas (que têm ações em bolsa de valores);
- pronunciamentos emitidos pelo Comitê de Pronunciamentos Contábeis e referendados pelo Conselho Federal de Contabilidade (CFC).

Essas normas englobam um conjunto de critérios, conceitos, princípios, dados técnicos e procedimentos que devem ser observados para o exercício da profissão contábil e para a aplicação da contabilidade. Esse conjunto deve ser adaptado para a empresa rural, garantindo que o produtor rural possa utilizar informações geradas para a efetiva melhoria no desempenho de sua atividade rural.

Complementando a normatização no setor agropecuário, o Comitê de Pronunciamentos Contábeis emitiu o Pronunciamento Técnico CPC-29, que trata do ativo biológico e produto agrícola. Esse pronunciamento foi aprovado no dia 7/8/2009 com o objetivo de estabelecer o tratamento contábil e as respectivas divulgações, relacionadas aos ativos biológicos e produtos agrícolas. O CPC-29 foi elaborado a partir da norma internacional equivalente IAS 41 – Agriculture (IASB), e sua aplicação, no julgamento do Comitê, produz reflexos contábeis que estão em conformidade com o documento editado pelo IASB. Aborda a contabilização e as divulgações referentes aos ativos biológico e produtos agrícolas. Os ativos biológicos são seres vivos (plantas e animais), que, após o processo de colheita, tornam-se produtos agrícolas, devendo ser aplicada sobre eles uma avaliação de valor justo. A transformação em ativo acontece quando a vida do ser vivo passa por um processo de degeneração e chega ao fim.

Antes do CPC 29, os ativos biológicos estavam sendo contabilizados no instante da concretização (realização) da receita ou venda deste ativo. Logo, não existia a contabilidade agropecuária, por isso surge o CPC 29 para regulamentar esta ação.

Ressalta-se que os ativos podem ser classificados como consumíveis ou de produção, ou ainda, como maduros ou imaturos. Os maduros são aqueles biológicos, consumíveis e que estão prontos para a colheita. Os imaturos, por sua vez, sustentam colheitas regulares e são próprios para a produção. Estabelece o tratamento contábil dos ativos biológicos pertinentes à avaliação dos estoques dos produtos agrícolas comparte dos registros das atividades rurais.

Reconhecimento

Um ativo biológico deve ser reconhecido apenas quando a entidade controla o ativo como resultado de eventos passados, quando for provável que benefícios econômicos futuros associados com o ativo fluirão para a entidade e quando o valor justo ou o custo do ativo puder ser mensurado confiavelmente.

Para a devida determinação do valor justo deve-se seguir a seguinte hierarquia:

- o preço do ativo em um mercado ativo;
- uma referência de preço obtida em uma transação recente caso não haja mercado ativo;
- preços de mercado para ativos similares, ajustados para refletir as diferenças;
- *benchmarks*, processos e ideias inovadoras e procedimentos de operação mais eficazes que conduzam a um desempenho superior;
- valor presente do fluxo de caixa futuro que se espera ser obtido do ativo.

4.13 Considerações finais

A Contabilidade é a linguagem dos negócios, conforme Warren Buffett, através dela é que se traçam objetivos, se mensuram resultados e se avaliam desempenhos. É por meio dos relatórios elaborados com base no sistema de informações contábeis que administradores decidem quanto ao preço a ser praticado, ao mix de produtos a ser fabricado e à tecnologia a ser utilizada. É a ciência social que tem por objetivo medir, para poder informar, os aspectos quantitativos e qualitativos do patrimônio de quaisquer entidades. É uma ciência fundamentalmente utilitária. Seu grande produto é o provimento de informações para o Planejamento e Controle, evidenciando informações referentes à situação patrimonial, econômica e financeira de uma empresa. O seu propósito básico é prover aos "tomadores de decisões" informações úteis para tomada de decisões.

A contabilidade rural é um dos principais sistemas de controle e informação das empresas rurais. Com base nos registros contábeis e na análise das demonstrações contábeis ou financeiras é possível levantar a real situação financeira da empresa sob a ótica da análise de estrutura, de evolução do negócio, análise de solvência, retorno sobre o investimento etc. A informação contábil também pode ser utilizada no planejamento e controle para análise de redução de custos e despesas e para avaliação da necessidade de captação de recursos de terceiros.

No momento da elaboração das demonstrações contábeis, o contador responsável deverá definir a estrutura do balanço patrimonial, considerando a normatização contábil. Esse procedimento tem como objetivo principal aprimorar a capacidade informativa para os usuários das demonstrações contábeis. São uma representação estruturada da posição patrimonial e financeira e do desempenho da entidade. Para satisfazer a seus objetivos, as demonstrações contábeis proporcionam informação da entidade acerca dos ativos, passivos, patrimônio líquido, receitas e despesas, alterações no capital próprio e fluxos de caixa.

As Demonstrações Contábeis devem ser divulgadas com as seguintes informações destacadas: nome da entidade; se são individuais ou de um grupo de entidades; a data-base de elaboração e período abrangido; moeda de apresentação; e nível de arredondamento.

O CPC 29 aplica-se às seguintes situações, quando se relacionam com a atividade agrícola:

- ativos biológicos, exceto planta portadora;
- produção agrícola na ocasião da colheita;
- subsídios governamentais relativos a ativos biológico.

Mas não se aplica a:

- terras relacionadas à atividade agrícola;
- plantas portadoras relacionadas com a atividade agrícola.

Contudo, o CPC 29 aplica-se ao produto dessas plantas portadoras:

- subvenção e assistência governamentais relacionadas às plantas portadoras;
- ativos intangíveis relacionados com atividades agrícolas.

Atividade agrícola é o gerenciamento da transformação biológica e da colheita para a venda ou a conversão em outros produtos.

Múltipla escolha

1. O conceito de Contabilidade é:

    I – a ciência das finanças públicas;

    II – a metodologia especialmente concebida para captar, registrar, resumir e interpretar os fenômenos que afetam as situações patrimoniais, financeiras e econômicas de qualquer ente;

    III – o estudo e o controle do patrimônio das entidades, mediante o registro, a exposição e a interpretação dos fatos ocorridos, com o fim de oferecer informações sobre sua composição e suas variações, bem como sobre o resultado econômico da gestão;

    IV – um conjunto de princípios e métodos lógicos, coerentes e racionais, que, aplicados a qualquer atividade humana, oferecem possibilidade de controle e planejamento.

    Assinale a alternativa **correta**:
    ( ) a. as alternativas II, III e IV estão corretas;
    ( ) b. as alternativas II e III estão corretas;
    ( ) c. somente a alternativa II está correta;
    ( ) d. a alternativa IV é a única que está correta.

2. O objetivo da Contabilidade Rural é:
    ( ) a. a moeda corrente;
    ( ) b. o controle e o planejamento;
    ( ) c. a azienda;
    ( ) d. o patrimônio.

3. Entre as finalidades da Contabilidade Rural, podemos destacar:
    ( ) a. o controle, a informação e o planejamento;
    ( ) b. a atualização patrimonial;
    ( ) c. o confronto entre receitas e despesas;
    ( ) d. a elaboração do Balanço Patrimonial.

4. Normalmente, o interesse nas informações contábeis é menor para:
    ( ) a. os governos federal, estadual e municipal;
    ( ) b. o fornecedor;
    ( ) c. o banco;
    ( ) d. o investidor;
    ( ) e. o cliente.

5. A informação contábil bem utilizada é:
   ( ) a. um excelente instrumento para a tomada de decisões;
   ( ) b. um orientador para o planejamento;
   ( ) c. um sinalizador para o investidor;
   ( ) d. todas as alternativas acima estão corretas.

6. O objeto da Contabilidade Rural é:
   ( ) a. controle do material;
   ( ) b. controle das finanças;
   ( ) c. patrimônio;
   ( ) d. auditoria das contas;
   ( ) e. controle orçamentário.

7. O processo de decidir que curso de ação deverá ser tomado para o futuro é o(a):
   ( ) a. verificação;
   ( ) b. fiscalização;
   ( ) c. planejamento;
   ( ) d. controle;
   ( ) e. materialização.

8. O processo pelo qual o empresário rural se assegura, tanto quanto possível, do seguimento dos planos e das políticas da administração é:
   ( ) a. planejamento;
   ( ) b. controle;
   ( ) c. registro;
   ( ) d. escrituração;
   ( ) e. demonstração do resultado do exercício.

9. A Contabilidade Rural se aplica:
   ( ) a. somente a pessoa jurídica e nunca a pessoa física;
   ( ) b. a pessoa física ou jurídica com finalidade lucrativa;
   ( ) c. a qualquer pessoa física ou jurídica com finalidade lucrativa ou não;
   ( ) d. somente a pessoa jurídica com finalidade lucrativa;
   ( ) e. a entidades econômico-administrativas, desde que com fins lucrativos.

10. Por meio das funções contábeis, a Contabilidade Rural exerce as atividades de:
    ( ) a. escriturar, organizar e apurar as condições do patrimônio;
    ( ) b. inspecionar e informar aos administradores as condições do patrimônio;
    ( ) c. escriturar e informar as condições do patrimônio, somente;
    ( ) d. escriturar e informar a situação do patrimônio, somente;
    ( ) e. *a* e *b* estão corretas.

11. A Contabilidade é a ciência que estuda e pratica as funções de orientação, controle e registro dos atos e fatos de uma administração econômica, servindo como ferramenta para o gerenciamento da evolução de uma entidade e, também, para a prestação de contas entre os sócios e demais usuários, entre os quais se destacam as autoridades responsáveis pela arrecadação dos tributos. Podemos também afirmar que a Contabilidade é:
    ( ) a. Uma ciência exata que tem como objetivo controlar o patrimônio das organizações e suas variações diante dos fatos contábeis.
    ( ) b. Uma ciência mista, pois a contabilidade se divide em uma ciência exata com processos matemáticos e partidas dobradas e uma ciência social relativa às pessoas que administram as organizações.
    ( ) c. Tem como objeto do estudo o patrimônio das entidades e suas variações diante da ação do homem.
    ( ) d. Uma ferramenta de gestão e tomada de decisão, exceto para usuários externos.

12. Entre as características qualitativas de melhoria, a comparabilidade está entre as que os analistas de demonstrações contábeis mais buscam. Dessa forma, pode-se definir pela estrutura conceitual contábil que comparabilidade é a característica que:
    ( ) a. permite que os usuários identifiquem e compreendam similaridades dos itens e diferenças entre eles nas Demonstrações Contábeis.
    ( ) b. utiliza os mesmos métodos para os mesmos itens, tanto de um período para outro, considerando a mesma entidade que reporta a informação, quanto para um único período entre entidades.
    ( ) c. considera a uniformidade na aplicação dos procedimentos e normas contábeis, onde, para se obter a comparabilidade, as entidades precisam adotar os mesmos métodos de apuração e cálculo.

( ) d. garante que usuários diferentes concluam de forma completa e igual, quanto à condição econômica e financeira da empresa, sendo levados a um completo acordo.

( ) e. estabelece procedimentos para a padronização dos métodos e processos aplicados em demonstrações contábeis de mesmo segmento.

13. Recurso controlado pela entidade como resultado de eventos passados e do qual se espera que resultem futuros benefícios econômicos para a entidade.

    Segundo pronunciamento do Comitê de Pronunciamentos Contábeis (CPC), cujo teor foi aprovado pela Resolução nº 1.121/2008 do Conselho Federal de Contabilidade, e que versa sobre Estrutura Conceitual para a Elaboração e Apresentação das Demonstrações Contábeis, esta é a definição de:

    ( ) a. Passivo.

    ( ) b. Receitas.

    ( ) c. Despesas.

    ( ) d. Ativo.

    ( ) e. Patrimônio Líquido.

14. Sobre as características qualitativas da informação contábil-financeira, assinale a alternativa **correta**:

    ( ) a. A informação pode ter valor preditivo ou valor confirmatório, mas não os dois ao mesmo tempo.

    ( ) b. A informação contábil-financeira não tem valor preditivo, pois a contabilidade se refere a eventos passados, já ocorridos. Eventos futuros não são contabilizados.

    ( ) c. As características qualitativas fundamentais são relevância e valor confirmatório.

    ( ) d. Informação contábil-financeira relevante é aquela capaz de fazer diferença nas decisões que possam ser tomadas pelos usuários.

    ( ) e. A informação contábil-financeira tem valor preditivo se confirmar ou alterar avaliações prévias.

15. Indique a alternativa que apresenta características qualitativas das demonstrações contábil-financeiras, de acordo com o CPC 00:

    ( ) a. Relevância, comparabilidade, entidade.

    ( ) b. Verificabilidade, competência, tempestividade.

    ( ) c. Representação fidedigna, tempestividade, compreensibilidade.

( ) d. Comparabilidade, continuidade, tempestividade.

( ) e. Oportunidade, relevância, representação fidedigna.

16. A **NBC TG – Estrutura conceitual – Estrutura conceitual para elaboração e divulgação de relatório contábil-financeiro**, ao dispor sobre as características qualitativas da informação contábil-financeira útil, estabelece que, para a informação contábil-financeira ser útil, ela precisa ser relevante e representar com fidedignidade o que se propõe a representar.

    Com relação a essas características qualitativas fundamentais da informação contábil-financeira, julgue os itens a seguir como Verdadeiros (V) ou Falsos (F) e, em seguida, assinale a alternativa **correta**.
    I. A informação contábil-financeira relevante é apenas aquela cujo montante monetário é elevado.
    II. Informação contábil-financeira relevante apresenta valor preditivo, confirmatório ou ambos.
    III. Para ser representação perfeitamente fidedigna, a realidade retratada precisa ter três atributos: ser completa, neutra e livre de erro.

    A sequência **correta** é:
    ( ) a. F, V, V.
    ( ) b. F, F, V.
    ( ) c. V, F, F.
    ( ) d. V, V, F.

17. A Sociedade Empresária Agropecuária Águas Lindas tem uma política ambiental extensamente conhecida, na qual realiza a limpeza de toda a contaminação que venha a causar. Sabe-se que essa Sociedade Empresária apresenta boa reputação quanto ao cumprimento dessa política.

    Não há nenhuma legislação ambiental na jurisdição que determine responsabilidade em caso de danos ambientais.

    Durante uma atividade naval desenvolvida pela Sociedade Empresária, uma embarcação foi danificada e derramou uma quantidade substancial de óleo no mar.

    A Sociedade Empresária concorda em pagar pelos custos da limpeza imediata e os custos contínuos de monitoramento e assistência aos pássaros e animais marinhos.

No momento, a Sociedade Empresária não consegue programar a data exata em que serão desembolsados os custos mencionados, mas consegue estimá-los com confiabilidade.

Considerando-se apenas as informações apresentadas e o que dispõe a **NBC TG 25 (R1) – Provisões, passivos contingentes e ativos contingentes**, assinale a alternativa que indica a atitude **correta** que a Sociedade Empresária deve tomar em relação ao registro contábil do dano ambiental por ela causado.

( ) a. A Sociedade Empresária deve reconhecer um passivo contingente, uma vez que existe uma obrigação presente que resulta de eventos passados, mas que não pode ser reconhecida porque o valor da obrigação não pode ser mensurado com suficiente confiabilidade e não existe uma obrigação legal ou contratual formalizada.

( ) b. A Sociedade Empresária deve reconhecer um passivo contingente, uma vez que existe uma obrigação presente que resulta de eventos passados, mas que não pode ser reconhecida porque não é provável que uma saída de recursos que incorporam benefícios econômicos seja exigida para liquidar a obrigação.

( ) c. A Sociedade Empresária deve reconhecer uma provisão, pois sua reputação cria para ela uma obrigação não formalizada quanto ao cumprimento de sua política.

( ) d. A Sociedade Empresária não deve reconhecer uma provisão em função de não existir nenhuma obrigação formalizada em contratos ou leis ou acordos escritos.

18. De acordo com o que estabelece a **NBC TG 26 (R3) – Apresentação das Demonstrações Contábeis**, julgue as afirmações abaixo sobre Notas Explicativas como verdadeiras (V) ou falsas (F) e, em seguida, assinale a opção **correta**.

I. Notas Explicativas contêm informação adicional em relação à apresentada nas demonstrações contábeis. As Notas Explicativas oferecem descrições narrativas ou segregações e aberturas de itens divulgados nessas demonstrações e informação acerca de itens que não se enquadram nos critérios de reconhecimento nas demonstrações contábeis.

II. A entidade não pode retificar políticas contábeis inadequadas por meio da divulgação das políticas contábeis utilizadas ou por meio de Notas Explicativas ou qualquer outra divulgação explicativa.

III. A entidade cujas Demonstrações Contábeis estão, na maior parte dos requisitos, em conformidade com as normas, interpretações e comunicados técnicos do Conselho Federal de Contabilidade deve declarar de forma explícita e sem reservas essa conformidade nas Notas Explicativas. Entende-se como atendida a maior parte dos requisitos quando setenta e cinco por cento das rubricas do Balanço Patrimonial e Demonstração do Resultado do Exercício estão de acordo com as normas, interpretações e comunicados técnicos do Conselho Federal de Contabilidade.

A sequência **correta** é:

( ) a. F, F, V.
( ) b. F, V, F.
( ) c. V, F, V.
( ) d. V, V, F.

19. No momento da elaboração das demonstrações contábeis, o contador responsável deverá definir a estrutura do balanço patrimonial, considerando a normatização contábil. Esse procedimento tem como objetivo principal:

    ( ) a. aprimorar a capacidade informativa para os usuários das demonstrações contábeis.
    ( ) b. atender às determinações das autoridades tributárias.
    ( ) c. seguir as cláusulas previstas nos contratos de financiamento com os bancos.
    ( ) d. acompanhar as características aplicadas no setor econômico de atuação da empresa.
    ( ) e. manter a consistência com os exercícios anteriores.

20. As demonstrações contábeis são uma representação estruturada da posição patrimonial e financeira e do desempenho da entidade. Para satisfazer a seus objetivos, as demonstrações contábeis proporcionam informação da entidade acerca do seguinte:

    ( ) a. ativos, passivos, patrimônio líquido, receitas e despesas, alterações no capital próprio e fluxos de caixa.
    ( ) b. ativos, passivos, patrimônio líquido, receitas e despesas, alterações no capital próprio e valor adicionado.
    ( ) c. ativos, passivos, patrimônio líquido, receitas e despesas, alterações no capital de giro e fluxos de caixa.

( ) d. ativos, passivos, patrimônio líquido, resultados do período, alterações no capital de giro, fluxos de caixa e valor adicionado.

( ) e. ativos circulantes e não circulantes, passivos, circulantes e não circulantes, patrimônio líquido, resultados do período, ganhos e perdas, alterações no capital de giro próprio, fluxos de caixa e valor adicionado.

21. As Demonstrações Contábeis devem ser divulgadas com as seguintes informações destacadas:
    ( ) a. Nome da entidade; atividade econômica da entidade; a data-base de elaboração e o período abrangido; moeda de apresentação; e nível de arredondamento.
    ( ) b. Nome da entidade; se são individuais ou de um grupo de entidades; a data base de elaboração e período abrangido; moeda de apresentação; nível de arredondamento; e local de publicação.
    ( ) c. Nome da entidade; se são individuais ou de um grupo de entidades; a data-base de elaboração e o período abrangido; moeda de apresentação; e nível de arredondamento.
    ( ) d. Nome da entidade; a data-base de elaboração e período abrangido; moeda de apresentação; cidade sede da entidade; e nível de arredondamento.
    ( ) e. Nome da entidade; a data-base de elaboração; moeda de apresentação; nível de arredondamento; e valor da marca.

22. Sabe-se que, para a agricultura, o ano fiscal é diferente do ano agrícola. Identifique abaixo a qual o período ele corresponde desde o cultivo até a época da colheita.
    ( ) a. 10 meses.
    ( ) b. 11 meses e 25 dias.
    ( ) c. 1º de janeiro a 31 de dezembro.
    ( ) d. 13 meses.
    ( ) e. 12 meses.

23) Quando se dá o término do exercício social?
    ( ) a. No final da atividade operacional.
    ( ) b. No momento da apuração de resultado.
    ( ) c. Quase sempre, na comercialização da colheita e na apuração de resultado.
    ( ) d. No término da colheita e, quase sempre, da comercialização.

5

OPERACIONALIZAÇÃO CONTÁBIL NA EMPRESA RURAL

5.1 Introdução

A Contabilidade é a radiografia de uma Empresa Rural. Ela traduz, em valores monetários, o desempenho do negócio e denuncia o grau de eficiência de sua administração. Em última análise, a Contabilidade vai dizer se uma Empresa Rural está atingindo o seu objetivo final: o lucro. Apesar de ser uma atividade que, por força de lei, só pode ser exercida por um profissional especializado, a Contabilidade deve ser acompanhada muito de perto pelo proprietário rural. É nos balanços e nos livros de registro que ele vai encontrar os diagnósticos que vão apontar o caminho do sucesso e as necessárias correções de rumo, inevitáveis no processo de evolução de qualquer Empresa Rural.

A forma de escrituração das operações é de livre escolha da pessoa jurídica rural, desde que mantenha registros permanentes com obediência aos preceitos da legislação empresarial e fiscal e aos princípios de contabilidade, devendo observar métodos ou critérios contábeis uniformes no tempo e registrar as mutações patrimoniais segundo o regime de competência, sendo obrigatória a manutenção do Lalur para fins da apuração do lucro real (RIR/99, arts. 251 a 275).

No setor primário a tendência mundial é de redução das margens de lucro, e a profissionalização do produtor é uma necessidade premente. Sua preocupação deve estar voltada não somente para os processos produtivos, mas também para as ações gerenciais e administrativas visando à maximização dos resultados econômicos de sua empresa.

A análise econômica da empresa rural, por intermédio do cálculo dos custos de produção e das medidas de resultado econômico, é um forte subsídio para o produtor fundamentar as decisões a serem tomadas, estabelecer quais são as prioridades, a possibilidade de novos investimentos e a visão de viabilidade do negócio.

5.2 Contabilidade da atividade rural

A escrituração contábil é obrigatória, devendo as receitas, os custos e as despesas ser contabilizados mensalmente.

Os registros contábeis devem evidenciar as contas de receitas, custos e despesas, segregadas por tipo de atividades.

Os critérios de avaliação adotados pelas entidades rurais devem fundamentar-se nos seus ciclos operacionais. Os bens originários de culturas temporárias e permanentes devem ser avaliados pelo seu valor original, por todos os custos integrantes do ciclo operacional, na medida de sua formação, incluindo os custos imputáveis, direta ou indiretamente, ao produto, tais como sementes, irrigações, adubos, fungicidas, herbicidas, inseticidas, mão de obra e encargos sociais, combustíveis, energia elétrica, secagens, depreciações de prédios, máquinas e equipamentos utilizados na produção, arrendamentos de máquinas, equipamentos e terras, seguros, serviços de terceiros, fretes e outros.

As perdas, parciais ou totais, decorrentes de ventos, geada, inundação, praga, granizo, seca, tempestade e outros eventos naturais, bem como de incêndio, devem ser registradas como despesa não operacional do exercício.

As empresas rurais que atuam na atividade agrícola devem desenvolver dois métodos para efetuar sua Contabilidade quanto à apropriação de custos, um para as culturas temporárias e outro para as culturas permanentes.

A diferença básica entre as duas culturas é que as *temporárias* estão sujeitas ao replantio e quando são colhidas, arrancadas da terra, possuem vida curta, não superior a um ano; enquanto as *permanentes* estão vinculadas ao solo e proporcionam mais de uma colheita, sendo fator de produção da empresa por diversos anos.

Sendo assim, é importante fazer a distinção entre as culturas permanentes e temporárias para classificar os custos corretamente, registrando e controlando as operações técnicas com o fim de apurar os resultados da produção.

Os bens originários de culturas temporárias e permanentes devem ser avaliados pelo seu valor original, por todos os custos integrantes do ciclo operacional, na medida de sua formação, incluindo os custos imputáveis, direta ou indiretamente, ao produto, tais como sementes, irrigações, adubos, fungicidas, herbicidas, inseticidas, mão de obra e encargos sociais, combustíveis, energia elétrica, secagens, depreciações de prédios, máquinas e equipamentos utilizados na produção, arrendamentos de máquinas, equipamentos e terras, seguros, serviços de terceiros, fretes e outros.

5.3 Classificação das atividades agrícolas

Consideram-se atividade rural a exploração das atividades agrícolas, pecuárias, a extração e a exploração vegetal e animal, a exploração da apicultura, avicultura, suinocultura, sericicultura, piscicultura (pesca artesanal de captura do pescado *in natura*) e outras de pequenos animais; a transformação de produtos agrícolas ou pecuários, sem que sejam alteradas a composição e as características do produto *in natura*, realizada pelo próprio agricultor ou criador, com equipamentos e utensílios usualmente empregados nas atividades rurais, utilizando-se exclusivamente matéria-prima produzida na área explorada, tais como: descasque de arroz, conserva de frutas, moagem de trigo e milho, pasteurização e o acondicionamento do leite, assim como o mel e o suco de laranja, acondicionados em embalagem de apresentação, produção de carvão vegetal, produção de embriões de rebanho em geral (independentemente de sua destinação: comercial ou reprodução), de acordo com o art. 2º da IN SRF nº 257.

Também é considerada atividade rural o cultivo de florestas que se destinem ao corte para comercialização, consumo ou industrialização (Lei nº 9.430, de 1996, art. 59).

Não se considera atividade rural o beneficiamento ou a industrialização de pescado *in natura*; a industrialização de produtos, tais como bebidas alcoólicas em geral, óleos essenciais, arroz beneficiado em máquinas industriais, o beneficiamento de café (por implicar a alteração da composição e característica do produto); a intermediação de negócios com animais e produtos agrícolas (comercialização de produtos rurais de terceiros); a compra e venda de rebanho com permanência em poder do contribuinte em prazo inferior a 52 (cinquenta e dois) dias, quando em regime de confinamento, ou 138 (cento e trinta e oito) dias, nos demais casos (o período considerado pela lei tem em vista o tempo suficiente para descaracterizar a simples intermediação, pois o período de permanência inferior àquele estabelecido legalmente configura simples comércio de animais); compra e venda de sementes; revenda de pintos de um dia e de animais destinados ao corte; o arrendamento ou aluguel de bens empregados na atividade rural (máquinas, equipamentos agrícolas, pastagens); prestação de serviços de transporte de produtos de terceiros etc. (RIR/99, art. 406, com as alterações da Lei nº 9.250, de 1995, art. 17; e a IN SRF nº 257, de 2002).

Planta portadora é uma planta viva que, conforme o CPC 29: a) é utilizada na produção ou no fornecimento de produtos agrícolas; b) é cultivada para produzir frutos por mais de um período; e c) tem uma probabilidade remota de ser vendida como produto agrícola.

Não são plantas portadoras, conforme o CPC 29: a) plantas cultivadas para serem colhidas como produto agrícola (por exemplo, árvores cultivadas para o uso como madeira); b) plantas cultivadas para a produção de produtos agrícolas, quando há a possibilidade maior do que remota de que a entidade também vá colher e vender a planta como produto agrícola, exceto as vendas de sucata como incidentais (por exemplo, árvores que são cultivadas por seus frutos e sua madeira); e c) culturas anuais (por exemplo, milho e trigo).

Animais vivos como matriz de gado e gado leiteiro não são considerados plantas portadoras por não serem plantas, apesar de serem usados para produção de produtos agrícolas e produzirem por mais de um período. Os mesmos são considerados ativos biológicos.

Produção agrícola é o produto colhido de ativo biológico da entidade.

Ativo biológico consumível é um animal e/ou uma planta ainda vivo. Algumas plantas, como por exemplo, arbustos de chá, videiras, palmeiras de dendê e seringueiras, geralmente, atendem à definição de planta portadora e estão dentro do alcance do CPC 27. No entanto, o produto de planta portadora, por exemplo, folhas de chá, uvas, óleo de palma e látex, está dentro do alcance do CPC 29.

A tabela a seguir fornece exemplos de ativos biológicos, produto agrícola e produtos resultantes do processamento depois da colheita, conforme o CPC 29 cuja correlação com as normas internacionais de contabilidade refere-se à IAS 41:

Ativos biológicos	Produto agrícola	Produtos resultantes do processamento após a colheita
Carneiros	Lã	Fio, tapete
Plantação de árvores para madeira	Árvore cortada	Tora, madeira serrada
Gado de leite	Leite	Queijo
Porcos	Carcaça	Salsicha, presunto
Plantação de algodão	Algodão colhido	Fio de algodão, roupa
Cana-de-açúcar	Cana colhida	Açúcar
Plantação de fumo	Folha colhida	Fumo curado
Arbusto de chá	Folha colhida	Chá
Videira	Uva colhida	Vinho

Ativos biológicos	Produto agrícola	Produtos resultantes do processamento após a colheita
Árvore frutífera	Fruta colhida	Fruta processada
Palmeira de dendê	Fruta colhida	Óleo de palma
Seringueira	Látex colhido	Produto da borracha

No que se refere a dispêndios para formação de culturas agrícolas, a classificação contábil subordina-se aos seguintes conceitos:

a. *Culturas temporárias.* São aquelas sujeitas ao replantio após cada colheita, como milho, trigo, feijão, arroz, cebola etc. Nesse caso, os dispêndios para a formação da cultura serão considerados, no período de sua realização, despesas de custeio.

No que se refere à cultura temporária, durante o ciclo produtivo, esses produtos são contabilizados no Ativo Circulante, como se fossem um "Estoque em Andamento" em uma empresa industrial. Dessa forma, todos os custos incorridos serão acumulados em conta específica, que pode ser intitulada "Cultura Temporária em Formação" (arroz, milho, trigo, feijão, alho, cebola etc.) – Estoques.

Os custos que compõem o grupo são, basicamente, sementes, fertilizantes, mudas, mão de obra, encargos sociais, energia elétrica, combustível etc.

Em se tratando de uma única cultura, todos os custos tornam-se diretos à cultura, e, por conta disso, devem ser alocados diretamente; porém, quando se trata de várias culturas, fato que ocorre com frequência, há necessidade de rateio dos custos indiretos, proporcional a cada cultura.

Assim, os custos devem ser registrados em conta própria do Ativo Circulante, cujo saldo será baixado contra a conta de Resultado por ocasião da comercialização.

b. *Culturas permanentes.* São aquelas não sujeitas a replantio após cada colheita.

Nessa hipótese, os custos pagos ou incorridos na formação dessa cultura serão contabilizados em conta do Ativo Permanente, sendo permitida a depreciação em quotas compatíveis com o tempo de vida útil.

Quando a cultura permanente começar a produzir, os custos pagos ou incorridos na formação de seus frutos serão contabilizados em conta de Ativo

Circulante, que será transferida para custo de produtos vendidos, no Resultado, por ocasião da venda da colheita.

O conhecimento de um mal e de como ele atua é fundamental para o seu combate, em qualquer ramo da ciência. Esse princípio é também válido para a administração e Contabilidade da Empresa Rural. Um dos meios de se conhecer um problema que esteja prejudicando a rentabilidade econômica da exploração agrícola é a análise do custo de produção.

Dessa forma, o custo de produção permite diagnosticar problemas por meio da análise de sua composição, bem como concluir sobre a situação do rendimento da exploração.

O modelo que se proporá servirá para analisar cada atividade de cultura isoladamente. Se uma Empresa Rural exerce mais de uma exploração, deverá estimar separadamente o custo de cada uma delas e, depois disso, analisar o todo, através de uma corporação dos custos isolados.

A análise é feita considerando um prazo específico. Esse prazo deve ser estabelecido pelo analista em função do objetivo da análise e do ciclo produtivo da atividade estudada. O prazo estabelecido deve atender a um ciclo que compreenda uma safra.

Como exemplo, podem-se citar as culturas de ciclos curtos, como as temporárias e hortaliças, cujo prazo vai desde o preparo do terreno até a colheita. Para as culturas permanentes, o prazo é estabelecido por safra, e o custo de formação é computado como investimento. Também para atividades pecuárias, o prazo deve compreender o período de safra.

Assim, deve ficar claro para o produtor que os gastos com os recursos de produção, isto é, mão de obra, matéria-prima, equipamentos, máquinas, benfeitorias, terra, capital monetário, entre outros, assim como as quantidades de produtos e subprodutos, devem ser computados somente no prazo estabelecido para a análise (curto prazo).

Portanto, o estudo dos custos de produção é um dos assuntos mais importantes, pois fornece ao empresário rural um roteiro indicativo para escolha das linhas de produção a serem adotadas e seguidas, permitindo à empresa dispor e combinar os recursos utilizados em sua produção, visando apurar melhores resultados.

Os ativos biológicos são definidos pela **NBC TG 29 (R2) – Ativo biológico e produto agrícola** como "um animal e/ou uma planta, vivos". A mesma Norma define produção agrícola como "produto colhido de ativo biológico da entidade". O ponto de colheita ou abate é o momento em que o ativo em questão passará a estar sob o escopo da **NBC TG 16 (R1) – Estoques**, deixando de estar sob o escopo da **NBC TG 29 (R2) – Ativo biológico e produto agrícola**.

Esse ponto é, portanto, o último em que o elemento será mensurado de acordo com o critério previsto na **NBC TG 29 (R2)**.

Considerando-se o que dispõe a **NBC TG 29 (R2) – Ativo biológico e produto agrícola** e atendidos os requisitos de reconhecimento, o produto agrícola colhido de ativos biológicos da entidade deve ser mensurado obrigatoriamente, ao valor justo, menos a despesa de venda.

5.4 Custos, despesas, gastos e investimentos

No mundo moderno espera-se que toda economia possa manter e expandir sua capacidade produtiva. Manutenção refere-se a conservar intacta a força produtiva da máquina econômica, através de uma provisão para depreciação. Expansão refere-se ao aumento contínuo das espécies e quantidade dos recursos da economia, juntamente com o contínuo melhoramento das técnicas de produção.

A força do trabalho pode ser ampliada pelo aumento da produção e pelo desenvolvimento e melhoramento das habilidades através do treinamento e educação. Desenvolvimento e melhoramento de habilidades, em uma economia de livre empresa, recebem muito incentivo do mecanismo de preço – as perspectivas da maior remuneração pelo trabalho altamente qualificado e mais produtivo. A extensão em que as habilidades podem ser desenvolvidas e melhoradas está condicionada às oportunidades de treinamento e educacionais, bem como às físicas e mentais.

O avanço extraordinário da informatização nas últimas décadas constitui-se em instrumento adicional de competitividade por parte das empresas rurais, no mercado, em função do alto grau de agilidade das negociações. A rápida e ágil informação é um elemento poderoso de competição. Cada negócio passa a ser encarado como um centro específico de lucros.

A Contabilidade aplicada às empresas rurais, assim como a Contabilidade mercantil, utiliza terminologia própria, cujos termos muitas vezes são usados com diferentes significados. Os elementos de receitas e despesas são definidos como segue:

- **Receitas** são aumentos nos benefícios econômicos durante o período contábil sob a forma de entrada de recursos ou aumento de ativos ou diminuição de passivos, que resultam em aumentos do patrimônio líquido e que não estejam relacionados com a contribuição dos detentores dos instrumentos patrimoniais;

- **Despesas** são decréscimos nos benefícios econômicos durante o período contábil, sob a forma de saída de recursos ou redução de ativos ou assunção de passivos, que resultam em decréscimo do patrimônio líquido e que não estejam relacionados com distribuição aos detentores dos instrumentos patrimoniais.

Assim, torna-se necessário definirmos o nosso entendimento sobre as diferentes terminologias de custos, permitindo uma uniformização de conceitos. A entidade deve reconhecer um ativo biológico ou produto agrícola quando, e somente quando:

- controla o ativo como resultado de eventos passados;
- for provável que benefícios econômicos futuros associados com o ativo fluirão para a entidade; e
- o valor justo ou o custo do ativo puder ser mensurado confiavelmente.

Em atividade agrícola, o controle pode ser evidenciado, por exemplo, pela propriedade legal do gado e a sua marcação no momento da aquisição, nascimento ou época de desmama. Os benefícios econômicos futuros são, normalmente, determinados pela mensuração dos atributos físicos significativos.

O ativo biológico deve ser mensurado ao valor justo menos a despesa de venda no momento do reconhecimento inicial e no final de cada período de competência, em que o valor justo não pode ser mensurado de forma confiável.

O produto agrícola colhido de ativos biológicos da entidade deve ser mensurado ao valor justo, menos a despesa de venda, no momento da colheita. O valor assim atribuído representa o custo, no momento da aplicação do Pronunciamento Técnico CPC 16 – Estoques, ou outro Pronunciamento aplicável.

A mensuração do valor justo de ativo biológico ou produto agrícola pode ser facilitada pelo agrupamento destes, conforme os atributos significativos reconhecidos no mercado em que os preços são baseados, por exemplo, por idade ou qualidade. A entidade deve identificar os atributos que correspondem aos atributos usados no mercado como base para a fixação de preço.

5.4.1 Comprovação das receitas e as despesas de custeio, gastos e investimentos da atividade rural

A receita bruta da atividade rural decorrente da comercialização dos produtos deverá ser sempre comprovada por documentos usualmente utilizados nesta atividade, tais como nota fiscal de produtores, nota fiscal de entrada, nota promissória rural vinculada à nota fiscal do produtor e demais documentos reconhecidos pelas fiscalizações estaduais. As despesas de custeio e os investimentos serão comprovados por meio de documentos idôneos, tais como nota fiscal, fatura, duplicata, recibo, contrato de prestação de serviços, laudo de vistoria de órgão financiador e folha de pagamentos de empregados, de modo que possa ser identificada a destinação dos recursos. Ressalte-se que, de acordo com as regras da legislação fiscal que regem a dedutibilidade de despesas e custos, todos os gastos e dispêndios efetuados pela pessoa jurídica deverão, obrigatoriamente, encontrar-se lastreados e comprovados por documentos hábeis e idôneos, sob pena de serem considerados indedutíveis, na determinação do lucro real, para fins da apuração do IRPJ, conforme o art. 299 do RIR/99 c/c os PN CST nº 7/76, nº 58/77, nº 32/81 e IN/SRF nº 257/02.

5.4.2 Terminologia contábil

A Contabilidade Rural, qualquer que seja o sistema, necessita da distinção entre custos e despesas. Teoricamente, a distinção é fácil: custos são gastos (ou sacrifícios econômicos) relacionados com a transformação de ativos (exemplo: consumo de insumos ou pagamento de salários), e despesas são gastos que provocam redução do patrimônio (exemplo: impostos, comissões de vendas etc.); *gastos* é o termo genérico que pode representar tanto um custo como uma despesa.

O objetivo é uniformizar o entendimento de determinados termos que serão utilizados:

Gasto. Sacrifício que a entidade arca para obtenção de um bem ou serviço, representado por entrega ou promessa de entrega de ativos (normalmente dinheiro). O gasto se concretiza quando os serviços ou bens adquiridos são prestados ou passam a ser de propriedade da Empresa Rural.

Exemplos:

- gasto com mão de obra (salários e encargos sociais) = aquisição de serviços de mão de obra;
- gasto com aquisição de insumos;
- gasto com aquisição de máquinas e equipamentos agrícolas;
- gasto com energia elétrica = aquisição de serviços de fornecimento de energia;

- gasto com aluguel de terras (aquisição de serviços);
- gasto com assistência técnica (serviço do agrônomo e do veterinário).

O gasto normalmente implica desembolso, embora este possa estar defasado do gasto.

Desembolso. Pagamento resultante da aquisição de um bem ou serviço. Pode ocorrer concomitantemente ao gasto (pagamento à vista) ou depois deste (pagamento a prazo).

Os gastos podem ser: *Investimentos, Custos* ou *Despesas.*

Investimento. Gasto com bem ou serviço ativado em função de sua vida útil ou de benefícios atribuíveis a períodos futuros.

Exemplos:

- aquisição de móveis e utensílios;
- aquisição de imóveis rurais;
- despesas pré-operacionais;
- aquisição de insumos.

Custo. Gasto relativo a bem ou serviço utilizado na produção rural; são todos os gastos relativos à atividade de produção.

Exemplos:

- salários do pessoal da propriedade rural;
- insumos utilizados no processo produtivo;
- combustíveis e lubrificantes usados nas máquinas agrícolas;
- depreciação dos equipamentos agrícolas;
- gastos com manutenção das máquinas agrícolas.

Observação: Os insumos agrícolas adquiridos pela Empresa Rural, enquanto não utilizados na atividade rural, representam um *investimento* e estarão ativados em uma conta de Ativo Circulante; no momento em que são requisitados, é dada baixa na conta de Ativo e eles passam a ser considerados um *custo,* pois serão consumidos para produzir produtos agrícolas.

Despesa. Gasto com bens e serviços não utilizados nas atividades produtivas e consumidos com a finalidade de obtenção de receitas. Em termos práticos, nem sempre é fácil distinguir *custos* e *despesas.* Pode-se, entretanto, propor uma regra simples do ponto de vista didático: todos os gastos realizados com os produtos agrícolas, até que estes estejam prontos, são *custos;* a partir daí, são *despesas.*

Todos os Custos que estão incorporados nos produtos agrícolas que são produzidos pela Empresa Rural são reconhecidos como DESPESAS no momento em que os produtos são vendidos.

Exemplos:

- salários e encargos sociais do pessoal do escritório de administração;
- energia elétrica consumida no escritório;
- gasto com combustíveis e refeições do pessoal de administração;
- conta telefônica do escritório.

Perda. É um gasto não intencional decorrente de fatores externos fortuitos ou da atividade produtiva normal da Empresa Rural. No primeiro caso, as perdas são consideradas da mesma natureza que as DESPESAS e são jogadas diretamente contra o resultado do período. No segundo caso, onde se enquadram, por exemplo, as perdas normais de insumos na produção agrícola, integram o *custo* de produção do período.

A distinção mais difícil e mais importante é entre *custos* e *despesas.* Se um gasto é considerado *despesa,* ele afeta diretamente o resultado do exercício. Se considerado *custo,* só afetará o resultado a parcela do gasto que corresponder aos produtos vendidos. A parcela correspondente aos produtos em estoque ficará ativada.

5.5 Custos diretos e indiretos

5.5.1 *Custos diretos*

Custos diretos são aqueles que podem ser diretamente (sem rateio) apropriados aos produtos agrícolas, bastando existir uma medida de consumo (quilos, horas de mão de obra ou de máquina, quantidade de força consumida etc.). De modo geral, identificam-se aos produtos agrícolas e variam proporcionalmente à quantidade produzida. Podem ser apropriados diretamente aos produtos agrícolas porque há uma medida objetiva do seu consumo nessa produção.

Exemplos:

1. *Insumos:* normalmente, a Empresa Rural sabe qual a quantidade exata de insumos que está sendo utilizada para a produção de uma uni-

dade do produto agrícola. Sabendo-se o preço do insumo, o custo daí resultante está associado diretamente ao produto.

2. *Mão de obra direta:* trata-se dos custos com os trabalhadores utilizados diretamente na produção agrícola. Sabendo-se quanto tempo cada um trabalhou no produto e o preço da mão de obra, é possível apropriá-la diretamente ao produto.
3. *Material de embalagem.*
4. *Depreciação de equipamento agrícola:* quando é utilizado para produzir apenas um tipo de produto.
5. *Energia elétrica das máquinas agrícolas:* quando é possível saber quanto foi consumido na produção de cada produto agrícola.

Os custos indiretos das culturas, temporárias ou permanentes, devem ser apropriados aos respectivos produtos.

Os custos específicos de colheita, beneficiamento, acondicionamento, armazenagem, e outros necessários para que o produto resulte em condições de comercialização, devem ser contabilizados em conta de Estoque de Produtos Agrícolas.

5.5.2 Custos indiretos

Custos indiretos, para serem incorporados aos produtos agrícolas, necessitam da utilização de algum critério de rateio. Exemplos: aluguel, iluminação, depreciação, salário de administradores etc.

Na prática, a separação de custos em diretos e indiretos, além de sua natureza, leva em conta a relevância e o grau de dificuldade de medição. Por exemplo, o gasto de energia elétrica (força) é, por sua natureza, um custo direto; porém, devido às dificuldades de medição do consumo por produto agrícola e ao fato de que o valor obtido através de rateio, em geral, pouco difere daquele que seria obtido com uma medição rigorosa, quase sempre é considerado custo indireto de produção.

Os custos indiretos dependem de cálculos, rateios ou estimativas para serem apropriados em diferentes produtos agrícolas; portanto, são os custos que só são apropriados indiretamente aos produtos agrícolas. O parâmetro utilizado para as estimativas é chamado de base ou critério de rateio.

Exemplos:

1. Depreciação de equipamentos agrícolas: são utilizados na produção de mais de um produto agrícola.
2. Salários dos chefes de supervisão de equipes de produção.
3. Aluguel de pastos.
4. Energia elétrica que não pode ser associada ao produto agrícola.
5. Impostos e taxas da propriedade rural.
6. Manutenção e conservação de equipamentos agrícolas.

5.6 Custos fixos e variáveis

5.6.1 Custos fixos

Custos fixos são aqueles cujo total não varia proporcionalmente ao volume produzido. Por exemplo: aluguel, impostos etc.

Um aspecto importante a ressaltar é que os custos fixos são fixos dentro de uma determinada faixa de produção e, em geral, não são eternamente fixos, podendo variar em função de grandes oscilações no volume de produção agrícola.

Observe que os *custos fixos* são fixos em relação ao volume de produção agrícola, mas podem variar de valor no decorrer do tempo. O aluguel de pastos, mesmo quando sofre reajuste em determinado mês, não deixa de ser considerado um custo fixo, uma vez que terá o mesmo valor qualquer que seja a produção do mês. Outros exemplos: Imposto Territorial Rural, depreciação dos equipamentos agrícolas (pelo método linear), salários de vaqueiros, Prêmios de seguros etc.

5.6.2 Custos variáveis

Custos variáveis variam proporcionalmente ao volume produzido. Exemplo: insumos, embalagem. Se não houver quantidade produzida, o custo variável será nulo. Os custos variáveis aumentam à medida que aumenta a produção agrícola. Outros exemplos: insumos indiretos consumidos, depreciação dos equipamentos agrícolas, quando esta for feita em função das horas-máquina trabalhadas, gastos com horas extras na produção agrícola etc.

5.7 Outros conceitos

a. *Custos de transformação:* representam o esforço empregado pela Empresa Rural no processo de produção de um determinado produto agrícola (mão de obra direta e indireta, energia, horas de máquina etc.). Não inclui insumos e outros produtos adquiridos prontos para consumo.

b. *Custos primários:* são a soma simples de insumos e mão de obra direta. Não são a mesma coisa que custo direto, que é mais amplo, incluindo, por exemplo: materiais auxiliares, energia elétrica etc.

c. *Insumos diretos:* são os insumos que se incorporam (se identificam) diretamente aos produtos agrícolas. Exemplo: embalagem, materiais auxiliares, tais como tinta, parafuso, prego etc.

d. *Mão de obra direta:* representa custos relacionados com pessoal que trabalha diretamente na produção, por exemplo, o empregado que opera uma plantadeira. A mão de obra direta não deve ser confundida com a de um operário que supervisiona um grupo de operários que plantam.

Como regra prática, podemos adotar o seguinte critério: sempre que for possível medir a quantidade de mão de obra aplicada a determinado produto agrícola é mão de obra direta; caso contrário, havendo necessidade de rateio, é mão de obra indireta.

Na medição da mão de obra direta, podem surgir dificuldades e, principalmente, certos custos, que levam as empresas rurais a tratar gastos de mão de obra, que pela sua natureza são diretos, como custos indiretos. Evidentemente, o custo dos produtos agrícolas ficará distorcido, cabendo à Empresa Rural um estudo de custo-benefício para decidir qual é o tratamento mais adequado.

Há que se lembrar, ainda, que o cálculo do custo da hora – de mão de obra (quer direta, quer indireta) – deve levar em conta todos os encargos sociais, como IAPAS, FGTS, 13º etc., e também deve ser feito um ajuste para considerar as horas efetivamente trabalhadas e o tempo improdutivo decorrente de férias, fim de semana remunerado, feriados etc.

e. *Rateio:* representa a alocação de custos indiretos à produção, segundo critérios racionais. Exemplo: depreciação de máquinas agrícolas rateada segundo o tempo de utilização (hora-máquina) por produto etc. Contudo, dada a dificuldade de fixação de critérios de rateio, tais alocações carregam consigo certo grau de arbitrariedade.

A importância do critério de rateio está intimamente ligada à manutenção ou uniformidade na sua aplicação. Devemos lembrar que a simples mudança de um critério de rateio afeta o custo de produção e consequentemente afetará o resultado da Empresa Rural.

Algumas normas práticas, como as que apresentamos a seguir, podem reduzir os problemas decorrentes de rateio:

i. gastos irrelevantes não necessitam ser rateados, porque podem não justificar o trabalho envolvido;

ii. gastos cujo rateio seja extremamente arbitrário devem ser lançados diretamente contra o resultado do exercício.

5.7.1 Receitas operacionais decorrentes da exploração de atividade rural

Receitas operacionais são aquelas provenientes do giro normal da pessoa jurídica, decorrentes da exploração das atividades consideradas rurais.

O RIR/99, art. 277, define como lucro operacional o resultado das atividades principais ou acessórias que constituam objeto da pessoa jurídica.

A pessoa jurídica tem como atividades principais a produção e venda dos produtos agropecuários por ela produzidos, e como atividades acessórias as receitas e despesas decorrentes de aplicações financeiras, as variações monetárias ativas e passivas não vinculadas a atividade rural, o aluguel ou arrendamento, os dividendos de investimentos avaliados pelo custo de aquisição, a compra e venda de mercadorias, a prestação de serviços etc.

Desse modo, não são alcançadas pelo conceito de atividade rural as receitas provenientes de: atividades mercantis (compra e venda, ainda que de produtos agropastoris); a transformação de produtos e subprodutos que impliquem a transformação e a alteração da composição e características do produto *in natura*, com utilização de maquinários ou instrumentos sofisticados diferentes dos que usualmente são empregados nas atividades rurais (não artesanais e que configurem industrialização), como também, por meio da utilização de matéria-prima que não seja produzida na área rural explorada; receitas provenientes de aluguel ou arrendamento, receitas de aplicações financeiras e todas aquelas que não possam ser enquadradas no conceito de atividade rural consoante o disposto na legislação fiscal (RIR/94, art. 352, PN CST nº 7, de 1982, e IN SRF nº 257, de 2002).

5.8 Ganhos e perdas

O ganho ou a perda proveniente da mudança no valor justo menos a despesa de venda de ativo biológico reconhecido no momento inicial até o final de cada período deve ser incluída no resultado do exercício em que tiver origem.

A perda pode ocorrer no reconhecimento inicial de ativo biológico porque as despesas de venda são deduzidas na determinação do valor justo. O ganho pode originar-se no reconhecimento inicial de ativo biológico, como quando ocorre o nascimento de bezerro.

O ganho ou a perda proveniente do reconhecimento inicial do produto agrícola ao valor justo, menos a despesa de venda, deve ser incluído no resultado do período em que ocorrer.

O ganho ou a perda pode originar-se no reconhecimento inicial do produto agrícola como resultado da colheita.

5.9 Etapas desenvolvidas nas atividades agrícolas

A competição há de se fazer entre os diferentes produtos, em uma área, cujos diferentes custos seriam comparativos, e não entre áreas para um mesmo produto, cujos custos se chamariam absolutos. Assim, os produtores de cada localidade tendem a usar seus recursos na produção daquilo que possam obter com custos relativos mais baixos. Com os lucros oriundos, eles compram, para seu próprio uso, mercadorias produzidas mais vantajosamente em outra parte.

Por isso, faz-se necessário identificar as etapas a serem desenvolvidas na atividade agrícola:

   a. Preparo do solo: envolve as atividades de desmatamento, destoca e preparação do solo.
   b. Preparo para o plantio: nesta fase têm-se as operações de sulcagem, coveamento, adubação básica, fertilizações químicas.
   c. Plantio: esta fase engloba as operações de plantio das mudas e sementes; replantio; enxertia; irrigação: transporte de água, energia

elétrica, tratamento fitossanitário, manutenção no período de crescimento: poda, raleação, desbrote, adubações suplementares, combate a ervas daninhas e outros.

d. Colheita: nesta etapa o produtor rural deve planejar a utilização de mão de obra, combustível dos equipamentos, entre outros.

e. Produtos colhidos: esta etapa prevê o beneficiamento, acondicionamento e armazenamento temporário até a comercialização.

Na Contabilidade Rural é importante salientar que o profissional contábil qualificado deve ter conhecimentos básicos de Contabilidade como um todo, pois existem muitas peculiaridades relativas à área industrial.

O contato permanente com profissionais que atuam em outros ramos da área agrícola possibilita entendimento sobre a classificação das culturas e apropriação dos custos, despesas e gastos.

A área agrícola ainda não está totalmente desenvolvida, necessitando de melhorias; por isso, a Contabilidade Rural também carece de muitas pesquisas. Contudo, gera informações concretas para que o produtor rural identifique o desempenho de sua empresa rural, possibilitando controlar o patrimônio, planejar estratégias, além de tomar decisões.

5.10 Contabilização

CRITÉRIOS DE AVALIAÇÃO DE ATIVOS

De acordo com o art. 183 da Lei nº 6.404/76, alterada pelas Leis nº 11.638/07 e nº 11.941/09, os critérios de avaliação do Ativo, são:

Aplicações em instrumentos financeiros (Curto e Longo Prazo):

- Pelo valor justo. Quando se tratar de negociação ou disponível para venda.
  Pelo valor de aquisição ou de emissão, atualizado conforme disposições legais ou contratuais, ajustado ao valor de realização, quando este for inferior. Para as demais aplicações e os direitos e títulos de créditos.

Seguindo as normas internacionais (IAS 32 e IAS 39) foram estabelecidos novos critérios para a classificação e a avaliação das aplicações em instrumentos financeiros, inclusive derivativos, classificando-os em três categorias:

- destinadas à negociação;
- mantidas até o vencimento; e
- disponíveis para venda.

A sua avaliação pelo custo mais rendimentos ou valor de mercado será feita em função da sua classificação em uma dessas categorias (artigo 183, I e § 1º, "d"). O efeito no resultado do exercício ou no patrimônio líquido também dependerá da classificação que deverá ter como base a definição dos administradores dos riscos envolvidos, e sua intenção de "carregamento do ativo". Certamente, haverá um grau importante de "subjetivismo responsável" na determinação destes critérios de classificação pelos administradores e na revisão pelos auditores independentes. Não posso deixar de citar que em caso de operações de *Hedge Accounting*, estes derivativos, a princípio; também poderiam se qualificar em posições passivas, sendo do mesmo modo alcançadas por essas normas, tanto para a avaliação como para a classificação.

As avaliações de ativos biológicos têm como base o CPC 29. O CPC 29 deve ser aplicado para a produção agrícola, assim considerada aquela obtida no momento e no ponto de colheita dos produtos advindos dos ativos biológicos da entidade.

Arrendamento Mercantil

De acordo com a NBC TG 06 (R2) – Operações de Arrendamento Mercantil – Arrendamento Mercantil é um acordo pelo qual o arrendador transmite ao arrendatário em troca de um pagamento ou série de pagamentos o direito de usar um ativo por um período de tempo acordado.

Ou seja, é uma operação muito parecida com um empréstimo.

O Valor justo é o valor pelo qual um ativo pode ser negociado, ou um passivo liquidado, entre partes interessadas, conhecedoras do negócio e independentes entre si, com a ausência de fatores que pressionem para a liquidação da transação ou que caracterizem transação compulsória.

Um arrendamento mercantil deve ser classificado como financeiro se ele transferir substancialmente todos os riscos e benefícios inerentes à propriedade. Deve ser classificado como operacional se ele não transferir substancialmente todos os riscos e benefícios inerentes à propriedade.

No começo do prazo de arrendamento mercantil, os **arrendatários devem reconhecer**, em contas específicas, os arrendamentos mercantis financeiros como ativos e passivos nos seus **balanços** por quantias iguais ao valor justo da propriedade arrendada ou, se inferior, ao valor presente dos pagamentos **mínimos do arrendamento mercantil**, cada um determinado no início do arrendamento mercantil.

5.10.1 Cultura temporária

São aquelas sujeitas ao replantio após a colheita, possuindo período de vida muito curto entre o plantio e a colheita, como, por exemplo, os cultivos de milho, legumes, soja etc.

Os custos na cultura temporária serão contabilizados em uma conta do Ativo Circulante com o título *Culturas Temporárias*. Esses custos podem ser: sementes, fertilizantes, defensivos, mão de obra etc. acumulados até o término da colheita. Após o término da colheita, o saldo da conta de Culturas Temporárias será transferido para a conta de Produtos Agrícolas, na qual serão somados posteriormente à colheita os custos para deixar o produto à disposição para a venda. Ao ser vendido o produto, transfere-se o valor correspondente ao volume vendido de Produtos Agrícolas para a conta de Custo de Produtos Vendidos, sendo assim possível calcular o resultado apurando-se o Lucro Bruto.

Quando o produto agrícola estiver pronto para a venda, totalmente acabado, é comum, em alguns casos, armazená-lo para vendê-lo em momento oportuno, esperando melhores preços. Existem divergências quanto à classificação do custo de armazenamento. Muitos o confundem com custo de produção, mas, após estar o produto colhido e à disposição para venda, o gasto com armazenamento será classificado como Despesa Operacional.

De acordo com o CPC 29, os ativos biológicos são seres vivos (plantas e animais), que, após o processo de colheita, tornam-se produtos agrícolas, devendo ser aplicada sobre eles uma avaliação de valor justo. A transformação em ativo acontece quando a vida do ser vivo passa por um processo de degeneração e chega ao fim. Complementando este tópico, convém ressaltar que os ativos podem ser classificados como consumíveis ou de produção, ou ainda, como maduros ou imaturos. Os maduros são aqueles biológicos, consumíveis e que estão prontos para a colheita. Os imaturos, por sua vez, sustentam colheitas regulares e são próprios para a produção.

Lançamentos Contábeis

Pela formação até a colheita

    D = Ativo Biológico – Cultura Temporária (especificar o tipo de cultura)

        (Ativo Circulante)

    C = Caixa (Duplicatas ou Contas a Pagar)

Ativo Biológico – Cultura temporária formada e início da colheita

    D = Colheita em Andamento (especificar a colheita de qual cultura)

    C = Cultura Temporária (especificar o tipo de cultura)

Durante a colheita (produto colhido)

    D = Colheita em Andamento (especificar o tipo de cultura)

    C = Caixa, Duplicatas ou Contas a Pagar

No encerramento da colheita

    D = Produtos Agrícolas (especificar o tipo de cultura) – Ativo Circulante

    C = Colheita em Andamento – Ativo Circulante

Pela venda

    D = Disponível, Contas a Receber

    C = Venda de Produtos Agrícolas (especificar a cultura)

Pela apuração do resultado

    D = Custo dos Produtos Vendidos

    C = Produtos Agrícolas (Ativo Circulante)

Para calcular o resultado

    Receita Bruta

    Venda de Ativos Biológicos – Produtos Agrícolas

    (–) Custo dos Produtos Vendidos

    (=) Lucro Bruto

(–)	Despesas Operacionais
	Vendas
	Administrativas
	Financeiras
=	Lucro Operacional

Uma companhia tem como objeto social a produção e comercialização de cana-de-açúcar. Consta em seu balanço patrimonial algumas lavouras de cana-de-açúcar registradas no grupo Ativos Biológicos. Em seu último exercício social, a companhia divulgou que aplicou, de maneira consistente, as políticas contábeis. A companhia atendeu ao que dispõe as normas **NBC TG 29 (R2) – Ativo biológico e produto agrícola e NBC TG 16 (R2) – ESTOQUES** no que consta em:

• A cana colhida foi mensurada ao valor justo menos as despesas de venda no ponto da colheita e reconhecida nos Estoques de Produtos Agrícolas (Ativo Circulante).

• Os estoques de adubos, fertilizantes e defensivos agrícolas foram avaliados pelo custo de aquisição, haja vista que o valor de custo é menor que o valor realizável líquido.

5.10.2 *Cultura permanente*

São aquelas não sujeitas ao replantio após a colheita, uma vez que propiciam mais de uma colheita ou produção, bem como apresentam prazo de vida útil superior a um ano, como, por exemplo: café, laranja, seringueira etc.

Na cultura permanente os custos de formação são classificados no Ativo Permanente Imobilizado, acumulados na Conta Cultura Permanente em Formação, especificando o tipo de cultura. Após a formação da cultura, que pode levar vários anos, transfere-se o saldo acumulado da conta Cultura Permanente em Formação para a conta Cultura Permanente Formada, no Ativo Permanente Imobilizado, especificando a cultura. Logo após a cultura formada, iniciar-se-á a primeira produção ou colheita.

Na época da primeira floração, os custos de formação e maturação do produto serão classificados em uma conta do Ativo Circulante – Estoques denominada Colheita em Andamento, especificando o tipo de produto.

Aos custos de formação da colheita, serão também adicionados as quotas de depreciação (ou exaustão) da Cultura Permanente Formada.

No encerramento da colheita, transfere-se o saldo acumulado da conta Colheita em Andamento para Produtos Agrícolas, Ativo Circulante – Estoques. Com o produto colhido, os custos de beneficiamento, acondicionamento, silagem etc. serão classificados na conta Produtos Agrícolas.

Ao ser vendido o produto, transfere-se o valor correspondente de custos referente à quantia total ou parcial da produção para a conta de Custo de Produtos Vendidos, apurando-se o resultado Bruto.

Segundo a Legislação do Imposto de Renda, a Cultura Permanente, a depreciação ou a exaustão somente será contabilizada a partir da primeira colheita, considerando o tempo de vida útil da cultura.

A Cultura Permanente Formada e os recursos posteriormente aplicados para aumentar sua vida útil e melhorar sua produtividade serão ativados a essa conta. Não se deve sobrecarregar a safra de um ano, mas o imobilizado, e este ativo será repassado às safras através da depreciação ou exaustão.

Quanto às Culturas Permanentes, as árvores frutíferas sofrem depreciação e as culturas ceifadas sofrem exaustão.

As perdas extraordinárias decorrentes de geadas, incêndios, inundações, tempestades etc., quando provocam perda total ou parcial da capacidade da cultura, deverão ser consideradas perda do período, sendo baixadas do Ativo Permanente e transferidas para o Resultado do Exercício.

Lançamentos Contábeis

Formação da cultura

D = Ativo Biológico – Cultura Permanente em Formação (especificar a cultura) Ativo Permanente

C = Disponível, Contas a Pagar etc.

Término da formação

D = Ativo Biológico – Cultura Permanente Formada

C = Ativo Biológico – Cultura Permanente em Formação (transferência)

Período de formação do produto

D = Colheita em Andamento (Ativo Circulante)
C = Disponível, Contas a Pagar, Depreciação Acumulada etc.

Término da colheita – transferência
D = Ativos Biológicos – Produtos Agrícolas
C = Colheita em Andamento

Pelas vendas
D = Disponível, Contas a Receber etc.
C = Venda de Ativos Biológicos – Produtos Agrícolas (especificar o produto)

Pela apuração do resultado
D = Custo dos Produtos Vendidos
C = Ativos Biológicos – Produtos Agrícolas (Ativo Circulante)

Para calcular o resultado
Receita Bruta
Venda de Produtos Agrícolas
(–) Custo dos Ativos Biológicos – Produtos Vendidos
= Lucro Bruto
(–) Despesas Operacionais
Vendas
Administrativas
Financeiras
Lucro Operacional

Contabilização das perdas extraordinárias
D = Perdas Extraordinárias
C = Ativo Biológico – Culturas Permanentes Formadas – Ativo Permanente
ou C = Ativo Biológico – Culturas Temporárias – Ativo Circulante

Observação: À medida que os produtos agrícolas são vendidos, dando-se baixa do Ativo Circulante para a conta de Custo de Produtos Vendidos, haverá o confronto entre a Receita e o Custo do Produto Vendido, verificando-se assim a Confrontação da Despesa com a Receita Realizada.

5.11 Considerações finais

A competitividade exige que o produtor rural organize suas estratégias contábeis, inove em suas estratégias de produção e de gerenciamento da propriedade rural. Quanto maior for o conhecimento do produtor rural sobre técnicas, estratégias, contabilidade rural, maior será seu desempenho como gestor e melhor será a qualidade de seus produtos. Consequentemente, a melhor gestão da empresa rural maximiza os lucros.

O empresário rural sabe que a contabilidade rural é uma das ferramentas essenciais para a tomada de decisão em qualquer campo administrativo, pois, auxilia o gestor no controle de gastos, na previsão de investimentos e nas reservas necessárias, já que a exploração rural lida com fatores sazonais. É uma ferramenta gerencial que permite, por meio da informação contábil, o planejamento e o controle orçamentário para a tomada de decisões, informações estas indispensáveis para o planejamento e a diversificação de culturas e a modernização do setor rural.

Múltipla escolha

1. Para efeitos contábeis devem ser considerados alguns tipos de culturas existentes, tais como:
   ( ) a. Culturas em erradicação.
   ( ) b. Culturas temporárias e flutuantes.
   ( ) c. Culturas perenes e temporárias.
   ( ) d. Culturas flutuantes e de erradicação.

2. Marque "V" para verdadeiro e "F" para falso para as questões a seguir:
   ( ) A cultura permanente tem um período de vida longo, o que permite sua colheita somente ao completar um ano.

( ) Por ser uma cultura permanente e proporcionar sua colheita ao completar um ano, após requerendo o seu replantio, é exemplo típico de: arroz, milho e feijão etc.

( ) A cultura temporária também é conhecida como cultura anual.

( ) Tanto a cultura temporária como a cultura permanente podem ter os seus custos indiretos rateados.

3. Qual a diferença entre Custo da Cultura e Despesas Agrícolas?

( ) a. Custo da cultura – por terem seus gastos identificáveis, não acumulados nos Estoques, mas reconhecidos no final do período, enquanto as despesas agrícolas são representadas por Vendas, Administrativas e Financeiras, e que são reconhecidas nos seus estoques à medida que os gastos vão incorrendo.

( ) b. Custo da cultura são todos os gastos identificáveis direta ou indiretamente na cultura, enquanto Despesas agrícolas são todos os gastos identificáveis com a cultura.

( ) c. Tanto o Custo da cultura como as Despesas agrícolas são gastos e/ou sacrifícios identificáveis direta ou indiretamente com os produtos.

( ) d. Todas as afirmativas acima estão corretas.

4. No momento da colheita ou produção, como se classifica o produto da cultura permanente:

( ) a. Imobilizações em curso.

( ) b. Investimentos.

( ) c. Estoques em Andamento.

( ) d. Diferido.

5. Os custos necessários para a realização da colheita são:

( ) a. Poda, capina, desbrota e combustível.

( ) b. Poda, capina, salários e férias.

( ) c. Capina, poda, desbrota e honorários.

( ) d. Energia elétrica, juros, poda e capina.

6. Qual dos itens só contém culturas temporárias?

( ) a. Milho, arroz, batata, tomate e uva.

( ) b. Tomate, mandioca, batata, milho e arroz.

( ) c. Arroz, milho, batata, mandioca e maçã.

( ) d. Batata, tomate, milho, arroz e pera.

7. Para a formação de cultura permanente existem necessariamente custos. Quais, entre as alternativas abaixo, podem ser identificados?

( ) a. Adubação, formicidas, herbicidas e forragens.

( ) b. Formicida, adubação, forragens e juros.

( ) c. Adubação, formicidas, forragens e honorários dos administradores.

( ) d. Adubação, forragens, juros e formicidas.

8. As culturas permanentes são contabilizadas em que grupo de contas?

( ) a. Ativo Circulante.

( ) b. Estoques.

( ) c. Investimentos.

( ) d. Imobilizados.

9. Culturas em Formação estão sujeitas a eventos ocasionais da natureza, provocando perdas parciais ou totais. Identifique-os abaixo:

( ) a. Depreciação, seguros, geadas, incêndios e gastos.

( ) b. Depreciação, exaustão, amortização e demarcação.

( ) c. Incêndios, tempestades, manutenção e granizo.

( ) d. Inundação, geadas, tempestades e granizos.

10. Numere a 2ª coluna de acordo com a 1ª:

1. Débito de Cultura Temporária.   ( ) É considerado despesas com vendas ou Custos do período.

2. Rateia os Custos Indiretos.   ( ) Financiamento para custeio.

3. Cultura em Formação.   ( ) Cultura Permanente em Formação.

4. Armazenamento do Produto para Venda.   ( ) Despesas não operacionais.

5. Financiamento para Capital de Giro.   ( ) Baixa por produtos agrícolas.

6. Perdas Involuntárias.   ( ) Não podem sofrer depreciação.

11. A entidade deve reconhecer um ativo biológico ou produto agrícola quando e somente quando:
    I. controla o ativo como resultado de eventos passados;
    II. for provável que benefícios econômicos futuros associados com o ativo fluirão para a entidade; e
    III. o valor justo ou o custo do ativo puder ser mensurado confiavelmente.

    Esta mensuração **DEVE**:
    ( ) a. ser calculada com base nos custos históricos incorridos.
    ( ) b. incluir todas as despesas e custos estimados até o produto estar disponível para a venda.
    ( ) c. incluir custos e um percentual de lucro estimado.
    ( ) d. ser baseada no valor justo menos as despesas e custos até o ponto de venda.

12. Os ativos biológicos são definidos pela **NBC TG 29 (R2) – Ativo biológico e produto agrícola** como "um animal e/ou uma planta, vivos".

    A mesma Norma define produção agrícola como "produto colhido de ativo biológico da entidade".

    O ponto de colheita ou abate é o momento em que o ativo em questão passará a estar sob o escopo da **NBC TG 16 (R1) – Estoques**, deixando de estar sob o escopo da **NBC TG 29 (R2) – Ativo biológico e produto agrícola**. Esse ponto é, portanto, o último em que o elemento será mensurado de acordo com o critério previsto na **NBC TG 29 (R2)**.

    Considerando-se o que dispõe a **NBC TG 29 (R2) – Ativo biológico e produto agrícola** e atendidos os requisitos de reconhecimento, o produto agrícola colhido de ativos biológicos da entidade deve ser mensurado:
    ( ) a. alternativamente, ao custo ou ao Valor Realizável Líquido, dos dois o menor.
    ( ) b. alternativamente, ao custo ou ao Valor Reavaliado, dos dois o maior.
    ( ) c. obrigatoriamente, ao custo menos a exaustão.
    ( ) d. obrigatoriamente, ao valor justo, menos a despesa de venda.

13. Uma companhia tem como objeto social a produção e comercialização de cana-de-açúcar. Para tanto, consta em seu balanço patrimonial algu-

mas lavouras de cana-de-açúcar registradas no grupo Ativos Biológicos. Em seu último exercício social, a companhia divulgou que aplicou, de maneira consistente, as seguintes políticas contábeis:

I. A cana colhida foi mensurada ao valor justo menos as despesas de venda no ponto da colheita e reconhecida nos Estoques de Produtos Agrícolas (Ativo Circulante).
II. Os estoques de adubos, fertilizantes e defensivos agrícolas foram avaliados pelo custo de aquisição, haja vista que o valor de custo é menor que o valor realizável líquido.
III. As lavouras de cana-de-açúcar foram mensuradas pelo valor justo, utilizando a abordagem de preços de mercado dessa *commodity*, deduzido das despesas com vendas e custos a incorrer, a partir da pré-colheita.

Considerando-se apenas as informações apresentadas, é **correto** afirmar que essa companhia atendeu ao que dispõe as normas **NBC TG 29 (R2) – Ativo biológico e produto agrícola e NBC TG 16 (R2) – Estoques** no que consta em:

( ) a. I, II e III.
( ) b. I, apenas.
( ) c. II, apenas.
( ) d. I e III, apenas.

14. Uma empresa agroindustrial que tem o real como moeda funcional importou uma colheitadeira no valor de US$ 10.000,00 (dez mil dólares). Por ocasião do desembaraço aduaneiro, efetuado no dia 30 de abril, foram pagos tributos não recuperáveis no montante de R$ 2.000,00 (dois mil reais). A colheitadeira foi usada ao longo do mês de maio. O pagamento foi acordado para ser efetuado em 30 de junho, ao final da colheita da safra.

As cotações hipotéticas do dólar no período são:

Data	Cotação do dólar
30 de abril	US$ 1 = R$ 3,30
30 de maio	US$ 1 = R$ 3,60
30 de junho	US$ 1 = R$ 4,00

Tendo em vista as informações apresentadas anteriormente bem como o disposto nas Normas Brasileiras de Contabilidade sobre conversão de demonstrações contábeis e ativo imobilizado, é **correto** afirmar que deverá ser registrado o valor desta colheitadeira em 30 de abril:

( ) a. R$ 33.000,00 (trinta e três mil reais).
( ) b. R$ 35.000,00 (trinta e cinco mil reais).
( ) c. R$ 36.000,00 (trinta e seis mil reais).
( ) d. R$ 40.000,00 (quarenta mil reais).

Exercícios

1. A Empresa Rural Feijão Preto Ltda. prepara 200 hectares para plantar feijão preto "das águas" pelo sistema mecanizado direto.

   Sabendo-se que o ciclo vegetativo do feijão não ultrapassa 100 dias, que o período de semeadura será entre setembro e novembro, que o ano agrícola está fixado para 31/04, os custos para a referida cultura foram:

   Cultura do Feijão – de setembro a fevereiro.

   - Fertilizantes e Herbicidas – R$ 98.750,00
   - Sementes – R$ 132.520,00
   - Outros Custos – R$ 36.970,00
   - Mão de obra – serviços de terceiros:
     – Semeadura, capina e tratos culturais e colheita – R$ 41.580,00
     – Beneficiamento e armazenagem – R$ 24.290,00

   A colheita ocorre de dezembro a março e é armazenada em silos de Armazéns Agrícolas por dois meses.

   A cultura de feijão teve uma produção de 28.250 sacas de 60 kg. Em abril, a produção foi totalmente vendida, à vista, a R$ 21,00 a saca.

   Considerando que todos os custos acima foram à vista, que a empresa contraiu despesas operacionais no período, também à vista, no total de R$ 127.060,00, apure o Lucro Operacional do período, sabendo que a situação patrimonial no final de novembro era:

FEIJÃO PRETO LTDA.			
ATIVO, PASSIVO E PATRIMÔNIO LÍQUIDO			
CIRCULANTE	R$	CIRCULANTE	R$
Disponível	935.720,00		
Cultura em Formação			
Produtos Agrícolas	45.980,00	Patrimônio Líquido	
		Capital	1.980.700,00
		Lucros Acumulados	81.450,00
PERMANENTE			
Imobilizado	1.080.450,00		
TOTAL	2.062.150,00	TOTAL	2.062.150,00

Contabilize as transações apresentadas, sabendo que o estoque inicial não sofreu nenhuma movimentação.

Elabore o Balanço Patrimonial e a Demonstração do Resultado do Exercício.

2. A Agropecuária Botelhos apresentou os seguintes gastos para a implantação da cultura de café superadensado:

Gastos com a formação da Cultura do Café			
Gastos	Ano Agrícola 1 R$	Ano Agrícola 2 R$	Ano Agrícola 3 R$
Destoca, gradeação e plantio	40.580,00		
Adubação e preparo para plantio	21.620,00		
Mudas	6.560,00		
Capina	26.370,00	22.920,00	19.480,00
Tratamento fitossanitário	14.790,00	15.240,00	
Poda do cafezal		20.740,00	18.730,00
Limpeza e preparo para a colheita			15.460,00

Está prevista uma colheita anual de café durante 20 anos. Na primeira colheita, os gastos sem a depreciação foram de R$ 65.380,00.

PEDE-SE:

- Evidencie no grupo estoque e imobilizado os dados apresentados, considerando a primeira colheita terminada e não vendida.
- Encerre cada ano agrícola.
- Agora, considerando que a colheita tenha sido totalmente vendida por R$ 245.890,00, faça as contabilizações da venda, apropriação dos custos e apure o resultado do período.

3. A Sociedade Empresária Juína que desenvolve atividades rurais apresentou a seguinte posição em 31.12.2018:
Ativo Não Circulante – Imobilizado

Colheitadeiras   R$ 2.600.000,00
Depreciação Acumulada   R$ 1.440.000,00

Informações:

- As colheitadeiras foram adquiridas e estavam disponível para uso na mesma data; o valor residual do grupo de colheitadeiras é de R$ 200.000,00 e a vida útil prevista é de 10 anos.
- A partir de 1º.1.2018, essas colheitadeiras passaram a ser classificadas no grupo Ativo Não Circulante Mantido para Venda, pois foram desativadas em função da aquisição de outras colheitadeiras mais modernas.
- Em 1º.1.2018, o valor justo menos as despesas de venda das antigas colheitadeiras foi estimado em R$1.500.000,00.
- Em 31.3.2018, as colheitadeiras antigas foram vendidas por R$ 1.300.000,00 à vista.

Considerando-se as informações apresentadas e a **NBC TG 31 (R3) – Ativo não circulante mantido para venda e operação descontinuada**, determine o ganho ou a perda na venda das colheitadeiras a Sociedade Empresária.

4. A empresa rural São João da Mata adquiriu um trator por meio de arrendamento mercantil financeiro. No contrato de compra constam as seguintes condições:

   ✓ Quantidade de prestações = 60

✓ Valor mensal da prestação = R$ 5.000,00
✓ Taxa de juros implícita no arrendamento mercantil = 1,5% ao mês

A Contabilidade da empresa forneceu as seguintes informações:

✓ Valor justo da máquina arrendada = R$ 195.000,00
✓ Valor presente das prestações = R$ 196.901,35

De acordo com a NBC TG 06 (R2) – Operações de Arrendamento Mercantil, no momento da aquisição do trator, o efeito líquido em um dos elementos do Balanço Patrimonial dessa empresa é de:

A. R$ 300.000,00 no Passivo.
B. R$ 105.000,00 no Passivo.
C. R$ 196.901,35 no Ativo.
D. R$ 195.000,00 no Ativo.

6

DEPRECIAÇÃO, EXAUSTÃO E AMORTIZAÇÃO NA AGROPECUÁRIA

Critérios de Avaliação do Ativo

Art. 183. No balanço, os elementos do ativo serão avaliados segundo os seguintes critérios:
V – os direitos classificados no imobilizado, **PELO CUSTO DE AQUISIÇÃO**, deduzido do saldo da respectiva conta de depreciação, amortização ou exaustão;
§ 2º A diminuição do valor dos elementos dos ativos imobilizado e intangível será registrada periodicamente nas contas de: (Redação dada pela Lei nº 11.941, de 2009)
a) **depreciação**, quando corresponder à perda do valor dos direitos que têm por objeto bens físicos sujeitos a desgaste ou perda de utilidade por uso, ação da natureza ou obsolescência;
b) **amortização**, quando corresponder à perda do valor do capital aplicado na aquisição de direitos da propriedade industrial ou comercial e quaisquer outros com existência ou exercício de duração limitada, ou cujo objeto sejam bens de utilização por prazo legal ou contratualmente limitado;
c) **exaustão**, quando corresponder à perda do valor, decorrente da sua exploração, de direitos cujo objeto sejam

recursos minerais ou florestais, ou bens aplicados nessa exploração.

§ 3º A companhia deverá efetuar, periodicamente, análise sobre a recuperação dos valores registrados no imobilizado e no intangível, a fim de que sejam: (Redação dada pela Lei nº 11.941, de 2009)

6.1 Imobilizado e Intangível

6.1.1 Imobilizado

O Imobilizado será avaliado pelo custo de aquisição, deduzido do saldo das respectivas contas da depreciação, amortização ou exaustão.

A Lei 11.638/2007 modifica a definição do Imobilizado, baseada fundamentalmente, na "Primazia da Análise de Riscos e Benefícios Sobre a Propriedade"; com isso a alteração no artigo 179, IV, promove a convergência às práticas das normas internacionais (IAS 17) qualificando as operações que transferiram a companhia os benefícios, riscos e controle desses bens como, por exemplo, as operações de *leasing* financeiro incluídas, a partir de novo texto, no ativo imobilizado.

As alterações exigem a revisão e ajuste nos critérios utilizados para estimar a "vida útil econômica", base para o cálculo das depreciações, amortizações e exaustão, inclusive para as operações de *leasing* financeiro registrados no imobilizado.

O mesmo artigo também estabelece a obrigatoriedade para as companhias de efetuarem periodicamente, teste de recuperabilidade (*Impairment*) nos subgrupos imobilizado, intangível e diferido. Desta forma, nenhum destes ativos pode existir por valor que não seja recuperável mediante venda ou utilização por parte da empresa.

6.1.2 Intangível

É avaliado pelo custo incorrido na aquisição deduzido do saldo da respectiva conta de amortização.

Primeiramente, todos os valores referentes a bens não corpóreos (marcas, patentes, direitos autorais etc.) registrados no grupo permanente deverão ser reclassificados para o subgrupo intangíveis onde sofrerão amortização baseada em sua estimativa de vida útil econômica. Ressalta-se que as contas de ágios gerados nas aquisições de investimentos permanentes por conta de expectativas de rentabilidade futura (*Goodwil*), também serão reclassificados para este subgrupo e serão objeto de teste de recuperabilidade (*Impairment*) periodicamente.

6.2 Terminologia e conceitos

Os encargos da depreciação, amortização e exaustão são componentes do custo fixo e têm tratamento fiscal, contábil e econômico. Tanto o órgão tributário quanto a entidade de classe contábil normatizam, entre outras situações, as regras para a utilização desses encargos no processo de tributação e contabilidade das empresas rurais.

Há uma parcela do Ativo não Circulante que se compõe dos bens destinados ao uso e à manutenção da atividade da empresa rural que é o Ativo não Circulante Imobilizado e Intangível.

Os elementos desses componentes patrimoniais servem a vários ciclos operacionais de uma entidade, sendo, às vezes, por toda sua vida.

A maior parte dos elementos que integra esses componentes tem sua vida útil limitada no tempo e, em muitos casos, após seu uso, geram um valor inferior ao seu custo de aquisição: o chamado valor residual. O valor restante, que antes compunha o custo do bem, é transferido para as despesas, que poderão ser denominadas depreciação, amortização ou exaustão.

Segundo a NBC TG 27, a Depreciação deve ser calculada e contabilizada a partir do momento em que o bem estiver pronto para entrar em funcionamento.

Depreciação – aplica-se somente aos bens tangíveis.

Exemplos: máquinas, equipamentos etc.

É a diminuição do valor dos bens corpóreos em decorrência do desgaste ou perda de utilidade pelo uso, ação da natureza ou obsolescência. A taxa de depreciação pode ser fixada em função da vida útil prevista pelos agrônomos, tipo de solo, clima ou em função da produção estimada.

Exaustão – aplica-se somente aos recursos naturais exauríveis.

Exemplos: reservas florestais, petrolíferas etc.

Quando corresponder à perda do valor, decorrente da sua exploração, de direitos cujos objetos sejam recursos minerais ou florestais, ou bens aplicados nessa exploração. Uma empresa proprietária de uma floresta destinada ao corte para comercialização, consumo ou industrialização deverá proceder ao cálculo da cota de exaustão a ser aplicada anualmente.

Amortização – aplica-se somente aos bens intangíveis.

Exemplos: marcas e patentes.

A amortização ocorre devido à aquisição de direitos de exploração de propriedades de terceiros. Na legislação, temos a definição de amortização quando corresponder à perda do valor do capital aplicado na aquisição de direitos da propriedade industrial ou comercial e a quaisquer outros com existência ou exercício de duração limitada, ou cujo objeto sejam bens de utilização por prazo legal ou contratualmente limitado. Como exemplos, pode-se adquirir o direito de explorar uma mina, que é um patrimônio da União, ou pode-se também explorar um pomar alheio.

Segundo a Lei nº 6.404/76 (Lei das Sociedades por Ações), a depreciação, amortização e exaustão devem ser contabilizadas para corresponder ao desgaste efetivo pelo uso ou perda da utilidade do bem ou direito, mesmo por ação da natureza ou obsolescência.

O artigo 183, § 2º, dessa lei diz o seguinte:

"§ 2º A diminuição do valor dos elementos dos ativos imobilizado e intangível, conforme Redação dada pela Lei nº 11.941, de 2009, será registrada periodicamente nas contas de:

a. depreciação, quando corresponder à perda do valor dos direitos que têm por objeto bens físicos sujeitos a desgaste ou perda de utilidade por uso, ação da natureza ou obsolescência;

b. amortização, quando corresponder à perda do valor do capital aplicado na aquisição de direitos da propriedade industrial ou comercial e quaisquer outros com existência ou exercício de duração limitada, ou cujo objeto sejam bens de utilização por prazo legal ou contratualmente limitado;

c. exaustão, quando corresponder à perda do valor, decorrente da sua exploração, de direitos cujo objeto sejam recursos minerais ou florestais, ou bens aplicados nessa exploração."

Em se tratando de depreciação, é interessante observar os conceitos de período de vida útil, taxa *versus* quota e valor residual, sendo:

a. *Vida útil* – está diretamente relacionada com o período de tempo no qual o bem ou direito será utilizado na operação da entidade.

b. *Taxa × quota* – a taxa de amortização (aqui no sentido amplo) relaciona-se diretamente ao percentual a ser aplicado no cálculo (Ex.: 20% para um período de vida útil de cinco anos). Quanto à quota, tem-se a parcela da depreciação, amortização ou exaustão, definida em porção monetária (reais, Ufir etc.).

c. *Valor residual* – o bem ou direito, após o término de vida útil, ainda assim apresenta valor monetário, real e compatível com o mercado. Tal valor é levado em consideração para os cálculos da amortização, depreciação e exaustão, como descrito adiante.

6.3 Conceitos de depreciação, exaustão e amortização na área da Contabilidade Rural

Culturas permanentes

Depreciação – somente em casos de empreendimentos próprios da empresa e dos quais serão extraídos apenas os frutos.

O custo de aquisição ou formação da cultura é depreciado em tantos anos quantos forem os de produção de frutos. No Parecer Normativo CST nº 18, de 9/4/79, o Fisco faz a seguinte interpretação no caso específico da agricultura: no que tange às culturas permanentes, às florestas ou árvores e a todos os vegetais de menor porte, somente se pode falar em depreciação em caso de empreendimento próprio da empresa e do qual serão extraídos os frutos. Nessa hipótese, o custo de aquisição ou formação da cultura é depreciado em tantos anos quantos forem os de produção de frutos.

Exemplo: café (20 anos), laranja (15 anos), uva (20 anos) e eucalipto (7 anos) etc.

Floresta própria ou vegetação em geral

Exaustão – à medida que seus recursos forem exauridos (esgotados) do custo de aquisição ou formação, excluído o solo. Quando se trata de floresta própria (ou vegetação em geral), o custo de sua aquisição ou formação (excluído o solo) será objeto de quotas de exaustão, à medida que seus recursos forem exauridos (esgotados). Aqui não se tem a extração de frutos, mas a própria árvore é ceifada, cortada ou extraída do solo.

Exemplo: reflorestamento, cana-de-açúcar, pastagens etc.

São passíveis de exaustão os gastos com formação de lavoura de cana-de--açúcar quando se trata de vegetação própria (excluído o solo); serão objeto de quotas de exaustão à medida que seus recursos forem exauridos (esgotados). Nesse caso, não se tem a extração de frutos, mas a própria cultura que é ceifada, cortada ou extraída do solo. Assim, o custo de formação de plantações de espécies vegetais que não se extinguem com o primeiro corte, mas que permitem cortes adicionais, deve ser objeto de quotas de exaustão (PN CST nº 18, de 1979).

São passíveis de exaustão os gastos com formação de pastagens plantadas. O custo de formação de plantações de espécies vegetais que não se extinguem com o primeiro corte, mas que permitem cortes adicionais, deve ser objeto de quotas de exaustão (PN CST nº 18, de 1979).

Aquisição de direitos sobre empreendimentos de propriedade de terceiros

Amortização – apropriando-se o custo desses direitos ao longo do período contratado. Com relação à amortização, trata-se de um termo reservado tecnicamente para as aquisições de direitos sobre empreendimentos de propriedades de terceiros, apropriando-se o custo desses direitos ao longo do período determinado, contratado para exploração.

Depreciação, exaustão e amortização devem constar dos balanços patrimoniais das empresas rurais a conta ativa biológica. Ativos biológicos são todas as culturas agrícolas que podem gerar receitas ou frutos, inclusive as florestas plantadas e cultivadas que vão gerar receitas com a venda da madeira.

6.4 Os métodos

Muitos são os métodos utilizados para cálculo da depreciação e exaustão na literatura contábil, mas no caso brasileiro, poucos são utilizados. Isso porque

O conceito contábil de depreciação difere do sentido que essa palavra tem no linguajar corrente. No uso corrente, depreciação significa o esgotamento e o desgaste de um ativo. Em seu sentido contábil tradicional, a depreciação é um encargo financeiro que se tem sobre certas contas (Ativo Imobilizado) que reflete o custo de utilização de um ativo em um exercício contábil dado, e mais especialmente para refletir a porção do custo monetário original de ingresso desse ativo que foi utilizado na obtenção de receitas de um exercício contábil em particular.

Por isso é interessante que se conheçam, com profundidade, os métodos, e que sua aplicação, quer nas empresas comerciais, quer industriais, quer agropecuárias, se revista de conhecimentos técnicos, fiscais e contábeis, haja vista que, além de espelhar o comportamento de utilização do bem no tempo, causa impacto significativo no valor do lucro líquido de cada exercício.

Para calcular a amortização dos bens depreciáveis, necessário se torna resolver três importantes problemas: a. escolha do método; b. escolha da base de cálculo; c. estimativa da vida útil.

Como a base de cálculo e estimativa de vida útil serão descritas a seguir, passaremos em revista algumas metodologias utilizadas para cálculos de depreciação e exaustão.

6.4.1 Método linear

Também conhecido como Método da Linha Reta. É o método que considera a depreciação/exaustão em cotas, taxas anuais e constantes durante a vida útil do bem. Dessa forma, supõe-se a utilização do ativo em períodos uniformes de tempo. Considerando-se o ativo capaz de fornecer o mesmo valor de benefícios em cada período, os cálculos são:

$$T = \frac{100\%}{Vu} \text{ ou } C = \frac{VB}{Vu},$$

em que: T = taxa de depreciação;

C = cota de depreciação;

VB = valor do bem (valor do bem = custo original − valor residual);

Vu = vida útil do bem.

Exemplo:

A Cia. São Januário adquire um bem para o Ativo Imobilizado por

$ 200.000,00. A vida útil estimada desse bem é de quatro anos e que o valor residual seja nulo.

$$T = \frac{100\%}{4 \text{ anos}} = 25\% \text{ a.a. ou } C = \frac{\$ 200.000}{4 \text{ anos}} = \$ 50.000$$

6.4.2 Método da soma dos dígitos dos anos

Alguns autores o classificam como Método Aritmético, uma vez que seu cálculo considera a depreciação/exaustão em cotas/taxas numa razão aritmética.

Este é um método de depreciação acelerada que leva em consideração não apenas a obsolescência, mas também o incremento de utilização de um ativo no início. No início da vida de um ativo, o consumo é provavelmente maior do que em qualquer outra época. Isso é atribuível à menor quantidade de avarias e menor necessidade de manutenção. Quando o ativo ficar mais velho, a probabilidade de menor utilização é maior, e os custos de manutenção serão maiores, o que resulta em o ativo tornar-se menos produtivo com o passar do tempo. Assim, esses fatores fornecem a base para maiores débitos de depreciação quando o ativo é novo e menor nos últimos anos.

A expressão *soma dos dígitos dos anos* refere-se ao somatório dos números de anos que compõem o denominador da fórmula de cálculo. Os numeradores são os anos em ordem decrescente ou crescente (caso a carga de utilização seja o inverso, isto é, uma depreciação acelerada em que haja menores débitos de depreciação quando o ativo é novo e maiores débitos nos últimos anos).

Para seu cálculo utiliza-se a fórmula:

$$T = \frac{\text{Ano}}{Vu\ W^n_{t=1}} \cdot VB$$

em que: T = taxa de depreciação;

VB = valor do bem;

$Vu\ W^n_{t=1}$ = somatório dos dígitos dos anos.

Quando o cálculo para a somatória dos anos envolver grande número de anos, pode-se adotar a seguinte fórmula:

$$SA = \frac{N(N+1)}{2}$$

em que: SA = soma dos anos;

N = número de anos.

Exemplificando:

O valor de um ativo é de $ 100.000,00 e sua vida útil é de quatro anos. Ter-se-ia:

$$Vu\ W_{t=1}^{n=4} = 1 + 2 + 3 + 4 = 10 \text{ ou } SA = \frac{4\,(5)}{2} = 10$$

1º ano = 4/10 – 40% × $ 100.000, = $ 40.000,00
2º ano = 3/10 – 30% × $ 100.000, = $ 30.000,00
3º ano = 2/10 – 20% × $ 100.000, = $ 20.000,00
4º ano = 1/10 – 10% × $ 100.000, = $ 10.000,00

6.4.3 Método das taxas decrescentes

Este é o método que considera a depreciação do bem em cotas decrescentes e, também, o aumento do uso nos primeiros anos de vida útil.

A forma mais comum de depreciação pelo saldo decrescente é a taxa dobrada sobre o saldo do valor do bem; isso significa dobrar a taxa do Método de Linha Reta. Observe que a taxa, não a vida útil, é dobrada. Alguns autores chamam a taxa dobrada de fator, que é fixo e constante na aplicação do cálculo.

A fórmula para a aplicação desse método é:

$$C = F \times SVB \text{ ou } TE = C/VB$$

em que: C = cota de depreciação;
F = fator (taxa linha reta dobrada);
SVB = saldo do valor do bem;
TE = taxa específica da depreciação para o ano "X".

Exemplo:

Aplicação do modelo para um bem com vida útil de cinco anos, taxa de depreciação pelo Método de Linha Reta de 20% a.a. e com um custo original de $ 5.000,00:

ANO	FATOR	SVB	COTA	TE
1	40%	5.000,	2.000,	40%
2	40%	3.000,	1.200,	24%
3	40%	1.800,	720,	14%
4	50%	1.080,	540,	11%
5	50%	540,	540,	11%
		0,00	5.000	100%

Observa-se que este método fornece, automaticamente, um valor residual a ser depreciado. Necessário se torna fazer um ajuste nos dois últimos exercícios sociais. Para o exemplo retro tem-se que: $ 1.080 dividido por dois anos é igual a $ 540. Assim, nos anos 4 e 5 ter-se-á uma depreciação de valor igual.

6.4.4 *Método das taxas variáveis*

Também conhecido na literatura contábil como Método das Unidades de Produção. É o método que considera a depreciação do bem em cotas/taxas variáveis em função da curva de utilização do bem durante sua vida e o volume de produção estimado e real para esse bem. Dessa maneira, o método leva em consideração que a vida do ativo é em função das unidades que pode produzir.

Este método assume tão variada gama de aplicação que não é preciso a utilização de uma fórmula específica.

Exemplo:

Um bem teve um valor de aquisição de $ 1.000.000,00, com uma vida útil de quatro anos. A produção estimada desse bem é de 10.000 unidades.

No primeiro ano o volume real é de 4.800 unidades. Assim, tem-se que:

$$\frac{4.800}{10.000} = 48\% \times 25\% \times \$\ 1.000.000 = \$\ 120.000,00$$

Segundo Hendriksen,[1] é importante que se analise, graficamente, o comportamento desses métodos para que se possa aplicá-los de modo que sua utilização possa dar apoio à tomada de decisão.

Apresentar-se-ão, a seguir, os gráficos enumerados por Hendriksen, sem incluir o método de unidades de produção, que pode assumir um gráfico para cada ativo ou situação.

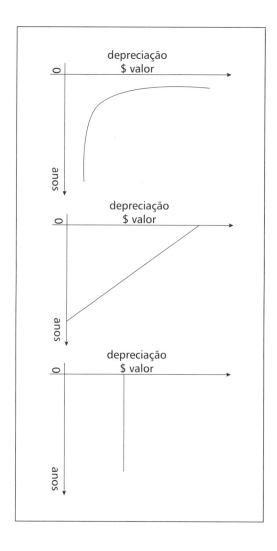

---
[1] HENDRIKSEN, E. *Teoría de la contabilidad*. México: Unión Hispano-Americana, 1974.

6.5 Taxas

Para o cálculo da depreciação, da amortização e da exaustão, uma dificuldade encontrada é a determinação da vida útil econômica dos bens do Ativo Imobilizado. Além das causas físicas decorrentes do desgaste natural pelo uso e pela ação de elementos da natureza, a vida útil é afetada por fatores funcionais, como a inadequação e o obsoletismo resultantes do surgimento de substitutos mais aperfeiçoados.

Basicamente, as pessoas indicadas para determinar as taxas de depreciação nas atividades agropecuárias são agrônomos, técnicos em agronomia, veterinários ou os próprios agricultores, que têm conhecimento da vida útil ou capacidade produtiva dos itens que compõem o Ativo Permanente da Empresa Rural. Os itens do Ativo Permanente variam em função do tipo de solo, clima, manutenção, qualidade ou tipo de árvore (genética), raça, tipo de manejo, que são diferentes de região para região. Na prática, cada caso deve ser tratado isoladamente.

O próprio Imposto de Renda, possivelmente considerando essas variáveis, não define taxas. Ressalte-se, todavia, que o Imposto de Renda assegura à empresa o direito de computar a cota efetivamente adequada às condições de depreciação de seus bens, desde que faça a prova da vida útil do bem determinado.

As taxas de depreciação podem ser calculadas de acordo com a produção estimada da cultura permanente. Este método é vantajoso por implicar menores custos, uma vez que não proporciona redução excessiva de lucro ou prejuízo e evita grandes oscilações nos resultados no decorrer dos vários anos.

6.5.1 Base de cálculo

Conhecidas as taxas de depreciação (aqui entendidas em seu conceito amplo), devem-se definir as bases de cálculos sobre as quais incidirão tais taxas.

As taxas de depreciação, amortização e exaustão serão aplicadas aos valores de custos de formação e/ou aquisição de bens, acrescidos da correção monetária (custo histórico/custo histórico corrigido) e deduzidos do valor residual.

Matematicamente, ter-se-ia:

$$\text{Depreciação} = [\text{Custo de formação/aquisição} + CM - VR] \times \text{Taxa}$$

em que: CM = Correção Monetária;

VR = Valor Residual.

Valores de reavaliação decorrentes de novas avaliações efetuadas no ativo imobilizado.

Muito embora a técnica contábil determine que o valor residual do bem seja computado como redutor de seu valor total para definir o valor-base de cálculo da depreciação, na prática esse procedimento não tem sido muito utilizado, devido à grande dificuldade em estimar o valor residual, principalmente em uma economia inflacionária.

6.6 Depreciação acelerada

A *depreciação acelerada* consiste em reconhecer e registrar contabilmente a diminuição acelerada do valor dos bens móveis, resultante do desgaste pelo uso em regime de operação superior ao normal.

No que concerne aos bens móveis, poderão ser adotados, em função do número de horas diárias de operação, os seguintes coeficientes de depreciação acelerada sobre as taxas normalmente utilizáveis:

- 1,5 para dois turnos de 8 horas de operação;
- 2,0 para três turnos de operação.

Nessas condições, um bem cuja taxa normal de depreciação seja de 10% ao ano poderá ser depreciado a 15% ao ano, se operar 16 horas por dia normal de trabalho, ou 20% ao ano, se em regime de operação de 24 horas por dia.

Como elemento de prova, visando convencer a autoridade fiscal de sua adequada utilização, poderão ser apresentados, entre outros: folha de pagamento relativa a 2 ou 3 operadores diários para um mesmo equipamento que necessite um único operador durante o período de 8 horas, produção condizente com o número de horas de operação do equipamento, consumo de energia elétrica condizente com o regime de horas de operação.

6.6.1 *Depreciação acelerada incentivada*

De acordo com o art. 314 do RIR/99, as pessoas jurídicas que exploram a atividade rural são beneficiadas com a possibilidade de depreciar os bens do ativo imobilizado utilizados na atividade integralmente no próprio ano-calendário de aquisição do bem a título de incentivo fiscal.

A essas pessoas jurídicas são admitidos os seguintes incentivos fiscais:

a) os bens do ativo imobilizado (máquinas e implementos agrícolas, veículos de cargas e utilitários rurais, reprodutores e matrizes etc.), exceto a terra nua, quando destinados à produção, podem ser depreciados, integralmente, no próprio ano-calendário de aquisição, observado que não fará jus ao benefício da depreciação a pessoa jurídica rural que direcionar a utilização do bem exclusivamente para outras atividades estranhas à atividade rural própria;

b) à compensação dos prejuízos fiscais, decorrentes da atividade rural, com o lucro da mesma atividade, não se aplica o limite de 30% (trinta por cento) de que trata o art. 15 da Lei nº 9.065/95, art. 512 do RIR/99 e art. 2º da Instrução Normativa SRF nº 257/02.

Considera-se investimento na atividade rural e imobilizados a aplicação de recursos financeiros, durante o ano-calendário, exceto a parcela que corresponder ao valor da terra nua, que vise ao desenvolvimento da atividade para expansão da produção ou melhoria da produtividade e seja realizada com (Lei nº 8.023/90, art. 6º):

I. benfeitorias resultantes de construção, instalações, melhoramentos e reparos;

II. culturas permanentes, essências florestais e pastagens artificiais;

III. aquisição de utensílios e bens, tratores, implementos e equipamentos, máquinas, motores, veículos de carga ou utilitários de emprego exclusivo na exploração da atividade rural;

IV. animais de trabalho, de produção e de engorda;

V. serviços técnicos especializados, devidamente contratados, visando elevar a eficiência do uso dos recursos da propriedade ou exploração rural;

VI. insumos que contribuam destacadamente para a elevação da produtividade, tais como reprodutores e matrizes, girinos e alevinos, sementes e mudas selecionadas, corretivos do solo, fertilizantes, vacinas e defensivos vegetais e animais;

VII. atividades que visem especificamente à elevação socioeconômica do trabalhador rural, tais como casas de trabalhadores, prédios e galpões para atividades recreativas, educacionais e de saúde;

VIII. estradas que facilitem o acesso ou a circulação na propriedade;

IX. instalação de aparelhagem de comunicação e de energia elétrica;

X. bolsas para formação de técnicos em atividades rurais, inclusive gerentes de estabelecimentos e contadores.

Importa observar que os investimentos são considerados despesas no mês do efetivo pagamento.

Escrituração dos Bens do Ativo Imobilizado Considerados Integralmente Depreciados no Ano-Calendário de Aquisição.

No ano-calendário de aquisição, a depreciação dos bens do ativo imobilizado mediante a aplicação da taxa normal será registrada na escrituração comercial, e o complemento, para atingir o valor integral do bem, constituirá exclusão para fins de determinação da base de cálculo do imposto correspondente à atividade rural.

O valor da depreciação excluído do lucro líquido, na determinação do lucro real, deverá ser controlado na Parte B do Lalur, e adicionado ao lucro líquido da atividade rural, no mesmo valor da depreciação que vier a ser registrada a partir do período de apuração seguinte ao da aquisição, na escrituração comercial.

Na alienação de bens do ativo imobilizado, o saldo da depreciação, existente na Parte B do Lalur, será adicionado ao lucro líquido da atividade rural.

O art. 14 da Instrução Normativa SRF nº 257/02 esclareceu a forma de efetuar as escriturações contábil e fiscal; assim, a depreciação integral dos bens deverá ser feita conforme analisado a seguir:

a) no livro Diário, a escrituração contábil, utilizando-se a taxa normal; e

b) no LALUR (onde é feita a escrituração fiscal), na apuração do lucro real correspondente à atividade rural deverá ser excluída a parcela restante necessária para completar os 100%.

O valor da depreciação excluído do lucro real da atividade rural deverá ser controlado na Parte B do LALUR.

Exemplo:

Uma pessoa jurídica que explora atividade rural adquiriu em 1º/1/2011 um utilitário rural por R$ 15.000,00 para uso exclusivo em transporte dos produtos agrícolas colhidos.

Sabendo-se que a taxa de depreciação do utilitário rural é 20%, e que a empresa optou pelo pagamento de Imposto de Renda e da CSLL por estimativa (balanço anual), o valor do incentivo fiscal de redução do lucro líquido para determinação do lucro real da atividade será determinado da seguinte forma, segundo o art. 314 do RIR/99:

Depreciação acelerada dos bens do Ativo Permanente – Imobilizado			
Utilitário rural (veículos): valor R$ 15.000,00 e taxa dep. 20% a.a.			
Ano	Escrituração Comercial (contábil) No Livro Diário		Escrituração Fiscal No Lalur	
	Despesas de depreciação	Depreciação acumulada	Exclusão	Adição
1º	R$ 3.000,00	R$ 3.000,00	R$ 12.000,00	R$ 3.000,00
2º	R$ 3.000,00	R$ 6.000,00	–	R$ 3.000,00
3º	R$ 3.000,00	R$ 9.000,00	–	R$ 3.000,00
4º	R$ 3.000,00	R$ 12.000,00	–	R$ 3.000,00
5º	R$ 3.000,00	R$ 15.000,00	–	R$ 3.000,00
Total	R$ 15.000,00	–	R$ 12.000,00	R$ 12.000,00

O valor excluído de R$ 12.000,00 deverá ser controlado na Parte B do Livro de Apuração do Lucro Real.

O valor de R$ 3.000,00, correspondente à depreciação registrada na escrituração comercial a partir do período de apuração seguinte ao de aquisição do utilitário, deverá ser adicionado ao lucro líquido para determinação do lucro real.

Na apuração da base de cálculo da CSLL deverá ser observado o mesmo procedimento adotado em relação à apuração da base de cálculo do imposto de renda da pessoa jurídica.

No período de apuração em que o bem já totalmente depreciado, em virtude da depreciação incentivada, for desviado exclusivamente para outras atividades, deverá ser adicionado ao resultado líquido da atividade rural o saldo da depreciação complementar existente na Parte B do Lalur.

Retornando o bem a ser utilizado na produção rural própria da pessoa jurídica, esta poderá voltar a fazer jus ao benefício da depreciação incentivada, excluindo do resultado líquido da atividade rural no período a diferença entre o custo de aquisição do bem e a depreciação acumulada até a época, fazendo os devidos registros na Parte B do Lalur.

6.6.2 Como deverá proceder a pessoa jurídica com relação à escrituração do valor dos bens do ativo imobilizado considerados como integralmente depreciados no período de apuração da aquisição?

No ano-calendário de aquisição, a depreciação dos bens do ativo imobilizado mediante a aplicação da taxa normal será registrada na escrituração comercial, e o complemento, para atingir o valor integral do bem, constituirá exclusão para fins de determinação da base de cálculo do imposto correspondente à atividade rural. O valor da depreciação excluído do lucro líquido, na determinação do lucro real, deverá ser controlado na parte B do Lalur, e adicionado ao lucro líquido da atividade rural, no mesmo valor da depreciação que vier a ser registrada a partir do período de apuração seguinte ao da aquisição, na escrituração comercial. Na alienação de bens do ativo imobilizado, o saldo da depreciação, existente na parte B do Lalur, será adicionado ao lucro líquido da atividade rural (RIR/99, art. 314).

Exemplo:

Uma pessoa jurídica que explora atividade rural adquiriu em 1º-1-20X0 um utilitário rural por R$ 10.000,00 (dez mil reais) para uso exclusivo em transporte dos produtos agrícolas colhidos.

Sabendo-se que a taxa de depreciação do utilitário rural é 20% (vinte por cento), e que a empresa optou pelo pagamento de Imposto de Renda e da CSLL por estimativa (balanço anual), o valor do incentivo fiscal de redução do lucro líquido para determinação do lucro real da atividade será determinado da seguinte forma:

Depreciação acelerada dos bens do Ativo Permanente – Imobilizado				
Utilitário rural (veículos): valor R$ 10.000,00 e taxa dep. 20% a.a.				
Ano	Escrituração Comercial Livro Diário		Escrituração Fiscal Lalur	
	Despesas de depreciação	Depreciação acumulada	Exclusão	Adição
1º	R$ 2.000,00	R$ 2.000,00	R$ 8.000,00	–
2º	R$ 2.000,00	R$ 4.000,00	–	R$ 2.000,00
3º	R$ 2.000,00	R$ 6.000,00	–	R$ 2.000,00
4º	R$ 2.000,00	R$ 8.000,00	–	R$ 2.000,00
5º	R$ 2.000,00	R$ 10.000,00	–	R$ 2.000,00
Total	R$ 10.000,00	–	R$ 8.000,00	R$ 8.000,00

O valor excluído de R$ 8.000,00 (oito mil reais) deverá ser controlado na parte B do Livro de Apuração do Lucro Real.

O valor de R$ 2.000,00 (dois mil reais), correspondente à depreciação registrada na escrituração comercial a partir do período de apuração seguinte ao de aquisição do utilitário, deverá ser adicionado ao lucro líquido para determinação do lucro real.

Na apuração da base de cálculo da CSLL deverá ser observado o mesmo procedimento adotado em relação à apuração da base de cálculo do imposto de renda da pessoa jurídica (IN SRF nº 93, de 1997, art. 52, e IN SRF nº 257, de 2002).

6.7 Casos práticos

6.7.1 Depreciação

6.7.1.1 Atividade agrícola

Com base nos conceitos já apresentados, pode-se afirmar que toda cultura permanente que, após sua completa formação, produzir frutos, isso em sentido amplo, será depreciada de acordo com sua vida útil.

Desse modo, tomou-se como exemplo uma cultura de laranja, em que as laranjeiras possuem vida útil de 15 anos, e utilizaram-se recursos no montante de 80.000 Ufir para a formação da cultura. Assim, obtém-se uma taxa de depreciação de 6,67% a.a. (100% : 15 anos), que, se aplicada sobre o montante da cultura, irá produzir uma depreciação de 5.333,33 Ufir. Supondo que cada Ufir corresponda a $ 0,9108, o lançamento contábil será da seguinte forma:

    D – Colheita em Formação
          Laranja $ 4.857,60
    C – Depreciação Acumulada
          Laranjal $ 4.857,60

Pode-se obter a taxa de depreciação por outros critérios, além da vida útil da cultura, como o volume de produção, por exemplo. Observa-se, porém, que há dificuldades em determinar outros critérios, ainda que pesquisados por especialistas.

Além das laranjeiras, pode-se citar como exemplos de depreciação videiras, castanheiras, pessegueiros, abacateiros, macieiras, pereiras, jaqueiras, cafeeiros etc.

6.7.1.2 Atividade zootécnica

Com relação a animais, observa-se que reprodutores, animais de trabalho e outros animais componentes do Ativo Permanente sofrerão depreciação após o período de crescimento, pois estes perdem sua capacidade de reprodução ou de trabalho com o passar do tempo.

Como exemplo, pode-se enumerar um cavalo de sela para a administração da fazenda, cujos gastos de criação até sua fase adulta (momento em que estiver apto para o trabalho) totalizaram 5.000 Ufir, cuja vida útil esteja estimada em oito anos. Assim, obtém-se uma taxa de depreciação de 12,5% a.a., que implicará uma depreciação de 625 Ufir/ano. Admitindo-se o valor da Ufir em $ 0,9108 o lançamento será efetuado da forma que segue:

    D – Despesa Administrativa
          Depreciação $ 569,25
    C – Depreciação Acumulada
          Equinos $ 569,25

Entretanto, duas observações devem ser feitas na atividade zootécnica, sendo:

1ª O método de depreciação dos animais reprodutores deveria levar em conta as fases da potencialidade de reprodução, porém isso não ocorre pela dificuldade em determinar essa potencialidade;

2ª O cálculo da depreciação deve considerar o valor residual do animal, que pode ser obtido com a venda deste, após sua utilização na reprodução e/ou trabalho.

6.7.1.3 Implementos rurais

Uma área importante a ser observada com relação à depreciação no meio rural é a depreciação dos implementos utilizados na produção da agricultura, que com o desenvolvimento da mecanização tem aumentado sua participação na agricultura e na pecuária.

O cálculo da depreciação pelo Método Linear para os implementos rurais normalmente é um equívoco, pois não são utilizados ininterruptamente durante o ano em virtude de chuvas, geadas, entressafra, ociosidade etc. Daí a necessidade de calcular a depreciação por hora, estimando-se um número de horas de trabalho por equipamento, em vez da quantidade de anos de vida útil.

Um trator, por exemplo, pode trabalhar aproximadamente 9.000 horas durante sua vida útil. Supondo-se que o custo desse trator é de 9.000 Ufir, ter-se-á:

$$\text{Depreciação} = \frac{90.000 \text{ Ufir}}{9.000 \text{ horas}} = 10 \text{ Ufir/hora trabalhada}$$

6.7.2 Exaustão

Exaurir significa esgotar completamente. Em termos contábeis, a exaustão se relaciona com a perda de valor dos bens ou direitos do ativo, ao longo do tempo, decorrentes de sua exploração (extração ou aproveitamento). Representa a perda de valor, pela utilização, de uma lavra, jazida ou reserva florestal.

Dessa forma, a empresa registra, anualmente, a diminuição gradativa do valor de aquisição do bem (jazida, lavra ou reserva florestal), em função da quantidade extraída dela, avaliados pelo custo de aquisição corrigido, na conta Exaustão Acumulada.

Em se tratando da exaustão de florestas e vegetais permanentes, assunto que tem relação com este documento, a exaustão é calculada sobre o custo de aquisição ou formação (excluído o solo) na medida e na proporção em que os recursos forem sendo exauridos. No caso da floresta ou do vegetal plantado que proporciona a possibilidade de um segundo ou mesmo um terceiro corte, o custo de aquisição ou de formação deverá ser recuperado através da exaustão calculada em função do volume extraído em cada período, confrontado com a produção total esperada, englobando os diversos cortes.

Exemplo:

Exaustão (despesa)
a Exaustão Acumulada
  Quota de exaustão correspondente ao minério
  extraído em 19Y4   800.000,00

Toda cultura da qual seja extraído o caule, permanecendo apenas a raiz para formação de novas árvores, sofrerá exaustão. Sendo assim, quando se tratar desses recursos naturais renováveis, que sofreram exaustão, devem-se observar os seguintes pontos:

1º quantidade de cortes;

2º produção por corte (unidade, área plantada, peso etc.);

3º produção no período;

4º valor de aquisição ou formação (custo de recomposição natural para pastagens).

Considerando as informações abaixo citadas:

Critérios/Cultura	Reflorestamento	Cana-de-açúcar	Pastagem
1º	4 25%	3 33,33%	18 5,56%
2º	12.500 un.	2.800 hectares	50.000 t
3º	6.000 un.	1.400 hectares	150.000 t
4º	125.000 Ufir	50.000 Ufir	20.000 Ufir

Resultarão os seguintes cálculos:

Exaustão por corte	125.000 × 25%	50.000 × 33,33%	20.000 × 5,56 %
Extração do período	$\dfrac{6.000}{12.500}$ = 48%	$\dfrac{1.400}{2.800}$ = 50%	$\dfrac{150.000}{50.000}$ = 300%
Exaustão do período	31.250 Ufir × 48%	16.666 Ufir × 50%	1.111 Ufir × 300%
Resultado em Ufir	15.120 Ufir	8.333 Ufir	3.333 Ufir

Lançamentos considerando a Ufir = $ 0,9108

    D – Colheita em Andamento
          Reflorestamento $ 13.771,30
    C – Exaustão Acumulada
          Reflorestamento $ 13.771,30
    D – Colheita em Andamento
          Cana-de-açúcar $ 7.589,70
    C – Exaustão Acumulada
          Cana-de-açúcar $ 7.589,70
    D – Colheita em Andamento
          Pastagem $ 3.035,70
    C – Exaustão Acumulada
          Pastagem $ 3.035,70

As culturas que têm seu custo de formação, apropriados ao resultado pelo critério da exaustão, são as florestas artificiais de eucaliptos, de pinos, a cana-de-açúcar, as pastagens artificiais etc. No caso de um canavial, uma vez formado, dependendo da região, poderá proporcionar três a quatro cortes. Admitindo-se que seja de 3 anos, a cota de exaustão anual será obtida aplicando-se o percentual de 33,33% sobre o valor da cultura formada.

Uma vez que a legislação não fixa expressamente taxas de exaustão, há os que defendem para certas culturas taxas de exaustão decrescentes, como é o caso do PLANALSUCAR, que estabeleceu os seguintes percentuais/ano:

    1º corte – 35,4%;
    2º corte – 25,1%;

3º corte – 21,4%;

4º corte – 18,1%.

O procedimento adequado é procurar registrar na contabilidade a verdadeira cota de exaustão do período, valendo-se de avaliações de técnicos da área, de forma que a contabilidade efetivamente reflita, tanto no Ativo Permanente como nas Demonstrações de Resultado, de forma mais correta possível o verdadeiro patrimônio e desempenho do empreendimento.

Exemplo

A Cia. Poços & Minas possui uma máquina própria de sua atividade operacional, adquirida por R$ 30.000,00, com vida útil estimada em 5 anos e depreciação baseada na soma dos dígitos dos anos em quotas crescentes.

A mesma empresa possui também uma mina custeada em R$ 60.000,00, com capacidade estimada de 200 mil kg, exaurida com base no ritmo de exploração anual de 25 mil kg de minério.

O usufruto dos dois itens citados teve início na mesma data. As contas jamais sofreram correção monetária.

Analisando tais informações, podemos concluir que, ao fim do terceiro ano, essa empresa terá no Balanço Patrimonial, em relação aos bens referidos, o valor contábil de:

A. R$ 34.500,00
B. R$ 40.500,00
C. R$ 49.500,00
D. R$ 55.500,00
E. R$ 57.500,00

Solução

MÁQUINA

A depreciação será feita pelo método da soma dos dígitos em quotas crescentes.

Cálculo da depreciação --> 1 + 2 + 3 + 4 + 5 anos = 15 anos.

Depreciação ano 1 - 1/15 x 30.000 = 2.000

Depreciação ano 2 - 2/15 x 30.000 = 4.000
Depreciação ano 3 - 3/15 x 30.000 = 6.000

Valor de aquisição da máquina 30.000,00
(-) Depreciação acumulada (12.000,00)
Valor contábil ao término do terceiro ano 18.000,00

MINA

Como a capacidade da mina é de 200.000 kg e serão extraídos 25.000 kg/ano, podemos dizer que a mina será exaurida em 8 anos (200.000/25).

Assim: R$ 60.000,00/8 anos = R$ 7.500,00 de exaustão por ano.

Logo, ao término do terceiro ano, teremos registrado à conta de exaustão o valor de R$ 22.500,00.

Valor de aquisição da mina 60.000,00
(-) Exaustão acumulada (22.500,00)
Valor contábil ao término do terceiro ano 37.500,00
Somando, portanto, temos: 37.500,00 + 18.500,00 = R$ 55.500,00.

6.7.3 Amortização

Consiste na recuperação contábil do capital aplicado na aquisição de direitos cuja existência ou exercício tenha duração limitada, ou de bens cuja utilização pela entidade tenha o prazo limitado por lei ou contrato.

Os direitos mais comuns sujeitos à amortização são: patentes de invenção, fórmulas e processos de fabricação, direitos autorais e autorizações ou concessões; também sujeitos à amortização estão custos das construções ou benfeitorias em bens locados ou arrendados e o valor dos direitos contratuais de exploração de florestas.

Amortização, assim como a Depreciação, representa uma despesa e consiste na extinção gradual do valor aplicado em Despesas Pré-operacionais, Despesas de Reorganização, Benfeitorias em Propriedades de Terceiros e Marcas e Patentes.

O cálculo da Amortização dos valores classificados nas contas supra varia de acordo com sua natureza, ou seja:

- Despesas Pré-operacionais e de Reorganização – serão amortizáveis no mínimo em 5 anos (20%) e no máximo em 10 anos (10%).

- Benfeitorias em Propriedades de Terceiros ou Marcas e Patentes – serão amortizáveis de acordo com o tempo de validade deles (10 anos, 20 anos etc.).

- Investimento em bens que, nos termos da lei ou contrato que regule a concessão de serviço público, devem reverter ao poder concedente, ao fim do prazo de concessão, sem indenização.

A principal diferença entre depreciação e amortização é que, enquanto a depreciação incide sobre os bens físicos de propriedade da própria Empresa Rural até sua completa depreciação de acordo com a vida útil prevista para os mesmos, a amortização se relaciona com a diminuição de valor dos direitos (ou despesas diferidas) com prazo limitado (legal ou contratualmente).

Será amortizado o valor referente à aquisição de direitos sobre empreendimentos de propriedade de terceiros, cujo prazo seja determinado.

Um exemplo dessa situação ocorre quando uma fábrica de suco de laranja adquire o direito de explorar um laranjal por três anos, pelo valor de 30.000 Ufir. Assim:

30.000 Ufir/3 anos = 10.000 Ufir/ano

Considerando a Ufir no valor de $ 0,9108, têm-se os seguintes lançamentos:

D – Colheita em Andamento Laranjal $ 9.108,00
C – Amortização Laranjal $ 9.108,00

Quando se tratar de aquisição de direitos sobre empreendimentos de propriedade de terceiros, cujo prazo seja indeterminado, não mais incidirá a amortização. O correto é calcular a depreciação.

6.8 Recuperação de Ativos (*Impairment Test*)

As empresas deverão efetuar, periodicamente, análise sobre a recuperação dos valores registrados no Imobilizado e no Intangível, revisando e ajustando os critérios utilizados para a determinação dos percentuais estimados para a depreciação, amortização e exaustão (CPC-01).

6.9 Considerações finais

Os seguintes termos são usados no CPC 27, com os significados especificados:

Valor contábil: é o valor pelo qual um ativo é reconhecido após a dedução da depreciação acumulada e das perdas por desvalorização.
Custo: é pago na data da sua aquisição ou valor da construção, ou ainda, se for o caso, o valor atribuído ao ativo quando inicialmente reconhecido de acordo com as disposições específicas.
Valor depreciável: é o custo de um ativo ou outro valor que substitua o custo, menos o seu valor residual.
Depreciação: é a mensuração econômica de desgaste ou obsolescência de um bem em relação a sua vida útil econômico ou fiscal.
Valor específico para a entidade: é o valor presente dos fluxos de caixa que uma entidade espera obter com o uso contínuo de um ativo.
Valor justo: é o valor pelo qual um ativo pode ser negociado entre partes interessadas, conhecedoras do negócio e independentes entre si. Não é valor de compra, não é valor de venda, e sim um valor que atribuímos que seja ideal, o verdadeiro.
Perda por desvalorização: é o valor pelo qual o valor contábil de um bem ou de uma unidade geradora de caixa excede seu valor recuperável.
Valor residual de um ativo: é o valor estimado que uma entidade obteria com a venda do ativo, após deduzir as despesas estimadas de venda, caso o ativo já tivesse a idade e a condição esperadas para o fim de sua vida útil.
Vida útil é: o período de tempo durante o qual a entidade espera utilizar um ativo; ou o número de unidades de produção ou de unidades semelhantes que a entidade espera obter pela utilização do ativo.

A amortização deve ser iniciada a partir do momento em que o ativo estiver disponível para uso, ou seja, quando se encontrar no local e nas condições necessários para que possa funcionar da maneira pretendida pela administração. Deve cessar na data em que o ativo é classificado como mantido para venda ou na data em que ele é baixado, o que ocorrer primeiro, segundo RABELO E ROSA (2016).

O método de amortização utilizado reflete o padrão de consumo pela entidade dos benefícios econômicos futuros. Se não for possível determinar esse padrão com confiabilidade, deve ser utilizado o método linear. Podem ser utilizados vários métodos de amortização para apropriar de forma sistemática o valor amortizável de um ativo ao longo da sua vida útil. Tais métodos incluem o **método linear**, também conhecido como método de linha reta, **o método dos saldos decrescentes e o método de unidades produzidas**, conforme RABELO e ROSA (2016).

A amortização deve normalmente ser reconhecida no resultado, mas pode também ser incluída no custo de outros ativos.

De acordo com a Lei nº 6.404/76 (Lei das S.As.):

> § 2º A diminuição do valor dos elementos dos ativos imobilizado e intangível será registrada periodicamente nas contas de **exaustão**, quando corresponder à perda do valor, decorrente da sua exploração, de direitos cujo objeto sejam **recursos minerais ou florestais, ou bens aplicados nessa exploração.**

A exaustão é utilizada para recursos minerais ou florestais, ou bens aplicados nessa exploração. É calculada com base na posse do recurso mineral ou florestal. Mas, se o prazo de exploração for insuficiente para esgotar os recursos, a exaustão deve ser calculada em função do prazo de concessão, consoante a Lei nº 6.404/76.

Múltipla escolha

1. A Amortização Acumulada dos juros pagos ou creditados a acionistas na fase de implantação de uma empresa é uma conta de natureza credora classificada no Balanço Patrimonial no grupo:
    ( ) a. Ativo Não Circulante – Imobilizado.
    ( ) b. Ativo Não Circulante.
    ( ) c. Passivo Não Circulante.
    ( ) d. Patrimônio Líquido.
    ( ) e. Passivo Circulante.

2. A Cia. de Mineração Pajeú S.A. adquiriu em 19X1 uma mina de carvão pelo valor de $ 70.000. Nessa ocasião, estimou-se uma reserva de 350.000 toneladas desse material.

No início de 19X4, um novo veio de carvão foi descoberto, e sua reserva foi estimada em 75.000 toneladas.

Em 19X1 foram extraídas 40.000 toneladas.
Em 19X2 foram extraídas 57.000 toneladas.
Em 19X3 foram extraídas 78.000 toneladas.
Em 19X4 foram extraídas 80.000 toneladas.

As despesas de exaustão nos exercícios de 19X1 a 19X3 foram, respectivamente:

( ) a. $ 4.000, $ 5.700 e $ 7.800;
( ) b. $ 4.000, $ 9.700 e $ 17.500;
( ) c. $ 8.000, $ 11.400 e $ 15.600;
( ) d. $ 8.000, $ 19.400 e $ 35.000;
( ) e. n.d.a.

3. Com base na questão anterior, a Provisão para Exaustão (Exaustão Acumulada), no encerramento do exercício de 19X4, apresentará o saldo de:

( ) a. $ 19.000;
( ) b. $ 46.200;
( ) c. $ 28.700;
( ) d. $ 30.000;
( ) e. $ 31.500.

4. A depreciação:
( ) a. alcança todos os bens do ativo não circulante imobilizado;
( ) b. é calculada em função da vida útil dos bens do imobilizado sujeitos a desgastes pelo uso;
( ) c. registra, como despesa do exercício da aquisição, os gastos com inversões do ativo não circulante imobilizado;
( ) d. representa um fundo criado pela empresa para possibilitar a aquisição de um bem de reposição;
( ) e. visa apropriar, como custo do período, a parcela de desvalorização de bens do ativo não circulante imobilizado.

5. Numere a coluna da direita de acordo com a coluna da esquerda.
   1. Depreciação   ( ) utilizada na cultura de cana-de-açúcar.
   2. Amortização   ( ) custo de aquisição de floresta própria, quando da sua extração.
   3. Exaustão   ( ) cultura do mamão.
                     ( ) plantações do abacate.

6. Marque "F" se a assertiva for falsa ou "V" se for verdadeira:
   ( ) A taxa de depreciação é fixada pelo Ministério da Agricultura.
   ( ) Em virtude das características próprias de determinadas culturas e regiões, as taxas de depreciação devem ser informadas por laudos agronômicos.
   ( ) Na cultura permanente que exige o corte da árvore para sua colheita, eliminando-a, deve ser utilizado o cálculo de exaustão.
   ( ) A depreciação passa a incidir sobre a cultura de qualquer natureza ou ciclo de produção somente após o período de formação.

7. Marque "V" ou "F" considerando: o método correto para depreciar implementos agrícolas é assim entendido:
   ( ) utilização de taxa anual, procedendo ao rateio sobre todas as culturas beneficiadas com o implemento;
   ( ) em caso de maquinário de uso específico, deve-se apropriar a parcela de depreciação ao seu efetivo uso em determinada cultura;
   ( ) o cálculo de depreciação por horas trabalhadas deve ser utilizado pela sua racionalidade e não pela quantidade de anos de vida útil do bem;
   ( ) as taxas de depreciação devem ser anuais, conforme determina a legislação fiscal em vigor.

8. A reposição de peças, visando aumentar a vida útil do implemento agrícola, deve:
   ( ) a. constar no ativo não circulante imobilizado procedendo à baixa, como perda, da peça substituída;
   ( ) b. ser contabilizada como despesa de manutenção e deduzida do resultado;
   ( ) c. figurar como conta redutora de Depreciações Acumuladas;
   ( ) d. nenhuma das respostas acima.

9. Em se tratando de animais de trabalho e reprodutores, o procedimento normal é:
   ( ) a. calcular a parcela de exaustão em virtude do envelhecimento dos animais;
   ( ) b. utilizar a depreciação porque devem ser comparados a um equipamento que vai perdendo sua potencialidade de vida útil;
   ( ) c. usar o sistema de amortização, considerando o fato da possibilidade de perecimento dos animais;
   ( ) d. efetuar o cálculo de depreciação, amortização e exaustão, considerando a existência de casos específicos, que são beneficiados com os diversos tipos de diminuição de seu valor.

10. Uma plantação de cana-de-açúcar com valor de $ 200.000,00. Estima-se uma produção de 20.000 toneladas e 4 cortes. Qual seria a exaustão se no primeiro ano tiver uma colheita de 8.000 toneladas?
    ( ) a. $ 15.000,00;
    ( ) b. $ 25.000,00;
    ( ) c. $ 18.000,00;
    ( ) d. $ 80.000,00.

11. A depreciação é utilizada pela contabilidade como um meio de reconhecer no resultado de um período contábil o valor relativo ao bem consumido nas suas atividades, conforme o regime de competência. O método de depreciação que consiste na aplicação de taxas constantes durante o tempo de vida útil estimado para o bem é denominado:
    ( ) a. exponencial;
    ( ) b. taxa constante;
    ( ) c. linear;
    ( ) d. anual;
    ( ) e. diagonal.

12. Marque "F" para falso e "V" para verdadeiro nas afirmativas abaixo, sobre: a amortização ocorre:
    ( ) quando tratar-se de pastagens naturais, pois o custo de reposição é nulo;
    ( ) na aquisição de direitos sobre empreendimentos em propriedades de terceiros;
    ( ) se houver, no contrato de exploração de florestas, a cláusula sem prazos definidos para o seu término;

( ) sobre os gastos que contribuem para a formação de resultados para mais de um exercício.

13. Assinale "A" para Amortização, "D" para Depreciação e "E" para Exaustão, em culturas de:
    ( ) cafeeiro;
    ( ) florestas;
    ( ) canavial;
    ( ) pastagens naturais;
    ( ) pastagens artificiais.

14. Assinale a alternativa da direita de acordo com a esquerda.

    I – Amortização   x – Terrenos
    II – Exaustão   t – Reserva florestal
    III – Depreciação   r – Gastos com organização
    IV – Correção monetária s – Máquinas e equipamentos

    A sequência correta é:
    ( ) a. I – r, II – x, III – t, IV – s;
    ( ) b. I – r, II – s, III – t, IV – x;
    ( ) c. I – x, II – t, III – s, IV – r;
    ( ) d. I – x, II – s, III – r, IV – t;
    ( ) e. I – r, II – t, III – s, IV – x.

15. Todas as opções seguintes apresentam dois exemplos de bens que sofrem depreciação, ou amortização, exceto:
    ( ) a. Máquinas e ferramentas rurais;
    ( ) b. Construções e benfeitorias rurais;
    ( ) c. Terras e móveis e utensílios;
    ( ) d. Instalações e equipamentos rurais;
    ( ) e. Veículos e patentes.

16. Um crédito na conta de Depreciação Acumulada provoca:
    ( ) a. Aumento no Ativo;
    ( ) b. Diminuição no Ativo;
    ( ) c. Aumento no Passivo;
    ( ) d. Diminuição no Passivo.

17. Contabilmente, a depreciação deve ser entendida como:
    ( ) a. custo amortizado;
    ( ) b. diferença de valores;
    ( ) c. provisão para compra de outro bem;
    ( ) d. perda da eficiência funcional do bem;
    ( ) e. lançamento para diminuir o Imposto de Renda.

18. Amortização Acumulada é demonstrada no Balanço Patrimonial:
    ( ) a. unicamente no Ativo Permanente Imobilizado;
    ( ) b. unicamente no Ativo Diferido;
    ( ) c. no Patrimônio Líquido;
    ( ) d. no Ativo Permanente Imobilizado e no Ativo Diferido;
    ( ) e. na Demonstração do Resultado do Exercício.

19. A empresa Andradas Agropecuária S.A. possui no Ativo Imobilizado um imóvel adquirido por $ 65.000,00 e Móveis e Utensílios adquiridos por $ 20.000,00. O desgaste desses bens é contabilizado anualmente, calculado pelo método da linha reta.

    No encerramento do exercício, em 31-12-X1, o imóvel completou exatos oito anos de uso e os móveis apenas quatro anos. A vida útil do imóvel (edificação) foi estimada em 25 anos e a dos móveis e utensílios em dez anos. Os saldos não sofreram baixas, reavaliação, nem correção monetária. O custo do terreno equivale a 60% do imóvel.

    Com as informações supra-alinhadas, feitos os cálculos corretos, podemos dizer que no balanço de 31-12-X1 a depreciação acumulada de imóveis e de móveis e utensílios estará com saldo credor de:
    ( ) a. $ 4.600,00;
    ( ) b. $ 14.720,00;
    ( ) c. $ 16.320,00;
    ( ) d. $ 18.400,00;
    ( ) e. $ 28.800,00.

20. A Cia. Minas possui uma máquina própria de sua atividade operacional, adquirida por $ 30.000,00, com vida útil estimada em cinco anos e depreciação baseada na soma dos dígitos dos anos em quotas crescentes.

    A mesma empresa possui também uma mina custeada em $ 60.000,00, com capacidade estimada de 200.000 kg, exaurida com base no ritmo de exploração anual de 25.000 kg de minério.

O usufruto dos dois itens citados teve início na mesma data. As contas jamais sofreram correção monetária.

Analisando tais informações, podemos concluir que, ao fim do terceiro ano, essa empresa terá no Balanço Patrimonial, em relação aos bens referidos, o valor contábil de:

( ) a. $ 34.500,00;
( ) b. $ 40.500,00;
( ) c. $ 49.500,00;
( ) d. $ 55.500,00;
( ) e. $ 57.500,00.

21. A empresa Minério adquiriu uma mina com reservas de 80.000 quilos de ouro por $ 100.000,00. Antes de colocar a mina em produção, realizou pesquisas geológicas que tiveram um custo de $ 20.000,00. Considerando que os estudos previram que a produção anual de ouro será de 10.000 quilos por ano, a empresa prevê que após três anos da entrada de produção da mina terá lançado como conta retificadora do ativo permanente um total acumulado de:

( ) a. amortização de $ 7.500,00;
( ) b. exaustão de $ 17.500,00;
( ) c. amortização de $ 7.500,00;
( ) d. exaustão de $ 45.000,00;
( ) e. depreciação de $ 45.000,00.

22. A empresa Atrativa S.A. vendeu o seu Ativo Imobilizado, à vista, por $ 100.000,00. Dele constavam apenas uma mina de carvão e um trator usado. A mina teve custo original de $ 110.000,00 e o trator fora comprado por $ 35.000,00 há exatos quatro anos.

Quando da aquisição da mina, a capacidade total foi estimada em 40 toneladas de minérios com extração prevista para dez anos. Agora, já passados quatro anos, verificamos que foram extraídas, efetivamente, 20 toneladas.

O trator vendido tem sido depreciado pelo método linear com vida útil prevista em dez anos, com valor residual de 20%.

Considerando que a contabilização estimada da amortização desses ativos tem sido feita normalmente, podemos afirmar que a alienação narrada acima deu origem, em termos líquidos, a ganhos de capital no valor de:

( ) a. $ 10.200,00;
( ) b. $ 21.200,00;

( ) c. $ 20.200,00;
( ) d. $ 13.000,00;
( ) e. $ 24.000,00.

23. A empresa Rural Buritis S.A. tinha apenas uma máquina comprada há oito anos, mas muito eficiente.

No balanço de 31-12-X1, essa máquina constava com saldo devedor de $ 15.000,00, sem considerar a conta de depreciação acumulada, contabilizada com resíduo de 20%.

Pois bem, essa máquina tinha vida útil de dez anos, iniciada em 1º de janeiro, e foi vendida em 30 de junho de 2002, causando uma perda de capital de 30% sobre o preço alcançado na venda.

Faça os cálculos necessários para apurar o valor obtido na referida venda, assinalando-o entre as opções abaixo.

( ) a. $ 2.340,00;
( ) b. $ 3.360,00;
( ) c. $ 3.692,31;
( ) d. $ 3.780,00;
( ) e. $ 4.153,85.

24. Em 31 de agosto de 20X4, no Ativo Imobilizado da firma Sudeste constavam as contas Máquinas e Equipamentos e Depreciação Acumulada de Máquinas e Equipamentos, com saldos, respectivamente, devedor de $ 9.000,00 e credor de $ 3.000,00.

As referidas contas representavam apenas uma máquina, comprada por $ 5.400,00, e um equipamento, comprado por $ 3.600,00, simultaneamente, tempos atrás.

A máquina e o equipamento foram depreciados contabilmente na mesma proporção e não sofreram correção monetária nem baixas durante o período.

Ao fim do dia, o Gerente informa à Diretoria que já havia fixado o preço de venda do equipamento, na forma solicitada. Recebeu, então, a contraordem para oferecer um desconto comercial de 10% sobre o aludido preço, suficiente para não constar na demonstração do resultado nem ganhos nem perdas de capital com a alienação desse equipamento.

A alienação não será tributada e os centavos serão abandonados.

Com base nas informações acima, podemos dizer que o preço de venda fixado para o equipamento foi de:
( ) a. $ 2.310,00;
( ) b. $ 2.333,00;
( ) c. $ 2.640,00;
( ) d. $ 2.667,00;
( ) e. $ 2.772,00.

25. A Empresa Estatística Mineira colocou no primeiro dia do ano X1 uma nova máquina em operação, cujo valor de aquisição representou $ 300.000,00. Considerando que sua vida útil é de cinco anos e que deverá realizar neste período 250.000 operações idênticas, sendo 30.000 em X1, 40.000 em X2, 50.000 em X3, 60.000 em X4 e 70.000 em X5, a despesa de depreciação da máquina pelos métodos Linear, de Soma dos Dígitos dos Anos e de Unidades Produzidas, no ano de X2, será de, respectivamente:
( ) a. $ 60.000,00; $ 20.000,00 e $ 84.000,00;
( ) b. $ 60.000,00; $ 83.000,00 e $ 84.000,00;
( ) c. $ 60.000,00; $ 84.000,00 e $ 20.000,00;
( ) d. $ 84.000,00; $ 84.000,00 e $ 20.000,00;
( ) e. $ 84.000,00; $ 83.000,00 e $ 84.000,00.

26. Determinada empresa adquiriu uma máquina em 2 de janeiro de 20X1, colocando-a em funcionamento na mesma data.

    Sabendo-se que:
    - A taxa de depreciação foi de 20% ao ano.
    - O valor de aquisição da máquina foi de $ 22.000,00.
    - A máquina foi vendida por $ 20.000,00 em 1º de julho de 20X4.

    Pode-se afirmar que o valor residual da máquina em 31-12-20X3 era de:
    ( ) a. $ 8.800,00;
    ( ) b. $ 13.200,00;
    ( ) c. $ 15.400,00;
    ( ) d. $ 22.000,00;
    ( ) e. $ 12.300,00.

27. Uma determinada empresa adquiriu um veículo em 1º de março de 19X7 por $ 72.000,00, sendo estimado o seu valor residual em $ 9.000,00 e a vida útil em cinco anos. O setor de contabilidade efetuou, anualmente, todos os registros contábeis relativos às despesas de depreciação, elaborando o seguinte quadro demonstrativo da depreciação acumulada do citado bem:

Período	Depreciação	Depreciação Acumulada
01-03-19X7 a 31-12-19X7	$ 10.500,00	$ 10.500,00
01-01-19X8 a 31-12-19X8	$ 12.600,00	$ 23.100,00
01-01-19X9 a 31-12-19X9	$ 12.600,00	$ 35.700,00
01-01-20X0 a 31-12-20X0	$ 12.600,00	$ 48.300,00
01-01-20X1 a 31-12-20X1	$ 12.600,00	$ 60.900,00
01-01-20X2 a 28-02-20X2	$ 2.100,00	$ 63.000,00

Se o veículo fosse vendido por $ 60.000,00 em 31-12-20X0, após a depreciação o resultado seria:

( ) a. Uma perda de $ 2.700,00;
( ) b. Uma perda de $ 10.500,00;
( ) c. Um ganho de $ 23.700,00;
( ) d. Um ganho de $ 36.300,00;
( ) e. Um ganho de $ 36.000,00.

28. O desgaste de um pomar em plena operação de extração de seus frutos será demonstrado no Balanço Patrimonial na conta de:

( ) a. Depreciação acumulada;
( ) b. Exaustão acumulada;
( ) c. Amortização acumulada;
( ) d. Provisão para perdas prováveis;
( ) e. Reserva para contingência.

29. Um trator de esteira foi adquirido por R$ 45.000,00 em janeiro de 20X5. Segundo as especificações do fabricante, as horas estimadas de vida útil desse trator são de 9.000 horas. Considerando-se que no ano de 20X5 o trator tenha trabalhado 1.200 horas, a taxa e o valor da depreciação por horas trabalhadas seriam, respectivamente, de:

( ) a. R$ 4,00/hora trabalhada e R$ 4.800,00;
( ) b. R$ 5,00/hora trabalhada e R$ 6.000,00;

( ) c. R$ 6,00/hora trabalhada e R$ 7.200,00;

( ) d. R$ 10,00/hora trabalhada e R$ 12.000,00.

30. A empresa Agropecuária Giro Certo adquiriu, em 31/12/2012, uma máquina por R$ 80.000,00 à vista. A vida útil econômica estimada da máquina na data de aquisição foi de 8 anos e valor residual de R$ 16.000,00.

    Em 30/06/2015, a empresa vendeu esta máquina a prazo por R$ 40.000,00. O resultado obtido com a venda da máquina foi evidenciado na Demonstração de Resultados, como:

    ( ) a. prejuízo não operacional de R$ 12.000,00;

    ( ) b. prejuízo não operacional de R$ 8.000,00;

    ( ) c. prejuízo não operacional de R$ 5.000,00;

    ( ) d. outras despesas operacionais de R$ 12.000,00.

31. Em setembro de 2014, um empresário rural adquiriu um trator A por R$ 20.000,00 para ser utilizado no mesmo mês. Em março de 2011, adquiriu um outro trator B por R$ 40.000,00 a ser utilizado no mesmo mês.

    Ambos os tratores terão duração de uso de dez anos, sendo os seus desgastes físicos contabilizados anualmente.

    Diante disso, os valores das suas respectivas despesas de depreciações, que serão registrados na Demonstração do Resultado do Exercício de 31/12/2015, serão de:

    ( ) a. R$ 2.100,00 da máquina A e R$ 3.666,67 da máquina B;

    ( ) b. R$ 2.000,00 da máquina A e R$ 3.000,00 da máquina B;

    ( ) c. R$ 2.000,00 da máquina A e R$ 3.222,28 da máquina B;

    ( ) d. R$ 2.666,66 da máquina A e R$ 3.333,33 da máquina B.

32. A Depreciação passa a incidir sobre a cultura:

    ( ) a. a partir do plantio das sementes;

    ( ) b. a partir do momento em que ela está totalmente formada, mas ainda fora de produção;

    ( ) c. a partir da primeira floração e/ou primeira safra;

    ( ) d. a partir do momento em que está em formação.

33. A empresa Três Pontas S/A vendeu o seu Ativo Imobilizado, à vista, por R$ 100.000,00. Dele constavam apenas uma mina de carvão e um

trator usado. A mina teve custo original de R$ 110.000,00 e o trator fora comprado por R$ 35.000,00 há exatos quatro anos. Quando da aquisição da mina, a capacidade total foi estimada em 40 toneladas de minérios com extração prevista para dez anos. Agora, já passados quatro anos, verificamos que foram extraídas, efetivamente, 20 toneladas. O trator vendido tem sido depreciado pelo método linear com vida útil prevista em dez anos, com valor residual de 20%.

Considerando que a contabilização estimada da amortização desses ativos tem sido feita normalmente, podemos afirmar que a alienação narrada acima deu origem, em termos líquidos, a ganhos de capital no valor de

a) R$ 10.200,00
b) R$ 21.200,00
c) R$ 20.200,00
d) R$ 13.000,00
e) R$ 24.000,00

34. Como parte de suas operações regulares do dia a dia que envolvem controle de pragas na agricultura, uma Sociedade Empresária reuniu informações suficientes para a construção de uma base de dados.

Os custos relacionados à obtenção dos dados não puderam ser segregados das operações regulares, de forma que fossem identificados.

Ainda que esses dados precisem ser classificados e organizados sistemicamente para formar, de fato, uma base de dados, estima-se com confiabilidade que seu desenvolvimento em modelo estruturado proporcionará benefício econômico futuro da ordem de R$20.000.000,00, já trazidos a valor presente.

Considerando-se apenas as informações apresentadas e de acordo com a **NBC TG 04 (R3) – ATIVO INTANGÍVEL**, acerca dos gastos relacionados à obtenção dos dados elencados é **CORRETO** afirmar que:

a) a base de dados deve ser reconhecida, de imediato, como ativo intangível, pelo valor de R$20.000.000,00, cuja estimativa é confiável.
b) nenhum ativo intangível deve ser reconhecido até esse momento; os gastos anteriores devem ser tratados como despesa.
c) somente poderá ser reconhecido o ativo intangível pela Sociedade Empresária que possui, até então, os dados, caso haja proposta de

aquisição de controle da entidade que se configure como combinação de negócios, ainda que esta não se efetive.

d) um ativo intangível será reconhecido pela Sociedade Empresária que reuniu os dados, se houver mercado ativo para a comercialização da base de dados, com compradores e vendedores dispostos a negociar, e se os preços forem públicos e conhecidos.

Problemas

1. Em 1º-7-19X2 foi adquirido equipamento agrícola por $ 100,00 em substituição a outro considerado obsoleto, sendo que:
   - 20% do valor do equipamento agrícola adquirido foi amortizado com a entrega do equipamento agrícola substituído, como parte do pagamento;
   - à época, o valor de aquisição do equipamento agrícola antigo, como registrado na contabilidade, era de $ 30,00 e a depreciação acumulada alcançava 80% desse valor;
   - ambos os equipamentos agrícolas são depreciados à taxa anual de 10%, e a depreciação é reconhecida nos resultados por ocasião do encerramento do exercício social;
   - não deve ser considerado o efeito de correção monetária.

   No balancete de verificação levantado para efeito de balanço de encerramento do exercício, em 31-12-19X2, como estarão os saldos dessas contas?

2. Determinada Empresa Rural adquiriu uma máquina agrícola em janeiro de 1988, colocando-a em funcionamento no mesmo mês.

   Sabendo-se que:
   - a taxa de depreciação adotada é de 20% ao ano;
   - o valor de aquisição da máquina foi de $ 220.000,00;
   - a depreciação é contabilizada ao final de cada mês;
   - a máquina agrícola foi vendida por $ 200.000,00, em julho de 1991;
   - não foram considerados os efeitos da correção monetária.

   Calcule o valor residual da máquina em 31-12-19X0.

3. Considerando que em um arrendamento de 1.000 hectares de terra ao preço de $ 2.000/ha/ano foram obtidas as seguintes produções em caixas de 30 kg:

	PRODUÇÃO POR HECTARE			
MÊS	ABACATE	LARANJA	ABACAXI	TOTAL
Janeiro	80	200	20	300
Fevereiro	100	250	30	380
Março	120	210	50	380
Abril	150	230	60	440
Maio	80	205		285
Junho	60	215		275
Julho	40			40
Agosto				
Setembro			35	35
Outubro			25	25
Novembro			40	40
Dezembro			50	50
TOTAL	630	1.310	310	2.250

Calcule, pelo método proporcional da produção estimada anualmente, o valor da amortização sabendo-se que a área plantada foi de 200 ha para abacate, 300 ha para abacaxi e 500 ha para laranja.

4. Uma máquina agrícola tem custo de aquisição de $ 100.000,00, valor residual de $ 10.000,00 e vida útil de cinco anos.

Ao final do segundo ano, o saldo da depreciação acumulada, considerando o método linear e o método de soma dos dígitos dos anos, será respectivamente de:
a. $ 36.000,00 e $ 18.000,00;
b. $ 36.000,00 e $ 54.000,00;
c. $ 40.000,00 e $ 18.000,00;
d. $ 40.000,00 e $ 54.000,00.

7

CÁLCULO DO CUSTO DE PRODUÇÃO NA EMPRESA RURAL

7.1 Introdução

Ao empresário de empreendimento agropecuário podem ocorrer em várias oportunidades questões como: *quanto me custa a utilização do maquinário?* Esse tipo de questão pode ocorrer quando se aluga o maquinário para terceiros, ou se quer orçar o custo unitário de uma lavoura ($/ha) para efeito de previsão financeira ou de estudo de viabilidade de uma cultura a ser implantada na propriedade.

Os registros financeiros também devem conter uma das informações mais fundamentais para o adequado gerenciamento da Empresa Rural: os custos operacionais. O que pode ser traduzido por "quanto custa manter a Empresa Rural em operação".

Ainda predomina, nas pequenas e médias Empresas Rurais, a visão errônea de que esse setor não necessita adotar um critério sistemático de custos ou um controle rigoroso dos custos operacionais. Essa displicência é ainda mais comum nas empresas rurais, já que foi difundida a ideia distorcida de que só a empresa industrial deve adotar essa sistemática de controle.

Um único argumento, no entanto, poderia derrubar essa tese e comprovar a importância do controle de custos operacionais na Empresa Rural: o preço final que sua mercadoria vai chegar ao consumidor.

Por quê?

Ora, *grosso modo*, o preço de venda do consumidor é calculado considerando o preço pelo qual o produto agrícola é produzido, o tempo que ele vai demorar para ser vendido e quanto o empresário rural gasta para manter sua propriedade (custo operacional). Sobre esse resultado é acrescido o lucro.

Se o empresário desconhecer seu custo operacional, ele corre o risco de incorrer em um destes dois erros: comercializar seus produtos a preço de venda abaixo do real ou exagerar no preço. Na primeira hipótese, ele compromete seu lucro e, consequentemente, o sucesso de seu negócio. A segunda opção também não traz vantagens, pois com os preços acima da média do mercado, a empresa não poderá enfrentar a concorrência, além dos prejuízos que isso pode causar.

Mas, além do cálculo realista do preço de venda, o controle de custos proporciona outras vantagens às pequenas e médias empresas. Ele permite também ao empresário rural conhecer a rentabilidade de seu negócio e determinar o ponto de equilíbrio de sua empresa. Na análise dos custos operacionais, o empresário rural vai detectar boa parte das causas de sucesso ou insucesso de seu negócio, podendo, através deles, aumentar ainda mais seus lucros ou corrigir problemas que estão provocando prejuízos.

Há vários itens a serem considerados no cálculo do custo operacional de uma Empresa Rural. Eles podem sofrer alguma variação, de acordo com as condições específicas de cada Empresa Rural, mas de um modo geral são os seguintes: despesas de venda, despesas de administração, despesas financeiras e despesas tributárias. Essas despesas também podem ser agrupadas em duas categorias: custos fixos e custos variáveis. Isso tudo sem levar em conta o custo de produção.

7.2 Sistemas de gerenciamento de custos e desempenho

As mudanças ocorridas nos negócios, desencadeadas pela competição global e pelas inovações tecnológicas, provocam inovações impressionantes quanto à utilização de informações financeiras e não financeiras pelas empresas. O novo ambiente demanda informações mais relevantes relacionadas a custos e desempenho de atividades. As principais empresas estão utilizando sistemas de custeio aperfeiçoados para:

- projetar produtos e serviços que correspondam às expectativas dos consumidores e possam ser produzidos e oferecidos com lucro;
- sinalizar onde é necessário realizar aprimoramentos contínuos e descontínuos (reengenharia) em qualidade, eficiência e rapidez;

- auxiliar os funcionários ligados à produção nas atividades de aprendizado e aprimoramento contínuo;
- orientar o *mix* de produtos e decidir sobre investimentos;
- escolher fornecedores;
- negociar preços, características dos produtos, qualidade, entrega e serviço com clientes;
- estruturar processos eficientes e eficazes de distribuição e serviços para os mercados e o público-alvo.

No entanto, muitas empresas rurais não estão obtendo essas vantagens competitivas por meio dos sistemas de custeio aprimorados. Isso se deve a falhas na administração, com administradores não preparados para uma era tecnológica complexa, com competição globalizada, em que a rapidez, a qualidade e o desempenho são essenciais para o sucesso da empresa. Esses administradores não dispõem ainda de informações apropriadas e específicas que orientem e/ou influenciem suas decisões estratégicas sobre processos, produtos, serviços e clientes.

Verificamos, portanto, que o administrador é "peça" fundamental em qualquer empresa rural, e dele, ou seja, de seu conhecimento, depende o sucesso de sua empresa. Outro ponto importante a ser ressaltado é o fato de esse administrador estar sempre em sintonia com o mundo em relação à tecnologia, pesquisas, satisfação dos clientes, enfim, a todos esses pontos que, somente com seu pleno conhecimento, podem ser aliados do administrador.

O fluxo de caixa é a demonstração contábil-financeira que representa o resultado das movimentações provenientes de ingressos e desembolsos de moeda corrente, em determinado período de tempo. A Contabilidade de Custos proporciona à empresa, principalmente, vantagens competitivas. Os dados que a Contabilidade de Custos fornece à tomada de decisões administrativas são úteis para o administrador avaliar as consequências de medidas como a capacidade de produção, determinação do preço de venda e origem de insumos.

7.3 Conceitos e classificação de custos

Para efeito de cálculo, os custos são subdivididos em duas categorias:

a. *Custos variáveis:* assim chamados pelo fato de que seus valores dependem da intensidade da utilização do maquinário.

Exemplos: combustível, lubrificantes, manutenção e consertos.

- a.1. *Custo variável total:* o custo variável total, ou CVT, é o custo de recursos com duração igual ou menor que o ciclo de produção. Em outras palavras, são recursos aplicados e/ou consumidos a curto prazo, incorporando-se totalmente ao produto. Resultam da soma dos gastos com insumos (sementes, defensivos, fertilizantes e medicamentos), serviços em geral prestados por mão de obra braçal, técnica e administrativa, serviços de máquinas e equipamentos, conservação dos bens empresariais e juros.

Dividindo pela quantidade, o custo variável total dá o custo variável médio (CVMe), que representa o custo variável de uma unidade produzida.

b. *Custos fixos:* assim chamados pelo fato de que ocorrem independentemente do uso ou não do maquinário.

Exemplos: depreciação, juros calculados, seguros e eventuais taxas fixas.

- b.1. *Custo fixo total:* também conhecido pela sigla CFT, o chamado custo fixo total é o custo dos recursos com duração superior ao ciclo de produção, ou seja, não se incorpora totalmente ao produto no curto prazo, fazendo-se em tantos ciclos quantos permitir sua vida útil. É o resultado da soma dos custos de terra, benfeitorias, máquinas e equipamentos, lavouras permanentes, animais produtivos e de trabalho, impostos e taxas fixas.

Quando se divide o custo fixo total pela quantidade produzida, obtém-se o custo fixo médio (CFMe), que representa o custo fixo de uma unidade do produto.

Alguns recursos de produção, geralmente os fixos, são utilizados em mais de uma atividade. A esses recursos são atribuídos custos indiretos, proporcionalmente à sua utilização pelas atividades. Isto é, são rateados e distribuídos entre as atividades proporcionalmente ao tempo de utilização, à área ocupada pela atividade dentro da propriedade ou mesmo às receitas obtidas em cada exploração.

Outros recursos são específicos e exclusivos, e seus custos são diretamente relacionados à atividade que os utilizou, ou seja, os custos de tais recursos são atribuídos integralmente àquela atividade.

a. *Custos monetários:* são aqueles que resultam num desembolso.

Exemplos: combustível, manutenção.

b. *Custos calculados:* não implicam nenhum desembolso.

Exemplo: depreciação.

> b.1. *Custo alternativo ou de oportunidade:* é o valor que o capital empregado em uma atividade renderia se fosse utilizado na melhor alternativa de emprego. Nos dias atuais, acompanham-se com grande expectativa os resultados das aplicações financeiras em poupança, CDB, ações etc., e muitos empresários lamentam não contar com capital disponível para aproveitar a oportunidade de também fazer parte desse mercado financeiro. No entanto, se alguns não dispõem de dinheiro em mãos é porque optaram por adquirir recursos produtivos que viessem, de alguma forma, incrementar suas produções. É necessário, então, que a atividade produtiva recompense o dono desses recursos por essa oportunidade perdida, permitindo-lhe um retorno sobre esses investimentos. Ou seja: a opção de investir na empresa em detrimento de ganhos no mercado financeiro precisa ser recompensada pela atividade produtiva. A esse possível retorno ao investimento feito dá-se o nome de custo de oportunidade, que cada atividade deverá cobrir pela utilização dos recursos.

7.4 Custo total, custo total médio e lucro

a. *Custo total,* ou *CT,* é a soma de todos os custos com recursos de produção para determinada atividade produzir um bem ou serviço. É fornecido pela soma do custo fixo total com o custo variável total e seus respectivos custos de oportunidade.

b. *Custo total médio.* Também conhecido como custo unitário, ou simplesmente pela sigla CTMe, o custo total médio é o relativo a uma unidade produzida, isto é, o custo de 1 kg, 1 saca, 1 litro etc. do produto. É dado pela relação entre o custo e a quantidade produzida:

$$CTMe = \frac{CT}{Q}$$

c. *Lucro.* É a diferença positiva entre as receitas e os custos de cada atividade. Quando essa diferença for negativa, caracteriza-se prejuízo.

7.5 Custo do Produto Agrícola colhido proveniente de Ativo Biológico

Segundo o Pronunciamento Técnico CPC 29 – Ativo Biológico e Produto Agrícola, os estoques que compreendam o produto agrícola que a entidade tenha colhido, proveniente dos seus ativos biológicos, devem ser mensurados no reconhecimento inicial pelo seu valor justo deduzido dos gastos estimados no ponto de venda no momento da colheita. Esse é o custo dos estoques naquela data para aplicação deste Pronunciamento.

Os produtos agrícolas são as *commodities*, que a Lei nº 6.404/76 chama de "mercadorias fungíveis", ou seja, soja, suco de laranja, café etc.

Examinar-se-á a avaliação de mais um tipo de estoque, conforme a Lei nº 6.404/76:

> Art. 183, § 4º Os estoques de mercadorias fungíveis destinadas à venda poderão ser avaliados pelo valor de mercado, quando esse for o costume mercantil aceito pela técnica contábil.

As *commodities* possuem cotação na bolsa de mercadoria. Portanto, normalmente ficam registradas na contabilidade rural pela cotação da bolsa.

Se uma empresa possui um estoque de, digamos, cem toneladas de soja, ela conseguirá vender esse estoque pela cotação atual da soja na bolsa de mercadorias.

Repare que isso tira a necessidade de negociação. E esta é a diferença entre as mercadorias fungíveis e as outras mercadorias.

Exemplo: Uma determinada empresa pode usar aço, borracha, tinta e outras matérias-primas que custaram $ 10.000 e construir um carro que será vendido por $ 20.000.

Depois de construído, o carro continua avaliado na contabilidade ao preço de custo de $ 10.000.

E porque não podemos avaliar o carro em estoque pelo seu preço de venda, no caso, de $ 20.000? Afinal, a empresa já finalizou o esforço de fabricação do produto.

Mas falta uma parte essencial, que é a validação do mercado. Se a empresa conseguir vender o carro por $ 20.000, irá reconhecer uma receita de venda e um lucro, pois o mercado aceitou esse preço.

Se ninguém, no entanto, quiser comprar o carro por $ 20.000, será necessário negociar e eventualmente diminuir o preço.

Assim, por prudência, o carro, apesar de já construído, fica registrado pelo custo, até que o mercado aceite o preço estabelecido pela empresa.

Com as *commodities*, não há necessidade de negociação. O preço já está estabelecido pela cotação em bolsa.

A Lei nº 6.404/76 diz: Os estoques de mercadorias fungíveis destinadas à venda poderão ser avaliados pelo **valor de mercado**, quando esse for o costume mercantil aceito pela técnica contábil.

Afinal, qual é o correto? O "valor de mercado" da Lei nº 6.404/76 ou o "valor justo deduzido dos custos estimados" do CPC?

Quando a Lei nº 6.404/76 foi elaborada, nos idos de 1976, a denominação usada era "valor de mercado". Com o tempo, os conceitos evoluíram. Atualmente é chamado de "valor justo" conforme o CPC elaborado em 2008. Nesse caso, pode-se considerar sinônimo.

7.6 Exemplo de cálculo de custo de preparação do solo

Considere um produtor rural que possui um trator de 75 CV. Os parâmetros necessários para o cálculo são:

1. *Parâmetros gerais*

    a. Custo horário do tratorista: expresso em $/hora e deve incluir todos os benefícios e encargos .... $ 55,00 hora.
    b. Custo horário do mecânico (idem ao item *a*).
    c. Valor do combustível: expresso em $/litro ....$ 18,00/litro.
    d. Valor dos lubrificantes: usa-se, em princípio, um fator expresso em percentual do custo do combustível, estimado em 15%.

        Este é o gasto com lubrificantes, sendo igual em média a 15% do gasto com óleo diesel.

    e. Taxa real de juros: os juros calculados representam a indenização do capital investido. Pelo fato de o valor do equipamento ser progressivamente reduzido pela depreciação, os juros anuais diminuem na mesma proporção. Para simplificar os cálculos, são baseados num valor médio de investimento igual a 50% do valor de compra. O cálculo dos juros é, então, igual a:

$$\text{Juros Calculados} = \frac{0{,}5 \times \text{valor de aquisição} \times \text{taxa real de juros}}{100}$$

Para o exemplo, considerar uma taxa real de 12% a.a.

2. *Fatores técnicos*

   a. Consumo de combustível: varia dependendo do tipo de serviço. Os serviços pesados, tal como a aração, exigem mais do trator e, consequentemente, aumentam o consumo de combustível. Já o transporte é uma tarefa mais leve. O consumo pode ser analisado com os controles de consumo ou com os dados fornecidos pelos fabricantes. Para efeito de cálculo, admitir-se-á que o consumo horário seja de 8,0 l/h.

   b. Vida útil do equipamento: representa o número total de horas de duração do equipamento. Este valor dependerá muito da manutenção e do operador. Para efeito de cálculo, será usada a quantidade de 7.500 horas.

   c. Uso anual: representa o número estimado de horas que o equipamento vai ser utilizado durante o ano corrente, no exemplo, 750 horas.

   d. Fator de Reparo: este fator serve para calcular as despesas com reparos. Depende da fragilidade dos materiais e do tipo de uso. Os equipamentos que necessitam de poucos reparos têm fator que varia entre 0,5 e 1,0; e aqueles que necessitam de bastante reparo, entre 1,0 e 1,5.

   e. Manutenção: por manutenção, entende-se o tempo dispensado ao trabalho necessário para assegurar o funcionamento normal do maquinário (limpeza, engraxamento, troca de óleo). Está estimada em hora/homem por hora de trabalho de equipamento. No exemplo, estima-se que, para cada dez horas de funcionamento do trator, uma hora está sendo gasta pelo mecânico ou tratorista com manutenção.

3. *Parâmetros econômicos*

   a. Valor de aquisição: expressa o valor novo do equipamento, no exemplo, $ 2.500.000,00.

   b. Depreciação: como todo ativo, o equipamento é sujeito à depreciação, que é calculada da seguinte forma.

$$\text{Depreciação} = \frac{\text{Valor de aquisição}}{\text{Vida útil}}$$

Supõe-se que, depois de dez anos, o trator esteja totalmente depreciado.

Após estas considerações, o empresário rural tem condições de efetuar o cálculo do custo por hora de utilização do trator, sendo:

CUSTOS FIXOS

Depreciação	$\dfrac{\$\ 2.500.000,00}{10\ \text{anos}}$	= $ 250.000,00/ano
Juros	$\dfrac{0,6 \times \$\ 2.500.000,00 \times 12}{100}$	= $ 150.000,00/ano
Custos fixos anuais	....	= $ 400.000,00/ano
Total (por hora)	$\dfrac{\$\ 400.000,00/\text{ano}}{750\ \text{horas/ano}}$	= $ 533,33/hora

CUSTOS VARIÁVEIS

Reparos	$\dfrac{\$\ 2.500.000,00 \times 1,5}{7.500\ \text{horas}}$	= $ 500,00/hora
Manutenção	$\dfrac{1}{10} \times \$\ 55,00/\text{hora}$	= $ 5,50/hora
Custo do combustível	8 litros/hora × $ 18,00/litro	= $ 144,00/hora
Custo do lubrificante	$\dfrac{=\ \$\ 144,00 \times 15}{100}$	= $ 21,60/hora
Mão de obra do tratorista		= $ 55,00/hora
Total (por hora)		= $ 726,10/hora

CUSTOS FIXOS E VARIÁVEIS

Total (por hora)	$ 533,33 + $ 726,10	= $ 1.259,43/hora

O empresário rural sabe agora que cada hora de uso de seu trator custa-lhe R$ 1.259,43. Sem dúvida, terá agora maior cuidado na utilização desse equipamento. Caso deseje alugar seu trator para o vizinho, tem que computar um fator de lucro que pode variar entre 10 a 30%, dependendo do relacionamento entre os dois produtores.

7.7 Custo do produto agrícola colhido proveniente de ativo biológico

Segundo o Pronunciamento Técnico CPC 29 – Ativo Biológico e Produto Agrícola, os estoques que compreendam o produto agrícola que a entidade tenha colhido, proveniente dos seus ativos biológicos, devem ser mensurados no reconhecimento inicial pelo seu valor justo deduzido dos gastos estimados no ponto de venda no momento da colheita. Esse é o custo dos estoques naquela data para aplicação deste Pronunciamento.

Os produtos agrícolas são as *commodities*, que a Lei nº 6.404/76 chama de "mercadorias fungíveis", ou seja, soja, suco de laranja, café etc.

Examinar-se-á a avaliação de mais um tipo de estoque, conforme a Lei nº 6404/76:

> Art. 183, § 4º Os estoques de mercadorias fungíveis destinadas à venda poderão ser avaliados pelo valor de mercado, quando esse for o costume mercantil aceito pela técnica contábil.

As *commodities* possuem cotação na bolsa de mercadoria. Portanto, normalmente ficam registradas na Contabilidade Rural pela cotação da bolsa.

Se uma empresa possui um estoque de, digamos, cem toneladas de soja, ela conseguirá vender esse estoque pela cotação atual da soja na bolsa de mercadorias.

Repare que isso tira a necessidade de negociação. E esta é a diferença entre as mercadorias fungíveis e as outras mercadorias.

Exemplo: Uma determinada empresa pode usar aço, borracha, tinta e outras matérias-primas que custaram $ 10.000 e construir um carro que será vendido por $ 20.000.

Depois de construído, o carro continua avaliado na contabilidade ao preço de custo de $ 10.000.

E por que não podemos avaliar o carro em estoque pelo seu preço de venda, no caso, de $ 20.000? Afinal, a empresa já finalizou o esforço de fabricação do produto.

Porém, falta uma parte essencial, que é a validação do mercado. Se a empresa conseguir vender o carro por $ 20.000, irá reconhecer uma receita de venda e um lucro, pois o mercado aceitou esse preço.

Mas se ninguém quiser comprar o carro por $ 20.000, será necessário negociar e eventualmente diminuir o preço.

Assim, por prudência, o carro, apesar de já construído, fica registrado pelo custo, até que o mercado aceite o preço estabelecido pela empresa.

Com as *commodities*, não há necessidade de negociação. O preço já está estabelecido pela cotação em bolsa.

A Lei nº 6404/76 diz:

> Os estoques de mercadorias fungíveis destinadas à venda poderão ser avaliados pelo valor de mercado, quando esse for o costume mercantil aceito pela técnica contábil.

Afinal, qual é o correto? O "valor de mercado" da Lei nº 6.404/76 ou o "valor justo deduzido dos custos estimados" do CPC?

Quando a Lei nº 6.404/76 foi elaborada, nos idos de 1976, a denominação usada era "valor de mercado". Com o tempo, os conceitos evoluíram. Atualmente, é chamado de "valor justo", conforme o CPC elaborado em 2008. Nesse caso, pode-se considerar como sinônimo.

7.8 Avaliação: custo × benefícios

O controle das atividades agrícolas em empreendimentos rurais, fundamentais para a correta avaliação deles e posterior tomada de decisão (vale a pena plantar? Qual é a melhor alternativa: milho ou soja?), deve integrar-se ao cotidiano do produtor.

Um dos controles que obrigatoriamente devem ser feitos é a relação custo × benefício da atividade, que representa a relação entre o valor monetário dos fatores necessários para a atividade e o valor monetário do produto gerado por esta.

Para que o produtor rural possa estimar qual será o resultado econômico na próxima safra, apresenta-se, na planilha abaixo, um modelo de cálculo dessa relação custo × benefício da produção de 1 ha de milho.

A planilha é composta e dividida em:

- *Despesas:* insumos, serviços, diversos.
- *Receitas:* provenientes de três cenários diferentes de produtividade – previsão pessimista, previsão média e previsão otimista.
- *Resultado Operacional:* Receitas – Despesas.

Este cálculo pode ser feito para culturas ou criações, bastando para isso utilizar o modelo proposto.

Despesas

Estão incluídos:

Insumos: a elaboração deste subitem deve ser antecedida de sua pesquisa de mercado para a coleta dos preços de todos os insumos a serem utilizados na atividade planejada.

A quantidade de insumos está associada a diversos fatores:

1. culturas ou criações;
2. região de produção;
3. análise do solo;
4. características gerais do empreendimento.

Após a definição da aquisição dos insumos, os valores reais de compra serão transferidos para a planilha.

Serviços: o item serviços refere-se a todas as atividades a serem executadas durante o período produtivo.

A planilha inclui o custo de hora-máquina, que pode ser calculado como apresentado anteriormente, para o cálculo do custo de preparo do solo.

A quantificação dos serviços a serem executados deve ser observada na prática da propriedade, para que sejam os mais precisos e reais possíveis, o que exige do produtor um controle de todas as operações efetuadas nas atividades produtivas.

Diversos: neste item, encaixam-se todos os outros fatores de produção que não estejam inscritos nos anteriores, por exemplo, assistência técnica, seguros, custos de capital empregado etc.

Receitas

Após o cálculo de custeio, pode-se determinar o grau de risco de êxito econômico, projetando o quanto pode gerar a atividade. Sempre que possível, devem-se analisar os números, simulando diversas previsões (pessimista, conservadora e otimista), em que as variáveis principais, neste caso, são produtividade e preço.

Produtividade

Um índice conservador de produtividade a ser utilizado pode ser obtido na região, adotando-se os valores médios já alcançados pela propriedade e pelos produtores nos últimos anos.

A produtividade otimista e a pessimista são maiores e menores, respectivamente, daquela escolhida como conservadora ou média.

Preço ou Valor da Receita

A metodologia para se obter um valor a ser lançado na planilha neste item é a mesma da produtividade, ou seja, média dos valores obtidos pelos produtores nos últimos anos para uma previsão conservadora.

No exemplo, utilizou-se produtividade média esperada para as regiões Sul e Sudeste e preço real do milho recebido pelos produtores de São Paulo nos últimos 12 meses.

Ao analisar a planilha depois de pronta, o produtor tem informações de que para obter resultados positivos deve produzir mais de 58 sacas de 60 kg por ha, considerando o nível de tecnologia adotado (tipo de semente, quantidade de adubo etc.).

7.9 Ponto de equilíbrio

A planilha de custos operacionais, ou "quadro de classificação de custos", tem uma função específica dentro da Contabilidade e do gerenciamento de uma Empresa Rural. Sabendo como identificar e classificar suas despesas, o empresário terá instrumentos para detectar o ponto de equilíbrio da sua Empresa Rural. Mas o que vem a ser isso?

O ponto de equilíbrio é aquele momento em que a Empresa Rural atinge um volume de vendas que lhe permite cobrir seus custos operacionais. Sem lucro nem prejuízo. Este momento também é conhecido por outros nomes, como: ponto de nivelamento, ponto nulo, ponto de empate, ponto de ruptura ou ponto crítico.

E qual é a importância desse momento para o gerenciamento de uma Empresa Rural?

Ele vai indicar até aonde você precisa ir, quanto sua Empresa Rural precisa vender para não ter prejuízo e a partir de que momento de seu trabalho você começa a ganhar.

Mas o ponto de equilíbrio não representa exatamente a soma total da planilha de custos. Exatamente porque há custos e despesas que são fixas e outras que só surgem no ato da venda, que, por sua vez, também gera lucros.

A demonstração do ponto de equilíbrio é feita através de dois métodos:

- fórmula matemática;
- representação gráfica.

Você necessitará dos dados precisos sobre os custos fixos e variáveis de sua Empresa Rural.

Pegue o seu "quadro de classificação de custos" – o qual deve estar atualizado. Retire dali duas informações:

1. os valores dos custos fixos;
2. os valores dos custos variáveis.

Verifique também qual é seu volume médio de vendas, tomando por base, por exemplo, os últimos seis meses. Não se esqueça de atualizar monetariamente os valores antes de calcular a média. Caso contrário, você não chegará a uma conclusão correta porque partirá da premissa errada.

QUADRO DE CLASSIFICAÇÃO DOS CUSTOS

DISCRIMINAÇÃO	CUSTOS FIXOS	CUSTOS VARIÁVEIS
Custo de produção Custo dos produtos vendidos Fretes Seguros		6.000,00 120,00 60,00
CUSTO PARCIAL		6.180,00
DESPESAS DE VENDAS Ordenados de vendedores Encargos sociais sobre ordenados Comissões sobre vendas Propaganda e Publicidade Encargos sociais sobre comissão PIS sobre faturamento Despesas com ICMS COFINS	200,00 120,00 200,00	 300,00 180,00 70,00 650,00 500,00
CUSTO PARCIAL	520,00	1.700,00
DESPESAS DE ADMINISTRAÇÃO Pró-labore Honorários Salários da administração	400,00 100,00 130,00	

Encargos sociais do pessoal administrativo Aluguel Luz, Água e Telefone Material de consumo Correspondências	80,00 300,00 65,00 120,00 20,00	
CUSTO PARCIAL	1.215,00	
DESPESAS FINANCEIRAS Despesas bancárias* Juros pagos	240,00 15,00	
CUSTO PARCIAL	255,00	
DESPESAS TRIBUTÁRIAS Impostos Municipais Imposto de Renda	10,00	120,00
CUSTO PARCIAL	10,00	120,00
TOTAL DOS CUSTOS FIXOS	2.000,00	
TOTAL DOS CUSTOS VARIÁVEIS		8.000,00
CUSTO TOTAL	10.000,00	

* Essas despesas tanto podem ser consideradas custos fixos como custos variáveis. No caso de serviços bancários, dependem da natureza da operação, e, no caso das contas, elas podem variar de valor de acordo com a necessidade da empresa ou de orientação do empresário rural.

7.9.1 Fórmula matemática

Vamos tratar essas informações por siglas:

PE = Ponto de Equilíbrio

CF = Custos Fixos

CV = Custos Variáveis

V = Volume de Vendas

Nossa equação também vai usar o número 1, que é a unidade monetária, ou $ 1,00. A fórmula de cálculo do ponto de equilíbrio é a seguinte:

$$PE = \frac{CF}{1 - \frac{CV}{V}}$$

Conhecida a fórmula, vamos substituir as siglas pelos valores do quadro de classificação de custos que apresentamos anteriormente, imaginando que o volume de venda média da Empresa Rural seja de $ 12.000,00. Naquele exemplo, os custos fixos eram de $ 2.000,00, e os custos variáveis, de $ 8.000,00.

Então teremos a seguinte equação:

$$PE = \frac{2.000,00}{1 - \frac{8.000,00}{12.000,00}}$$

$$PE = \frac{2.000,00}{1 - 0,66}$$

$$PE = \frac{2.000,00}{0,34}$$

$$PE = 5.882,35$$

O ponto de equilíbrio da Empresa Rural em questão, portanto, é atingido quando ela vende aproximadamente $ 5.882,35. Com um volume de venda médio de $ 12.000,00, ela pode se considerar uma empresa bastante lucrativa.

7.9.2 Ponto de equilíbrio contábil, econômico e financeiro

A diferença fundamental entre os três pontos de equilíbrio são os custos e despesas fixas a serem considerados.

7.9.2.1 Ponto de equilíbrio contábil (PEC)

O **Ponto de Equilíbrio Contábil (PEC)** é obtido quando há volume (monetário ou físico) suficiente para cobrir todos os custos e despesas fixas, ou seja, o ponto em que não há lucro ou prejuízo contábil. É o ponto de igualdade entre a Receita Total e o Custo Total.

Exemplo:

CDV = $ 2,50/unidade

CDFT = $ 2.000,00/mês

PV = $ 5,00/unidade

$$PEC = \frac{CDFT}{MC}$$

$$PEC = \frac{\$\,2.000,00}{\$\,5,00 - \$\,2,50} = 800 \text{ unidades/mês}$$

Comprovação:

DRE

Vendas (800 un. × $ 5,00/un.)	=	$ 4.000,00
(–) CDV (800 un. × $ 2,50/un.)	=	$ 2.000,00
MC	=	$ 2.000,00
(–) CDFT	=	$ 2.000,00
Lucro Operacional	=	0

7.9.2.2 Ponto de equilíbrio econômico (PEE)

O **Ponto de Equilíbrio Econômico (PEE)** ocorre quando existe lucro na empresa e esta busca comparar e demonstrar o lucro da empresa em relação à taxa de atratividade que o mercado financeiro oferece ao capital investido.

Mostra a rentabilidade real que a atividade escolhida traz, confrontando-a com outras opções de investimento.

Exemplo:

CDV = $ 2,50/unidade

CDFT = $ 2.000,00/mês

PV = $ 5,00/unidade

Patrimônio Líquido = $ 25.000,00

Taxa de atratividade = 2% a.m.

$$PEE = \frac{CDFT + \text{Custo de Oportunidade}}{MCu}$$

$$PEE = \frac{\$\ 2.000,00 + \$\ 500,00}{\$\ 2,50}$$

PEE = 1.000 unidades/mês

Comprovação:

DRE

Vendas (1.000 un. × $ 5,00/un.)	=	$ 5.000,00
(–) CDV (1.000 un. × $ 2,50/un.)	=	$ 2.500,00
MC	=	$ 2.500,00
(–) CDFT	=	$ 2.000,00
(–) Custo do Capital		$ 500,00
Lucro Operacional	=	0

Interpretação: A empresa rural, para cobrir o retorno que o mercado daria ao capital investido, necessita vender 800 unidades/mês para estar no PEC mais 200 unidades para chegar ao PEE, ou seja, 1.000 unidades/mês.

7.9.2.3 Ponto de equilíbrio financeiro (PEF)

O **Ponto de Equilíbrio Financeiro (PEF)** é representado pelo volume de vendas necessárias para que a empresa possa cumprir com seus compromissos financeiros.

Nem todos os custos de produção representam desembolsos. Dessa forma, os resultados contábeis e econômicos não são iguais aos financeiros.

Informa o quanto a empresa terá de vender para não ficar sem dinheiro e, consequentemente, ter de fazer empréstimos, prejudicando ainda mais os lucros.

Exemplo:

CDV = $ 2,50/un.

CDFT = $ 2.000,00 un./mês

PV = $ 5,00/un.

Depreciação = 20% dos CDFT.

$$PEF = \frac{CDFT - \text{Despesas não Desembolsáveis}}{MCu}$$

$$PEF = \frac{\$\,2.000,00 - (\$\,2.000,00 \times 0,20)}{\$\,2,50}$$

PEF = 640 un./mês

Comprovação:

DRE

Vendas (640 un. × $ 5,00/un.)	=	$ 3.200,00
(–) CDV (640 un. × $ 2,50/un.)	=	$ 1.600,00
MC	=	$ 1.600,00
(–) CDF (Desembolsáveis)	=	$ 1.600,00
(–) CDF (Não Desembolsáveis)		$ 400,00
Prejuízo Operacional	=	($ 400,00)

Interpretação: Mesmo operando com prejuízo, ou seja, abaixo do Ponto de Equilíbrio Contábil, a empresa pode apresentar condições de liquidar suas obrigações financeiras.

Exemplo:

Uma empresa produz um produto com preço de venda de $ 8, por unidade. Os custos variáveis são de $ 6, por unidade, e os custos fixos totalizam $ 4.000, por ano, dos quais $ 800 são relativos à depreciação. O patrimônio líquido da empresa rural é de $ 10.000, e sua taxa mínima de atratividade é de 10% ao ano. Calcule os Pontos de Equilíbrio: (a) Contábil, (b) Econômico e (c) Financeiro.

a) CONTÁBIL

A margem de contribuição unitária é de $ 2, por unidade ($ 8 – $ 6), e os custos de oportunidade são de $ 1.000, por ano ($ 10.000 × 0,10).

O ponto de equilíbrio contábil da empresa são 2.000 unidades ($ 4.000/$ 2).

b) ECONÔMICO

A margem de contribuição unitária é de $ 2, por unidade ($ 8 – $ 6), e os custos de oportunidade são de $ 1.000, por ano ($ 10.000 × 0,10).

O ponto de equilíbrio econômico da empresa são 2.500 unidades ($ 4.000 + $ 1.000)/$ 2).

c) FINANCEIRO

A margem de contribuição unitária é de $ 2, por unidade ($ 8 – $ 6), e os custos de oportunidade são de $ 1.000, por ano ($ 10.000 × 0,10).

O ponto de equilíbrio financeiro da empresa são 1.600 unidades ($ 4.000 – $ 800)/$ 2).

7.9.2.4 Diferenças entre os métodos de cálculo de ponto de equilíbrio

Contábil – são levados em conta todos os custos e despesas relacionados com o funcionamento da empresa.

Econômico – são também incluídos nos custos e despesas fixos todos os custos de oportunidade referentes ao capital próprio.

Financeiro – os custos considerados são apenas os custos desembolsados que realmente oneram financeiramente a empresa.

Objetivos dos Pontos de Equilíbrio

Fornecer importantes subsídios para um bom gerenciamento da empresa.

> Financeiro – informa o quanto a empresa terá de vender para não ficar sem dinheiro e, consequentemente, ter de fazer empréstimos, prejudicando ainda mais os lucros. Se a empresa estiver operando abaixo do ponto de equilíbrio financeiro, ela poderá até cogitar uma parada temporária nas atividades.
>
> Econômico – mostra a rentabilidade real que a atividade escolhida traz, confrontando-a com outras opções de investimento.

7.9.2.5 Limitações ao uso do ponto de equilíbrio

A aplicação do Ponto de Equilíbrio de um único produto é facilmente entendida e simplificada. A limitação ocorre justamente quando existem vários produtos, pelo fato de que cada um possui custos e despesas variáveis diferenciados, tornando assim impossível o cálculo do Ponto de Equilíbrio num âmbito global.

Exemplo com Produtos com Margem de Contribuição iguais: Calcular o Ponto de Equilíbrio dos seguintes dados, supondo que os custos e despesas fixos mensais são de $ 30.000,00:

Produtos	Preço unitário	Custos + Despesas variáveis unitárias	Margens de contribuição unitárias
A	$ 800,00	$ 400,00	$ 400,00
B	$ 1.200,00	$ 800,00	$ 400,00

$$PE = \frac{\text{Custos + Despesas Fixos}}{\text{Margem de Contribuição Unitária}}$$

$$PE = \frac{\$ 30.000,00}{\$ 400,00} = 75 \text{ unidades}$$

Essa quantidade corresponde a 75 margens de contribuição de $ 400,00, o que equivale a 75 unidades de produtos A ou B, quaisquer que sejam as quantidades de cada um.

Exemplo com Produtos com Margens de Contribuição diferentes: Calcular o Ponto de Equilíbrio dos seguintes dados, supondo que os custos e despesas fixos mensais são de $ 45.300,00.

Produtos	Quantidade vendida em unidades	Preço unitário $	Custos + Despesas variáveis unitários	Margem de contribuição unitária
A	50	655,00	495,00	160,00
B	30	800,00	550,00	250,00
C	120	1.100,00	600,00	500,00

Solução:

1. *Mix* de produtos
Participação nas vendas ou análise vertical da quantidade vendida.

Produtos	Quantidade	Análise vertical %
A	50	25
B	30	15
C	120	60
Total	200	100

7.10 Considerações finais

Uma análise aproximada sobre as características da utilização da contabilidade de custos aplicada ao setor agropecuário dentro da tomada de decisão em empresas rurais irá identificar sua fundamental participação para o sucesso dessas empresas rurais. As informações contábeis gerenciais abrangem diversos aspectos sobre questões relacionadas à definição do preço de venda, à identificação das margens de contribuição das diversas atividades econômicas, ao controle do comportamento dos diversos elementos componentes dos custos, bem como à análise sobre a substituição de ativos.

Na tomada de decisão, as informações sobre custos devem ser utilizadas como parâmetro, mas a falta de precisão em sua apuração e controle irá comprometer a qualidade das decisões tomadas.

A apuração dos custos, devido às suas peculiaridades, geralmente ocorre de maneira descentralizada, o que dificulta o acompanhamento preciso de sua execução e exige confiabilidade e qualificação mínima por parte do responsável pelos registros.

Outro aspecto relevante se refere à confecção de relatórios periódicos sobre o comportamento dos custos das diversas atividades rurais. Essa prática proporcionará análises temporais sobre sua evolução, possibilitará avaliações fundamentadas e mudanças eventuais, se for necessário.

O controle dos custos parciais de cada atividade agropecuária poderá orientar o gestor dessas empresas rurais da seguinte maneira:

- mostra os gastos dos diferentes empreendimentos;
- possibilita calcular os rendimentos das diversas culturas e criações;
- permite a determinação do volume do negócio;
- indica as melhores épocas para a venda e aquisição de produtos;
- permite o cálculo dos custos da produção; e
- permite o cálculo das medidas de resultado econômico.

É imprescindível que as empresas rurais implantem uma organização contábil definida, facilitando o acompanhamento das alterações patrimoniais ocorridas. Isso somente ocorrerá quando os gestores dessas empresas compreenderem a importância da contabilidade de custos para seu desenvolvimento.

A aplicação de uma contabilidade simplificada para as empresas rurais permitirá o acompanhamento e registro dos valores de sua propriedade e de todas as operações realizadas no exercício fiscal, possibilitando a descoberta das causas para a obtenção de lucros ou prejuízos.

Múltipla escolha

1. Classificar os lançamentos abaixo em investimento, custo, despesa, perda e desembolso.
    (   ) a. Débito – Estoque de insumos (compra)
            Crédito – Fornecedores
    (   ) b. Débito – Fornecedores
            Crédito – Bancos
    (   ) c. Débito – Custo de colheita em andamento – mão de obra
            Crédito – Salários a pagar
    (   ) d. Débito – Custos dos produtos vendidos – produtos agrícolas
            Crédito – Estoque de produtos agrícolas

(   ) e. Débito – Perda de produtos agrícolas
Crédito – Estoque de produtos agrícolas

2. Uma empresa agropecuária, durante um certo ano agrícola, engordou 400 novilhos ao custo total de engorda de $ 570.000,00. Contudo, 20 novilhos morreram e/ou desapareceram e foram considerados como perda do ano agrícola. O custo unitário, considerando que todos os novilhos tenham o mesmo peso, será:

(   ) a. $ 1.000,00
(   ) b. $ 1.500,00
(   ) c. $ 1.200,00
(   ) d. $ 1.300,00

3. O insumo adquirido em X1, consumido em X2, pago em X3 é considerado como custo em:

(   ) a. X1
(   ) b. X2
(   ) c. X3
(   ) d. X4

4. Relacione a segunda coluna de acordo com a primeira:

(1) Bem ou serviço consumido com o objetivo de obter receita   (   ) Custo

(2) Gasto ativado   (   ) Desembolso

(3) Pagamento referente à aquisição de insumos agrícolas   (   ) Despesa

(4) Bens ou serviços empregados na produção de café   (   ) Investimento

A sequência **CORRETA** é:
(   ) a. 3, 4, 2, 1.
(   ) b. 4, 3, 1, 2.
(   ) c. 4, 1, 2, 3.
(   ) d. 2, 3, 1, 4

5. A matéria-prima utilizada na produção, a depreciação do prédio onde funciona a área de produção da fábrica e as comissões dos vendedores são classificados, respectivamente, como:
   ( ) a. custos fixos, custos variáveis e custos variáveis.
   ( ) b. custos fixos, custos variáveis e despesas variáveis.
   ( ) c. custos variáveis, custos fixos e custos variáveis.
   ( ) d. custos variáveis, custos fixos e despesas variáveis.

6. Analise os eventos seguintes, em relação à terminologia aplicável a custos:

   Investimento (I), Custo (C), Despesa (D) e Perda (P).
   - Utilização de material de expediente na área de vendas da empresa.
   - Aquisição de matéria-prima.
   - Remuneração do supervisor de produção.
   - Material utilizado em lote de produção destruído de forma acidental e imprevisível.
   - Depreciação das instalações da fábrica.

   Assinale a alternativa que apresenta a sequência **correta** dos conceitos, de cima para baixo.
   ( ) a. I, I, C, P, I
   ( ) b. C, I, C, C, D
   ( ) c. D, C, C, P, D
   ( ) d. D, I, C, P, C

7. Em relação à apuração dos custos por produto, considerando-se uma determinada capacidade instalada, classifique os custos a seguir como fixos ou variáveis e, em seguida, assinale a opção **CORRETA**.
   I. Custo com material de embalagem componente do produto.
   II. Custo com depreciação das máquinas, apurada pelo Método Linear.
   III. Custo com salário e encargos do supervisor da produção, a quem estão subordinadas as equipes responsáveis pela fabricação de três tipos de produto, todos produzidos no período.

   A sequência CORRETA é:
   ( ) a. Fixo, Fixo, Variável.
   ( ) b. Fixo, Variável, Variável.
   ( ) c. Variável, Fixo, Fixo.

( ) d. Variável, Variável, Fixo.

8. Um gasto referente a bens ou serviços empregados nas culturas é considerado:
   ( ) a. desembolso;
   ( ) b. despesa;
   ( ) c. custo;
   ( ) d. perda.

9. Um bem ou serviço consumido de forma anormal e involuntária é definido como:
   ( ) a. perda;
   ( ) b. investimento;
   ( ) c. despesa;
   ( ) d. custo.

10. Um bem ou serviço consumido com o objetivo de obter receitas é definido como:
    ( ) a. desembolso;
    ( ) b. despesa;
    ( ) c. custo;
    ( ) d. investimento.

11. Gastos ativados são considerados:
    ( ) a. desembolso;
    ( ) b. despesa;
    ( ) c. custo;
    ( ) d. investimento.

12. O pagamento referente à aquisição de um bem ou serviço é:
    ( ) a. desembolso;
    ( ) b. gasto;
    ( ) c. despesa;
    ( ) d. custo.

13. Todo sacrifício que uma Empresa Rural faz para a obtenção de um produto agrícola é:
    ( ) a. despesa;

( ) b. custo;
( ) c. gasto;
( ) d. desembolso.

14. Indique a alternativa que contém apenas custos de produção:
    ( ) a. mão de obra direta, custos indiretos de produção e despesas de distribuição;
    ( ) b. depreciação de máquinas agrícolas, mão de obra direta e consumo de insumos diretos;
    ( ) c. mão de obra direta, despesas com impostos, consumo de insumos diretos;
    ( ) d. estoques de insumos diretos, mão de obra direta e custos indiretos de produção.

15. Na Contabilidade, o custo dos produtos vendidos deve apresentar sempre no final do período:
    ( ) a. saldo devedor;
    ( ) b. depende da Empresa Rural;
    ( ) c. saldo credor;
    ( ) d. saldo devedor ou saldo credor.

16. A depreciação das máquinas e equipamentos agrícolas é considerada:
    ( ) a. despesas financeiras;
    ( ) b. insumos diretos;
    ( ) c. despesas administrativas;
    ( ) d. custos indiretos de produção.

Uma Empresa Rural apresenta os seguintes dados referentes a um ano agrícola:

Estoques	Iniciais em R$	Finais em R$
Insumos	380.000,00	340.000,00
Colheita em andamento	270.000,00	230.000,00
Produtos agrícolas	340.000,00	320.000,00

Outros dados:

Mão de obra direta   R$ 500.000,00

Gastos indiretos de produção   R$ 415.000,00

Vendas   R$ 1.900.000,00

Com base nos dados apresentados, resolva as questões de números 17 a 20.

17. O custo dos produtos vendidos é de:
    (   ) a. R$ 1.314.000,00
    (   ) b. R$ 1.214.000,00
    (   ) c. R$ 1.420.000,00
    (   ) d. R$ 1.320.000,00

18. O custo dos produtos agrícolas foi de:
    (   ) a. R$ 1.304.000,00
    (   ) b. R$ 1.334.000,00
    (   ) c. R$ 1.314.000,00
    (   ) d. R$ 1.294.000,00

19. O custo de produção é de:
    (   ) a. R$ 1.364.000,00
    (   ) b. R$ 1.314.000,00
    (   ) c. R$ 1.254.000,00
    (   ) d. R$ 1.264.000,00

20. As compras de insumos no período foram de:
    (   ) a. R$ 339.000,00
    (   ) b. R$ 249.000,00
    (   ) c. R$ 280.000,00
    (   ) d. R$ 340.000,00

21. A Maçã Verde Produtos Agrícolas Ltda. está estudando os custos de distribuição de seus produtos. Existem três possibilidades para o transporte das maçãs produzidas desde a fazenda até o armazém de distribuição da empresa localizado na cidade de Natal. A tabela a seguir mostra os custos dos diferentes tipos de transporte, o número de dias para a entrega por tipo de transporte e o custo de manutenção do estoque em trânsito por dia (principalmente refrigeração).

Tipo de Transporte	Aéreo	Marítimo	Rodoviário
Custo de frete por tonelada	$ 100,00	$ 20,00	$ 50,00
Tempo de entrega	3 dias	40 dias	20 dias
Custo da manutenção de estoque em trânsito, por tonelada, por dia	$ 10,00	$ 2,50	$ 3,00

Colocando-se em ordem crescente de custos totais os diversos tipos de transporte, tem-se:

( ) a. rodoviário, marítimo e aéreo;
( ) b. rodoviário, aéreo e marítimo;
( ) c. aéreo, marítimo e rodoviário;
( ) d. marítimo, rodoviário e aéreo;
( ) e. marítimo, aéreo e rodoviário.

22. Uma empresa agropecuária está produzindo um novo produto e projeta os custos fixos unitários em $ 100,00 e os custos variáveis unitários em $ 150,00. Deseja uma margem de lucro de 20% sobre o preço de venda. As despesas variáveis unitárias correspondem a 10% e o somatório dos tributos incidentes 23% sobre o preço de venda. Sabendo-se que é utilizado o custeio por absorção, o preço de venda com o qual se deve trabalhar com base nos custos e na margem de lucro objetivada será de:

( ) a. $ 229,50;
( ) b. $ 382,50;
( ) c. $ 471,69;
( ) d. $ 531,91;
( ) e. $ 283,46.

23. Uma empresa rural produz três produtos: produto A, produto B e produto C, com os seguintes preços, custos diretos e consumo de insumos unitários:

Produto	Preço	Custos Diretos	Insumos consumidos
A	$ 300,00	$ 150,00	5 kg
B	$ 270,00	$ 170,00	4 kg
C	$ 200,00	$ 110,00	2 kg

O mesmo insumo é utilizado na produção dos três produtos. Numa situação de restrição de quantidade de insumo, para que a empresa tenha o maior lucro possível, os produtos que deverão ter suas produções e vendas priorizadas são:

( ) a. os produtos B e C, que consomem uma menor quantidade de matéria-prima;
( ) b. os produtos A e B, que têm o maior preço de venda;
( ) c. os produtos A e B, que apresentam maior margem de contribuição unitária devido ao seu montante de custos;
( ) d. os produtos A e C, que proporcionam a maior margem de contribuição por kg de matéria-prima;
( ) e. os produtos A e C, que proporcionam a menor margem de preço.

Exercícios

1. Calcular o custo de produção anual de leite de determinada propriedade considerando os seguintes dados referentes a toda propriedade:

a. Distribuição Imobiliária

TERRA			HA	VALOR – $
Pasto:	Cerrado		50	2.500.000,00
	Campo		30	1.350.000,00
	Gordura		50	4.000.000,00
	Jaraguá		15	1.200.000,00
	Outros		10	500.000,00
Capineiras:	Napier		5	300.000,00
Lavouras:	Café		25	3.300.000,00
	Arroz		6	500.000,00
	Feijão		5	450.000,00
	Milho (p/ silagem)		5	600.000,00
Matas:	Naturais		3	200.000,00
Áreas inaproveitáveis			2	50.000,00

Preço do aluguel da terra – $ 15,00/ha/mês.
Incra (ITR) – $ 1.500,00/ano/pecuária.

b. Benfeitorias para gado de leite

TIPOS	VALOR – $
Curral	25.000,00
Estábulo	80.000,00
Silo – trincheira	5.000,00
Cochos cobertos	3.000,00
Tronco	2.500,00
Cercas	25.000,00
Outras	10.000,00
TOTAL	150.500,00

c. Equipamentos e ferramentas para o gado de leite

TIPOS	VALOR – $
Pulverizador	1.000,00
Picadeira	6.000,00
Triturador	4.500,00
Seringa	25,00
Carrinho	30,00
Outros	15,00
TOTAL	11.570,00

d. Despesas com capineira – (vida útil de cinco anos)

Despesas de implantação (limpeza, aração, gradeação, plantio e insumos)	25.000,00
Despesas de manutenção anual (adubos e corretivos)..................	10.000,00
TOTAL	35.000,00

e. Pastagem para ensilagem

Despesas anuais	VALOR – $
Despesas com culturas de milho	10.000,00
Corte e transporte	3.500,00
Ensilagem	2.000,00
TOTAL	15.500,00

f. Despesas com alimentos e medicamentos

PRODUTOS	VALOR – $
Ração	1.100,00
Sal	150,00
Medicamentos	400,00
Vacinas	400,00
Outros	300,00
TOTAL	2.350,00

g. Despesas gerais com o gado de leite

TIPO	VALOR – $
Luz elétrica	300,00
Conservação de benfeitorias	500,00
Conservação de equipamentos	300,00
Transporte	500,00
TOTAL	1.600,00

h. Mão de obra para o gado de leite R$ 300,00

i. Rebanho

CLASSE	NÚMERO	VALOR – $
Touros (1)	02	10.000,00
Vacas (2)	100	2.400.000,00

(1) Vida útil – quatro anos – Valor Residual – $ 2.000,00/touro
(2) Vida útil – dez anos – Valor Residual – $ 2.000,00/vaca

j. Remuneração do empresário (pecuária leiteira)

Salário de $ 2.000,00/mês

k. Produção de leite

Média de 1.200 litros diários

Preço líquido do leite – $ 0,80/litro

Observação: O proprietário informou que a vida útil média de equipamentos e ferramentas é de dez anos e a de benfeitorias é de vinte anos.

A receita média obtida com venda de bezerros, estercos e vacas é de $ 25.000,00.

Pede-se: Calcular   CFT   – Custo Fixo Total
   CVT   – Custo Variável Total
   CT   – Custo Total
   CFMe – Custo Fixo Médio
   CVMe – Custo Variável Médio
   CTMe – Custo Total Médio

2. Dados de uma fazenda hipotética:
a. Distribuição fundiária

TIPO	ÁREA	VALOR/HA	VALOR TOTAL
Culturas anuais	10	80.000,00	
Pastagem	65	60.000,00	
Terra nua – café	25	200.000,00	
Lavoura		100.000,00	
TOTAL	100		

Observação: A depreciação da lavoura é feita considerando uma vida útil média de 20 anos.

Valor de aluguel da terra: $ 450,00/ha/mês

b. Benfeitorias

TIPO	VALOR ATUAL	% DE UTILIZAÇÃO NO CAFÉ	VALOR DA % DE UTILIZAÇÃO
Casa sede	460.000,00	25	
Casas de colonos	350.000,00	90	
Depósito	550.000,00	50	
Terreiros	340.000,00	100	
Tulha	90.000,00	100	
TOTAL	1.790.000,00	–	

c. Máquinas e equipamentos

TIPO	VALOR ATUAL	% DE UTILIZAÇÃO NO CAFÉ	VALOR DA % DE UTILIZAÇÃO
Trator Agrale com Implementos	750.000,00	80	
Pulverizador 300 l.	80.000,00	100	
Máquina de beneficiar	200.000,00	100	
Despolpador	90.000,00	100	
TOTAL	1.120.000,00	–	

d. Operações

TIPO	UNIDADE	QUANTIDADE	PREÇO	VALOR – $
Capina mecânica	trator/hora	50	500,00	
Capina manual	h/d	100	200,00	
Adubação química	h/d	150	200,00	
Distribuição corretivos	trator/hora	25	500,00	
Controle fitossanitário	trator/hora	12	500,00	
Conservação do solo	trator/hora	15	500,00	
Colheita	h/d	500	200,00	
Secagem e armazenamento	h/d	250	200,00	
Administração	mês	12	15.000,00	
Salário proprietário	mês	12	20.000,00	
TOTAL	–		–	

Preço da hora/trator inclui somente o custo do tratorista e combustível.

e. Insumos

TIPO	UNIDADE	QUANTIDADE	PREÇO	VALOR – $
Corretivos	t	37	1.900,00	
Adubos químicos	t	30	40.000,00	
Micronutrientes	kg	750	120,00	
Inseticidas	litro	75	335,00	
Fungicidas	kg	375	220,00	
Sacaria	un.	750	120,00	
TOTAL	–	–	–	

f. Dados complementares
– Imposto – INCRA(ITR) – $ 9.800,00
– Taxas – FUNRURAL – 2% do valor da saca beneficiada
– Preço $ 4.000,00/saca

g. Outras informações
– Lavoura com seis anos de idade
– Produtividade média de 18 sacas beneficiadas/ha.

Pede-se: Calcular CFT – Custo Fixo Total
CVT – Custo Variável Total
CT – Custo Total
CFMe – Custo Fixo Médio
CVMe – Custo Variável Médio
CTMe – Custo Total Médio

8

PLANEJAMENTO CONTÁBIL NA EMPRESA RURAL

8.1 Introdução

A Contabilidade Rural é a Contabilidade Geral aplicada a atividades agrícolas. Utiliza a capacidade do solo através dos meios apropriados que permitem obter os produtos da natureza com maior abundância e mais economia. As demonstrações contábeis das entidades devem ser elaboradas de acordo com a NBC T 3 – Conceito, Conteúdo, Estrutura e Nomenclatura das Demonstrações Contábeis. Devem ser complementadas por notas explicativas elaboradas com obediência à NBC T 6 – Da Divulgação das Demonstrações Contábeis e a respectiva Interpretação Técnica, devendo conter, ainda, as seguintes informações:

a) as principais atividades operacionais desenvolvidas;

b) os investimentos em culturas permanentes e seus efeitos futuros;

c) a composição dos tipos de empréstimos, financiamentos, montante a vencer a longo prazo, taxas, garantias e principais cláusulas contratuais restritivas, inclusive os de arrendamento mercantil;

d) contingências existentes, com especificação de sua natureza, estimativa de valores e situação quanto ao seu possível desfecho;

e) os efeitos no resultado decorrentes de arrendamentos e parcerias, quando relevantes;

f) os efeitos entre os valores históricos dos estoques de produtos agrícolas e o de mercado quando este for conhecido;

g) eventos subsequentes; e

h) a composição dos estoques quando esta não constar do balanço patrimonial.

Seu objetivo é estudar, registrar e controlar a gestão econômica do patrimônio das empresas que se dedicam a esses fins; portanto, reserva-lhe particularidades específicas que lhe são inerentes.

As contas podem ser de dois tipos: patrimoniais e de resultado.

As patrimoniais são as que representam os bens, direitos, obrigações e o patrimônio líquido da empresa. Por exemplo, conta caixa, conta bancos movimento, conta capital social e conta estoques de produtos agrícolas.

As contas de resultado são as receitas e despesas. Elas não estão no balanço patrimonial e servem para saber se a empresa apresentou lucro ou prejuízo. Aparecem na demonstração do resultado do exercício. Por exemplo, receita de vendas, custo das mercadorias vendidas, ICMS sobre vendas, despesas operacionais.

O plano de contas, com todas as suas contas sintéticas e analíticas, deve conter, no mínimo, 4 (quatro) níveis e é parte integrante da escrituração contábil da entidade, devendo seguir a estrutura patrimonial prevista nos arts. 177 a 182 da Lei nº 6.404/76.

No momento do planejamento das contas, não há que se utilizar uma estrutura de Plano de Contas totalmente estranha ao que já se conhece, porque, na verdade, o que muda são as contas dos grupos que apresentam essas particularidades.

Evidentemente, nelas devem estar toda atenção, no sentido de facilitar sua leitura, a identificação de todas as operações econômicas específicas da atividade que possibilita a identificação de todos os custos agregados e para cada grupo do Ativo Circulante – Estoques e Ativo Não Circulante – Imobilizado.

Em termos de classificação contábil, as culturas permanentes são incluídas no Ativo Não Circulante – Imobilizado. São imputados também ao Imobilizado os gastos com o solo, com a formação da cultura, despesas diferidas, despesas do exercício e correção monetária.

Dentro desse pensamento os grupos e os subgrupos de contas serão aplicados, especificamente, aos itens "Receita" e "Custos de Produção", na Demonstração de Resultados do Exercício.

8.2 Aspectos relevantes para a elaboração do plano de contas

Cada empresa utiliza um conjunto de determinadas contas em função de seu ramo de atividade e porte. Esse conjunto recebe o nome de Plano de Contas. Nele, são apresentados as contas, título e descrição de cada uma, bem como os regulamentos e convenções que regem o uso do plano e de suas contas integrantes do sistema contábil da entidade, tendo como finalidade servir de guia para o registro e demonstração dos fatos contábeis. É o elo de comunicação da entidade com os diversos usuários da informação contábil com os administradores, os investidores, os agentes financeiros, os clientes e fornecedores, o fisco etc.

Os fatos contábeis devem ser classificados dentro de um sistema metódico e organizado para que a contabilização deles seja feita de uma maneira uniforme. Assim, é necessário que se tenha em qualquer empresa um *PLANO DE CONTAS* razoável, que constitui princípio elementar de organização de qualquer sistema contábil eficiente.

A inexistência de um Plano de Contas dá margem a improvisações que podem produzir inconvenientes sérios.

Um eficiente Plano de Contas contém os seguintes elementos básicos:

a. elenco das contas;
b. função atribuída a cada conta;
c. funcionamento (quando deve ser debitada e quando deve ser creditada).

Ao se elaborar um Plano de Contas, é necessário estudar a natureza da entidade a que ele vai pertencer, colhendo-se os seguintes dados:

a. forma jurídica da entidade;
b. ramo de atividade;
c. sistema de operações;

d. volume dos negócios;
e. exigências de ordem legal.

De posse desses elementos ou de outros considerados necessários, em cada caso, torna-se possível a confecção do plano.

A contabilidade rural tem em sua essência, basicamente, duas funções:

- **função administrativa**: como função administrativa, a contabilidade ajude no controle do patrimônio. A saber, por exemplo, quanto temos de mercadoria em estoque, quanto temos de pagar de tributos, qual o valor que temos a pagar de salários, qual o montante que temos em caixa, no banco.
- **função econômica**: a função econômica da contabilidade está atrelada à apuração do lucro ou prejuízo do exercício. Tal apuração é feita em uma demonstração específica, chamada demonstração do resultado do exercício, por meio do cotejo entre as receitas e despesas. Quando as receitas suplantam as despesas, temos lucro. Caso contrário, prejuízo.

O Balanço Patrimonial da empresa rural é a relação de seus ativos, passivos e patrimônio líquido em uma data específica. Apresenta-se nessa demonstração a posição patrimonial e financeira da entidade. Os elementos diretamente relacionados com a mensuração da posição patrimonial e financeira são ativos, passivos e patrimônio líquido. Estes são definidos como segue:

- *Ativo* – Segundo a NBC TG Estrutura Conceitual para a Elaboração e Apresentação das Demonstrações Contábeis, para que um recurso controlado por uma entidade atenda ao conceito de Ativo, é característica essencial a expectativa de geração de benefícios econômicos futuros para a entidade. Ativo é um recurso controlado pela entidade como resultado de eventos passados e do qual se espera que resultem futuros benefícios econômicos para a entidade, conforme o CPC 00.
A empresa rural deve reconhecer um ativo no balanço patrimonial quando for provável que benefícios econômicos futuros dele provenientes fluirão para a entidade e seu custo ou valor puder ser determinado em bases confiáveis. Um ativo não é reconhecido no balanço patrimonial quando desembolsos tiverem sido incorridos ou

comprometidos, dos quais seja improvável a geração de benefícios econômicos para a entidade após o período contábil corrente. Ao contrário, essa transação é reconhecida como despesa na demonstração do resultado e na demonstração do resultado abrangente.

De acordo com os critérios de avaliação dos ativos no Balanço Patrimonial, preconizados pela lei societária, alguns elementos do ativo devem ser avaliados pelo seu justo valor. Nesse caso, os elementos do ativo que devem ser avaliados pelo seu justo valor são as aplicações em direitos destinados à negociação.

O ativo é o benefício econômico futuro incorporado a um ativo e o seu potencial em contribuir, direta ou indiretamente, para o fluxo de caixa ou equivalentes de caixa para a entidade.

Tal potencial pode ser produtivo, quando o recurso for parte integrante das atividades operacionais da entidade. Pode também ter a forma de conversibilidade em caixa ou equivalentes de caixa ou pode ainda ser capaz de reduzir as saídas de caixa, como no caso de processo industrial alternativo que reduza os custos de produção.

A empresa rural geralmente emprega os seus ativos na produção de bens ou na prestação de serviços capazes de satisfazer os desejos e as necessidades dos consumidores. Tendo em vista o CPC 00 (R1) que esses bens ou serviços podem satisfazer esses desejos ou necessidades, os consumidores se predispõem a pagar por eles e a contribuir assim para o fluxo de caixa da entidade. O caixa por si só rende serviços para a entidade, visto que exerce um comando sobre os demais recursos. Nenhum ativo pode estar registrado na contabilidade por um valor superior ao seu futuro benefício econômico.

- **Passivo** – Art. 184. No balanço, os elementos do passivo serão avaliados de acordo com os seguintes critérios:

    I – as obrigações, encargos e riscos, conhecidos ou calculáveis, inclusive Imposto sobre a Renda a pagar com base no resultado do exercício, serão computados pelo valor atualizado até a data do balanço;

    II – as obrigações em moeda estrangeira, com cláusula de paridade cambial, serão convertidas em moeda nacional à taxa de câmbio em vigor na data do balanço;

    III – as obrigações, os encargos e os riscos classificados no passivo não circulante serão ajustados ao seu valor presente, sendo os demais ajustados quando houver efeito relevante.

É uma obrigação presente da entidade, derivada de eventos já ocorridos, cuja liquidação se espera que resulte em saída de recursos capazes de gerar benefícios econômicos, segundo o CPC 00. Uma característica essencial para a existência de passivo é que a entidade tenha uma obrigação presente da entidade, derivada de eventos passados, expectativa de saída de benefícios econômicos. Uma obrigação é um dever ou responsabilidade de agir ou de desempenhar uma dada tarefa de certa maneira. As obrigações podem ser legalmente exigíveis em consequência de contrato ou de exigências estatutárias. Esse é normalmente o caso, por exemplo, das contas a pagar por bens e serviços recebidos. Entretanto, obrigações surgem também de práticas usuais do negócio, de usos e costumes e do desejo de manter boas relações comerciais ou agir de maneira equitativa. Desse modo, se, por exemplo, a entidade que decida, por questão de política mercadológica ou de imagem, retificar defeitos em seus produtos, mesmo quando tais defeitos tenham se tornado conhecidos depois da expiração do período da garantia, as importâncias que espera gastar com os produtos já vendidos constituem passivos.

Resultam de transações ou outros eventos passados. Assim, por exemplo, a aquisição de bens e o uso de serviços dão origem a contas a pagar (a não ser que pagos adiantadamente ou na entrega) e o recebimento de empréstimo bancário resulta na obrigação de honrá-lo no vencimento. A entidade também pode ter a necessidade de reconhecer como passivo os futuros abatimentos baseados no volume das compras anuais dos clientes. Nesse caso, a venda de bens no passado é a transação que dá origem ao passivo. O passivo compreende as obrigações e o capital líquido.

Patrimônio Líquido é o valor residual dos ativos da entidade depois de deduzidos todos os seus passivos, conforme CPC 00.

Alguns itens que correspondem à definição de ativo ou passivo podem não ser reconhecidos como ativos ou passivos no balanço patrimonial porque não satisfazem todos os critérios necessários para seu reconhecimento. Em especial, o reconhecimento da expectativa de que benefícios econômicos futuros fluam para a entidade. Nessa hipótese, o "benefício futuro" deve ser suficientemente certo para corresponder aos critérios de probabilidade antes que um ativo ou um passivo seja reconhecido.

A atribuição de valor monetário a itens do ativo e do passivo decorrentes de julgamento fundamentado em consenso entre as partes e que traduza, com razoabilidade, a evidenciação dos atos e dos fatos administrativos refere-se à avaliação patrimonial.

Ativo	Passivo
Aplicação de recursos Natureza devedora Aumenta por débito Diminui por crédito	Origem de recursos Natureza credora Aumenta por crédito Diminui por débito
	Patrimônio Líquido
	Origem de recursos Natureza credora Aumenta por crédito Diminui por débito

Bases de mensuração de ativos e passivos

Bases de Mensuração		
	Ativo	**Passivo**
Custo Histórico	Valor na data da aquisição.	Valor recebido ou valor para liquidar no curso normal das operações.
Custo Corrente	Valor para adquirir na data do balanço.	Valor para liquidar na data do balanço.
Valor Realizável	Valor obtido pela venda de forma ordenada.	Valor para liquidar no curso normal das operações.
Valor Presente	Valor presente do fluxo de entradas esperado no curso normal.	Valor presente do fluxo de saídas para liquidar no curso normal.
Valor Justo	É o valor pelo qual um ativo pode ser trocado, ou um passivo liquidado, entre partes conhecedoras, dispostas a isso, em uma transação sem favorecimentos.	

8.2.1 Elenco de contas

Também conhecido como a estrutura do plano de contas, o elenco de contas consiste na relação ordenada de todas as contas utilizadas para o registro dos fatos contábeis de uma entidade rural.

Na definição da estrutura do plano de contas, podemos adotar as diretrizes estabelecidas, legislação empresarial e fiscal, que se têm revelado bastante úteis também para fins gerenciais.

Apresentamos, a seguir, a estrutura básica do plano de contas, com algumas contas dispostas, segundo a legislação.

Plano de contas para uma empresa rural

	Ativo
	Circulante
	Disponível
1.1.11.000000-4	Bens Numerários
01.1.1.11.000001-2	Caixa
01.1.1.11.000002-0	Caixa Gerência
1.1.12.000000-2	Bancos c/ Movimento
1.1.13.000000-0	Disponibilidades Vinculadas
01.1.1.13.000001-8	*Open Market*
01.1.1.13.000002-6	Caderneta de Poupança
1.1.14.000000-8	Empréstimos
01.1.1.14.000001-6	Adiantamentos
01.1.1.14.000002-4	Adiantamentos a Fornecedor
01.1.1.14.000003-2	Adiantamento de Férias
01.1.1.14.000004-0	Adiantamento para Viagem
01.1.1.14.000005-7	Adiantamento para 13º Salário
1.1.15.000000-5	Aplicações Financeiras
01.1.1.15.000000-5	CDB – Banco A
01.1.1.15.000001-3	CDB – Banco B
1.1.16.000000-3	Bens Numerários
01.1.1.16.000001-1	Numerários em Trânsito
1.1.17.000000-1	Depósito para Investimento Financeiro da Fazenda Desejada
01.1.1.17.000001-9	Fazenda entre Ribeiros S.A.
01.1.1.17.000002-7	Fazenda Olhos d'água S.A.
	Realizável
1.1.21.000000-3	Contas a receber
01.1.21.000033-4	Estevão Joaquim Dias
01.1.21.000089-6	Fundição Sertaneja S.A.
1.1.22.000000-1	Depósitos e Cauções
01.1.1.22.000001-9	Reclamações Trabalhistas
01.1.1.22.000002-7	Depósito Judicial
1.1.23.000000-9	Clientes

01.1.1.23.000075-1	Frigorífico Contagem
1.1.24.000000-7	Armazém-estoque
01.1.1.24.000001-5	Armazém
01.1.1.24.000002-3	Armazém-fornecimento
01.1.1.24.000003-1	Carvão
01.1.1.24.000004-9	Almoxarifado
0.1.1.25.000000-4	Rebanhos
01.1.1.25.000001-2	Bovinos
01.1.1.25.000002-0	Equinos
01.1.1.25.000003-8	Suínos
01.1.1.25.000004-6	Caprinos
01.1.1.25.000001-1	Bezerro
01.1.1.25.100003-7	Novilho
01.1.1.25.100005-2	Bezerra
01.1.1.25.100007-8	Novilha
1.1.26.000000-2	Transitório
01.1.1.26.000001-0	Provisão para Crédito de Liquidação Duvidosa
1.1.27.000000-0	Impostos a Recuperar
01.1.1.27.000001-8	Imp. Circul. Mercadorias – ICMS
01.1.1.27.000002-6	IRRF sobre Aplicação Financeira
1.1.28.000000-8	Valores a restituir
01.1.1.28.000001-6	IRRF sobre Aluguéis
1.1.29.000000-6	Despesas Antecipadas
01.1.1.29.000001-4	Seguros de Veículos
01.1.1.29.000002-2	Seguros contra Incêndio
01.1.1.29.000003-0	Manutenção e Reparos de Máquinas
1.1.41.000000-1	Estoque Ativos Biológicos – Produtos Agrícolas
01.1.1.41.000001-9	Milho
01.1.1.41.000002-7	Sorgo
01.1.1.41.000003-5	Soja
01.1.1.41.000004-3	Arroz
	Ativo
	Não Circulante
	Realizável a Longo Prazo
1.2.11.000000.2	Partes Beneficiárias
01.1.2.11.000001-0	Fazenda Desejada S.A.
01.1.2.11.000002-8	Fazenda Entre Ribeiros S.A.

01.1.2.11.000003-6	Fazenda Olhos d'água S.A.
1.2.13.000000-8	Valores a Recuperar
01.1.2.13.000001-6	Depósitos Judiciais
1.2.14.000000-6	Debêntures
01.1.2.14.000001-4	Não Conversíveis em Ações S-A
01.1.2.14.000002-2	Não Conversíveis em Ações S-B
01.1.2.14.000003-0	Não Conversíveis em Ações S-C
1.2.16.000000-1	Crédito Controladas/Coligadas
01.1.2.16.000001-9	Serpar Ltda.
01.1.2.16.000002-7	Imperatriz S.A.
01.1.2.16.000003-5	Douro S.A.
01.1.2.16.000004-3	Sogesta S.A.
01.1.2.16.000005-0	Contr. Mútuo Sogesta S.A.
1.2.18.000000-7	Provisão Créditos de Liquidação Duvidosa
01.1.2.18.000001-5	Provisão para Crédito de Liquidação Duvidosa
1.2.21.000000-1	Direitos Realizáveis
01.1.2.21.000001-9	Compra Debêntures S-C Soeicon
01.1.2.21.000002-7	Remuneração Debêntures
	Permanente
	Investimentos
1.3.11.000000-0	Participações Societárias
01.1.3.11.000001-8	Coop. Agrop. Vale do Paracatu
01.1.3.11.000002-6	Serpar S.A.
1.3.12.000000-	
01.1.3.12.000001-6	Fazenda Desejada S.A.
01.1.3.12.000002-4	Fazenda Entre Ribeiros S.A.
01.1.3.12.000003-2	Fazenda Olhos d'água S.A.
	Imobilizado
01.1.3.21.000000-	
01.1.3.21.000001-7	Pastagens Naturais
01.1.3.21.000002-5	Pastagens de Formação
01.1.3.21.000003-3	Desmate
01.1.3.21.000004-1	Terras Fazenda Desejada
01.1.3.21.000005-8	Pastagens Fazenda Desejada
01.1.3.21.000005-8	Fazenda Desejada – Bens. e Melhor.
01.1.3.21.000006-5	Fazenda E. Ribeiros Porto Rocinha
1.3.22.000000-7	Benfeitorias e Melhorias

01.1.3.22.000001-5	Conservação e Preparação Solo
01.1.3.22.000002-3	Edifícios e Construções
01.1.3.22.000003-1	Instalações
01.1.3.22.000004-9	Oficinas
01.1.3.22.000005-6	Campo de Pouso
01.1.3.22.000006-4	Cercas
01.1.3.22.000007-2	Silos
01.1.3.22.000008-0	Bebedouros
01.1.3.22.000009-8	Hangar
01.1.3.22.000010-6	Poços e Conjuntos de Irrigação
01.1.3.22.000011-4	Instalações Elétricas
01.1.3.22.000012-2	Mata Burro
01.1.3.22.000013-0	Defensivos
01.1.3.22.000014-8	Clube – Fazenda Desejada
01.1.3.22.000015-5	Currais
01.1.3.22.000016-3	Estradas Internas
01.1.3.22.100001-4	Biodigestor
01.1.3.22.100002-2	Destilaria de Álcool
01.1.3.22.100003-0	Sistema Secagem e Armazenamento de Grãos Silos
01.1.3.22.100004-8	Sistema Secagem e Armazenamento de Grãos com Máquina
01.1.3.22.100005-5	Sistema de Irrigação Bases dos *Pivot*
01.1.3.22.100006-3	Sistema de Irrigação – Reservatório
01.1.3.22.100007-1	Sistema de Irrigação – Canais
01.1.3.22.100008-9	José Santos – Recrutamento Pessoal
01.1.3.22.100009-7	Galpões de Confinamento
01.1.3.22.100010-5	Galpões Premoldados
01.1.3.22.100011-3	Edifícios-Construções Fazenda Desejada
01.1.3.22.100012-1	Sistema de Irrigação-Canais Fazenda Desejada
01.1.3.22.100013-9	Telefonia Rural Fazenda Desejada
01.1.3.22.100014-7	Outras Benfeitorias Fazenda Desejada
1.3.23.000000-5	Bens Móveis
01.1.3.22.000001-3	Veículos
01.1.3.22.000002-1	Tratores
01.1.3.22.000003-9	Embarcações
01.1.3.22.000004-7	Máquinas Agrícolas

01.1.3.22.000005-4	Implementos Agrícolas
01.1.3.22.000006-2	Equipamentos Pecuários
01.1.3.22.000007-0	Rádios Comunicadores
01.1.3.32.000008-8	Telefone Rural
01.1.3.22.000009-6	Móveis e Utensílios
01.1.3.22.000010-4	Armas
01.1.3.22.000011-2	Dragas
01.1.3.22.000012-0	Equipamentos Elétricos
01.1.3.22.000013-8	Aparelhos e Equipamentos
01.1.3.22.000014-6	Máquinas e Equipamentos
01.1.3.22.000015-3	Celas e Arreios
01.1.3.22.000016-1	Tanques e Combustíveis
1.3.24.000000-3	Tração Animal
01.1.3.24.000000-3	Imobilizações em Curso
01.1.3.24.000001-1	Animais de Trabalho
01.1.3.24.000002-9	Carros de Bois – Carroças
01.1.3.24.100001-0	Matrizes
01.1.3.24.100002-8	Reprodutores
01.1.3.24.200001-9	Adiantamento para Inversões Fixas
1.3.25.000000-0	Fundo de Depreciação Acumulada
01.1.3.25.000001-8	Veículos
01.1.3.25.000002-6	Máquinas e Equipamentos
01.1.3.25.000003-4	Móveis e Utensílios
01.1.3.25.000004-2	Comunicação
01.1.3.25.000005-9	Benfeitorias e Melhoramentos
01.1.3.25.000006-7	Tração Animal
01.1.3.25.000007-5	Rebanhos Permanentes
01.1.3.25.000008-3	Exaustão de Pastagens
01.1.3.25.000009-1	S/edifícios-Construções Fazenda Desejada
01.1.3.25.000010-9	S/outras Benfeitorias Fazenda Desejada
01.1.3.25.000011-7	S/sistema de Irrigação-Canais Fazenda Desejada
1.3.26.00000-8	Bens Reavaliados
01.1.3.26.000001-6	Terras Incultas e Agregados
01.1.3.26.000002-4	Benfeitorias, Instalações
01.1.3.26.000003-2	Edifícios e Construções

01.1.3.26.000004-0	Máquina, Veículo, Equipamento, Instalação de *Pivots* Centrais
1.3.27.000000-	
01.1.3.27.000000-6	Adiantamento para Inversões Fixas
01.1.3.27.000001-4	Termo de Ajuste com Antônio Costa
1.3.28.00000-4	Depreciação Acumulada – Reavaliação
01.1.3.28.000001-2	Bens com Vida Útil de 4 Anos
01.1.3.28.000002-0	Bens com Vida Útil de 5 Anos
01.1.3.28.000003-8	Bens com Vida Útil de 10 Anos
01.1.3.28.000004-6	Pastagens Naturais – Exaustão
01.1.3.28.000005-3	Benfeitorias, Instalação e Melhoramentos
01.1.3.28.000006-1	Edifícios e Construções
1.3.29.000000-	
01.1.3.29.000001-0	Imobilizado em Curso
1.3.30.000000-0	Gastos com Implantação
01.1.3.30.000001-8	Despesas Pré-operacionais
1.3.31.000000-8	Amortizações
01.1.3.31.000001-6	Despesas Pré-operacionais
1.3.40.000000-9	Gastos com Implantação Incorporação
01.1.3.40.000001-7	Gastos Pré-operacionais Fazenda Desejada
1.3.41.000000-	
01.1.3.41.000001-5	Gastos Pré-operacionais Fazenda Desejada
1.4.11.000000-	
01.1.4.11.000001-6	Fazenda Desejada S.A. Incorporada
	Passivo
	Circulante
2.1.11.00000-3	Fornecedores
01.2.1.11.001019-2	Alfredo Cia. Ltda.
01.2.1.11.001020-0	Acepam Acessórios para Máquinas
01.2.1.11.001047-3	Andaimes Remo Ltda.
01.2.1.11.002011-8	Bombas Lera S.A.
01.2.1.11.002012-6	B. H. Elétrica Ltda.
01.2.1.11.003017-4	Carban Minas Ltda.
01.2.1.11.003044-8	Cerâmica Braúnas Ltda.
01.2.1.11.003073-7	Continental Tintas Ferragens

01.2.1.11.003074-5	Casa Falci
01.2.1.11.003101-6	Carpesa Implementação Rodoviária Ltda.
01.2.1.11.003102-4	Clibal Clínica das Balanças Ltda.
01.2.1.11.004013-2	Distribuidora Cummins Minas Ltda.
2.1.13.000000-9	Financiamentos
01.2.1.13.000001-7	Banco A S.A.
01.2.1.13.000002-5	Banco B S.A.
2.1.14.000000-7	Impostos a Pagar
01.2.1.14.000001-5	Imposto de Renda s/ lucros
01.2.1.14.000002-3	ICMS Recolher
01.2.1.14.000003-1	Impostos s/ Serviços Qualquer Natureza
01.2.1.14.000005-6	IRFF s/ Salários
01.2.1.14.000006-4	IRFF s/ Serviços Prestados
01.2.1.14.000007-2	IRFF s/ Aluguéis
01.2.1.14.000008-0	Imposto s/ Serviço Retido Terceiros
01.2.1.14.000009-8	IRRF s/ Fretes
01.2.1.14.000011-4	PIS s/ Faturamento
01.2.1.14.000012-2	IRRF s/ Retirada Pró-labore
01.2.1.14.000013-0	IRRF s/ Serviço Prestado Fazenda Desejada
01.2.1.14.000014-8	Provisão PIS Judicial
01.2.1.14.000015-5	Provisão IOF s/ Remuneração Debêntures
2.1.15.000000-4	Salários e Encargos a Pagar
01.2.1.15.000001-2	Salários a Pagar
01.2.1.15.000002-0	Contribuição Previdenciária a Recolher
01.2.1.15.000003-8	FGTS a Recolher
01.2.1.15.000004-6	Contribuição Sindical a Recolher
01.2.1.15.000005-3	Seguros
01.2.1.15.000006-1	Férias a Pagar
01.2.1.15.000007-9	Rescisão de Contratos a Pagar
01.2.1.15.000008-7	AES Assos Empregados Soeicon
01.2.1.15.000009-5	Pensão Alimentícia
01.2.1.15.000010-3	Honorários da Diretoria a Pagar
01.2.1.15.000011-1	FGTS a Recolher Fazenda Desejada
01.2.1.15.000012-9	13º Salário a Pagar

01.2.1.15.000013-7	Encargos Sobre Férias
2.1.16.000000-2	Serviços de Terceiros a Pagar
01.2.1.16.000001-0	Pessoa Física
01.2.1.16.000002-8	Pessoa Jurídica
2.1.17.000000-0	Depósitos e Cauções
01.2.1.17.000001-8	Cauções s/ Serviços Prestados
01.2.1.17.000001-7	Caderneta de Poupança
2.1.18.000000-8	Provisão para Liquidação de Financiamento
01.2.1.18.000001-6	Banco A S.A. – Crédito Financeiro Rural
2.1.19.000000-6	Débitos c/ Coligadas
01.2.1.19.000001-4	Contribuição Mútuo Douro S.A.
01.2.1.19.000002-2	Contribuição Mútuo Soeicon S.A.
01.2.1.19.000003-0	Contribuição Mútuo Serpar S.A.
01.2.1.19.000004-8	Contrato Mútuo Imperatriz S.A.
01.2.1.19.000005-5	Táxi Aéreo Sinuelo Ltda.
2.1.90.000000-8	
01.2.1.90.000004-9	Contribuição Mútuo Imperatriz S.A. Exigível a Longo Prazo
2.2.11.000000-1	Financiamentos
01.2.2.11.000001-9	Banco A S.A.
2.2.12.00000-9	Adiantamento para Futuro Aumento de Capital
01.2.2.12.000001-7	Adiantamento para Aumento Douro S.A.
01.2.2.12.000002-5	Adiantamento para Aumento Capital Gestil S.A.
	Resultados Exercícios Futuros
2.3.11.000000-9	Passivo Não Circulante
01.2.3.11.000001-7	Receitas de Exercícios Futuros
01.2.3.11.000002-5	Custos e Despesas Correspondentes a Receita
01.2.3.11.000003-3	Receitas Antecipadas
	Patrimônio Líquido
2.4.11.000000-7	Capital Social
01.2.4.11.000001-5	Capital Integralizado
2.4.12.000000-5	Reservas de Capital
01.2.4.12.000001-3	Correção Monetária sobre o Capital

	Integralizado
01.2.4.12.000002-1	Reserva Resgate Parte Beneficiária
2.4.13.000000-3	Reservas de Lucros
01.2.4.13.000001-1	Reserva Legal
2.4.14.000000-1	Reserva Reavaliação Bens Próprios
01.2.4.14.000001-9	Terras Incultas e Agregados
01.2.4.14.000002-7	Benfeitoria de Instalações e Melhoramentos
01.2.4.14.000003-5	Edifícios e Construções
01.2.4.14.000004-3	Máquina, Veículo, de Equipamento e Instalação *Pivots* Centrais
01.2.4.14.000010-0	Reavaliação da Reserva
3.1.11.000000-2	Custo da Produção Agropecuária
01.3.1.11.000001-0	Salários
01.3.1.11.000002-8	Férias
01.3.1.11.000003-6	Aviso prévio
01.3.1.11.000004-4	Indenização
01.3.1.11.000005-1	13º Salário
01.3.1.11.000006-9	FGTS
01.3.1.11.000007-7	Contribuição Previdenciária
01.3.1.11.000008-5	Serviços de Terceiros
01.3.1.11.000009-3	Combustível e Lubrificantes
01.3.1.11.000010-1	Manutenção de Veículos e Máquinas
01.3.1.11.000011-9	Viagens
01.3.1.11.000012-7	Fretes e Carretos
01.3.1.11.000013-5	Utensílios/Ferragens não Duráveis
01.3.1.11.000014-3	Alimentação do Pessoal
01.3.1.11.000015-0	Produtos Veterinários-Agrícolas
01.3.1.11.000016-8	Assistência Médica e Empregados
01.3.1.11.000017-6	Sementes e Mudas
01.3.1.11.000018-4	INCRA
01.3.1.11.000019-2	Gratificações e Doações
01.3.1.11.000020-0	Alimentação do Rebanho
01.3.1.11.000021-8	Seguros de Animais
01.3.1.11.000022-6	Salários Eventuais
01.3.1.11.000023-4	Serviços Técnicos e Especializados
01.3.1.11.000024-2	Ajuda de Custo
01.3.1.11.000025-9	Armazenagem e Embalagem

01.3.1.11.000026-7	Curso e Treinamento de Pessoal
01.3.1.11.000027-5	Depreciações e Amortização
01.3.1.11.000028-3	PIS
01.3.1.11.000029-1	Conservação e Reparos
01.3.1.11.000030-9	Aluguel de Pastagens
01.3.1.11.000031-7	Aluguel de Equipamentos
01.3.1.11.000032-5	Serviços Prestados – Pessoa Jurídica
01.3.1.11.000033-3	Amortizações
01.3.1.11.000034-1	Instalações Elétricas
01.3.1.11.000035-8	Horas Extras
01.3.1.11.000036-6	Insubsistências Ativas
01.3.1.11.000037-4	Material de Expediente-técnico
01.3.1.11.000038-2	Uniformes de Trabalho
01.3.1.11.000039-0	Peças e Assessórios
01.3.1.11.000040-8	Manutenção Alojamento e Out. (limp.)
01.3.1.11.000041-6	Finsocial/Receita Bruta
01.3.1.11.000042-4	Material de Consumo
01.3.1.11.000043-2	Aluguel de Imóvel
01.3.1.11.000044-0	Custo do Gado Vendido
01.3.1.11.000045-7	Colheita
01.3.1.11.000046-5	Sêmen
01.3.1.11.000047-3	Limpeza de Pastos e Plantações
01.3.1.11.000048-1	Adubos, Fertilizantes e Corretivos
01.3.1.11.000049-9	Associações e Entidades
01.3.1.11.000050-7	Plantio
01.3.1.11.000051-5	Defensivos
01.3.1.11.000052-3	Encargos s/ Férias
	Despesas Operacionais
	Despesas Administrativas
3.2.11.000000-0	Despesas Administrativas Diversas
01.3.2.11.000001-8	Materiais de Escritório
01.3.2.11.000002-6	Viagens e Estadias
01.3.2.11.000003-4	Água e Energia Elétrica
01.3.2.11.000004-2	Correios e Telégrafos
01.3.2.11.000005-9	Assinatura Jornais, Livros, Revistas
01.3.2.11.000006-7	Comissões e Corretagens
01.3.2.11.000007-5	Condução
01.3.2.11.000008-3	Donativos e Contribuições

01.3.2.11.000009-1	Serviços Prestados por Terceiros
01.3.2.11.000010-9	Telefone
01.3.2.11.000011-7	Reclamações Trabalhistas e Custas
01.3.2.11.000012-5	Custas, Emolumentos e Taxas
01.3.2.11.000013-3	Propaganda e Publicidade
01.3.2.11.000014-1	Honorários da Diretoria
01.3.2.11.000015-8	Diversos
01.3.2.11.000016-6	Anúncios
01.3.2.11.000017-4	Despesas da Casa Hóspede
01.3.2.11.000018-2	Medicamentos
01.3.2.11.000019-0	Cópias, Autenticações e Reproduções
01.3.2.11.000020-8	Material de Consumo
01.3.2.11.000021-6	Refeições e Lanches
01.3.2.11.000023-2	Aluguéis
01.3.2.11.000024-0	Multas Contratuais
01.3.2.11.000025-7	Móveis e Utensílios
01.3.2.11.000026-5	Despesas Diversas Escrit. Paracatu
01.3.2.11.000027-3	PIS Dedução
3.2.12.000000-8	Impostos e Taxas Diversos
01.3.2.12.000001-6	Impostos/Serviço Qualquer Natureza
01.3.2.12.000002-4	Imposto s/ Licença de Localização e de Publicidade
01.3.2.12.000003-2	Imposto Predial e Territorial
01.3.2.12.000004-0	Contribuição Sindical Patronal
01.3.2.12.000005-7	Taxas Diversas
01.3.2.12.000006-5	Outros Impostos
01.3.2.12.000007-3	Sindicatos e Conselhos
01.3.2.12.000008-1	ICMS s/ Importação
01.3.2.12.000009-9	IPVA – Imposto s/ Prop. Veículos Automotores
01.3.2.12.000010-7	ICMS s/ Venda
01.3.2.12.000011-5	ICMS
01.3.2.12.000013-1	PIS Judicial
01.3.2.12.000014-9	IOF s/ Aplicação Financeira
01.3.2.12.000015-6	IRRF s/ Serviço Prestado
01.3.2.12.000016-4	IOF s/ Remuneração Debêntures
3.2.13.000000-6	Salários e Encargos da Administração
01.3.2.13.000001-4	Salários e Ordenados
01.3.2.13.000002-2	Décimo terceiro Salário

01.3.2.13.000003-0	Férias
01.3.2.13.000004-8	Aviso prévio
01.3.2.13.000005-5	Gratificação e Prêmios
01.3.2.13.000006-3	Assistência Médica Hospitalar
01.3.2.13.000007-1	Contribuição Previdenciária Parte Empresa
01.3.2.13.000008-9	FGTS
01.3.2.13.000009-7	Seguro de Vida e Acidentes Pessoais
01.3.2.13.000010-5	Contribuição Sindical
01.3.2.13.000011-3	Horas Extras
01.3.2.13.000012-1	ASES-Associação Empregados Soeicom
3.2.18.000000-5	Seguros
01.3.2.18.000001-3	Seguro de Veículos
01.3.2.18.000038-5	Seguro de Prevenção Roubo
01.3.2.18.000039-3	Seguro de Transportes Nacionais
01.3.2.18.000040-1	Seguro de Prevenção Incêndio
3.3.11.000000-8	Despesas Financeiras
01.3.3.11.000001-6	Juros
01.3.3.11.000002-4	Taxas e Comissões
01.3.3.11.000003-2	Encargos s/ Empréstimos e Financiamentos
01.3.3.11.000004-0	Despesas não Dedutíveis
01.3.3.11.000005-7	Regularização Centavos
01.3.3.11.000006-5	Multas s/ Débitos Fiscais
01.3.3.11.000007-3	Correção Monetária Débitos Fiscais
01.3.3.11.000008-1	Despesas Bancárias
01.3.3.11.000009-9	Descontos Concedidos
01.3.3.11.000010-7	Correção Monetária Passiva
01.3.3.11.000011-5	Ajuste Sistema Monetário
3.4.11.000000-6	Despesas não Operacionais
01.3.4.11.000001-4	Prejuízo, Venda de Ativo Imobilizado Despesas Tributárias
3.5.11.000000-3	Imposto de Renda do Exercício
01.3.5.11.000001-1	Imposto de Renda s/ Lucro do Exercício
01.3.5.11.000002-9	IRRF s/ Aplicações Financeiras Resultado Correção Monetária

3.6.11.000000-1	Resultado da Correção Monetária
01.3.6.11.000001-9	Resultado da Correção Monetária
	Contas de Resultado – Receitas
	Receita Bruta dos Serviços
	Outras Receitas Operacionais
4.1.11.000000-1	Receitas Comerciais – Ativos Biológicos
01.4.1.11.000001-9	Venda de Bovinos
01.4.1.11.000002-7	Venda de Caprinos
01.4.1.11.000003-5	Venda de Ovinos
01.4.1.11.000004-3	Venda de Carvão
01.4.1.11.000005-0	Aluguel de Pastagens
01.4.1.11.000006-8	Venda de Trigo
01.4.1.11.000007-6	Superveniência Ativa
01.4.1.11.000008-4	Venda de Milho
01.4.1.11.000009-2	Venda de Sêmen
01.4.1.11.000010-0	Venda de Arroz
01.4.1.11.000011-8	Venda de Ervilha
01.4.1.11.000012-6	Vendas Diversas
01.4.1.11.000013-4	Venda de Soja
01.4.1.11.000014-2	Venda de Equino
	Receitas Financeiras e Patrimoniais
4.2.11.000000-9	Receitas Financeiras
01.4.2.11.000001-7	Descontos Obtidos
01.4.2.11.000002-5	Rendas de Aplicações Financeiras
01.4.2.11.000003-3	Correção Monetária Ativa
01.4.2.11.000004-1	Juros e Comissões Recebidas
01.4.2.11.000005-8	Ajuste Sistema Monetário
01.4.2.11.000007-4	Taxa Remuneração Debêntures
	Receitas não Patrimoniais
4.4.11.000000-7	Receitas não Operacionais
01.4.3.11.000001-5	Recuperação de Despesas
01.4.3.11.000002-3	Lucro-venda do Ativo Imobilizado
01.4.3.11.000003-1	Resultado Equivalente Patrimonial
	Resultado da Correção Monetária
4.6.00.000000-3	Resultado do Exercício
01.4.6.11.000001-1	Prejuízo Apurado Exercício

8.2.1.1 Importância do plano de contas para o usuário

É desnecessário tecer longos comentários sobre a importância que um plano de contas representa para os usuários. A correta classificação das contas, conforme sua natureza, dentro das divisões impostas pela Lei nº 6.404/76, é de fundamental importância porque registra os dados de custo de forma organizada e sistemática para possibilitar estudos comparativos, análises e quaisquer outros detalhamentos extraídos da contabilidade. A quantificação apropriada das contas, realçando as que efetivamente representam fatos relevantes, é essencial ao planejamento e controle – objetivos fins da contabilidade, principalmente no cálculo dos produtos vendidos e também o valor dos estoques. Os arts. 175 a 205 da Lei nº 6.404/76 são importantes no contexto deste item.

8.3 Acumulação de custos

Uma das fases do trabalho da Contabilidade Rural é a acumulação (registro) dos custos, bem como das despesas da Empresa Rural.

Acumulação de custo significa colher os dados de custo e registrá-los de forma organizada (através da classificação contábil), sistemática, no sentido de atender a alguma finalidade (calcular os custos dos produtos vendidos e o valor dos estoques).

8.3.1 Avaliação de estoques

De acordo com a NBC TG 16 (R1) – Estoques, os estoques devem ser mensurados pelo valor de custo ou pelo valor realizável líquido, dos dois o menor. O valor de custo do estoque deve incluir todos os custos de aquisição e de transformação, bem como outros custos incorridos para trazer os estoques à sua condição e localização atuais. O custo de aquisição dos estoques compreende o preço de compra, os impostos de importação e outros tributos (exceto os recuperáveis perante o fisco), bem como os custos de transporte, seguro, manuseio e outros diretamente atribuíveis à aquisição de produtos acabados, materiais e serviços. Descontos comerciais, abatimentos e outros itens semelhantes devem ser deduzidos na determinação do custo de aquisição.

Os *Estoques* são ativos, segundo o CPC 16 (R1):

- mantidos para venda no curso normal dos negócios;
- em processo de produção para venda; ou

- na forma de materiais ou suprimentos a serem consumidos ou transformados no processo de produção ou na prestação de serviços.

Valor realizável líquido é o preço de venda estimado no curso normal dos negócios deduzido dos custos estimados para sua conclusão e dos gastos estimados necessários para se concretizar a venda.

Valor justo é aquele pelo qual um ativo pode ser trocado ou um passivo liquidado entre partes interessadas, conhecedoras do negócio e independentes entre si, com ausência de fatores que pressionem para a liquidação da transação ou que caracterizem uma transação compulsória.

O **valor realizável líquido** refere-se à quantia líquida que a entidade espera realizar com a venda do estoque no curso normal dos negócios. **O valor justo** reflete a quantia pela qual o mesmo estoque pode ser trocado entre compradores e vendedores conhecedores e dispostos a isso. O primeiro é um valor específico para a entidade, ao passo que o segundo já não é. Por isso, o valor realizável líquido dos estoques pode não ser equivalente ao valor justo deduzido dos gastos necessários para a respectiva venda.

Os estoques compreendem bens adquiridos e destinados à venda, incluindo, por exemplo, mercadorias compradas por um varejista para revenda ou terrenos e outros imóveis para revenda. Os estoques também compreendem produtos acabados e produtos em processo de produção pela entidade e incluem matérias-primas e materiais aguardando utilização no processo de produção, tais como: componentes, embalagens e material de consumo. No caso de prestador de serviços, os estoques devem incluir os custos do serviço, tal como descrito no item 19, para o qual a entidade ainda não tenha reconhecido a respectiva receita (ver o Pronunciamento.

Como a Empresa Rural compra vários insumos em períodos diferentes com preços diferentes, e não os consome na mesma proporção, eles acabam misturando-se no almoxarifado. Para atribuir custo às unidades consumidas, usamos os mesmos critérios utilizados pela Contabilidade Financeira, o Sistema de Inventário Permanente e Periódico e os Métodos de Avaliação de Estoques: PEPS (Primeiro a Entrar e Primeiro a Sair), Custo Médio e UEPS (Último a Entrar e Primeiro a Sair).

8.3.1.1 Inventário periódico

A Empresa Rural não mantém um controle contínuo dos estoques através de ficha de estoque. O consumo só pode ser obtido após contagem física dos estoques, em geral no Balanço, e posterior avaliação de acordo com os critérios legais. Nesse sistema, a entidade realiza a contagem física de seu estoque apenas no encerramento do exercício social.

Os estoques são avaliados na data do balanço, através do inventário físico. Para calcular o valor do Custo das Mercadorias Vendidas, usamos a fórmula:

> Estoque inicial + compras - CMV = Estoque final

O consumo é calculado pela fórmula:

> Consumo de Insumo Direto = Estoque Inicial + Entradas Líquidas − Estoque Final

(Fórmula válida também para qualquer item de estoque)

8.3.1.2 Inventário permanente

Esse sistema controla o estoque por meio de fichas de controle ou pelo sistema de processamento eletrônico de dados. Dessa forma, há um controle contínuo (permanente), que permite calcular o valor do CMV, do estoque final e do lucro/prejuízo com mercadorias em cada operação realizada pela entidade. Por isso, é o sistema adotado pelas grandes empresas.

No inventário permanente, temos o controle contínuo dos estoques por meio de fichas de estoque. Os estoques (e o CPV – Custo dos Produtos Vendidos) são calculados a qualquer momento pela Contabilidade Rural. A contagem física é feita, mas por questões de auditoria e controle interno.

O controle físico e contábil é feito pela ficha de estoque (tanto no Almoxarifado como na Contabilidade Rural).

O método de inventário proporciona maior segurança quanto ao registrar, pois os custos são registrados assim que efetivamente incorridos, e são acumulados, separadamente, por cultura, safras ou colheitas. Assim, saber-se-á a qualquer momento o quanto realmente nos custaram as culturas, safras e colheitas em andamento.

Esse entendimento é estendido para culturas temporárias e suas colheitas. Esta metodologia é a mais adequada para a Contabilidade Rural.

Considera-se de suma importância um sistema auxiliar de contas para apuração dos custos por colheita ou cultura que consta no estoque; esse sistema auxiliar facilita muito a evidenciação e verificação dos custos. Ele pode ser aplicado usando-se "Culturas Temporárias em Formação", "Colheitas" e "Safras em Andamento", havendo necessidade de apenas alguns ajustes.

Quando a colheita está concluída, procede-se à baixa na conta Cultura em Andamento. O valor a ser baixado será o saldo de Cultura em Andamento que será transferido a débito da conta Produtos Agrícolas, sendo especificado o tipo de produto (arroz, feijão etc.) no Estoque.

Ocorrendo vendas, efetua-se baixa na conta Produtos Agrícolas, debitando a conta de Produtos Agrícolas Vendidos. Isso será destacado na Demonstração do Resultado do Exercício, evidenciando a Receita de Vendas e o Custo de Produtos Vendidos por tipo de produto.

Quando ocorrer o término do exercício social com cultura ou colheita em andamento por ocasião do levantamento do Balanço Patrimonial e/ou balancetes mensais, transferir-se-á o valor de "Cultura ou Colheita em Andamento" para a conta "Culturas Temporárias em Formação". Tratando-se de colheita de cultura permanente, transfere-se para a conta "Colheita em Andamento".

Assim, o estoque será evidenciado no Balanço Patrimonial por seu valor de custo, dispensando-se o Inventário Periódico, principalmente para a Cultura em Formação.

O inventário dos componentes da propriedade rural é importante para o seu gerenciamento. O administrador terá conhecimento de tudo o que possui e também poderá promover alterações nos preços das diversas culturas temporárias ou permanentes, assim como controlar a entrada e a saída dos itens que compõem o patrimônio rural.

Administrar os componentes patrimoniais de forma integrada ajuda a assimilar não apenas o que cada um dos produtos está proporcionando, mas também oferece a possibilidade de melhorar os ganhos, gerando crescimento da propriedade rural em busca de resultados cada vez mais compensadores e contínuos.

8.4 Sistema e métodos de custeio

A lei comercial é omissa quanto ao procedimento para determinação do custo dos produtos vendidos e em estoque. Porém, no Brasil, o custeio por absorção é amplamente aceito, variando apenas o grau de absorção. De acordo com esse sistema, o custo dos produtos pelas empresas rurais é formado de três componentes básicos:

    a. insumos agrícolas;

b. mão de obra direta;

c. gastos gerais ou custos indiretos de produção, sendo estes últimos alocados aos diversos produtos agrícolas através de diferentes critérios de rateio.

Quando falamos da forma de apuração do custo dos produtos agrícolas, estamos falando de sistemas e métodos de custeio. Existem dois sistemas de custeio: o real e o padrão ou *standard;* os métodos de custeio podem ser o custeio direto ou variável e o custeio por absorção ou integral.

8.5 Considerações finais

No balanço, as contas serão classificadas segundo os elementos do patrimônio que registrem, e agrupadas de modo a facilitar o conhecimento e a análise da situação financeira da entidade, segundo o art. 178, da Lei nº 6.404/76.

Entre os componentes do ativo devem ser evidenciados as disponibilidades, os créditos, os estoques, como também os bens de uso, de renda e de consumo, existentes na data do balanço. Entre os componentes do passivo pode-se encontrar as exigibilidades, as dívidas, os credores, bem como todo e qualquer débito da empresa para com seus agentes. Os ingressos e os custos, as receitas e as despesas, os ganhos e as perdas, bem como todos os encargos do exercício social devem constar na Demonstração do Resultado do Exercício.

A Contabilidade Rural é, objetivamente, um sistema de informação e avaliação destinado a prover seus usuários com demonstrações e análises de natureza econômica, financeira, física e de produtividade, com relação à entidade objeto de contabilização. A finalidade é, pois, controlar os fenômenos ocorridos, por meio do registro, da classificação, da demonstração expositiva, da análise e interpretação de fatos ocorridos, objetivando fornecer informações e orientação necessárias à tomada de decisões no patrimônio da entidade.

A Escrituração é uma das técnicas da contabilidade rural que consiste em registrar, os fatos que provocam modificações no patrimônio da empresa. A movimentação do patrimônio ocorre por meio de negócios realizados entre a empresa e as entidades que com ela se relacionam. Essa movimentação gera a escrituração, que se processa para fins de elaboração dos relatórios contábeis por intermédio do lançamento. Será mantida em registros confiáveis com obediência aos preceitos da legislação comercial e do art. 177 da Lei nº 6.404/76 e aos princípios de contabilidade, devendo observar métodos ou critérios contábeis uniformes no tempo e registrar as mutações patrimoniais segundo o regime de competência.

O princípio básico do método das partidas dobradas – não há débito sem crédito correspondente – permite que se chegue às seguintes conclusões:

- a soma dos débitos é sempre igual à soma dos créditos;
- a soma dos saldos devedores é sempre igual à soma dos saldos credores;
- a um débito ou mais de um débito numa ou mais contas deve corresponder um crédito equivalente em uma ou mais contas.

No que tange à escrituração das operações de uma empresa rural, no caso de esta adotar para sua escrituração contábil o processo eletrônico.

Múltipla escolha

1. Uma das atividades iniciais para a elaboração da Contabilidade é a planificação das contas necessárias à revelação de todos os componentes patrimoniais, bem como suas variações. Este planejamento denomina-se:
    ( ) a. demonstrações financeiras;
    ( ) b. plano de metas;
    ( ) c. plano de diretrizes orçamentárias;
    ( ) d. plano de contas.

2. Sistemas de Contas corresponde a:
    ( ) a. Balanço e Balancete;
    ( ) b. Demonstração do Resultado do Exercício e Balancete de Verificação;
    ( ) c. Plano de Contas;
    ( ) d. Demonstração de Lucros e Prejuízos Acumulados e Demonstração do Resultado do Exercício;
    ( ) e. Todas as alternativas estão corretas.

3. Em relação às contas de Resultado, pode-se afirmar que:
    ( ) a. uma despesa, quando paga à vista, representa uma redução de Ativo e um aumento de Passivo;

( ) b. uma despesa, paga antecipadamente, provoca uma redução no Ativo e na Situação Líquida;

( ) c. uma receita, recebida à vista, provoca um aumento de Ativo e uma redução de Passivo;

( ) d. uma receita, realizada para recebimento futuro, representa uma redução de Passivo e um aumento de Situação Líquida;

( ) e. uma despesa, quando realizada para pagamento futuro, representa um aumento de Passivo, sem qualquer redução ou acréscimo em valores do Ativo.

4. Em relação ao texto abaixo, assinale a afirmativa falsa.

O princípio basilar do Método das Partidas Dobradas – não há débito sem crédito correspondente – permite que se chegue às seguintes conclusões:

( ) a. a soma dos débitos é sempre igual à soma dos créditos;

( ) b. a soma dos saldos devedores é sempre igual à soma dos saldos credores;

( ) c. a soma das despesas (débito) é sempre igual à soma das receitas (crédito);

( ) d. a um débito ou mais de um débito numa ou mais contas deve corresponder um crédito equivalente em uma ou mais contas;

( ) e. o total do ativo será sempre igual à soma do passivo exigível com o patrimônio líquido.

5. A depreciação de Móveis e Utensílios em uma empresa agrícola é classificada como:

( ) a. despesas operacionais;

( ) b. estoques – cultura temporária em formação;

( ) c. ativo circulante – despesas antecipadas;

( ) d. despesas não operacionais.

6. A respeito do inventário permanente:

( ) a. os estoques serão avaliados ao final de cada exercício;

( ) b. os estoques serão avaliados constantemente em interstícios de tempos uniformes;

( ) c. não é admitido pela legislação fiscal;

( ) d. não se aplica à Contabilidade agrícola.

7. Com relação ao inventário periódico, na agricultura, pode-se afirmar que:
   ( ) a. não possibilita conhecer a qualquer momento o custo da cultura temporária em formação, o custo das colheitas em andamento etc.;
   ( ) b. é levantado ao fim de cada período contábil;
   ( ) c. desde que o controle de estoque forneça permanentemente o valor dos estoques, diz-se que o controle é feito periodicamente;
   ( ) d. estão corretas as alternativas *a* e *b*.

8. Na empresa agrícola, a conta Insumos em Almoxarifado é composta por:
   ( ) a. sementes, adubos, fertilizantes;
   ( ) b. soja, milho, arroz, feijão;
   ( ) c. combustíveis, lubrificantes, ferramentas;
   ( ) d. nenhuma das opções acima.

9. O inventário, em sentido contábil, refere-se:
   ( ) a. em sentido amplo, ao processo de verificação de existências na empresa;
   ( ) b. em sentido restrito, ao processo de verificação de estoques;
   ( ) c. faz parte do controle de estoques;
   ( ) d. todas as opções estão corretas.

10. Produtos Agrícolas decorrentes de Culturas Temporárias são classificados como:
    ( ) a. Ativo Circulante – Estoque;
    ( ) b. Ativo Circulante – Disponível;
    ( ) c. Ativo Não Circulante – Investimentos;
    ( ) d. Ativo Não Circulante – Imobilizado.

11. Insumos para cultivo em Culturas Temporárias são classificados como:
    ( ) a. Ativo Circulante – Estoque;
    ( ) b. Ativo Circulante – Disponível;
    ( ) c. Ativo Não Circulante – Investimentos;
    ( ) d. Ativo Não Circulante – Intangível.

12. As contas Currais, Pontes, Poços Artesianos, Instalações Elétricas seriam classificadas como:
    ( ) a. Ativo Circulante – Estoque;
    ( ) b. Ativo Circulante – Disponível;

( ) c. Ativo Não Circulante – Imobilizado;
( ) d. Ativo Não Circulante – Intangível.

13. As contas Melhorias, Gastos de Implantação, Amortização Acumulada serão classificadas como:
    ( ) a. Ativo Circulante – Estoque;
    ( ) b. Ativo Circulante – Disponível;
    ( ) c. Ativo Não Circulante – Investimentos;
    ( ) d. Ativo Não Circulante – Imobilizado.

14. Qual a conta que, numa indústria, como numa empresa agrícola, pode significar um estoque de consumo que pode vir a não compor o produto (ou a colheita), e que pode ser utilizada para outras finalidades?
    ( ) a. Almoxarifado;
    ( ) b. Matéria-prima;
    ( ) c. Produto acabado;
    ( ) d. Produto em elaboração.

15. Não é finalidade do balanço patrimonial:
    ( ) a. fornecer subsídios à administração;
    ( ) b. demonstrar a situação patrimonial e financeira das empresas;
    ( ) c. atender às exigências da legislação tributária;
    ( ) d. demonstrar a rentabilidade das empresas.

16. Podemos conceituar o balanço patrimonial como:
    ( ) a. a demonstração contábil que tem por finalidade apresentar a situação patrimonial da empresa em dado momento;
    ( ) b. um demonstrativo contábil que representa, em dado momento, de forma sintética e ordenada, todas as contas patrimoniais, separadas por sua natureza;
    ( ) c. é uma "fotografia" da situação patrimonial de uma empresa em determinado momento;
    ( ) d. todas as alternativas estão corretas.

17. A afirmação: "no ativo, as contas serão dispostas em ordem decrescente de grau de liquidez dos elementos nelas registrados" significa:
    ( ) a. os valores a serem alienados em primeiro lugar devem constar inicialmente;

( ) b. a referência à "ordem decrescente de grau de liquidez" o bem mais rapidamente conversível em dinheiro deve constar em primeiro lugar;

( ) c. inicialmente são informados os direitos, e, após, os bens;

( ) d. inicialmente são informados os bens de venda, e, após, os bens de capital.

18. A conta Estoques de Produtos Agrícolas no Ativo Circulante de um balanço de uma Empresa Rural representa:
    ( ) a. bens de venda;
    ( ) b. bens de renda;
    ( ) c. bens de numerários;
    ( ) d. bens fixos.

19. As perdas anormais de insumos:
    ( ) a. são debitadas na conta compras;
    ( ) b. são debitadas contra a venda de subprodutos;
    ( ) c. são tratadas como perda do período e debitadas no resultado;
    ( ) d. são creditadas na conta compras.

20. O custo do produto vendido representa:
    ( ) a. um item do ativo circulante;
    ( ) b. o custo de produção do período;
    ( ) c. uma despesa ligada diretamente à obtenção de receitas;
    ( ) d. uma despesa que indiretamente gera uma receita.

21. Dentre as empresas brasileiras que fazem reflorestamento, a prática contábil geral é a de evidenciar o valor do respectivo estoque avaliado pelo:
    ( ) a. custo corrente;
    ( ) b. custo médio de aquisições;
    ( ) c. método primeiro que entra primeiro que sai;
    ( ) d. método último que entra primeiro que sai.

22. No plano de contas de uma empresa agropecuária, a conta Insumos refere-se a:
    ( ) a. todo o material utilizado no processo de fabricação do produto;
    ( ) b. todos os produtos que compõem uma cultura, como sementes, adubos etc.;

( ) c. equipamentos utilizados no trabalho de formação e manutenção de uma cultura temporária ou permanente;

( ) d. produtos utilizados na alimentação dos animais.

23. Como parte de suas operações regulares do dia a dia que envolvem controle de pragas na agricultura, uma Sociedade Empresária reuniu informações suficientes para a construção de uma base de dados.

Os custos relacionados à obtenção dos dados não puderam ser segregados das operações regulares, de forma que fossem identificados.

Ainda que esses dados precisem ser classificados e organizados sistemicamente para formar, de fato, uma base de dados, estima-se com confiabilidade que seu desenvolvimento em modelo estruturado proporcionará benefício econômico futuro da ordem de R$20.000.000,00, já trazidos a valor presente.

Considerando-se apenas as informações apresentadas e de acordo com a NBC TG 04 (R3) – ATIVO INTANGÍVEL, acerca dos gastos relacionados à obtenção dos dados elencados é CORRETO afirmar que:

( ) a. base de dados deve ser reconhecida, de imediato, como ativo intangível, pelo valor de R$20.000.000,00, cuja estimativa é confiável.

( ) b. nenhum ativo intangível deve ser reconhecido até esse momento; os gastos anteriores devem ser tratados como despesa.

( ) c. somente poderá ser reconhecido o ativo intangível pela Sociedade Empresária que possui, até então, os dados, caso haja proposta de aquisição de controle da entidade que se configure como combinação de negócios, ainda que esta não se efetive.

( ) d. um ativo intangível será reconhecido pela Sociedade Empresária que reuniu os dados, se houver mercado ativo para a comercialização da base de dados, com compradores e vendedores dispostos a negociar, e se os preços forem públicos e conhecidos.

24. Uma companhia tem como objeto social a produção e comercialização de cana-de-açúcar. Para tanto, consta em seu balanço patrimonial algumas lavouras de cana-de-açúcar registradas no grupo Ativos Biológicos. Em seu último exercício social, a companhia divulgou que aplicou, de maneira consistente, as seguintes políticas contábeis:

I. A cana colhida foi mensurada ao valor justo menos as despesas de venda no ponto da colheita e reconhecida nos Estoques de Produtos Agrícolas (Ativo Circulante).

II. Os estoques de adubos, fertilizantes e defensivos agrícolas foram avaliados pelo custo de aquisição, haja vista que o valor de custo é menor que o valor realizável líquido.

III. As lavouras de cana-de-açúcar foram mensuradas pelo valor justo, utilizando a abordagem de preços de mercado dessa *commodity*, deduzido das despesas com vendas e custos a incorrer, a partir da pré-colheita.

Considerando-se apenas as informações apresentadas, é correto afirmar que essa companhia atendeu ao que dispõe as normas NBC TG 29 (R2) – ATIVO BIOLÓGICO E PRODUTO AGRÍCOLA e NBC TG 16 (R2) – ESTOQUES no que consta em:

( ) a. I, II e III.
( ) b. I, apenas.
( ) c. II, apenas.
( ) d. I e III, apenas.

9

Contabilidade da pecuária

9.1 Introdução

Quando se refere às atividades da pecuária, logo se faz associação com gado *vacum* (bois e vacas); entretanto, elas se referem à criação de gado em geral, ou seja, animais que vivem em coletividade (rebanho), quer sejam bois e vacas, búfalos, carneiros, ovelhas e, entre outros, as aves que incluem frango, pato, marreco, faisão, peru etc.

O rebanho bovino do Brasil é explorado com dupla finalidade: *leite* e *corte*. A produção de leite vem em primeiro lugar e depois as vendas dos bezerros, também chamados de "machos leiteiros" para recria e engorda como gado de corte. Só que esses bezerros não recebem nenhum tratamento especial, o que atrasa seu desenvolvimento e preparo como futuro "boi de corte". Em média, são necessários de quatro a cinco anos para se aprontar/terminar esse animal para o abate com 20 a 25 arrobas.

A obtenção e a compreensão das informações sobre custos são essenciais para o sucesso do negócio. Em primeiro lugar, os custos determinam o preço de venda; se os custos forem maiores do que o preço de venda, haverá prejuízo. Todos os custos aplicáveis ao produto ou serviço precisam ser considerados quando for determinado o preço de venda.

Os animais originários da cria ou da compra para recria ou engorda são avaliados pelo seu valor original, na medida de sua formação, incluindo todos os custos gerados no ciclo operacional, imputáveis, direta ou indiretamente, tais como: rações, medicamentos, inseticidas, mão de obra e encargos sociais, combustíveis, energia elétrica, depreciações de prédios, máquinas e equipamentos utilizados na produção, arrendamentos de máquinas, equipamentos ou terras, seguros, serviços de terceiros, fretes e outros.

As despesas pré-operacionais devem ser amortizadas à medida que o ciclo operacional avança em relação à criação dos animais ou à produção de seus derivados.

A **contabilidade rural** é uma técnica que fornece informações claras e objetivas, capazes de auxiliar o produtor rural nas tomadas de decisões, além de proporcionar melhorias nos aspectos organizacionais, econômicos e financeiros das propriedades rurais, capacitando-as para acompanhar a crescente evolução do setor.

9.1.1 Reprodução – opções

Os sistemas de cobertura utilizados em reprodução de bovinos têm sido de monta natural livre; monta natural controlada ou inseminação artificial e monta parcialmente controlada.

A monta natural livre é a mais usada; nela, o reprodutor permanece o tempo todo com as vacas. Nesse caso, a perda de cio é menor pelo fato de o próprio macho identificar as fêmeas (vacas e novilhas) nessa fase. A relação touro/vaca é menor (um touro para 20 a 25 vacas) pelo possível desgaste ocasionado por sucessivas montas numa vaca em cio; por esse motivo são pouco utilizados animais de alto valor genético nesse tipo de manejo.

Monta natural controlada ou inseminação artificial é o sistema em que a vaca observada em cio é levada ao reprodutor ou inseminada. As vantagens desse tipo de manejo são de poder-se anotar corretamente as datas da cobertura ou inseminação artificial, possibilitar maior controle de infecções relacionadas à reprodução, de melhor aproveitamento de um bom reprodutor, graças ao aumento da relação touro/vaca. Como desvantagens, verifica-se a necessidade de mais e melhor mão de obra e perda de cios por deficiência na observação desse cio.

Esse tipo de manejo tem sido mais utilizado em gado de leite e vem sendo substituído pela inseminação artificial, pelas vantagens que ela oferece: possibilidade de usar sêmen de diversos touros e diversas raças, menor risco de perda/morte de reprodutores de alto valor genético e econômico e pelo maior avanço que a tecnologia de inseminação artificial tem apresentado nos últimos anos.

A monta natural parcialmente controlada é o sistema em que o reprodutor permanece junto com as vacas certo período do dia. É também um sistema de manejo que se aplica a gado de leite, uma vez que por ocasião das ordenhas, pela manhã e à tarde, o reprodutor é então colocado junto com as vacas. Facilita a identificação de cios feita pelo próprio reprodutor e não permite seu desgaste, uma vez que, após uma ou duas montas, a vaca em cio é separada do reprodutor.

9.1.2 *Forragens*

A conservação de forragens nas formas de feno ou silagem garante a manutenção dos sistemas de produção de carne ou leite. A ensilagem é o melhor meio para conservar forragens verdes, em estado úmido, fazendo-as fermentar. As fermentações são múltiplas: algumas são favoráveis; outras, prejudiciais. Daí a necessidade de o produtor/empresário rural atentar para uma série de cuidados que, se adotados, vão possibilitar à fermentação ocasionar transformações químicas. Estas vão dar origem à formação de ácidos, especialmente o ácido láctico, que promove a estabilidade do produto ensilado.

A principal vantagem da ensilagem é permitir ao produtor/empresário rural colher e armazenar a forragem de milho em um estágio de alto valor nutritivo, além de manter e conservar a forragem independentemente das condições climáticas em qualquer época do ano. O produtor/empresário rural, adotando este sistema, libera a área agrícola mais rapidamente para novas culturas.

A silagem exige baixos investimentos em instalações, podendo ser obtida a custo inferior, barateando a produção. Poderá ser dada ao rebanho durante todo o ano, além de permitir a manutenção de maior número de cabeças de gado em uma área pequena de terra.

Teoricamente, qualquer planta pode ser ensilada; entretanto, algumas forragens apresentam mais vantagens do que outras. Todas as recomendações para milho devem ser adotadas para o sorgo. O capim-elefante *(Pennisetum purpureum, Schum)*, também conhecido como *capim-napier, cameron,* mineiro, pode ser usado para a produção da silagem.

9.1.3 *Feno: alimento na produção leiteira*

Feno é a erva ceifada e seca, utilizada na alimentação dos animais, principalmente ruminantes. Possui uma composição variada, dependendo da espécie vegetal, da forrageira empregada – se gramínea ou leguminosa –, da natureza do solo, do clima, do estágio de desenvolvimento da planta e do processamento da secagem. As leguminosas fornecem um feno mais rico em proteína do que as gramíneas. Um corte da erva mais tenra fornece um feno de melhor qualidade, com menos fibra e mais proteína. Cada planta tem seu ponto ideal de corte, sempre visando à maior produtividade em seus valores nutritivos, principalmente na qualidade de seus componentes. Tanto o excesso de água do capim novo, tenro e nutritivo, como o excesso de fibra indigesta do capim velho e passado, impedem o animal de ter uma nutrição completa, balanceada, eficiente e econômica, acarretando prejuízo para o produtor/empresário rural, para o consumidor e para a nação: menor rendimento com custo mais elevado.

9.2 Espécies de atividades

A pecuária de corte passou por dias difíceis. Havia a expectativa de que os altos preços no atacado aumentassem ainda mais na entressafra. Abater bezerros de 10 meses com 11 arrobas não resolveu o problema com essa precocidade, porque nos abatedouros a carcaça não tem classificação. Os proprietários rurais poderão ganhar no longo prazo se investirem em genética e alimentação do rebanho.

Uma prova de que os pecuaristas que colocaram a mão no bolso no ano anterior está na valorização do bezerro. O invernista, que só engorda o gado, deixou de comprar o boi magro e resolveu partir para o bezerro, que é mais barato.

Assim, podemos classificar as atividades em:

9.2.1 Cria

A atividade principal é a produção do bezerro, que é vendido após o desmame (período igual ou inferior a 12 meses).

9.2.2 Recria

A partir do bezerro desmamado (período de 13 a 23 meses), produzir e vender o novilho magro para engorda.

9.2.3 Engorda

É a atividade denominada invernista, que, a partir do novilho magro, produz o novilho gordo para vendê-lo (o processo leva de 24 a 36 meses).

9.3 Classificação contábil do gado

Os animais originários da cria ou da compra, para recria ou engorda, são avaliados pelo seu valor original, na medida de sua formação, incluindo todos os custos gerados no ciclo operacional, imputáveis, direta ou indiretamente, tais como: rações, medicamentos, inseticidas, mão de obra e encargos sociais, combustíveis, energia elétrica, depreciações de prédios, máquinas e equipamentos utilizados na produção, arrendamentos de máquinas, equipamentos ou terras, seguros, serviços de terceiros, fretes e outros.

As despesas pré-operacionais devem ser amortizadas à medida que o ciclo operacional avança em relação à criação dos animais ou à produção de seus derivados.

Analisamos, a seguir, a classificação contábil da conta representativa do gado pertencente à empresa agropecuária.

9.3.1 Ativo não circulante imobilizado

No que se refere ao gado, classificam-se no Ativo Imobilizado em contas distintas:

a. *Gado Reprodutor* – é constituído de touros puros de origem, puros de cruza, vacas puras de cruza, vacas puras de origem e o plantel destinado à inseminação artificial, além de suínos, ovinos e equinos destinados à reprodução.

b. *Gado de Renda* – representando bovinos, suínos, ovinos e equinos que a empresa explora para a produção de bens que constituem objeto de suas atividades.

c. *Animais de Trabalho* – compreendendo equinos, bovinos, muares e asinos destinados a trabalhos agrícolas, sela e transporte.

NOTA: Poderão ser classificados no ativo circulante ou realizável a longo prazo, em conta apropriada, aves, gado bovino, suínos, ovinos, equinos, caprinos, coelhos, peixes e pequenos animais, destinados à revenda, ou a ser consumidos na produção de bens para revenda.

9.3.2 Ativo circulante

São classificados no Ativo Circulante, em conta apropriada, aves, gado bovino, suínos, ovinos, equinos, caprinos, coelhos, peixes e pequenos animais, destinados à revenda, ou a ser consumidos na produção de bens para venda.

9.3.3 Avaliação do rebanho no balanço patrimonial

Para apuração dos resultados da empresa agropecuária, o rebanho existente na data do Balanço, registrado no Ativo Circulante, deve ser inventariado pelo custo real, admitindo-se o inventário pelo preço corrente no mercado.

As crias nascidas durante o período-base podem ser contabilizadas pelo preço real de custo, quando evidenciado na escrituração da pessoa jurídica, ou pelo preço corrente no mercado. Deverão ser lançadas como superveniências ativas, a débito da conta do ativo a que se destinam e a crédito da conta de resultado (PN CST n°s 511/70 e 57/76, item 3.1) (Decreto nº 9.580/2018).

9.3.4 Gado utilizado simultaneamente para renda e custeio

O gado utilizado simultaneamente para renda e custeio deve ser classificado no Ativo Não Circulante Imobilizado ou no Ativo Circulante da empresa agropecuária, segundo sua finalidade preponderante.

9.4 Exercício social e ciclo operacional

O exercício social é o período determinado pelo contrato social, normalmente de um ano, ao fim do qual a Empresa fará elaborar, com base na escrituração mercantil, as demonstrações financeiras que deverão exprimir com clareza a situação do patrimônio da companhia e as mutações ocorridas no exercício. Na constituição da empresa agropecuária e nos casos de alteração estatutária, o exercício social poderá ter duração inferior ou superior a um ano; entretanto, a legislação determina a duração de um ano. A legislação também estabelece que, na empresa em que o ciclo operacional for maior que o exercício social (um ano), a classificação no circulante ou realizável a longo prazo terá por base o prazo desse ciclo.

Sendo assim, o curto prazo para agropecuária será igual a seu ciclo operacional. O ciclo operacional é o período compreendido desde a inseminação, ou nascimento, ou compra, até a comercialização.

9.5 Alterações no resultado da agropecuária

O patrimônio das entidades agropecuárias passa por constantes modificações motivadas pelas decisões tomadas por sua administração ou, mesmo, por acontecimentos imprevisíveis, fora do controle da administração, mas que têm reflexos sobre o patrimônio.

Quando a administração decide comprar uma ordenhadeira mecânica, está claro que essa decisão terá repercussão sobre o patrimônio. Quando ocorrem nascimentos e mortes, esses eventos também têm reflexo sobre o patrimônio, apesar de não terem sido consentidos ou autorizados pela administração.

Todos os eventos que modifiquem o patrimônio, consentidos ou não pela administração, são chamados de fatos contábeis ou fatos administrativos, e são objeto de registro pela Contabilidade Rural.

Colocar uma carta no correio, atender a um telefonema, receber uma visita de um vendedor de insumos são exemplos de atos administrativos.

Comprar mercadorias, efetuar depósitos em banco, pagar aluguel são exemplos de fatos contábeis ou fatos administrativos.

Na administração do Patrimônio de uma Empresa, ocorrem atos e fatos administrativos. A diferença do ato para o fato administrativo é que o primeiro não altera a substância do Patrimônio (como admitir empregados, assinar documentos etc.), e o segundo altera a substância patrimonial (compras, vendas, pagamentos, despesas etc.).

Qualquer alteração nos elementos constitutivos do patrimônio é considerada um fato contábil (ou fato administrativo). Significa a mudança de valor no patrimônio da empresa pela alteração de um ou mais itens patrimoniais.

Nas empresas agropecuárias, as crias nascidas durante o exercício social e o gado que perecer no período devem ser escriturados como superveniências e insubsistências ativas, da seguinte forma:

a. *Superveniências ativas* – a cria nascida deverá ser debitada à conta do Ativo a que se destina e creditada a Superveniências Ativas pelo preço real de custo ou pelo preço corrente no mercado, devendo ser computado no resultado do mês ou semestre para determinação do lucro real.

b. *Insubsistências ativas* – o gado que perecer deverá ser creditado à conta do Ativo em que se achavam registradas e debitadas as Insubsistências Ativas pelo preço real de custo ou pelo preço corrente de mercado, podendo ser deduzido do resultado do mês ou semestre para determinação do lucro real.

Acompanhando o procedimento definido, também as crias nascidas durante o ano social serão contabilizadas por seu valor de mercado, debitando-se à conta de Ativo – Estoque a crédito de Variação Patrimonial Líquida (Superveniências Ativas). Com a finalidade de apuração do resultado posterior, a cria será contabilizada pelo custo de nascimento na conta Custo do Rebanho no Período. Assim, facilitar-se-á o confronto da Receita Econômica com seu custo, visto que normalmente o valor da cria nascida será maior do que seu custo, apurando-se um ganho econômico.

9.5.1 Nas empresas em geral

É uma variação econômica e não financeira, pois não houve entrada ou saída de dinheiro. A variação do estoque na empresa comercial e industrial aumenta de valor constantemente. Com raras exceções, varia proporcionalmente à inflação. Não representa, portanto, ganho real, mesmo que sofresse variações acima da inflação; entretanto, a rotação média do estoque é bastante rápida, evitando que o ganho econômico permaneça oculto no Ativo.

As variações decorrentes dos fatos administrativos dão margem a três tipos de alterações no Patrimônio, ou seja:

- fatos permutativos;
- fatos modificativos;
- fatos mistos.

Qualquer alteração nos elementos constitutivos do patrimônio é considerada um fato contábil (ou fato administrativo).

9.6 Variação patrimonial líquida

Variação patrimonial significa a mudança dos valores do patrimônio da empresa pela alteração de um ou mais itens patrimoniais.

Essa variação origina-se com a ocorrência de uma mudança no valor de item patrimonial decorrente de uma variação econômica do valor do bem, porém não financeira. Ou seja, há uma diferença entre o valor que ele está escriturado e o valor praticado no mercado.

Há dois fatores preponderantes para essa variação, sendo:

- o gado, através de seu crescimento natural, ganha peso e envergadura com o passar do tempo, ficando o Ativo a constante aumento de valor econômico real;

- na pecuária pelo ciclo operacional extenso, a rotatividade do estoque é lenta, acarretando os efeitos da inflação com a perda do poder aquisitivo da expressão monetária que está registrado.

Dessa forma, é essencial que se reconheça essa modificação.

A variação patrimonial poderá ser:

- positiva, nos casos em que há ganho econômico, como, por exemplo, o nascimento de um bezerro;
- negativa, com a morte de um novilho por doença ou mordida de cobra.

O resultado entre as variações patrimoniais positivas e negativas dará a variação patrimonial líquida, que deverá ser destacada nas contas de resultado do exercício.

9.7 Superveniências Ativas e Insubsistências Ativas

São formas de variação patrimonial, sendo as Superveniências Ativas, os acréscimos ganhos em relação ao Ativo da empresa rural. Esses acréscimos ocorrem com o nascimento de animais e ganhos que ocorrem com o crescimento natural do gado. São as variações patrimoniais positivas.

As Insubsistências Ativas significam reduções do Ativo da empresa decorrentes de perdas, fatos fortuitos, anormais e imprevistos. É o caso de mortes, desaparecimento de animais do rebanho. São variações patrimoniais negativas.

São evidenciadas no Balanço Patrimonial da seguinte forma:

Demonstração de Resultado do Exercício

Receita Bruta
    Receita do gado bovino
        Venda do gado bovino
            Variação patrimonial líquida
                Superveniências ativas
                (–) Insubsistências ativas

Ao valor do rebanho que morre no período-base deve-se atribuir o valor contábil (o preço real de custo quando a contabilidade assim o venha registrando ou o preço corrente no mercado atribuído na última avaliação). Esse valor será lançado contra a conta do ativo em que se achava registrado o animal, encerrando-se a conta contra resultado do período (insubsistências ativas). Observar, para lançamento da baixa, se o valor do animal já se encontra registrado na contabilidade, isto é, só poderá ser "baixada" a cria que nasce morta quando precedida do lançamento que consigne o nascimento, por exemplo (PN CST nº 57/76).

9.8 Método de custo e método a valor de mercado

Para apurar-se o resultado anual por ocasião do Balanço Patrimonial conforme entendimento do Fisco, é necessária a contabilização do rebanho inventariado pelo preço real do custo (Método do Custo – Custeio por Absorção) ou pelo custo corrente de mercado (Método a Valor de Mercado).

9.8.1 Método de custo (custeio por absorção)

O Custeio por Absorção ou Custeio Pleno consiste na apropriação de TODOS os custos (sejam eles fixos ou variáveis) à produção agropecuária do período. Os gastos não produtivos (despesas) são excluídos.

A distinção principal no custeio por absorção é entre custos e despesas. A separação é importante porque as despesas são jogadas imediatamente contra o resultado do período, enquanto somente os custos relativos aos produtos vendidos terão idêntico tratamento. Os custos relativos aos rebanhos que não tenham sido vendidos estarão ativados nos estoques.

O custeio por absorção segue os seguintes passos:

   a. separação dos gastos do período em custos e despesas;
   b. classificação dos custos em diretos e indiretos;
   c. apropriação dos custos diretos aos produtos agropecuários;
   d. apropriação, através de rateio, dos custos indiretos de produção.

Esquematicamente, o fluxo global de custos e despesas para apuração de resultados no custeio por absorção pode ser assim representado:

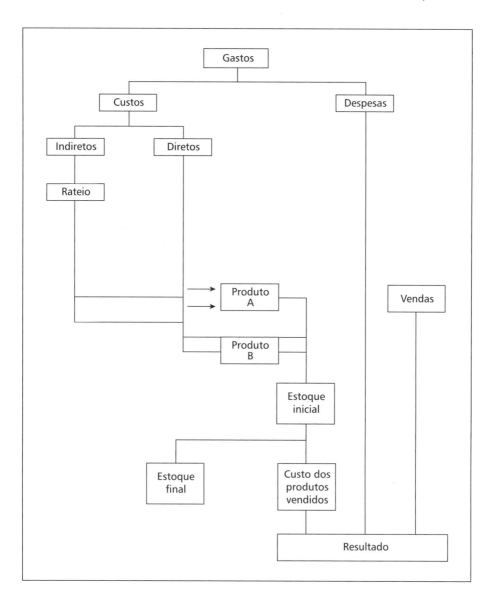

Podemos ver, pelo gráfico, que as despesas todas vão para o resultado do período, enquanto os custos somente são lançados ao resultado na parte correspondente aos produtos vendidos, permanecendo o restante como estoque.

Custeio por absorção é o método derivado da aplicação dos princípios de Contabilidade e é, no Brasil, adotado pela legislação empresarial e pela legislação fiscal. Não é um princípio contábil em si, mas uma metodologia decorrente da aplicação desses princípios. Dessa forma, o método é válido para a apresentação de demonstrações financeiras e para o pagamento do imposto de renda.

Nesse método, todos os custos são alocados aos rebanhos. Assim, tanto os custos diretos como os indiretos incorporam-se aos rebanhos. Os primeiros, através da apropriação direta e os indiretos através da sua atribuição por meio de critérios de rateio.

Esquema básico

Neste tópico, iremos abordar a Contabilidade de custos como um mecanismo para a avaliação de estoques e, em consequência, para apuração do custo dos rebanhos. A utilização do custo na empresa agropecuária verifica-se com a apuração de todo o custo de formação do rebanho ao plantel e compõe o Estoque. Dependendo da atividade do empreendimento (cria, recria ou engorda, ou as três atividades conjugadas), varia o período de apuração de lucro, já que só por ocasião da venda é que se apurará um resultado, procedendo à baixa no Estoque e debitando-se o custo do gado vendido.

A utilização do Método de Custo na Empresa Rural assemelha-se ao tratamento dado à indústria, visto que todos os custos de formação do rebanho são acumulados ao plantel e figuram com destaque no Estoque. Dependendo da atividade do empreendimento (cria, recria ou engorda, ou as três atividades conjugadas), pode variar o período de apuração do lucro, já que só por ocasião da venda é que se apurará o resultado, procedendo-se à baixa no Estoque e debitando-se conta de resultado a Custo do Gado Vendido (Decreto nº 9.580/2018).

9.8.2 Método a valor de mercado

É o reconhecimento da receita por valoração dos estoques para produtos que encerram características especiais, como crescimento do gado, estufas de plantas, reservas florestais e pedras preciosas etc. Nesses casos, é possível reconhecer a receita mesmo antes da venda, porquanto existe uma avaliação de mercado (preço) que é objetiva em estágios distintos de maturação dos produtos. Assim, proceder-se-ia a um lançamento a débito do estoque adicionado a diferença de preço aos custos incorridos.

Reconhecendo-se um ganho econômico periodicamente (Resultado Anual) em virtude do crescimento natural do rebanho, o Método a Valor de Mercado avalia o plantel pelo preço corrente de mercado, que, normalmente, é o preço de custo. Assim sendo, o plantel fica destacado no Estoque a preço de mercado com um resultado reconhecido anualmente pela confrontação da diferença a maior do valor de mercado atual com o valor do período anterior. A denominação Ganho Econômico justifica-se uma vez que não houve entrada de valores monetários, mas somente valorização do plantel.

Por esse Método, o lucro é calculado anualmente, quando da venda do plantel, ocorrendo o fluxo de caixa do Lucro Econômico; assim, procede-se ao registro contábil da baixa na conta Estoque em contrapartida da conta Caixa e/ou Valores a Receber.

O resultado da empresa rural quando utiliza o método do valor de mercado para avaliação do estoque será feito a partir do reconhecimento da receita por valoração dos estoques dos produtos que encerram características especiais, como crescimento do gado, estufas de plantas, reservas florestais etc. Nesses casos, é possível reconhecer a receita mesmo antes da venda, porquanto existe avaliação de mercado (preço) que é objetiva em estágios distintos de maturação dos produtos. Assim, proceder-se-á a um lançamento contábil a débito do estoque, adicionando-se a diferença de preço aos custos incorridos e o crédito do ganho econômico à conta de resultado "Superveniência Ativa" (Decreto nº 9.580/2018).

9.9 Considerações finais

Os pecuaristas precisam saber da importância que as informações completas, organizadas têm na gestão da atividade rural que dará condições ao produtor de tomar decisões e planejar financeiramente, gerir o negócio e ainda cumprir com as obrigações fiscais. Oportuniza gerir melhor a sua atividade possibilitando saber onde gastar menos e onde investir mais.

Múltipla escolha

1. São métodos existentes para o cálculo do custo do bezerro, exceto:
   ( ) a. custo específico;
   ( ) b. custo médio do rebanho;
   ( ) c. custo corrigido considerando os bezerros a nascer;
   ( ) d. custo médio das matrizes.

2. O cálculo do custo do bezerro é importante para a contabilidade da pecuária por diversos motivos, exceto:
   ( ) a. saber se é viável possuir gado reprodutor na fazenda;
   ( ) b. avaliar a viabilidade de possuir matrizes para recria e engorda;
   ( ) c. avaliar de forma adequada o Ativo da empresa, já que os bezerros têm um custo real;
   ( ) d. avaliar de forma adequada o restante do rebanho destinado a corte.

3. O método mais adequado para se calcular o custo do bezerro é:
   ( ) a. custo médio dos reprodutores;
   ( ) b. custo médio do rebanho;
   ( ) c. custo específico;
   ( ) d. custo corrigido considerando o bezerro a nascer.

4. "Apuram-se todos os custos referentes ao Imobilizado e apropria-se aos bezerros. Os demais custos seriam distribuídos proporcionalmente ao rebanho em estoque." Esta é a fórmula de cálculo do:
   ( ) a. custo médio do rebanho;
   ( ) b. custo corrigido considerando os bezerros a nascer;
   ( ) c. custo médio dos reprodutores;
   ( ) d. custo específico.

5. A técnica de cálculo do Custo Médio do rebanho consiste em:
   ( ) a. apropriar ao rebanho os custos ocorridos e a eles pertinentes;
   ( ) b. apropriar ao rebanho, inclusive os reprodutores m, os custos ocorridos;
   ( ) c. efetuar a distribuição do custo do rebanho entre as cabeças do rebanho, excluindo-se os bezerros;
   ( ) d. o custo de manutenção do rebanho já formado não será incluído no custo do rebanho e distribuído para o rebanho em formação.

6. Para calcular o Custo Médio dos Reprodutores, um dos passos a seguir consiste em:
   ( ) a. considerar o rebanho, na época da apropriação, como o gado existente no Ativo Circulante (Estoques) (–) nascimentos no exercício (–) o gado existente no Ativo Permanente Imobilizado (Reprodução);
   ( ) b. considerar o rebanho, na época da apropriação, como o gado existente no Ativo Circulante (Estoques) (+) nascimentos no

exercício (−) o gado existente no Ativo Não Circulante Imobilizado (Reprodução);

( ) c. considerar o rebanho, na época da apropriação, como o gado existente no Ativo Circulante (Estoques) (−) nascimentos no exercício (+) o gado existente no Ativo Não Circulante Imobilizado (Reprodução);

( ) d. n.d.a.

7. O Método em que se transferiria para o bezerro nascido todo o custo da Matriz é:

   ( ) a. custo médio do rebanho;
   ( ) b. custo corrigido considerando os bezerros a nascer;
   ( ) c. custo médio dos reprodutores;
   ( ) d. custo específico.

8. São premissas básicas para se calcular o custo médio do rebanho, exceto:

   ( ) a. somar-se o custo do rebanho (salário, alimentação de gado, exaustão de pastagens, depreciação de reprodutores, cuidados veterinários...) e dividir-se o resultado pelo total de cabeças do rebanho em formação;
   ( ) b. considerar o rebanho, na época da apropriação, como o gado existente no Ativo Circulante (Estoques) (−) nascimentos no exercício (+) o gado existente no Ativo Não Circulante Imobilizado (Reprodução);
   ( ) c. considerar o custo da manutenção do rebanho já formado e distribuir para o rebanho em formação;
   ( ) d. n.d.a.

9. Existe grande inconveniência para se apurar o custo pelo método de "Custo Específico" exceto:

   ( ) a. na apuração do custo específico por gado reprodutor ou ainda pelos reprodutores;
   ( ) b. na apuração do custo específico por bezerros nascidos;
   ( ) c. na dificuldade de identificação dos custos para o rebanho de corte e rebanho reprodutor, devido à precariedade dos controles nas fazendas;
   ( ) d. n.d.a.

10. No método do custo corrigido considerando os bezerros a nascer, observamos:
    ( ) a. que há, como na indústria, dois tipos de estoque, acabado e em formação;
    ( ) b. que há apenas um estoque, o acabado;
    ( ) c. que há três tipos de estoque, o acabado, o em formação e o inicial;
    ( ) d. n.d.a.

11. Como é calculado o custo ocorrido no rebanho?
    ( ) a. Só entre os bezerros;
    ( ) b. Proporcional ao custo do rebanho + bezerro;
    ( ) c. Só entre as matrizes;
    ( ) d. Só entre os reprodutores.

12. O cálculo do custo do bezerro é relevante?
    ( ) a. Depende do tamanho da empresa;
    ( ) b. Em empresa de gado para corte;
    ( ) c. Em empresa produtora de matrizes;
    ( ) d. Em todas as empresas.

13. O que é levado em consideração no cálculo do custo do rebanho?
    ( ) a. Salário, alimentação do gado, exaustão de pastagens, depreciação de reprodução e cuidados veterinários.
    ( ) b. Letra *a* acrescida de bezerros a nascer.
    ( ) c. Bezerros nascidos mais bezerros a nascer.
    ( ) d. Letras *b* e *c*.

14. Como se classificam os bezerros nascidos entre 0 e 12 meses no Balanço Patrimonial de uma Empresa Rural?
    ( ) a. No Circulante Disponível.
    ( ) b. No Ativo Não Circulante.
    ( ) c. Nos Estoques.
    ( ) d. No Patrimônio Líquido da Empresa.

15. Como se classificam as matrizes (vacas) na fase de reprodução no Balanço Patrimonial de uma Empresa Rural?
    ( ) a. Nos Estoques.
    ( ) b. No Ativo Não Circulante Imobilizado.

( ) c. No Patrimônio Líquido da Empresa.
( ) d. No Ativo Circulante Disponível.

16. Como podemos calcular o custo unitário de manutenção do rebanho?
    ( ) a. Estoque − Bezerro nascido no ano + gado do Ativo Não Circulante Imobilizado.
    ( ) b. Estoque + Bezerro nascido no ano + gado do Ativo Não Circulante Imobilizado.
    ( ) c. Estoque − Bezerro nascido no ano − gado do Ativo Não Circulante Imobilizado.
    ( ) d. Estoque + gado do Ativo Não Circulante Imobilizado.

17. Quais são as inconveniências para utilização do custo específico?
    ( ) a. O custo da matriz (depreciação, alimentação etc.).
    ( ) b. O custo do reprodutor (estimativa vaca/touro).
    ( ) c. Respostas *a*, *b* e *d*.
    ( ) d. Custo não identificado para o rebanho de corte.

18. Como é calculado o custo médio mensal por cabeça?
    ( ) a. Gado reprodutor/gado corte + bezerro a nascer.
    ( ) b. Custo do mês/número de animais.
    ( ) c. Gado de corte/gado reprodutor.
    ( ) d. Custo do mês/gado reprodutor − bezerro.

19. O bezerro ao nascer está sendo corrigido monetariamente. Por quê?
    ( ) a. A vaca prenha absorve o custo de manutenção.
    ( ) b. Os bezerros ao nascer recebem o valor de estoque.
    ( ) c. O valor de mercado corrige o bezerro.
    ( ) d. O custo histórico corrigido corrige a vaca.

20. As superveniências e insubsistências são fatos:
    ( ) a. permutativos;
    ( ) b. compensatórios;
    ( ) c. compostos;
    ( ) d. modificativos;
    ( ) e. mistos.

Exercícios

1. A Fazenda Três Pontas desenvolve a atividade de bovinocultura de corte (cria-recria-engorda). A empresa apresentou o Balanço Patrimonial, informando o plantel até o presente momento.

ATIVO – 31/12/2015	
Circulante	R$
Bancos	1.390.000,00
Estoques	
Bezerros – 0 a 12 meses – 40 unidades animais	30.000,00
Bezerras – 0 a 12 meses – 40 unidades animais	30.000,00
Novilhos – 13 a 24 meses – 40 unidades animais	48.000,00
Novilhas – 13 a 24 meses – 40 unidades animais	48.000,00
Novilhos – 25 a 36 meses – 40 unidades animais	76.000,00
Matrizes em Experimentação – 40 unidades animais	76.000,00
Total do Circulante	1.698.000,00
Permanente	
Imobilizado	
Pastagens	300.000,00
(–) Depreciação Acumulada	30.000,00
Instalações	200.000,00
(–) Depreciação Acumulada	20.000,00
Reprodutores	10.000,00
(–) Depreciação Acumulada	1.250,00
Matrizes	100.000,00
(–) Depreciação Acumulada	10.000,00
Total do Permanente	548.750,00

Dados:

Exaustão de pastagens – 10 anos (natural) – 10%

Depreciação dos reprodutores – 8 anos (Puro de Origem – PO) – 12,5%

Depreciação das matrizes – 10 anos (Puro de Origem – PO) – 10%

Contabilizar:

1. No início do período de 2016, ocorreram os seguintes fatos:
   1a. do lote de matrizes em experimentação, 30 foram aprovadas e incorporadas ao rebanho permanente;
   1b. houve vendas, no início de 20x4, de: 40 novilhos de 25 a 36 meses, por $ 2.200,00 cada um, e 10 novilhas em experimentação, não aprovadas para matriz, por $ 2.400,00 cada uma;
   1c. houve aquisição de dois novos touros (para cobertura das novas matrizes) por $ 3.000,00 cada um (no início de 2016);
   1d. no início de 2016, morreram 10 bezerros referentes ao lote de bezerros de 0 a 12 meses de 2015;
   1e. ocorreu, após esses fatos, a transferência de categorias, ou seja, os bezerros (2015) passaram a ser novilhos de 13 a 24 meses e os novilhos (2014) de 13 a 24 meses passaram para novilhos de 25 a 36 meses.
2. Durante o período de 2016, a Fazenda Três Pontas efetua os seguintes gastos, registrando em estoques, com pagamento realizado à vista:

   2a. Custos:

Descrição	Valor	Período
Sal mineral	$ 28.000,00	10-5-2016
Ração	$ 70.000,00	12-7-2016
Vacina aftosa	$ 97.000,00	20-9-2016

Ainda no decorrer do período, realiza também mais alguns gastos, dentre os quais alguns pertencentes a custos diretos do rebanho e outros considerados custos indiretos, com pagamento registrado à vista:

Custos diretos:

Descrição	Valor	Período
2b. Gastos com energia, água e telefone	$ 70.000,00	anual
2c. Gastos com empregados	$ 230.000,00	anual
2d. Gastos com veterinário	$ 25.000,00	anual
Custos indiretos		
2e. Gastos com manutenção da fazenda	$ 160.000,00	anual
2f. Gastos com energia, água e telefone	$ 50.000,00	anual

3a. nasceram 130 bezerros (60 machos e 70 fêmeas), avaliados a valor de mercado por $ 1.000,00 cada um, considerando as novilhas em experimentação (transferidas para o ativo permanente);
3b. ainda no decorrer do período, fevereiro a dezembro são realizadas as apurações e os rateios dos custos para o plantel.

PEDE-SE:
4. contabilizar os lançamentos e razonetes das operações ocorridas no período, calculando o custo dos bezerros nascidos no ano;
5. efetuar o cálculo do custo do gado vendido, das novilhas transferidas, bem como o rateio do custo do rebanho em formação;
6. apresentar ao final de 2016 o Balanço Patrimonial;
7. fazer a apuração de resultado, considerando a cotação média do gado nas diversas categorias durante 2016.

	2015	2016
Bezerros de 0 a 12 meses	2.500,00	3.000,00
Novilhos de 13 a 24 meses	4.000,00	6.000,00
Novilhos de 25 a 36 meses	7.000,00	9.000,00

10

CONTABILIZAÇÃO DA PECUÁRIA PELO MÉTODO DE CUSTO

10.1 Introdução

A Contabilidade é a ciência encarregada de estudar e controlar o patrimônio das entidades, mediante o registro, a demonstração expositiva e a interpretação dos fatos ocorridos, com o fim de oferecer informação sobre sua composição e suas variações, bem como sobre o resultado econômico da gestão da riqueza patrimonial.

Dessa forma, a Contabilidade deve alicerçar-se nas premissas básicas (normas e regras), admitidas para o correto assentamento dos registros contábeis e das demonstrações deles decorrentes.

Na contabilidade industrial, mercantil ou rural, o registro contábil pelo método de custo deve antes de tudo orientar-se por alguns aspectos, conforme os itens a seguir.

10.2 Princípios e conceitos contábeis aplicados à Contabilidade Rural

Os Princípios de Contabilidade são:

10.2.1 Princípio da entidade

O Princípio da Entidade reconhece o Patrimônio como objeto da contabilidade e afirma a autonomia patrimonial, a necessidade da diferenciação de um patrimônio particular no universo dos patrimônios existentes, independentemente de pertencer a uma pessoa, um conjunto de pessoas, uma sociedade ou instituição de qualquer natureza ou finalidade, com ou sem fins lucrativos. Por consequência, nessa acepção, o patrimônio não se confunde com aqueles de seus sócios ou proprietários, no caso de sociedade ou instituição.

O patrimônio pertence à entidade, mas a recíproca não é verdadeira. A soma ou agregação contábil de patrimônios autônomos não resulta em nova entidade, mas numa unidade de natureza econômica contábil.

A escrita contábil está centrada em *entidades*. Uma entidade é uma unidade para a qual se coletam, registram e demonstram situações patrimoniais. Pode ser uma empresa, uma pessoa ou um órgão dentro da empresa. Pode ser um conjunto de empresas.

Dois pontos cruciais para compreensão e uso correto do conceito de entidade.

1. *Primeiro* – uma vez definida uma entidade, não se deve misturar os recursos, direitos e obrigações dessa entidade com outras entidades. Por exemplo: uma empresa e seus sócios são entidades distintas. Não confundir o caixa do dono com o da empresa.
2. *Segundo* – deve-se olhar todos os fenômenos patrimoniais do ponto de vista da entidade. Se uma empresa compra mercadorias de seu fornecedor, sua contabilidade irá registrar uma obrigação ou dívida a saldar. A do fornecedor, por outro lado, terá um direito ou crédito a receber. Cada uma terá, como se deduz, registros contábeis diferentes.

10.2.2 Princípio da continuidade

O Princípio da Continuidade pressupõe que a Entidade continuará em operação no futuro, e, portanto, a mensuração e a apresentação dos componentes do patrimônio levam em conta essa circunstância.

A continuidade ou não da entidade, bem como sua vida estabelecida ou provável, devem ser consideradas quando da classificação das mutações patrimoniais, quantitativas e qualitativas.

A continuidade influencia o valor econômico dos ativos e, em muitos casos, o valor ou o vencimento dos passivos, especialmente quando a extinção da entidade tem prazo determinado, previsto ou previsível. A observância do princípio da continuidade é indispensável à correta aplicação do Princípio da Competência, por efeito de relacionar diretamente à quantificação dos componentes patrimoniais e à formação do resultado, e de constituir dado importante para aferir a capacidade futura de geração de resultado.

Quando se faz a contabilidade de uma entidade, parte-se do pressuposto de que ela continuará existindo por tempo indeterminado. Uma empresa em processo de extinção é tratada, contabilmente, de forma distinta.

Dessa forma, presume-se que a entidade não tenha a intenção nem a necessidade de entrar em liquidação, nem reduzir materialmente a escala das suas operações; se tal intenção ou necessidade existir, as demonstrações contábeis têm que ser preparadas numa base diferente, e, nesse caso, tal base deverá ser divulgada.

10.2.3 Princípio da oportunidade

O Princípio da Oportunidade refere-se ao processo de mensuração e apresentação dos componentes patrimoniais para produzir informações íntegras e tempestivas.

A falta de integridade e tempestividade na produção e na divulgação da informação contábil pode ocasionar a perda de sua relevância, por isso é necessário ponderar a relação entre a oportunidade e a confiabilidade da informação.

Refere-se, simultaneamente, à tempestividade e à integridade do registro das mutações patrimoniais, determinando que este seja feito no tempo certo e com a extensão correta.

Como resultado da obrigatória observância do Princípio da Oportunidade temos:

I – o registro do patrimônio e de suas posteriores mutações deve ser feito de imediato e de forma integral, independentemente das causas que as originaram;

II – desde que tecnicamente estimável, o registro das variações patrimoniais deve ser feito mesmo na hipótese de somente existir razoável certeza de ocorrência;

III – o registro compreende os elementos quantitativos e qualitativos, contemplando os aspectos físicos e monetários;

IV – o registro deve ensejar o conhecimento universal das variações ocorridas no patrimônio da Entidade, em um período de tempo determinado, base necessária para gerar informações úteis ao processo decisório da gestão.

10.2.4 Princípio do registro pelo valor original

O Princípio do Registro pelo Valor Original determina que os componentes do patrimônio devem ser inicialmente registrados pelos valores originais das transações, expressos em moeda nacional.

As seguintes bases de mensuração devem ser utilizadas em graus distintos e combinadas, ao longo do tempo, de diferentes formas:

I – Custo histórico. Os ativos são registrados pelos valores pagos ou a serem pagos em caixa ou equivalentes de caixa ou pelo valor justo dos recursos que são entregues para adquiri-los na data da aquisição. Os passivos são registrados pelos valores dos recursos que foram recebidos em troca da obrigação ou, em algumas circunstâncias, pelos valores em caixa ou equivalentes de caixa, os quais serão necessários para liquidar o passivo no curso normal das operações; e

II – Variação do custo histórico. Uma vez integrado ao patrimônio, os componentes patrimoniais, ativos e passivos, podem sofrer variações decorrentes dos seguintes fatores:

a) custo corrente. Os ativos são reconhecidos pelos valores em caixa ou equivalentes de caixa, os quais teriam de ser pagos se esses ativos ou ativos equivalentes fossem adquiridos na data ou no período das demonstrações contábeis. Os passivos são reconhecidos pelos valores em caixa ou equivalentes de caixa, não descontados, que seriam necessários para liquidar a obrigação na data ou no período das demonstrações contábeis;

b) valor realizável. Os ativos são mantidos pelos valores em caixa ou equivalentes de caixa, os quais poderiam ser obtidos pela venda em uma forma ordenada. Os passivos são mantidos pelos valores em caixa e equivalentes de caixa, não descontados, que se espera seriam pagos para liquidar as correspondentes obrigações no curso normal das operações da Entidade;

c) valor presente. Os ativos são mantidos pelo valor presente, descontado do fluxo futuro de entrada líquida de caixa que se espera seja gerado pelo item no curso normal das operações da Entidade. Os passivos são mantidos pelo valor presente, descontado do fluxo futuro de saída líquida de caixa que se espera seja necessário para liquidar o passivo no curso normal das operações da Entidade;

d) valor justo. É o valor pelo qual um ativo pode ser trocado, ou um passivo liquidado, entre partes conhecedoras, dispostas a isso, em uma transação sem favorecimentos; e

e) atualização monetária. Os efeitos da alteração do poder aquisitivo da moeda nacional devem ser reconhecidos nos registros contábeis mediante o ajustamento da expressão formal dos valores dos componentes patrimoniais.

São resultantes da adoção da atualização monetária:

I – a moeda, embora aceita universalmente como medida de valor, não representa unidade constante em termos do poder aquisitivo;

II – para que a avaliação do patrimônio possa manter os valores das transações originais, é necessário atualizar sua expressão formal em moeda nacional, a fim de que permaneçam substantivamente corretos os valores dos componentes patrimoniais e, por consequência, o do Patrimônio Líquido; e

III – a atualização monetária não representa nova avaliação, mas tão somente o ajustamento dos valores originais para determinada data, mediante a aplicação de indexadores ou outros elementos aptos a traduzir a variação do poder aquisitivo da moeda nacional em um dado período.

10.2.5 Princípio da competência

O Princípio da Competência determina que os efeitos das transações e outros eventos sejam reconhecidos nos períodos a que se referem, independentemente do recebimento ou pagamento.

Pressupõe a simultaneidade da confrontação de receitas e de despesas correlatas. A fim de atingir seus objetivos, demonstrações contábeis são preparadas conforme o Princípio contábil de Competência. Segundo esse regime, os efeitos das transações e outros eventos são reconhecidos quando ocorrem (e não quando caixa ou outros recursos financeiros são recebidos ou pagos) e são lançados nos registros contábeis e reportados nas demonstrações contábeis dos períodos a que se referem. As demonstrações contábeis preparadas pelo regime de competência informam aos usuários não somente sobre transações passadas envolvendo o pagamento e recebimento de caixa ou outros recursos financeiros, mas também sobre obrigações de pagamento no futuro e sobre recursos que serão recebidos no futuro. Dessa forma, apresentam informações sobre transações passadas e outros eventos que sejam as mais úteis aos usuários na tomada de decisões econômicas. O regime de competência pressupõe a confrontação entre receitas e despesas.

As receitas e as despesas devem ser incluídas na apuração do resultado do período em que ocorrerem, sempre simultaneamente quando se correlacionarem, independentemente de recebimento ou pagamento. O Princípio da Competência determina quando as alterações no ativo ou no passivo resultam em aumento ou diminuição no patrimônio líquido, estabelecendo diretrizes para classificação das mutações patrimoniais, resultantes da observância do princípio da oportunidade. O reconhecimento simultâneo das receitas e despesas, quando correlatas, é consequência natural do respeito ao período em que ocorrer sua geração.

As receitas consideram-se realizadas:

I – nas transações com terceiros, quando estes efetuarem o pagamento ou assumirem compromisso firme de efetivá-lo, quer pela investidura na propriedade de bens anteriormente pertencentes à entidade, quer pela fruição de serviços prestados;

II – quando do desaparecimento, parcial ou total, de um passivo, qualquer que seja o motivo;

III – pela geração natural de novos ativos, independentemente da intervenção de terceiros.

Consideram-se incorridas as despesas:

I – quando deixar de existir o correspondente valor ativo, por transferência de sua propriedade para terceiros;

II – pela diminuição ou extinção do valor econômico de um ativo;

III – pelo surgimento de um passivo, sem o correspondente ativo.

10.2.6 Princípio da prudência

O Princípio da Prudência pressupõe o emprego de certo grau de precaução no exercício dos julgamentos necessários às estimativas em certas condições de incerteza, no sentido de que ativos e receitas não sejam superestimados e que passivos e despesas não sejam subestimados, atribuindo maior confiabilidade ao processo de mensuração e apresentação dos componentes patrimoniais.

Determina a adoção do menor valor para os componentes do ativo e do maior para os do passivo, sempre que se apresentem alternativas igualmente válidas para a quantificação das mutações patrimoniais que alterem o patrimônio líquido. O Princípio da Prudência impõe a escolha da hipótese de que resulte o menor patrimônio líquido, quando apresentarem opções igualmente aceitáveis diante dos demais Princípios de Contabilidade.

Observadas as disposições quanto ao Princípio do Registro pelo Valor Original, o Princípio da Prudência somente se aplica às mutações posteriores, constituindo-se ordenamento indispensável à correta aplicação do Princípio da Competência.

A aplicação do Princípio da Prudência ganha ênfase quando, para definição dos valores relativos às variações patrimoniais, devem ser feitas estimativas que envolvem incertezas de grau variável.

10.3 O método de custo

Baseado no princípio do custo histórico como base de valor, o método do custo pode ser definido como: o método que considera para efeito de registro os valores de aquisição ou os valores relativos ao custo de produção dos ativos a serem incorporados à entidade.

Na empresa agropecuária, alguns itens do balanço não refletem valores econômicos (estoques). Portanto, deveria ser restrita a sua utilização para efeito de análise. Assim, na análise de crédito a curto prazo o importante é que os estoques sejam avaliados a valores de mercado, e não a custos históricos. Já na análise de crédito a longo prazo, a ênfase deve ser dada à efetiva potencialidade de lucro.

Outra observação que se faz é que, devido ao ciclo da atividade pecuária ser relativamente longo, com variação média de dois a cinco anos, o rebanho permanece por um longo período no estoque, até sua maturação.

Esse fato pode trazer prejuízos aos sócios que se retiram da empresa, pois não se reconhece o lucro (resultado) antes da negociação do estoque/produto.

Torna-se necessário conhecer o custo real do plantel, o que é imprescindível à administração da Empresa Rural, observando, é claro, os princípios da Contabilidade.

Assim sendo, a Contabilidade possui condições de atender a seus usuários, com informações seguras, confiáveis, que servirão de base para a tomada de decisão.

Nas atividades de criação de animais, os componentes patrimoniais devem ser avaliados como segue:

- o nascimento de animais, conforme o custo acumulado do período, dividido pelo número de animais nascidos;
- os custos com animais devem ser agregados ao valor original à medida que são incorridos, de acordo com as diversas fases de crescimento; e
- os estoques de animais devem ser avaliados segundo a sua idade e qualidade.

Os animais destinados à reprodução ou à produção de derivados, quando deixarem de ser utilizados para tais finalidades, devem ter seus valores transferidos para as Contas de Estoque, no Ativo Circulante, pelo seu valor contábil unitário.

As perdas por morte natural devem ser contabilizadas como despesa operacional, por serem decorrentes de risco inerente à atividade.

Os ganhos decorrentes da avaliação de estoques do produto pelo valor de mercado devem ser contabilizados como receita operacional, em cada exercício social.

Os custos com a atividade de criação de animais devem ser classificados no Ativo da entidade, segundo a expectativa de realização:

- no Ativo Circulante, os custos com os estoques dos animais destinados a descarte, engorda e comercialização até o final do próximo exercício; e
- no Ativo Permanente Imobilizado, os custos com os animais destinados à reprodução ou à produção de derivados.

10.4 Técnicas

10.4.1 Custo distribuído ao rebanho (com inclusão dos bezerros a nascer)

Todos os custos acumulados no período são divididos pelo número de animais que compõem o rebanho (estoque + permanente), obtendo-se assim o custo médio por cabeça.

Os animais constantes dos estoques terão o custo acumulado do período, isto é, o custo até o momento da venda, baixando em seguida e transportando para o Custo de Produtos Vendidos.

Os animais constantes do Permanente não receberão custo, este será atribuído aos bezerros nascidos no período e aos bezerros que estão para nascer. Portanto, deve-se estimar o número de bezerros nascituros para, proporcionalmente, atribuir custo aos nascidos e diferi-lo aos nascituros.

10.4.2 Custo distribuído ao rebanho (excluindo os recém-nascidos)

No final do período, o custo acumulado é rateado por cabeça, tendo como base todo o gado do Ativo Circulante e do Ativo Não Circulante Imobilizado em Formação.

No caso de venda, a conta Estoque é baixada pelo sistema PEPS – Primeiro que Entra é o Primeiro que Sai.

O bezerro só fará parte do rateio a partir de seu nascimento.

Devido às grandes dificuldades de controle individual do rebanho, as baixas por morte são proporcionais à quantidade do rebanho do Ativo Circulante e Ativo Não Circulante, pelo sistema PEPS.

10.4.3 Custo unitário das unidades animais

Para obter o custo unitário da unidade animal, deve-se considerar:

Reprodutor – soma-se à depreciação do reprodutor no período sua manutenção para gerar o bezerro. Dividindo este custo pelo número de crias que se pretende obter no período, ter-se-á a parcela do custo do reprodutor atribuído a cada bezerro.

Matriz – sua depreciação no período mais sua manutenção (gestão e lactação) será atribuída ao bezerro.

Custo com a manutenção do bezerro – compreende os custos no período de lactação até que se atinja o peso desejado para a venda. Multiplica-se o número de dias do período pelo custo diário de manutenção do animal em estoque, adicionando outros custos.

10.5 Plano de contas na contabilidade de custos agropecuários

Uma das fases do trabalho do Método de Custos é a acumulação (registro) dos custos, bem como das despesas da empresa agropecuária.

Acumulação de custo significa colher os dados de custo e registrá-los de forma organizada (através da classificação contábil), sistemática, no sentido de atender a alguma finalidade (no nosso caso, calcular o custo do rebanho e o valor dos estoques).

Elenco de contas

As contas são divididas em dois grupos:

- contas comuns ou fixas;
- contas variáveis ou específicas.

Contas comuns ou fixas

Patrimônio é o conjunto dos bens, direitos e obrigações da empresa agropecuária.

Bens fixos são os capitais aplicados em caráter permanente e destinados a constituir os meios de produção, com os quais as indústrias atingem o seu objetivo. Ex.: o imobilizado.

Bens de venda são os destinados à venda. Nas empresas rurais são os produtos agrícolas e pecuários.

Bens numerários são as disponibilidades da empresa agropecuária, representadas pelo saldo em Caixa e pelos depósitos bancários.

Bens de renda são os capitais aplicados em outra atividade que não seja o objeto da empresa agropecuária. Ex.: investimentos. Por essa razão, os bens de renda são eventuais, podendo não existir em muitas empresas rurais.

As contas patrimoniais são de balanço ou integrais.

Exemplos:

Caixa, Contas a Receber, Estoques, Imobilizado, Contas a Pagar, Empréstimos, Capital, Apropriação de Lucros.

Na Contabilidade Rural, usaremos principalmente as contas de estoques:

- estoques de insumos agropecuários;
- estoques de produtos em produção;
- estoques de produtos agropecuários;
- importações de insumos em andamento.

Estoque de insumos agropecuários

Os estoques de materiais podem ser classificados em:

Insumos diretos – compreendem a matéria-prima (componente físico que sofre a transformação, como o fertilizante, por exemplo) e embalagem. É o custo de qualquer insumo diretamente identificável com o produto agropecuário e que se torne parte integrante deste. Insumo direto é o principal material que entra na composição do produto final. Ele sofre transformação no processo de produção. É o insumo que, do ponto de vista de quantidade, é o mais empregado na produção. Os insumos diretos em estoque serão aplicados diretamente no produto, e ao serem transferidos do estoque para o processo produtivo transformam-se em custos de produção. Ex.: a ração na produção de leite e o vermífugo na produção de arrobas de carne.

O custo do insumo é obtido através da seguinte fórmula:

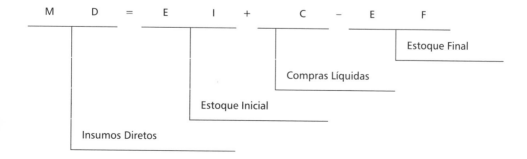

$$MD = EI + C - EF$$

onde:
- Insumos Diretos
- Estoque Inicial
- Compras Líquidas
- Estoque Final

Insumos indiretos – são os materiais empregados na produção do produto, mas, devido à dificuldade de cálculo quanto à quantidade utilizada em cada produto produzido, são considerados insumos indiretos.

Estoque de produtos em produção

O saldo da conta Estoques de produtos em produção representa o valor dos produtos em processo. Os produtos que ainda não estão prontos para serem vendidos.

Estoques de produtos agropecuários

Esta conta representa o saldo dos produtos disponíveis para venda, em estoque, no depósito de produtos agropecuários da Empresa Rural.

Importações de insumos em andamento

Caso a empresa agropecuária importe um material para uso no processo de produção, todos os gastos incorridos na importação, tais como aquisição de moeda estrangeira, pagamento de fretes, seguros, comissões, despesas bancárias, despesas de desembaraço alfandegário etc., deverão ser escriturados em conta específica.

Contas variáveis ou específicas

São as contas de resultado – receitas e despesas.

Como as contas de receitas e despesas não apresentam diferença com relação à empresa comercial, dedicaremos nossa atenção às **Contas de Custos de Produção**.

Contas de custos de produção

As contas de Custos de Produção são contas transitórias, pois, ao final do período, os custos registrados são transferidos para a conta Produtos em Produção (sistemática Contábil mais usual).

Custos de Produção		Produtos em Produção	
MD		EI	
MOD		Custos	Produtos
CIF			Agropecuários
xxx	xxx	EF	

Custos de Produção (conta sintética)

1. Custos diretos (contas analíticas)
   Material Direto
   Insumos consumidos
   Embalagem aplicada no produto
   Outros insumos diretos
   Mão de obra Direta
   Salários e Ordenados
   Prêmios de Produção
   Gratificações
   Férias
   13º Salário
   Contribuição Previdenciária
   FGTS
   Aviso prévio e indenização
   Assistência Médica e Social
   Seguro de Acidentes do Trabalho
   Outros encargos trabalhistas

2. Custos Indiretos de Fabricação (contas analíticas)
   Mão de obra Indireta (vide detalhamento da MOD)
   Insumos indiretos
   Aluguel
   Depreciação das máquinas agrícolas
   Gastos de manutenção

Consumo de energia elétrica

Gastos com transporte do pessoal

Gastos com refeitório

Ferramentas de curta duração

ITR (Imposto Territorial Rural)

Gastos com veículos

Material de escritório

Conta telefônica

Os custos mencionados foram agrupados por componentes de custo. A empresa agropecuária poderia agrupar os custos por departamento.

No caso acima, se a empresa adotar a departamentalização dos custos, irá detalhar os custos por departamento.

Departamento é a unidade mínima administrativa na qual sempre existe um responsável.

A empresa agropecuária é departamentalizada em dois grandes grupos:

- **Departamentos produtivos** – são os departamentos que promovem algum tipo de modificação sobre o produto. Ex.: departamento de cria, departamento de recria, departamento de engorda.

- **Departamentos de serviços** – são os departamentos por onde não passam os produtos, na maioria dos casos. Suas funções são basicamente prestar serviços aos demais departamentos produtivos.

Os departamentos produtivos têm seus custos apropriados diretamente aos produtos agropecuários, mas os departamentos de serviços não podem apropriar seus custos diretamente aos produtos agropecuários, já que os produtos, na maioria dos casos, não passam pelos departamentos de serviços. No entanto, como esses departamentos prestam serviços aos demais, devem ter seus custos transferidos para os departamentos que recebem seus serviços, e depois os custos desses departamentos são apropriados aos produtos agropecuários.

Exemplo de Departamentalização:

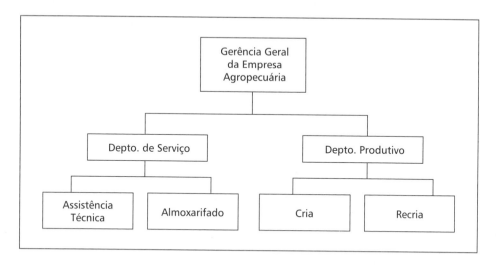

Exemplo:

Custos de Produção

Insumo Direto

Departamento de Cria

Departamento de Recria

Departamento de Engorda

Mão de obra Direta

Departamento de Cria

Departamento de Recria

Departamento de Engorda

Custos Indiretos de Produção

Departamento de Cria

Departamento de Recria

Departamento de Engorda

A empresa agropecuária define o plano de contas de acordo com suas necessidades para a apuração de custo, planejamento, controle e tomada de decisão.

10.6 Críticas e pontos positivos do método de custeio

São apresentadas neste item as críticas e os pontos positivos atribuídos aos dois métodos de custeio, conforme coletânea de opiniões de diversos autores.

a. Pontos positivos – custeio por absorção

- Fixação de preços de venda mais reais, pois engloba todos os custos da empresa agropecuária nos custos unitários dos produtos.
- Baseia-se nos Princípios de Contabilidade.
- Demonstra índices de liquidez mais reais.
- No Brasil, aceito pelo Fisco.

b. Críticas – custeio por absorção

- Os custos dos produtos agropecuários não podem ser comparados em bases unitárias quando houver alterações no volume de produção.
- A forma de atribuição de custos indiretos é feita através de rateios, o que complica e aumenta o trabalho administrativo, além de conferir um grau de subjetividade a essa atribuição.
- Não oferece informações suficientes para a tomada de decisões, já que muitas das decisões se baseiam em análise separada dos custos fixos e variáveis: não permite análise do tipo relação Custo/Volume/Lucro.
- Dificulta o controle orçamentário e a determinação de padrões.

10.7 Proposição de custeio variável na agropecuária

Na atividade agropecuária, considerando basicamente o ciclo operacional relativamente longo e o não reconhecimento dos ganhos não realizados dentro desse ciclo operacional, a aplicação do "custo histórico como base de valor" não fornece as informações necessárias para subsidiar o processo decisório. Torna-se interessante a apuração do custo corrigido, de forma que se possam evitar distorções decorrentes da perda do poder aquisitivo da moeda, apresentando dados mais reais.

Assim analisamos o Custeio Variável para utilização na agropecuária:

a. **Pontos positivos – custeio variável**

- Os custos dos produtos agropecuários podem ser comparados em bases unitárias, independentemente do volume de produção.
- Facilita o tempo e o trabalho despendidos, tornando mais prática a apuração e apresentação de informações.
- Melhor controle dos custos fixos, por se apresentarem separadamente nas demonstrações.
- Facilita a elaboração e controle de orçamentos e determinação e controle de padrões.
- Fornece mais instrumentos de controle gerencial.

b. **Críticas – custeio variável**

Muitos entendem que, assim como os custos variáveis, os custos fixos são necessários à produção dos produtos agropecuários e a eles devem ser atribuídos.

Argumenta-se que:

- Fere o Conceito Contábil da Confrontação das Receitas com os Custos que contribuem para a sua obtenção. Ex.: na demanda sazonal em que são apurados, alternadamente, prejuízos durante a produção sem vendas e lucro por ocasião das vendas.
- Pode prejudicar a análise por parte dos credores no que se refere aos índices de liquidez e capital circulante líquido.
- Não considera os custos fixos na determinação do preço de venda.
- Os custos fixos não são completamente fixos e tampouco os variáveis são completamente variáveis (separação categórica).
- No Brasil, não aceito pelo Fisco.

c. **Contestações às críticas feitas ao custeio variável**

Em contestação às críticas, os defensores do Método de Custeio Variável argumentam que:

- **Em relação ao fato de que os custos fixos devem fazer parte dos estoques**

    Tais custos não são provocados pelo "ato" de produzir; são considerados necessários para dar à empresa o potencial de produção e incorrerão da mesma forma se a capacidade de produção estiver ao nível de/ou 100%.

- **Em relação aos princípios de Contabilidade**

    Uma vez que os custos fixos são considerados despesas do período no qual incorreram e por não corresponderem à obtenção de uma receita específica, o método de custeio variável não fere o conceito da confrontação.

- **Em relação à análise das demonstrações contábeis**

    Alguns itens do balanço não refletem valores econômicos (estoques). Portanto, deveria ser restrita a sua utilização para efeito de análise. Assim, na análise de crédito a curto prazo o importante é que os estoques sejam avaliados a valores de mercado, e não a custos históricos. Já na análise de crédito a longo prazo, a ênfase deve ser dada à efetiva potencialidade de lucro.

- **Em relação à inclusão dos custos fixos na determinação dos preços de venda**

    Considerando que ao custeio variável no custo do produto não são incorporados os custos fixos, estes devem receber o mesmo tratamento que as demais despesas do período (administrativas etc.) na determinação do preço de venda.

- **Em relação à segregação dos custos em fixos e variáveis**

    Ainda que falhos e arbitrários, existem vários critérios que permitem essa segregação. Entretanto, os mais recomendáveis são aqueles que requerem o uso de técnicas matemáticas/estatísticas (Mínimos Quadrados, Máximos e Mínimos e o Método Gráfico).

- **Em relação à tributação**

    Ainda que os resultados não sejam aceitos para efeito de tributação, eles podem ser ajustados ao final do período, de forma a atender às exigências fiscais, além do que a médio e longo prazos os resultados apurados pelo custeio variável tendem a se igualar àqueles obtidos pelo método de custeio por absorção.

10.8 Sistema de controle da atividade agropecuária

10.8.1 Características do sistema de controle e contabilização

A empresa agropecuária cria gado de corte como atividade marginal.

Todo rebanho é registrado no Ativo Circulante. O controle é mensal. As crias são incorporadas ao rebanho e valorizadas ao preço médio de mercado da região.

O custo de manutenção, deduzido o valor das crias, é incorporado ao rebanho.

Os animais, para efeito de controle, são agrupados por gênero (machos e fêmeas), subdivididos por faixa etária.

O custo é rateado pelo rebanho em função da idade dos animais. Para cada faixa etária é atribuído um fator de consumo, denominado *unidade de consumo animal*.

Quadro de unidade de consumo animal

Faixa etária dos animais	Equivalente em Unidade de Consumo
0 a 1 ano	0,25
1 a 2 anos	0,50
2 a 3 anos	0,75
mais de 3 anos	1,00

As baixas por morte, aleatórias ou acidentais, e perdas por roubo são registradas como "Perdas", em *Despesas não Operacionais*.

A receita esporádica de venda de leite é considerada "redução" do custo de manutenção do rebanho.

10.9 Aspectos fiscais

Na atividade de criação de animais, tendo em vista a apuração dos resultados periódicos, como deverá ser avaliado (inventariado) o rebanho existente na data do balanço?

No encerramento do balanço em cada período de apuração (trimestral ou anual a partir de 1º-1-1997, Lei nº 9.430, de 1996), todo o rebanho existente deverá figurar no respectivo inventário da seguinte forma (PN CST nº 511, de 1970, nº 57, de 1976, e nº 7, de 1982):

- pelo preço real de custo, quando a contabilidade tiver condições de evidenciá-lo; ou
- em caso contrário, poderá ser inventariado (avaliado) pelo preço corrente no mercado na data do balanço (Decreto nº 9.580/2018).

Como é apurado o resultado da pessoa jurídica rural quando se utiliza do método de custo para avaliação do inventário? A utilização do Método de Custo na Empresa Rural assemelha-se ao tratamento dado à indústria, visto que todos os custos de formação do rebanho são acumulados ao plantel e figuram com destaque no Estoque. Dependendo da atividade do empreendimento (cria, recria ou engorda, ou as três atividades conjugadas), pode variar o período de apuração do lucro, já que só por ocasião da venda é que se apurará o resultado, procedendo-se à baixa no estoque e debitando-se conta de resultado a Custo do Gado Vendido (Decreto nº 9.580/2018).

Como é apurado o resultado da pessoa jurídica rural quando se utiliza do método de valor de mercado para avaliação do inventário?

É o reconhecimento da receita por valoração dos estoques dos produtos que encerram características especiais, como crescimento do gado, estufas de plantas, reservas florestais etc. Nesses casos, é possível reconhecer a receita mesmo antes da venda, porquanto existe avaliação de mercado (preço) que é objetiva em estágios distintos de maturação dos produtos. Assim, proceder-se-á a um lançamento contábil a débito do estoque, adicionando-se a diferença de preço aos custos incorridos e o crédito do ganho econômico à conta de resultado "Superveniência Ativa" (Decreto nº 9.580/2018).

Qual o valor que deve ser atribuído às crias nascidas durante o período de apuração de incidência?

As crias nascidas durante o período de apuração podem ser contabilizadas pelo preço real de custo, quando evidenciado na escrituração da pessoa jurídica, ou pelo preço corrente no mercado. Deverão ser lançadas como superveniências ativas, a débito da conta do ativo a que se destinam e a crédito da conta de resultado (PN CST nº 511, de 1970, e nº 57, de 1976, item 3.1) (Decreto nº 9.580/2018).

Quando ocorre o fato gerador do imposto de renda em virtude da avaliação de estoque de produtos agropecuários?

A contrapartida do aumento do ativo, em decorrência da atualização de valor dos estoques de produtos agrícolas, animais e extrativos destinados à venda, tanto em virtude do registro no estoque de crias nascidas no período de apuração como pela avaliação do estoque a preço de mercado, comporá a base de cálculo do imposto sobre a renda no período de apuração em que ocorrer a venda dos respectivos estoques.

A receita operacional decorrente, no período de sua formação, constituirá exclusão do lucro líquido e deverá ser controlada na Parte B do Lalur.

No período de apuração em que ocorrer a venda dos estoques atualizados, a receita operacional deverá ser adicionada ao lucro líquido para efeito de determinar o lucro real (IN SRF nº 257, de 2002).

Quando ocorre o fato gerador da CSLL em virtude da avaliação de estoque de produtos agropecuários? A contrapartida do aumento do ativo, em decorrência da atualização de valor dos estoques de produtos agrícolas, animais e extrativos destinados à venda, tanto em virtude do registro no estoque de crias nascidas no período de apuração como pela avaliação do estoque a preço de mercado, comporá a base de cálculo da CSLL no período de apuração em que ocorrer a venda dos respectivos estoques.

No período de apuração em que ocorrer a venda dos estoques atualizados, a receita operacional deverá ser adicionada ao lucro líquido para efeito de determinar a base de cálculo da CSLL.

Qual o tratamento fiscal quando a pessoa jurídica rural entrega os estoques atualizados em permuta com outros bens ou em dação de pagamento?

A pessoa jurídica rural deverá adicionar ao lucro líquido do período de apuração a receita operacional decorrente da contrapartida da atualização dos estoques que fora registrada na parte B do Lalur (IN SRF nº 257, de 2002).

Qual o valor que se deve atribuir ao rebanho que perece (morre) no período de apuração?

Nesse caso, deve-se atribuir o valor contábil (o preço real de custo quando a contabilidade assim o venha registrando, ou o preço corrente no mercado atribuído na última avaliação). Esse valor será lançado contra a conta do ativo em que se achava registrado o animal, encerrando-se a conta contra resultado do período (insubsistências ativas). Observar, para lançamento da baixa, se o valor do animal já se encontra registrado na contabilidade, isto é, só poderá ser "baixada" a cria que nasce morta quando precedida do lançamento que consigne o nascimento, por exemplo (PN CST nº 57, de 1976).

10.10 Considerações finais

A produção na atividade agropecuária, pelas suas particularidades, exige escolhas racionais e utilização eficiente dos fatores produtivos. Esse processo de tomada de decisão reflete no seu custo total, que, por sua vez, impacta os resultados ótimos da atividade. O custo da produção agropecuário é parte essencial para a gestão do empreendimento rural.

O resultado do custo da produção agropecuária reflete, por um lado, a tomada de decisão por parte do produtor rural no processo de definição do sistema de produção, da eficiência econômica e da gestão do seu empreendimento rural.

Múltipla escolha

1. A grande desvantagem do método de custo é:
   ( ) a. provocar uma superavaliação dos Estoques;
   ( ) b. contribuir para a formação de lucro inflacionário;
   ( ) c. trazer uma subavaliação dos Estoques e aumentar o IR a pagar;
   ( ) d. trazer distorções para as taxas.

2. A grande desvantagem do método de valor de mercado é:
   ( ) a. aumentar a formação do lucro inflacionário;
   ( ) b. aumentar o valor do custo dos produtos vendidos;
   ( ) c. ocasionar uma distorção no valor dos estoques;
   ( ) d. antecipar o pagamento do IR quando não se tem a venda do gado.

3. O melhor método para ser utilizado em termos gerenciais é:
   ( ) a. método de custo;
   ( ) b. método de mercado.

4. Superveniências Ativas na atividade pecuária significam:
   ( ) a. acréscimos no Patrimônio que não transitaram na DRE;
   ( ) b. reduções observadas no passivo que não transitaram na DRE;
   ( ) c. nascimento de animais e ganhos pelo desenvolvimento biológico;
   ( ) d. mortes de animais e perdas pelo não desenvolvimento biológico dos animais.

5. A depreciação dos Reprodutores e Matrizes é atribuída:
   ( ) a. a todo o rebanho;
   ( ) b. somente aos garrotes;
   ( ) c. aos bezerros nascidos e nascituros;
   ( ) d. n.d.a.

6. São classificados no Imobilizado:
   ( ) a. novilhos e bezerros;
   ( ) b. os animais utilizados para trabalhos agrícolas;
   ( ) c. os animais utilizados somente para reprodução;
   ( ) d. as alternativas *b* e *c* estão corretas.

7. Para fins de apuração de um lucro bruto de venda mais próximo da realidade, temos que:
   ( ) a. traduzir o custo do gado vendido em moeda de poder aquisitivo atualizado;
   ( ) b. expurgar o efeito inflacionário da receita;
   ( ) c. proceder a correção monetária do Patrimônio Líquido;
   ( ) d. n.d.a.

8. O Método que considera os valores de aquisição ou valores de produção que são registrados contabilmente pelo seu valor original de entrada ou ocorrência é:
   ( ) a. conceito da Realização da Receita;
   ( ) b. princípio da Competência;
   ( ) c. princípio do Custo Histórico;
   ( ) d. n.d.a.

9. O grupo de contas que não sofre correção pelo sistema de custos é o:
   ( ) a. imobilizado;
   ( ) b. estoque;
   ( ) c. disponível;
   ( ) d. n.d.a.

10. É considerado custo do rebanho:
    ( ) a. aluguel de pasto, mão de obra avulsa, depreciação, matrizes;
    ( ) b. exaustão, aluguel de pasto, despesa com veículos;
    ( ) c. rações, juros e correção monetária;
    ( ) d. n.d.a.

11. O Sistema de atualização monetária incide sobre o:
    ( ) a. ativo;
    ( ) b. não circulante;
    ( ) c. passivo circulante;
    ( ) d. n.d.a.

12. Com a desatualização do estoque, o lucro bruto prevalecerá:
    ( ) a. baixo;
    ( ) b. imprevisível;
    ( ) c. elevado;
    ( ) d. n.d.a.

13. Os bezerros e novilhas devem ser classificados no:
    ( ) a. ativo circulante estoque;
    ( ) b. ativo não circulante imobilizado;
    ( ) c. ativo não circulante investimento;
    ( ) d. n.d.a.

14. É(são) considerado(s) despesa do rebanho:
    ( ) a. custo do rebanho;
    ( ) b. ração, medicamentos, depreciação, equipamentos;
    ( ) c. juros e correção monetária;
    ( ) d. n.d.a.

15. Baseado no princípio do custo histórico como base de valor, o método do custo pode ser definido:
    ( ) a. como o melhor método para ser usado em termos gerenciais;
    ( ) b. como o método que considera o valor de mercado para efeito de registro;
    ( ) c. como o método que considera para efeito de registro o valor de aquisição;
    ( ) d. as alternativas *a* e *b* estão corretas.

16. Em relação ao método de custo, podemos afirmar:
    ( ) a. é um método amplamente usado pelos contadores, porém não é aceito pelos auditores.
    ( ) b. reflete adequadamente o valor dos estoques mesmo com uma economia inflacionária.

( ) c. é um método amplamente usado pelos contadores, tendo ótima aceitação por parte dos auditores.
( ) d. não é baseado no princípio do custo histórico como base de valor.

17. No fato de a atividade pecuária ser relativamente longa com variação média de 2 a 5 anos, nota-se que:
( ) a. é benéfico aos acionistas que se retiram da empresa, pois reconhece o lucro antes da negociação do estoque;
( ) b. o rebanho não permanece em estoque até sua maturação;
( ) c. traz prejuízos aos acionistas que se retiram da empresa, pois não se reconhece o lucro antes da negociação do estoque;
( ) d. serve de base para a tomada de decisões.

18. Em relação ao custo real do plantio, é correto afirmar:
( ) a. é imprescindível à administração da Empresa Rural;
( ) b. é muito oneroso;
( ) c. pouco utilizado, pois não observa os princípios da Contabilidade;
( ) d. as alternativas *a* e *c* estão corretas.

19. Obtém-se o custo médio por cabeça:
( ) a. dividindo-se todos os custos acumulados no período pelo número de animais que compõem o rebanho;
( ) b. dividindo-se os custos acumulados no período pelo rebanho do estoque;
( ) c. dividindo-se os custos acumulados no período pelo rebanho do imobilizado;
( ) d. dividindo-se os custos acumulados no período pelo rebanho do estoque e imobilizado.

20. A baixa do custo dos animais constantes dos estoques é feita:
( ) a. ao final de cada exercício;
( ) b. no momento da venda destes;
( ) c. quando transferidas para o ativo permanente;
( ) d. as alternativas *a* e *b* estão incorretas.

21. Com relação aos animais constantes do permanente, podemos afirmar:
( ) a. receberão custo até sua transferência para o estoque;

( ) b. começam a ser depreciados no momento do início de sua reprodução;
( ) c. não mais receberão custos, pois estes serão atribuídos aos bezerros nascidos no período;
( ) d. continuarão a receber custos de manutenção do plantel.

22. O custo acumulado é rateado por cabeça, tendo como base:
( ) a. todo o gado do ativo circulante;
( ) b. todo o gado do ativo não circulante imobilizado;
( ) c. todo o gado do ativo circulante e não circulante, incluindo os recém-nascidos;
( ) d. todo o gado do ativo circulante e permanente em formação.

23. Unidade de consumo animal:
( ) a. é um fator de consumo que leva em conta a faixa etária do animal;
( ) b. não leva em conta a idade dos animais;
( ) c. é o rateio do custo sem levar em conta a idade dos animais;
( ) d. n.d.a.

24. Entende-se como redução do custo de manutenção do rebanho:
( ) a. baixa por morte;
( ) b. perda por roubo;
( ) c. receita esporádica de venda de leite;
( ) d. todas as alternativas anteriores estão corretas.

25. O método de custo é limitado porque:
( ) a. embasa-se no custo histórico, onerando a empresa no ponto de vista fiscal;
( ) b. não leva em consideração o custo corrigido na apuração do resultado;
( ) c. embasa-se no custo corrigido, onerando a empresa no ponto de vista fiscal;
( ) d. somente as alternativas *a* e *b* estão corretas.

26. Para efeito gerencial, em relação ao custo, o melhor procedimento é:
( ) a. apurar o custo corrigido;

( ) b. levar em conta o custo histórico, pois ele tem respaldo nos princípios contábeis;

( ) c. apurar o custo histórico, pois este baseia-se em documentos.

27. Em relação à apuração do resultado envolvendo o custo histórico é correto afirmar:

( ) a. apresenta variação inexpressiva na margem bruta, onerando a empresa do ponto de vista fiscal;

( ) b. apresenta variação expressiva na margem bruta, onerando a empresa do ponto de vista fiscal;

( ) c. é vantajosa no ponto de vista fiscal;

( ) d. n.d.a.

28. Tipo de mapa utilizado para efetuar o rateio do custo de manutenção mensal do rebanho:

( ) a. demonstrativo do resultado e fluxo de caixa;

( ) b. relatório gerencial acumulado da atividade pecuária;

( ) c. movimento da pecuária;

( ) d. mapa de rateio do custo da pecuária.

29. Uma Empresa Rural tem, entre outras, as seguintes contas cujos saldos referentes ao início de certo mês são:

Caixa	$ 5.000,00
Salário a pagar	$ zero
Gastos gerais de produção	$ 8.000,00
Mão de obra	$ zero
Insumos	$ 40.000,00
Colheita em andamento	$ 15.000,00
Produtos agrícolas	$ 30.000,00
Custos dos produtos vendidos	$ zero

Neste mês, foram efetuados os seguintes lançamentos:

a. Mão de obra $ 20.000,00
   a Diversos
   a Caixa $ 5.000,00
   a Salários a pagar $ 15.000,00

b. Diversos
   a Mão de obra $ 20.000,00
   Gastos gerais de produção $ 12.000,00
   Colheita em andamento $ 8.000,00

O total dos salários, pagos e a pagar, foi rateado entre mão de obra direta e mão de obra indireta, no mesmo mês, respectivamente, nas proporções de:
( ) a. 40% e 60%
( ) b. 75% e 75%
( ) c. 75% e 25%
( ) d. 50% e 50%

Exercícios

A Agropecuária Alfenas apresentou o seguinte Balanço Patrimonial em 31-12-2016, contendo o seguinte plantel: 60 bezerros, 40 bezerras, 4 reprodutores e 80 matrizes.

Agropecuária Alfenas			
Balanço Patrimonial – 31-12-2014			
Ativo		Passivo e Patrimônio Líquido	
Circulante		Circulante	
Caixa	1.550.000,00		
Estoques			
Bezerros – 0 a 12 meses – 40 unidades animais	39.200,00		
Bezerras – 0 a 12 meses – 40 unidades animais	39.200,00		
		Patrimônio Líquido	
Permanente		Capital Social	1.850.000,00
Imobilizado		Lucro do Exercício	74.150,00
Reprodutores – 10 unidades animais	30.000,00		
(-) Depreciação Acumulada	3.750,00		

Matrizes – 100 unidades animais	154.800,00		
(-) Depreciação Acumulada	15.800,00		
Pastagens	145.000,00		
(-) Exaustão Acumulada	14.500,00		
TOTAL DO ATIVO	1.924.150,00	TOTAL DO PASSIVO	1.924.150,00

Observação: A vida útil dos reprodutores será de 8 anos; das matrizes, de 10 anos. A exaustão da pastagem será para 10 anos.

Durante o Ano 2017
- No início de 2017, o custo do período destinado à manutenção do rebanho inclui: sal $ 6.000,00, ração $ 18.000,00 e vacinas $ 4.000,00. Os demais gastos são representados por salários e encargos do pessoal da fazenda (vaqueiros) no valor de $ 34.000,00; gastos com veterinário, $ 5.000,00; despesas gerais administrativas da fazenda (despesa operacional), $ 23.000,00; salário do administrador no valor de $ 10.000,00, registrados e contabilizados com pagamentos à vista. O custo do rebanho ainda inclui a depreciação dos reprodutores, matrizes e exaustão da pastagem.
- Fazer a evolução do rebanho.
- Durante o período, a taxa de natalidade foi de 80%, nascendo 80 bezerros: 60 machos e 20 fêmeas; dentre os nascimentos registrados ocorreram mortes extraordinárias de 15 bezerros machos.

Durante o Ano 2018
- O custo do período destinado à manutenção do rebanho inclui: sal, $ 8.000,00; ração, $ 29.000,00; e vacinas, $ 7.000,00. Os demais gastos são representados por salários e encargos do pessoal da fazenda (vaqueiros), $ 49.000,00; gastos com veterinário, $ 5.000,00; despesas gerais administrativas da fazenda (despesa operacional) $ 44.000,00; salário do administrador no valor de $ 10.000,00, registrados e contabilizados com pagamentos à vista. O custo do rebanho ainda inclui a depreciação dos reprodutores, matrizes e exaustão da pastagem.
- Fazer a evolução do rebanho.
- Durante o período, a taxa de natalidade foi de 80%, nascendo 80 bezerros: 50 machos e 30 fêmeas.

- Foi realizada a venda dos novilhos e novilhas de 25 a 36 meses para abate por $ 2.540,00 para machos e $ 1.985,00 para fêmeas.

PEDE-SE:
- Contabilizar em razonetes as movimentações dos períodos.
- Elaborar os Balanços Patrimoniais dos períodos de 2015 e 2016, bem como as respectivas DREs.

11

Críticas ao custo histórico utilizado na pecuária

11.1 Introdução

Tendo em vista o longo ciclo operacional da pecuária, o valor do rebanho no estoque, apesar de receber custos periodicamente, desatualiza-se pela inflação e pela não incidência de Correção Monetária legal sobre o estoque. Tal problema é mais ameno em atividades com alta rotatividade dos estoques.

Pode-se citar, como exemplo, o caso do novilho de três anos que constará do Ativo Circulante recebendo custos até os 36 meses, ficando assim defasado seu valor na data do Balanço Patrimonial.

Não há um confronto entre a Receita e a Despesa, porque não houve a venda, chegando a associar a receita atual com o custo do produto vendido, com valores de quatro anos atrás. Os valores que deveriam ser agregados aos estoques são considerados despesa na conta Correção Monetária.

Dessa maneira, os relatórios emitidos não atendem aos interesses dos usuários externos e internos, o que os prejudicará na tomada de decisões. Portanto, relatórios desatualizados não são úteis e perdem o objetivo básico da Contabilidade.

Não corrigindo os estoques, e devido à inflação alarmante, o patrimônio líquido ficará bastante defasado.

Nada impede que se faça a Correção Monetária dos estoques, o que já se faz nas Empresas Imobiliárias (venda de imóveis), que pertencem ao Ativo Circulante.

Esse princípio não permite reconhecer ganhos ou perdas economicamente ocorridos, somente no ato da venda. Na Pecuária, deve-se levar em consideração o ciclo biológico do gado (aumento de peso, tamanho), propiciando o chamado "Ganho Econômico".

11.2 Custo histórico e reavaliações

A partir da década de 1960, o Brasil vem experimentando a difícil tarefa de conter os efeitos inflacionários, especialmente nos relatórios contábeis. Como medida, a partir de março de 1964, o governo revolucionário da época instituiu o primeiro índice, chamado ORTN – Obrigações Reajustáveis do Tesouro Nacional –, com valor de $ 10,00, constituindo-se, a partir daí, uma referência inflacionária.

Como não poderia deixar de sofrer as consequências, o meio rural também, vivendo esse processo conjuntural, ao deparar com os relatórios contábeis das empresas rurais que congregam valores em seus ativos de diversos dados e épocas diferentes, tem que reconhecer essa realidade.

Na atividade pecuária, registram-se em seus ativos valores para a formação do rebanho ao longo de 36 meses, ciclo normal até que o animal atinja o ponto de abate, congregando valores extremos, decorrentes das altas taxas inflacionárias que registra a economia do país.

O criador, normalmente, adquire as espécies, ou desenvolve também a atividade de cria, que do nascimento recebe um custo zero e, daí por diante, são agregados valores ao longo do processo de sua formação, valores esses que são distorcidos em razão do efeito inflacionário, acabando por tornar os balanços imprestáveis para a tomada de decisões.

Quando do confronto da receita com a despesa, que normalmente ocorrerá após sua formação, quando ocorre a alienação dos animais, a Contabilidade depara com um resultado totalmente distorcido, apura lucros que não refletem a realidade, decorrentes de valores agregados ao longo dos meses de formação.

Da mesma forma, os relatórios, fruto do trabalho desenvolvido pela Contabilidade, sem o reconhecimento dos efeitos inflacionários não terão valor substancial para os usuários das demonstrações, porque os valores estampados nos relatórios não servirão de suporte consistente para a tomada de decisões, prejudicando os usuários, que terão de buscar outros meios para tomá-las como instrumento orientador.

Assim, o meio externo, onde as empresas estão inseridas, atua no patrimônio, distorcendo seus valores registrados historicamente, alterando sua estrutura em função dos efeitos inflacionários, com reflexos no patrimônio líquido das empresas, descaracterizando e tornando-os defasados.

É importante que se registre a influência fundamental que exercem os relatórios para a administração; eles são peças fundamentais de apoio para a tomada de decisão, e, dessa forma, a Contabilidade deve esforçar-se para apresentar à administração balanços de preferência atualizados pelo valor de mercado, porque a responsabilidade pela informação exata é da Contabilidade. O balanço das empresas deve estar atendendo aos usuários, e a administração deve ser quem mais se serve dessa peça. Por esse motivo, é mais do que uma obrigação, é um dever apresentar relatórios atualizados pelo valor de mercado.

Além de tudo, nada impede, com exceção da legislação tributária, que se avaliem os estoques rurais pelo valor de mercado, fato que se deve considerar ao preparar os balanços; haverá, porém, uma antecipação de pagamento de imposto se adotado esse procedimento, no momento em que se reconhece o ganho, contrariando o princípio da realização da receita e confronto da despesa, mas é dever que se avaliem os benefícios que trará à administração dispor de relatórios pelo valor de mercado.

No tocante ao princípio da realização da receita em confronto com a despesa, há que se considerar que para se reconhecer um ganho ou uma perda em Contabilidade, é necessário que haja a entrada efetiva ou crédito, através da alienação, não permitindo que se antecipe o reconhecimento sem que ocorra de fato a receita.

É de conhecimento geral que na atividade pecuária os animais, ao longo do ciclo de produção, recebem da natureza substâncias que os transformam, aumentando as carcaças, ganhando nova *performance,* que não são reconhecidas na Contabilidade pelo princípio do custo com base de valor, fato que somente a avaliação patrimonial pode registrar.

11.3 Lei societária – Lei nº 6.404/76

Com a edição da Lei nº 6.404/76, *exigiu-se* o confronto entre o princípio contábil do custo como base de valor e as inovações dessa lei, que em determinados casos, como a exploração rural, exige que se aplique a avaliação patrimonial pelo preço de mercado. Dessa forma, o custo não é mais importante na determinação do resultado.

Da mesma forma, a Lei n° 6.404/76 inovou quando criou a figura da equivalência patrimonial, que consiste em avaliar o patrimônio da investidora, com base no patrimônio líquido da investida, toda vez que os investimentos ultrapassem 10% de participação na sociedade; assim, quando houver investimentos relevantes, na condição de coligada, em controlada, a avaliação pela equivalência patrimonial é obrigatória, ficando o princípio do custo como base de valor inaplicável.

11.4 Proposição da contabilidade na pecuária pelo método de custo corrigido

O maior enfoque com referente a uma proposição é em relação aos custos. Numa empresa de pecuária, em que o ciclo operacional é longo e não se reconhecem os ganhos não realizados dentro desse ciclo, entende-se que o custo histórico como base de valor é inadequado.

Por não reconhecer os ganhos não realizados dos estoques na pecuária, para efeito de custos, o melhor confronto entre Receita e Despesa, na época da venda, talvez fosse corrigindo os estoques, tendo em vista que permanecem no Ativo por longo tempo. Entretanto, os relatórios contábeis não evidenciariam a verdadeira situação da empresa, por não ter reconhecido os ganhos não realizados nos estoques, tornando difícil uma tomada de decisão.

No que diz respeito ao Ativo Permanente, há duas inovações por parte dos contadores, que são contra o princípio do custo histórico: Reavaliação e Avaliação dos Investimentos pelo Método da Equivalência Patrimonial. Acrescenta-se ainda a avaliação de determinados estoques na agropecuária, a valor de mercado, proposto pela Lei das Sociedades por Ações.

Para a tomada de decisão, tem-se que:

- avaliar os estoques a valores de mercado;
- avaliar o Permanente, considerando o custo histórico corrigido com possibilidade de reavaliação.

Para os demais itens do Ativo Circulante e Realizável a Longo Prazo, como são valores de menor relevância em relação ao Ativo, não há necessidade de um estudo mais aprofundado. Nesse caso, aplicar o custo histórico como base de valor.

11.4.1 Necessidade de custos

Para um gerenciamento eficaz, o controle de custos sem relatórios deve ser eficiente e fornecer obrigatoriamente subsídios, mais próximos da realidade, para a tomada de decisão.

Há vários significados para a expressão *custo de produção* ou simplesmente *custos*. Do ponto de vista do homem de negócios, os custos a serem considerados vão depender da finalidade que tem em vista, da decisão que precisa tomar.

Para fins de análise econômica, o termo *custo* significa a *compensação* que *os donos dos fatores de produção,* utilizados por uma empresa para produzir determinados bens, devem receber para que eles *continuem fornecendo* esses fatores a ela.

A qualidade quanto à apropriação, planificação eficiente dos demonstrativos, correta classificação entre custos fixos, custos variáveis, custos totais, custo fixo médio, custo variável médio, custo marginal, quanto à destinação de custo indireto de produção e custo direto, trará mais consistência para a tomada de decisões em diversos níveis, conforme o enfoque. Depende, portanto, dos custos a formação dos preços de venda.

A análise eficaz da maximização de lucros, de alavancagem, de equilíbrio, das contribuições por produto etc. é consequência da Contabilidade de Custos ou Controle de Custos.

11.4.2 Custos extracontábeis com correção monetária dos estoques

É um elemento imprescindível na Contabilidade Gerencial, uma vez que o estoque na pecuária acumula durante a formação do rebanho valores monetários de diverso poder aquisitivo, prejudicando, com isso, de forma sensível, a tomada de decisão por parte da administração.

Existe, por parte de alguns contadores, e até mesmo por parte da Lei nº 6.404, entendimento de que a correção de custos dos estoques na agropecuária deve haver, mas é um assunto que gera polêmica.

Desconsiderando as polêmicas, o modelo propõe uma correção mensal na apuração do custo extracontábil, para se corrigir o estoque, não deixando de ressaltar que essa operação é trabalhosa e que muitos profissionais preferem apurá-la anualmente.

A elaboração dessa planilha consiste no rateio do custo mensal para o rebanho em formação, bem como para os bezerros recém-nascidos, excluindo as matrizes e os touros, pois estes já se encontram formados e registrados no Imobilizado.

Exemplo do custo corrigido

Vamos admitir que em uma Empresa Rural/fazenda ocorreram os seguintes nascimentos:

Janeiro .... 15 bezerros,
Fevereiro .... 8 bezerros,
Março .... 10 bezerros,

e assim, sucessivamente, até o final do ano.

Como já foi comentado, a apuração do custo mensal faz-se pela divisão de todos os custos pelo plantel em formação. Admitindo-se que o rebanho em formação é constituído de 300 cabeças no início de janeiro e que o Custo do rebanho no mês foi de $ 10.000,00, ter-se-á o seguinte custo unitário por cabeça:

$$\text{Custo unitário} = \frac{\$ 10.000,00}{300 + 15 \text{ animais}} = \$ 31,75/\text{cabeça}$$

Em fevereiro, não ocorrendo baixa, o custo foi de $ 12.000,00; assim, o custo unitário é de:

$$\text{Custo unitário} = \frac{\$ 12.000,00}{315 + 8 \text{ animais}} = \$ 37,15/\text{cabeça}$$

Esse procedimento ocorrerá nos próximos meses até o fim do ano. Para calcular a inflação mensal, pode-se admitir os seguintes valores hipotéticos, em nível de IGP (FGV):

Janeiro – 1.000 – índice jan./dez. 2.420/1.000 = 2,42

Fevereiro – 1.110 – índice fev./dez. 2.420/1.110 = 2,18

E assim por diante, até dezembro, cujo índice é de 2.420, que resultará em 1,00.

O custo correto seria capitalizar o custo mês a mês do rebanho até dezembro, como o exemplo a seguir.

Multiplicar o custo do bezerro nascido em janeiro por 2,42 ($ 31,75 × 2,42), mais o custo desse bezerro em fevereiro, multiplicado por 2,18 ($ 37,15 × 2,18), mais o custo do bezerro em março, e assim até dezembro.

Como o trabalho é extenso e cansativo, sugere-se uma correção única no final do ano por um índice médio.

Somam-se todos os índices dos meses de janeiro a dezembro, para as crias nascidas em janeiro, e divide-se o resultado por 12; todos os índices dos meses de fevereiro até dezembro são divididos por 11, e assim sucessivamente.

$$\frac{\text{JAN.} \quad \text{FEV.} \quad \text{MAR.} \quad \text{ABR.} \quad \text{MAIO} \quad \text{JUN. JUL. AGO. SET. OUT. NOV.} \quad \text{DEZ.}}{12} = 1.635$$
$$1.000 + 1.110 + 1.230 + 1.350 + 1.400 + \ldots\ldots\ldots\ldots\ldots\ldots\ldots + 2.420$$

$$\text{Fator de correção:} \quad \frac{2.420 \text{ (DEZ.)}}{1.635 \text{ índice médio}} = 1,48$$

$$\frac{\text{FEV.} \quad \text{MAR.} \quad \text{ABR.} \quad \text{MAIO} \quad \text{JUN. JUL. AGO. SET. OUT. NOV.} \quad \text{DEZ.}}{11} = 1.692$$
$$1.110 + 1.230 + 1.350 + 1.400 + \ldots\ldots\ldots\ldots\ldots\ldots\ldots + 2.420$$

$$\text{Fator de correção:} \quad \frac{2.420 \text{ (DEZ.)}}{1.692 \text{ índice médio}} = 1,43 \text{ e assim sucessivamente}$$

MAPA DE CUSTOS

Bezerros de 0 a 12 meses Custo Unitário Rebanho em Formação	Ano 19x1 Nascimento em Janeiro	Nascimento em Fevereiro
Jan. $ 31,75	15 = $ 476,25	
Fev. $ 37,15	15 = $ 557,25	08 = $ 297,20
—		
—		
—		
Dez. $ 60,00	15 = $ 900,00	08 = $ 480,00
TOTAL	$ 7.560,00	$ 4.530,00
Fator Correção	1,48	1,43
VALOR TOTAL	$ 11.188,80	$ 6.477,90

No final do ano, somam-se todos os totais; o resultado corresponde ao valor atualizado do Estoque Vivo no Balanço Patrimonial.

No ano seguinte, transfere-se o saldo corrigido de cada mês para a categoria de novilhos de 13 a 24 meses.

11.5 Esquema de contabilização pelo método do custo corrigido

Admitindo-se que: existência de 200 bezerros de 0 a 12 meses;

nascimentos – em janeiro 5 bezerros

em fevereiro 10 bezerros

Apurar o Custo Unitário do bezerro no mês de janeiro.

Críticas ao custo histórico utilizado na pecuária 309

Itens do custo

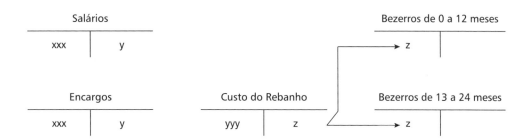

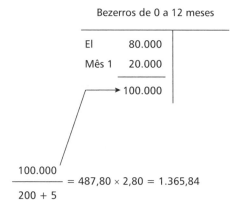

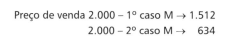

11.6 Considerações finais

Ativo biológico é todo animal ou planta. Assim como, a pecuária bovina, o gado, e o produto agrícola, especificamente o leite. Há muito tempo os ativos biológicos eram mensurados considerando somente o custo histórico, no qual se consideravam somente os custos mensurados ao longo do tempo. A partir das alterações da Lei nº 11.638/07 e as adequações das normas contábeis aos padrões internacionais de contabilidade, foram emitidos pronunciamentos técnicos designando que, quando há mercado ativo do produto biológico ou produto ativo, e este pode ser utilizado com confiança, poderá ser utilizada a mensuração pelo valor justo, o que vários autores defendem como mais próximo à realidade da propriedade, pois consideram outros fatores, como sazonalidade.

Múltipla escolha

1. Quais as causas de desatualização de rebanho no estoque?
    (   ) a. As tendências inflacionárias do Brasil e a incidência da correção monetária legal s/ o estoque.
    (   ) b. A não incidência da correção monetária s/o estoque.
    (   ) c. As tendências inflacionárias no país e a não incidência da correção legal s/ o estoque.
    (   ) d. n.d.a.

2. Quando da venda, como é lançado o valor da correção?
    (   ) a. Agregado aos estoques.
    (   ) b. Como despesa na conta "Correção Monetária".
    (   ) c. Como receita na conta "Correção Monetária".
    (   ) d. n.d.a.

3. Com a utilização dos custos históricos na pecuária, teremos informação com relação a estoque e a patrimônio líquido.
    (   ) a. Pelo valor corrente de mercado.
    (   ) b. Corrigido monetariamente.
    (   ) c. Defasado em relação ao valor corrente de mercado.
    (   ) d. Todas as respostas anteriores.

4. Quando são reconhecidos os ganhos ou perdas economicamente ocorridos no custo histórico?
   (   ) a. Quando são realizados por venda.
   (   ) b. Mensalmente.
   (   ) c. Anualmente.
   (   ) d. n.d.a.

5. Quais as mudanças que a Lei nº 6.404/76 introduziu no custo histórico?
   (   ) a. Correção total do balanço.
   (   ) b. Reavaliação e avaliação de investimentos pelo método da equivalência patrimonial.
   (   ) c. Custo histórico como base de valor.
   (   ) d. n.d.a.

6. Quais as exceções aceitas para melhoria dos relatórios?
   (   ) a. Um misto do custo histórico corrigido, reavaliação e valor de mercado.
   (   ) b. Misto de custo histórico corrigido, reavaliação, equivalência patrimonial e valor de mercado.
   (   ) c. Misto de custo histórico, reavaliação, equivalência patrimonial e valor de mercado.
   (   ) d. n.d.a.

7. Qual o melhor método de avaliação do AP, segundo o autor?
   (   ) a. Avaliação pelo custo histórico como base de valor.
   (   ) b. Avaliação pelos valores correntes de mercado.
   (   ) c. Avaliação pelo custo histórico corrigido c/ possibilidade de reavaliação.
   (   ) d. Todas as respostas anteriores.

8. O que é necessário conhecer para determinar o ponto ótimo de venda?
   (   ) a. O custo real de cada lote ou do rebanho.
   (   ) b. O custo histórico de cada lote ou do rebanho.
   (   ) c. O custo histórico com base de valor.
   (   ) d. Todas as respostas anteriores.

9. A Contabilidade gerencial ou controles extracontábeis de custos servem para auxiliar no processo decisório; essa afirmação é:
   (   ) a. verdadeira;

( ) b. falsa;
( ) c. verdadeira em parte;
( ) d. falsa em parte.

10. Apurar custos sem corrigir monetariamente os estoques, nada significando para o custo acumulado no momento da venda do rebanho, é um absurdo. Essa afirmativa é:
    ( ) a. falsa;
    ( ) b. verdadeira;
    ( ) c. verdadeira em parte;
    ( ) d. falsa em parte.

11. O Conceito Contábil cuja característica principal é a associação da receita × despesa incorrida denomina-se:
    ( ) a. Continuidade.
    ( ) b. Entidade contábil.
    ( ) c. Realização da receita e da confrontação da despesa.
    ( ) d. Denominador comum monetário.

12. Para produtos de ciclo operacional longo (superior a um ano), cujo processo de produção depende de crescimento natural e há possibilidade de uma avaliação de mercado objetiva e estável, a receita é realizada:
    ( ) a. no momento da venda;
    ( ) b. antes da venda;
    ( ) c. depois da venda;
    ( ) d. n.d.a.

13. A não consideração do incremento do item estoque pelo crescimento natural do gado ocasionaria, em relação ao patrimônio líquido:
    ( ) a. PL superavaliado;
    ( ) b. inalteração;
    ( ) c. valor patrimonial de ação desatualizada;
    ( ) d. n.d.a.

14. Em países em que a criação do gado ocorre em confinamento, a receita será reconhecida em função:
    ( ) a. do valor de mercado;
    ( ) b. do peso do gado;

( ) c. da venda do gado;
( ) d. do pagamento do Imposto de Renda.

15. No reconhecimento da receita antes do ponto de venda, na pecuária, em relação à distribuição de dividendos, é aconselhável a constituição da:
    ( ) a. reserva de capital;
    ( ) b. reserva de lucros a realizar;
    ( ) c. reserva de contingência;
    ( ) d. reserva legal.

16. Ocorrem coincidências nos aniversários do rebanho para as sucessivas avaliações e o Balanço Patrimonial será encerrado logo após o nascimento deles, quando:
    ( ) a. os nascimentos são planejados;
    ( ) b. os nascimentos ocorrem durante todo o ano;
    ( ) c. os nascimentos ocorrem em qualquer período do ano;
    ( ) d. os nascimentos não são planejados.

17. Qual o período recomendável para avaliação do rebanho de acordo com a mudança de categoria (bezerro, novilho etc.)?
    ( ) a. Semestral.
    ( ) b. Anual.
    ( ) c. Diário.
    ( ) d. Semanal.

18. Quando há concentração de nascimentos do rebanho em certo período do ano, deve-se:
    ( ) a. aguardar o crescimento natural para efeito de encerramento do balanço;
    ( ) b. encerrar o balanço após esse período e trabalhar com mudança de categoria;
    ( ) c. fazer uma avaliação do estoque pelo preço de mercado apenas quando for vendido o rebanho;
    ( ) d. n.d.a.

19. No reconhecimento da receita da pecuária através da maturação dos estoques, conclui-se que os custos:
    ( ) a. serão apropriados no momento da venda;
    ( ) b. serão apropriados após o recebimento da venda;

( ) c. transitarão pelos estoques;

( ) d. serão apropriados diretamente ao resultado para o confronto com a receita reconhecida.

20. As despesas de distribuição (despesas de desembaraço) que ocorrerão no momento da venda, na pecuária, devem:

( ) a. ser reconhecidas no ato da venda;

( ) b. ser reconhecidas no recebimento das vendas;

( ) c. ser provisionadas no reconhecimento da receita;

( ) d. não devem ser reconhecidas.

21. Uma Empresa Rural adota um método de custeio no qual todos os custos são considerados na apuração final do produto agrícola. Portanto, a Empresa Rural utiliza o método de custeio:

( ) a. direto;

( ) b. por absorção;

( ) c. misto;

( ) d. variável.

22. Custeio variável é o método de custeio que apropria aos produtos agrícolas:

( ) a. somente os custos diretos;

( ) b. somente os custos variáveis da produção;

( ) c. todos os custos de produção e de comercialização;

( ) d. todos os custos da produção agrícola.

12

Custos e resultados na avicultura

12.1 Introdução

O conhecimento é um dos fatores mais importantes na busca do desenvolvimento sustentável de um país, pois é ele que definirá os processos de desenvolvimento e promoverá o surgimento de oportunidades sem precedentes para a redução das desigualdades sociais. A eficiência deixou de ser uma vantagem competitiva para transformar-se em requisito para sobreviver na atividade agropecuária.

A expansão do consumo de frango no mercado interno atualmente vem provocando até redução nas exportações. Essa retração ocorreu por causa do aumento da demanda interna, a ponto de o consumo *per capita* ter chegado em torno de 23 quilos.

O mercado interno no futuro deve absorver o mesmo volume dos anos anteriores, mas o externo é que está sendo responsável pela absorção da expansão de nossa produção.

Para se ter uma ideia do aumento nas vendas ao mercado externo, basta dizer que a previsão é de um volume de 600 mil toneladas em 1997, ou seja, 28,2% a mais do que no ano anterior. Em termos de receita, estima-se que o setor faturará US$ 800 milhões. O preço médio do frango exportado também aumentou, devendo ficar em US$ 1,43/unidade.

Com a estabilização interna, a indústria foi forçada a buscar o aumento das exportações. Para tanto, além dos mercados tradicionais (Arábia Saudita e Japão), nossa indústria foi conquistar novos mercados, como Rússia, Irã e Cuba.

Os preços ao avicultor voltaram a subir, ficando sempre acima dos preços recebidos pelos produtores.

Há uma série de fatores influenciando a renda dos avicultores. Esses fatores devem ser cuidadosamente estudados, já que, em última análise, a renda é o objetivo final do empreendimento rural. Ela exerce grande influência na capacidade de decisão por parte do avicultor.

Além dos fatores básicos implicados no processo de produção – terra, trabalho e capital –, outros existem que exercem influência na rentabilidade da propriedade rural. Variações climáticas e microclimáticas, preços e tecnologia são alguns exemplos de outros itens que influem na renda dos avicultores. Pouco adianta a disponibilidade de recursos se eles não forem aproveitados em toda a sua extensão; ou, ainda, se forem explorados de tal forma a não renderem tudo aquilo que são capazes.

Propriedades com semelhantes condições de clima, solo, mercado e localizadas em regiões próximas e que tenham as mesmas atividades e as mesmas produções podem ter rendas diferentes devido à ação de outros fatores como: tecnologia empregada, rendimento de cultura e criações, aproveitamento de mão de obra, utilização de máquinas e equipamentos etc.

Devido à influência dos fatores sobre a renda dos avicultores, é necessário que os proprietários, administradores e técnicos que trabalham com assistência e planejamento rural conheçam esses fatores. Seu conhecimento pode gerar um estudo e uma melhor análise deles, fazendo com que a propriedade renda mais. Para efeito prático, didático e de análise, os fatores podem ser classificados em dois grupos, a saber:

Fatores Externos

Os fatores externos, também chamados incontroláveis ou exógenos, são aqueles sobre os quais o homem – proprietário rural – não exerce influência direta. Normalmente, dependem da estrutura política do governo. Citam-se os seguintes: preço, mercado, sistema viário e crédito. Além destes existem os fatores climáticos.

Fatores Internos

Os fatores internos, também chamados controláveis ou endógenos, são aqueles sobre os quais o empresário tem influência direta. Citam-se os seguintes: rendimentos das culturas e criações, tamanho ou volume dos negócios e eficiência de mão de obra.

O empresário rural que melhor administrar sua propriedade, utilizando-se dos fatores básicos em proporções adequadas e conjugando corretamente os demais fatores influenciadores dos rendimentos econômicos, terá, provavelmente, uma renda mais elevada do que aquele proprietário de pior capacidade administrativa.

12.2 Cálculo do custo do frango

O processo de globalização da economia, a competitividade entre as empresas e a necessidade de racionalizar procedimentos gerenciais estão provocando profundas mudanças no mercado avícola mundial. Nunca houve tantas mudanças como agora, incluindo parcerias, aquisições de complexos industriais e transformações de empresas do setor.

Para ser competitivo, o avicultor precisa conhecer seus custos, ampliar a linha de produção e buscar parcerias. Na atualidade, é praticamente impossível o pequeno produtor sobreviver economicamente na avicultura sem se unir às *integrações,* isto é, fazer parte do sistema de comercialização que garante a absorção do produto final, independentemente da situação do mercado.

Exemplo[1]

Dados de uma fazenda hipotética:

1. Insumos para ração

TIPO	PREÇO/KG	CONSUMO/KG INICIAL	CONSUMO/KG CRESCIMENTO	CONSUMO/KG FINAL
Milho	16,00	100	104	108
Óleo degomado	21,00	14	24	30
Farinha de carne	18,00	32	36	41
Farelo de soja	18,00	44	45	52
Calcário	6,00	3	2	2
Sal	10,00	2	3	3
Medicamentos	53,00	–	3	–

---

[1] Exemplo adaptado de: KASSAI, J. R. Revista *IOB*: Temática contábil, dez. 1995.

2. Medicamentos

TIPO	INICIAL	CRESCIMENTO	FINAL	TOTAL
Vermífugo	30,00	50,00	60,00	140,00
Vacina Bouba Aviária	20,00	70,00	60,00	150,00
Total	50,00	120,00	120,00	290,00

3. Profilaxia: antiestresse = $ 86,00

4. Conservação e manutenção

TIPO	VALOR – $
Limpeza de calhas e galinheiros	40,00
Cama de galinha (forração de pisos)	23,00
Reparos de Telas	104,00
Total	167,00

5. Instalações (vida útil de 10 anos)

TIPO	VALOR – $
Galinheiro	4.500,00
Bebedouro	2.000,00
Hospital	3.100,00
Total	9.600,00

6. Pessoal

TIPO	VALOR – $
Mão de obra	340,00
Encargos	283,00
Total	623,00

7. Administração: Honorários = $ 412,00

8. Outros gastos

TIPO	VALOR – $
Energia elétrica	32,00
Água	18,00
Gás	7,00
Total	57,00

9. Funrural = $ 34,00

10. Preço do pinto de 1 dia = $ 0,20

Observações:

- Número de pintos adquiridos: 3.000
- % de mortalidade = 4%
- Peso médio por cabeça = 2,5 kg
- Recuperação do custo (venda de esterco) = $ 60,00
- Preço de venda = $ 2,30/kg

RESOLUÇÃO

1. Arraçoamento

TIPO	INICIAL	CRESCIMENTO	FINAL	TOTAL
Milho	1.600,00	1.664,00	1.728,00	4.992,00
Óleo degomado	294,00	504,00	630,00	1.428,00
Farinha de carne	576,00	648,00	738,00	1.962,00
Farelo de soja	792,00	810,00	936,00	2.538,00
Calcário	18,00	12,00	12,00	42,00
Sal	20,00	30,00	30,00	80,00
Medic. (vitaminas)	–	159,00	–	159,00
Total	3.300,00	3.827,00	4.074,00	11.201,00

2. Cálculo da Depreciação

   $ 9.600,00 ÷ 10 = $ 960,00

3. Apuração do custo

DISCRIMINAÇÃO DOS CUSTOS	VALOR – $
Aquisição de pintos	600,00
Arraçoamento	11.201,00
Medicamentos	290,00
Profilaxia	86,00
Conservação e Manutenção	167,00
Depreciação	960,00
Pessoal	623,00
Administração	412,00
Funrural	34,00
Outros gastos	57,00
Subtotal	14.430,00
(–) Recuperação do Custo	(60,00)
Total	14.370,00

4. Apuração final

   Plantel no final do período: 3.000 – 4% = 2.880
   Custo por cabeça: $ 14.370,00 ÷ 2.880 = $ 4,98
   Peso do plantel: 2.880 × 2,5 kg = 7.200 kg
   Custo/kg = 14.370,00 ÷ 7.200 kg = $ 2,00
   Lucro: Receita – Despesas
   Lucro: $ 2,30 – $ 2,00
   Lucro: $ 0,30/kg

Cálculo do custo de ovos
EXERCÍCIO 2

Dados de uma fazenda hipotética:

1. Insumos para ração

TIPO	PREÇO/KG	CONSUMO/KG
Milho	8,00	103
Farelo de soja	11,00	41
Farinha de carne	9,00	52
Sal	5,00	6
Medicamentos (vitaminas)	26,00	13

2. Medicamentos e profilaxia

TIPO	VALOR – $
Vermífugo	43,00
Outros	65,00
Total	108,00

3. Conservação e Manutenção

   Cama de galinha (forração de piso): $ 37,00

4. Instalações: (vida útil de 10 anos)

TIPO	VALOR – $
Galinheiro	2.500,00
Bebedouro	830,00
Hospital	1.000,00
Total	4.330,00

5. Matrizes

   Valor das matrizes = $ 1.800,00
   Tempo de postura = 5 anos

6. Pessoal

TIPO	VALOR – $
Mão de obra	260,00
Encargos sociais	132,00
Total	392,00

7. Administração

Honorários = $ 181,00

8. Funrural = $ 22,00

9. Outros gastos

TIPO	VALOR – $
Energia elétrica	16,00
Combustível	24,00
Transporte	33,00
Total	73,00

10. Observações
    - Número de matrizes = 295
    - Recuperação de custo (venda de esterco) = 38,00
    - Índice de postura = 0,6/dia/ave
    - Preço de venda = 0,09/unidade
    - Percentual de quebra já computado no índice de postura

RESOLUÇÃO:

1. Arraçoamento

TIPO	PREÇO/KG	CONSUMO/KG	TOTAL
Milho	8,00	103	824,00
Farelo de soja	11,00	41	451,00
Farinha de carne	9,00	52	468,00
Sal	5,00	6	30,00
Medicamentos (vitaminas)	26,00	13	338,00
Total	–	–	2.111,00

2. Cálculo da depreciação:

   Instalações: $ 4.330,00 ÷ 10 anos = $ 433,00
   Matrizes: $ 1.800,00 ÷ 5 anos = $ 360,00

3. Apuração do custo

ESPECIFICAÇÃO	VALOR – $
Arraçoamento	2.111,00
Medicamento e profilaxia	108,00
Conservação e manutenção	37,00
Depreciação instalações	433,00
Depreciação matrizes	360,00
Pessoal	392,00
Administração	181,00
Funrural	22,00
Outros gastos	73,00
Total	3.717,00
(–) Recuperação do custo	(38,00)
Total	3.679,00

4. Apuração final

Número de ovos/dia = 295 × 0,6 = 177 ovos/dia
Número de ovos/ano = 177 × 365 = 64.605 ovos/ano
Custo/ovo = 3.679,00/64.605 = $ 0,06
Lucro: Receita – Despesa
Lucro: $ 0,09 – $ 0,06 = $ 0,03

12.3 Metodologia para cálculo do custo

**APURAÇÃO DO CUSTO DO QUILO DE FRANGO VIVO NA GRANJA EM US$
OFICIAL MÉDIA MENSAL FEVEREIRO 1995**

Memória de cálculos

1. Quantidade inicial de aves para cálculo	1.000
2. Quantidade final de aves para cálculo	950
3. Percentual de mortalidade natural	5%
4. Idade padrão de cada lote – dias	49
5. Conversão alimentar em quilos-ração/ave	2,00
6. Peso médio do lote na idade de abate	2,163
7. Peso final de cada ave	2,277
8. Lote padrão em número de aves	15.000
9. Criadas por ano	5

Preços de insumos para ração

10.1. Concentrado inicial-mistura 40/60 – quilo	0,34
10.2. Concentrado intermediário-mistura 35/65 – quilo	0,36
10.3. Concentrado final-mistura 30/70 – quilo	0,34
10.4. Milho em grãos – saca de 60 quilos	8,32
11. Pintos de um dia – preço unitário	0,32
12. Ordenado mensal de 1 homem/15.000 aves	230,68
13. Prazo de recebimento das vendas	12 dias

Cálculo do Custo	UN/US$	Total/Somas US$	%
A. Pintos de um dia	0,32	321,05	21,77
B. Arraçoamento			
1.102 Kg Ração Inicial	0,22	241,63	16,39
2.518 Kg Ração Intermediária	0,22	543,61	36,87
706 Kg Ração Final	0,20	139,56	9,46

4,326 Kg ao preço médio de	0,21	914,79	62,72
C. Desinfecção, Vacinas, Medicamentos	Verba	23,78	
D. Forração de Piso (uma carga) 15.000 aves	951,25	63,41	1,61
E. Energia elétrica (0,35 Kwh/aves)	0,07	26,10	4,30
F. Gás (aquecimento – 2 botijões)	5,35	10,70	0,73
G. Mão de obra com encargos sociais	230,68	48,80	3,31
H. Encargos sociais sobre a produção	2,20%	32,44	2,20
I. Manutenção de reparos (1% do item C)	1,00%	14,74	1,00
J. Depreciações (2% do item O)	2,00%	29,49	2,00
K. Gastos gerais (2% do item O)	2,00%	29,49	2,00
L. Soma (C + D + E + F + G + H + I + J + K)		278,97	18,92
M. Subtotal (A + B +L)		1.524,82	103,41
N. (–) Recuperação de Custo			
Venda adubo orgânico – 1.410 Kg a	0,04	(50,30)	(3,41)
O. Total para venda à vista		1.474,52	100,00
P. Encargos financeiros s/ prazo venda (4% a.m. 12 dias)		26,22	1,78
Q. Total para venda a prazo		1.500,73	101,78
R. Custo quilo ave viva			
1. Para venda à vista			0,68
2. Para venda a prazo			0,69

Observação: Os fatores conversão alimentar, mortalidade e sanidade do plantel, fora dos padrões estabelecidos, alteram o custo apresentado.

12.4 Considerações finais

Determinar os custos de produção mostram informações importantes para que os avicultores possam efetuar uma análise consistente dos resultados da sua atividade. Cada avicultor passa a ter referências para a avaliação da rentabilidade da avicultura desenvolvida na sua propriedade.

O detalhamento dos custos permite que o produtor analise se a atividade está remunerando os desembolsos realizados a cada lote e se está sendo possível acumular recursos para a reposição das instalações e dos equipamentos.

Essa análise é fundamental para uma avaliação dos resultados não só imediatista, mas também de longo prazo.

A tomada de decisão bem fundamentada traz mais segurança e certeza para o avicultor. Sabe-se que não existe um custo de produção que represente a realidade de todos os avicultores. Cada propriedade, cada aviário, possui um custo de produção diferenciado. Também cada avicultor deve efetuar o acompanhamento do seu custo de produção individualmente.

Múltipla escolha

1. Considere o exemplo da Chácara Varginha. Ela possui 1.000 frangos de corte para revender. Quatrocentos deles foram comprados de João Batista e ainda não foram pagos. Trezentos desses frangos já foram entregues ao José Maria, mediante uma transação de venda realizada a prazo, em que o preço unitário foi R$ 9,00 e o imposto foi de 10%. A atividade empresarial é exercida em instalações próprias, mas o equipamento é alugado de terceiros.

    Na avaliação monetária dessa chácara, temos que:

    1. as instalações físicas valem R$ 10.000,00;

    2. os equipamentos valem R$ 5.000,00;

    3. o aluguel mensal dos equipamentos é de R$ 300,00;

    4. o salário mensal do caseiro é de dois salários mínimos;

    5. os frangos custaram R$ 8,00 por unidade, isentos de impostos.

    Calculando-se o patrimônio final dessa entidade, com base nas informações prestadas, certamente, no início do ano se encontrará um:
    a) passivo exigível de R$ 3.200,00.
    b) patrimônio líquido de R$ 14.800,00.
    c) patrimônio líquido de R$ 13.600,00.
    d) patrimônio bruto de R$ 18.300,00.
    e) patrimônio bruto de R$ 23.300,00.

13

Fluxo de caixa e análise econômico-financeira na atividade rural

O caixa, no masculino, é o termômetro financeiro de uma Empresa Rural. Ele é tão importante e vital para o desempenho de uma Empresa Rural que exige um controle diário. Esse controle é feito, normalmente, pelo contador, quando a Empresa Rural dispõe de um profissional exclusivo. Mas como a maioria das pequenas Empresas Rurais contrata serviços de escritórios de Contabilidade que não prestam assistência diária, o próprio dono do estabelecimento deve se incumbir da tarefa.

Mas por que, ao *final de cada dia, o empresário rural deve ter o balanço de todo o dinheiro que entrou e saiu da sua empresa?*

Primeiro para poder controlar o movimento financeiro da Empresa Rural. Depois porque, fazendo diariamente suas contas, o empresário rural vai poder analisar individualmente cada entrada e cada saída de dinheiro, verificando se elas são necessárias e suficientes, correspondendo às suas expectativas. O controle diário também vai reduzir substancialmente erros de previsão de desembolsos, possibilitando ao empresário rural programar, com uma boa margem de segurança, as operações financeiras de determinado período. É essa atenção sistemática ao caixa, enfim, que vai fornecer ao empresário informações precisas para a administração financeira de seu negócio.

A entidade não deve incluir na estimativa de fluxo de caixa quaisquer expectativas de financiamento de ativos, tributos ou restabelecimento do ativo biológico após a colheita (por exemplo, o custo de replantio de árvores em plantação após a colheita), consoante o CPC 29.

13.1 Movimento do caixa

Um dos métodos mais simples e eficientes para fazer esse controle diário é através do boletim de caixa. Ele se parece com um extrato bancário – na verdade ele é um extrato do seu caixa – e deve conter as seguintes informações: data (para registrar, naturalmente, o dia, mês e ano a que corresponde aquele movimento); histórico (onde se registra o tipo de operação realizada); os valores relativos a recebimentos; saídas (os valores dos pagamentos feitos naquele dia); saldo anterior (transposto do boletim de caixa da véspera); e saldo atual (onde, ao final do dia, registra-se a diferença entre as entradas e as saídas, acrescido do saldo anterior).

Periodicamente – normalmente no final de cada mês ou a cada três meses –, as informações desses boletins devem ser condensadas num único formulário, que será o demonstrativo das operações financeiras realizadas pela empresa naquele período.

13.2 Controle individual

Além do boletim de caixa, um empresário rural zeloso da gerência de seu negócio deve fazer diariamente o controle individual de suas contas. É recomendável ter também para isso formulário próprio, um para cada tipo de conta. Você pode manter esse controle em fichas, uma para cada conta que você precisa acompanhar. Nelas, você vai fazendo os lançamentos à medida que for efetuando o pagamento ou recebendo o que lhe é devido. Registre o dia do lançamento e o valor. Essas fichas vão ser muito úteis para fornecer ao empresário, ao final de um determinado período, elementos para analisar cada uma das contas. Com essas informações, ele poderá formar uma visão crítica do movimento financeiro da empresa e de seu fluxo de caixa. Ele poderá identificar, por exemplo, o cliente bom e o mau pagador, o período do mês de maior ingresso de dinheiro ou as datas de concentração de pagamentos ou recebimentos. Certamente isso lhe ajudará a traçar estratégias de administração.

As contas mais comuns dos estabelecimentos rurais, que merecem o controle individual, são as seguintes:

Entradas – vendas à vista; vendas a prazo; operação bancária; financiamentos e empréstimos; juros sobre recebimentos de vendas a prazo.

Saídas – compras à vista; compras a prazo; impostos e taxas; despesas de venda, ordenados, salários, contribuições e outros encargos; outras despesas; saídas de outras origens.

Procedendo dessa maneira, suas contas estarão permanentemente sob controle.

13.3 A função do administrador financeiro

A função do administrador responsável pela gestão do caixa é assegurar o equilíbrio financeiro da Empresa Rural. Ou seja, assegurar a compatibilização entre as saídas de caixa para honrar as obrigações assumidas e os ingressos de recursos provenientes de produtos e serviços agropecuários.

A Demonstração de Fluxo de Caixa tem sido considerada por alguns o mais importante instrumento de análise financeira de uma Empresa Rural moderna, quanto ao processo decisório. O ativo circulante tem sido sugerido como uma boa medida de solvência; entretanto, o uso dele para prever dificuldades financeiras tem sido criticado pela inclusão de inventário.

Há grande interesse na Demonstração do Fluxo de Caixa, seja para determinar a situação do risco empresarial, seja para avaliar as futuras distribuições de recursos, ou ainda para conhecer o valor econômico de uma Empresa Rural. No entanto, não existe uma padronização nas nomenclaturas utilizadas de apresentação do Fluxo de Caixa.

13.4 Conceito

Como um conceito geral, o Fluxo de Caixa é a relação das entradas e das saídas de recursos financeiros em determinado período, visando prever a necessidade de captar empréstimos ou aplicar excedentes de caixa nas operações mais rentáveis. Em síntese, consiste em discriminar as entradas e saídas de numerário em determinado período (realizado ou previsto), apurando, assim, o saldo de caixa e possibilitando várias outras análises, conforme abordaremos adiante.

13.5 Objetivos

O fluxo de caixa ou orçamento financeiro cumpre, principalmente, três objetivos no gerenciamento de uma Empresa Rural:

- Primeiro, o de prever com antecedência os períodos em que haverá necessidade de captação de recursos para saldar compromissos e dívidas assumidas.
- Segundo, o de garantir ao empresário rural um prazo mais largo para tomar decisões no setor de finanças, já que ele projeta problemas que a Empresa Rural vai enfrentar no futuro.

- E, finalmente, permitir ao empresário rural trabalhar com uma certa margem de segurança, já que programará as operações financeiras durante um determinado ano agrícola.

O fluxo de caixa será, posteriormente, confrontado com o boletim de caixa, que já vimos anteriormente. Por isso é importante que as informações sejam as mesmas, para você estabelecer a relação entre previsto e realizado.

A administração tem por finalidade não somente manter a empresa em permanente situação de solvência, como também propiciar condições para a obtenção de lucros que compensem os riscos de investimentos e a capacidade empresarial.

Finalidades do Fluxo de Caixa

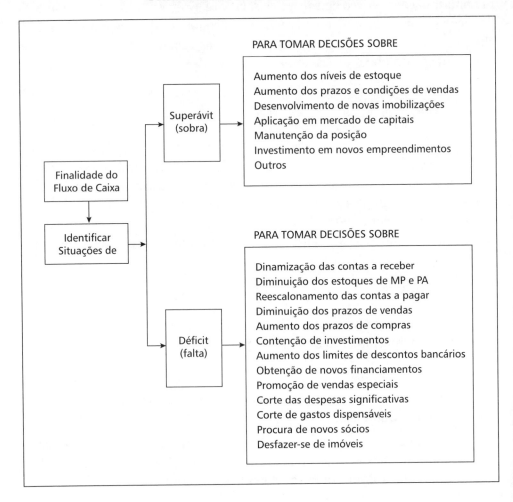

13.6 Capacidade de caixa da empresa rural

A Empresa Rural não precisa ter uma crise para estar com problemas de caixa. Quando ela tem acesso ao dinheiro de que precisa para suprir suas obrigações de caixa, diz-se que está *líquida* ou que tem liquidez suficiente. Independentemente de outras conotações financeiras que o termo tem, para a gestão do caixa, a liquidez pode ser avaliada em termos da *capacidade de caixa*, a qual mede o volume de recursos líquidos que a Empresa Rural pode dispor em um certo momento.

A capacidade de caixa da Empresa Rural é dada pela soma das reservas financeiras presentes (recursos próprios e de terceiros), mais o poder de captação não utilizado (possíveis linhas de crédito e aumentos de capital). Ela permite suportar a extensão de qualquer outro ativo e enfrentar as oscilações nas disponibilidades líquidas do caixa. Superestimar a capacidade de caixa poderá levar a empresa a uma significativa crise. Em termos práticos, ela define os limites dentro dos quais o fluxo de caixa deve manter-se.

13.7 Como fazer previsões

Um dos segredos para realizar bons negócios é o planejamento. E esse planejamento implica previsão do dinheiro que você poderá dispor em cada momento de seu negócio. Essa informação, por sua vez, está embutida no que no vocabulário de contabilidade e finança se chama *fluxo de caixa*.

Por definição, fluxo de caixa é a previsão das entradas e saídas de dinheiro em sua empresa por um determinado período de tempo. Você fará um orçamento, contando com o que espera receber e com o que terá que pagar. Nem sempre o fluxo de caixa se realiza completamente, mas essa sistemática vai lhe permitir, depois confrontar o que foi planejado ou previsto, com o que efetivamente aconteceu em sua empresa.

Esse confronto é uma prática muito importante para o empresário rural. Sem ele é impossível identificar ou avaliar possíveis distorções que estão havendo na condução do negócio. E como você não pode corrigir erros que não conhece, corre o risco de chegar a situações irreversíveis, ameaçando seu negócio com problemas que já poderiam estar solucionados se você tivesse consciência deles.

Na linguagem técnica, fluxo de caixa também pode ser denominado orçamento de caixa, orçamento financeiro, movimento financeiro, previsão de entradas e saídas de recursos ou previsão de caixa.

13.7.1 Utilização

O fluxo de caixa é elaborado, normalmente, para o período de um ano, subdividido em meses ou trimestres. Para ser mais realista, ele deve fazer a previsão orçamentária para um trimestre com estimativas globais para o resto do ano agrícola. Assim, findos os primeiros três meses, e feita a comparação com o orçamento executado, o empresário terá condições de revisar os trimestres seguintes.

O formulário do fluxo de caixa, como já dissemos, deve conter as mesmas informações do "boletim de caixa". Assim, serão relacionados a data ou o período a que se refere a operação; o histórico (onde se registra o tipo de operação realizada); as previsões de entradas (os valores relativos a recebimentos); as previsões de saídas (os valores dos pagamentos a serem feitos); o saldo inicial (o total do dinheiro em caixa no início do período); e a previsão de saldo final (quanto o comerciante espera ter no dia em que se encerrar o fluxo financeiro).

13.8 Equilíbrio financeiro

- Há permanente equilíbrio entre os ingressos e os desembolsos de caixa.
- O capital próprio tende a aumentar em relação ao capital de terceiros.
- A rentabilidade do capital empregado é satisfatória.
- Menor necessidade de capital de giro.
- Há uma tendência para aumentar o índice de rotação de estoques.
- Os prazos médios de recebimento e pagamento tendem a estabilizar-se.
- Não há imobilizações excessivas de capital, nem ela é insuficiente para o volume necessário de produção e comercialização agrícola.
- Não há falta de produtos agrícolas para o atendimento das vendas.

13.9 Desequilíbrio financeiro

Sintomas

- Insuficiência crônica de caixa.
- Captação sistemática de recursos através de empréstimos.
- Sensação de esforço desmedido.
- Sensação de quebra repentina.

Causas

- Excesso de investimentos, em estoques ou itens de baixa rotação.
- Prazo médio de recebimento é maior que o prazo médio de pagamento.
- Excesso de imobilizações.
- Inflação monetária.

Consequências

- Vulnerabilidade ante as flutuações de mercado.
- Atrasos nos pagamentos de dívidas.
- Tensões internas.
- Recuperação judicial
- Concordata.
- Falência.

13.10 Medidas de saneamento financeiro

- Aumento do capital próprio através da entrada de novos sócios ou do reinvestimento dos lucros.
- Redução do ritmo das atividades operacionais.
- Adequação do nível de operações ao nível de recursos disponíveis.
- Contenção dos custos e despesas operacionais.
- Desmobilização de recursos ociosos.
- Planejamento e controle financeiros.

13.11 Fluxo de caixa de projetos agropecuários

De uma forma genérica, os Projetos Agropecuários podem demonstrar sua movimentação de caixa seguindo a classificação abaixo sugerida:

Recebimentos Operacionais
(+) Adiantamentos de Inversões
(+) Recuperações de Custos
(−) Retenções Contratuais
(+) Outros Recebimentos Operacionais
(=) Recebimentos Líquidos

Pagamentos Operacionais
(+) Custos de Produção Agropecuária (insumos, fornecedores, mão de obra etc.)
(+) Aquisições de Imobilizado
(+) Pagamento de Impostos
(+) Pagamento de Adiantamentos Diversos
(+) Outros Desembolsos Operacionais
(=) Total de Pagamentos Operacionais

(=) Resultado Operacional de Caixa
(+) Recebimentos (pagamentos) de (para) Outras Unidades Produtivas
(+) Empréstimos Obtidos
(−) Empréstimos Amortizados
(+) Receitas (despesas) Financeiras
(+) Outros Recebimentos (desembolsos) Não Operacionais
(=) Movimento Não Operacional

(+) Saldo inicial de Caixa

(+) SALDO FINAL DE CAIXA

Fluxo de Caixa

Período: 1º/1 a 31/3

MESES	JANEIRO		FEVEREIRO		MARÇO	
Descrição	Previsto	Realizado	Previsto	Realizado	Previsto	Realizado
Entradas						
TOTAL						
Saídas						
TOTAL						

Movimentação

Descrição	Previsto	Realizado	Previsto	Realizado	Previsto	Realizado
Saldo inicial						
Entradas						
Saídas						
Saldo Final						

13.12 Contabilidade e fluxo de caixa

O regime de competência objetiva apurar a capacidade de gerar lucro. Usar regime de caixa produz distorções na mensuração do resultado empresarial. Assim, poucos defendem a eliminação completa da demonstração de resultado e do balanço patrimonial, embora muitos sugiram a preferência por certos procedimentos com base na aproximação do Fluxo de Caixa e evitando alocações para muitos períodos, o que parece ser arbitrário em sua natureza. Apesar da maior simplicidade do registro pelo fluxo financeiro, a desvinculação entre recebimento e pagamento pode gerar distorções sérias, por exemplo, a depreciação, a provisão para créditos de liquidação duvidosa e a equivalência patrimonial.

Entretanto, o regime de competência é mais sujeito a manipulação que o regime de caixa. Na verdade, entradas e saídas de caixa também podem ser modificadas por uma alteração na política de recebimento de clientes e pagamento a fornecedores.

13.13 Ciclo econômico e ciclo financeiro

Na verdade, o que existe dentro de uma Empresa Rural são dois ciclos:

- o econômico;
- o financeiro.

O ciclo econômico corresponde ao período entre a aquisição de insumos e a venda de produtos agrícolas. Na Empresa Rural, existe uma relação direta com o tempo de duração de seu ciclo produtivo. O ciclo financeiro corresponde ao prazo decorrido entre as saídas de caixa (pagamento a fornecedores) e as entradas de caixa (recebimentos de clientes).

A relação entre os dois ciclos está na defasagem de tempo dos acontecimentos. As saídas de caixa ocorrem em datas posteriores às compras, assim como as entradas de caixa em relação às vendas, conforme esquema a seguir:

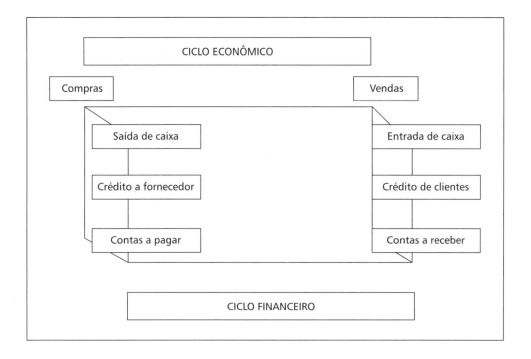

Uma Empresa Rural, por menor que seja, é uma organização complexa, cujo desempenho sofre a influência de vários fatores internos e externos. Para detectar a causa de problemas ou mesmo entender as razões de resultados positivos, o empresário precisa fazer um diagnóstico, considerando os diversos aspectos de seu negócio. É a precisão desse diagnóstico – análise econômico--financeira – que vai-lhe permitir superar crises ou traçar uma estratégia segura de crescimento.

Em primeiro lugar, é preciso compreender a diferença entre econômico e financeiro.

Quando se fala da situação econômica de uma Empresa Rural, está-se referindo à sua variação patrimonial. Ou ao lucro, se essa variação for a maior, ou ao prejuízo, se o patrimônio estiver descrevendo uma curva decrescente.

A palavra "financeira" refere-se apenas à movimentação de valores monetários. Quando se analisa a situação financeira de uma empresa, está-se falando exclusivamente da sua liquidez, a sua movimentação de caixa e sua capacidade de gerar dinheiro para saldar seus compromissos.

Numa transação normal de vendas, esses dois conceitos se aliam. Existe uma operação meramente financeira, de ingresso de recursos em caixa, que gera lucro e, portanto, modifica a situação econômica.

Para proceder à análise econômico-financeira de uma Empresa Rural, o empresário vai precisar de informações que constam de seu balanço patrimonial, do controle de caixa e do controle de estoque. Com esses três documentos na mão, o empresário rural terá os dados para a análise econômico-financeira de sua Empresa Rural.

Demonstração dos fluxos de caixa na Lei nº 6.404/76

A demonstração dos fluxos de caixa tornou-se obrigatória, no Brasil, a partir de 2008.

Conforme a Lei nº 6.404/76:

> **Art. 176.** Ao fim de cada exercício social, a diretoria fará elaborar, com base na escrituração mercantil da companhia, as seguintes demonstrações financeiras, que deverão exprimir com clareza a situação do patrimônio da companhia e as mutações ocorridas no exercício:
>
> IV – demonstração dos fluxos de caixa; e
>
> § 6º A **companhia fechada com patrimônio líquido**, na data do balanço, **inferior a R$ 2.000.000,00** (dois milhões de reais) **não será obrigada** à elaboração e publicação da demonstração dos fluxos de caixa.
>
> **Art. 188.** As demonstrações referidas nos incisos IV e V do *caput* do art. 176 desta Lei indicarão, no mínimo:
>
> I – demonstração dos fluxos de **caixa** – as alterações ocorridas, durante o exercício, no saldo de caixa e equivalentes de caixa, segregando-se essas alterações em, no mínimo, 3 (três) fluxos:
>
> a) das operações;

b)   dos financiamentos;
c)   dos investimentos.

Segundo a **NBC TG 03 (R3) – Demonstração dos Fluxos de Caixa**, define:

✓ **Caixa** compreende numerário em espécie e depósitos bancários disponíveis.
✓ **Equivalentes de caixa** são aplicações financeiras de curto prazo, de alta liquidez, que são prontamente conversíveis em montante conhecido de caixa e que estão sujeitas a um insignificante risco de mudança de valor.
✓ **Fluxos de caixa** são as entradas e saídas de caixa e equivalentes de caixa.

A DFC tem que apresentar seus fluxos de caixa, obrigatoriamente, por três tipos de atividades. São elas: operacionais, de investimento e de financiamento.

- **Atividades operacionais** são as principais atividades geradoras de receita da entidade, relacionadas com a produção e entrega de bens e serviços, e outras atividades que não são de investimento e tampouco de financiamento.

    Os fluxos de caixa advindos das atividades operacionais são basicamente derivados das principais atividades geradoras de receita da entidade. Exemplos:

    a)   recebimentos de caixa pela venda de mercadorias e pela prestação de serviços;
    b)   recebimentos de caixa decorrentes de *royalties*, honorários, comissões e outras receitas;
    c)   pagamentos de caixa a fornecedores de mercadorias e serviços;
    d)   pagamentos de caixa a empregados ou por conta de empregados;
    e)   recebimentos e pagamentos de caixa por seguradora de prêmios e sinistros, anuidades e outros benefícios da apólice;
    f)   pagamentos ou restituição de caixa de impostos sobre a renda, a menos que possam ser especificamente identificados com as atividades de financiamento ou de investimento; e

g) recebimentos e pagamentos de caixa de contratos mantidos para negociação imediata ou disponíveis para venda futura.

São as principais atividades geradoras de receita da entidade, relacionadas com a produção e entrega de bens e serviços, e outras atividades que não são de investimento e tampouco de financiamento.

- **Atividades de investimento** normalmente são contas do Ativo Não Circulante (Longo Prazo), mas que também visam a produção de bens e serviços. São referentes à aquisição e à venda de ativos de longo prazo e de outros investimentos não incluídos nos equivalentes de caixa.

Representam a extensão em que os dispêndios de recursos são feitos pela entidade com a finalidade de gerar lucros e fluxos de caixa no futuro. Exemplos:

a) pagamentos em caixa para aquisição de ativo imobilizado, intangíveis e outros ativos de longo prazo. Esses pagamentos incluem aqueles relacionados aos custos de desenvolvimento ativados e aos ativos imobilizados de construção própria;
b) recebimentos de caixa resultantes da venda de ativo imobilizado, intangíveis e outros ativos de longo prazo;
c) pagamentos em caixa para aquisição de instrumentos patrimoniais ou instrumentos de dívida de outras entidades e participações societárias em *joint ventures* (exceto aqueles pagamentos referentes a títulos considerados como equivalentes de caixa ou
d) aqueles mantidos para negociação imediata ou futura);
e) recebimentos de caixa provenientes da venda de (a) recebimentos de caixa pela venda de mercadorias e pela prestação de serviços;
f) recebimentos de caixa decorrentes de *royalties*, honorários, comissões e outras receitas;
g) pagamentos de caixa a fornecedores de mercadorias e serviços;
h) pagamentos de caixa a empregados ou por conta de empregados;

i) recebimentos e pagamentos de caixa por seguradora de prêmios e sinistros, anuidades e outros benefícios da apólice;
j) pagamentos ou restituição de caixa de impostos sobre a renda, a menos que possam ser especificamente identificados com as atividades de financiamento ou de investimento; e
k) recebimentos e pagamentos de caixa de contratos mantidos para negociação imediata ou disponíveis para venda futura.

Normalmente são contas do Ativo Não Circulante (Longo Prazo), mas que também visam a produção de bens e serviços. São referentes à aquisição e à venda de ativos de longo prazo e de outros investimentos não incluídos nos equivalentes de caixa.

- **Atividades de financiamento** são aquelas que resultam em mudanças no tamanho e na composição do capital próprio e no capital de terceiros da entidade. Podem ser empréstimos de investidores e/ou credores e seus pagamentos ou amortizações, assim como a captação de recursos de seus sócios e os pagamentos a estes desses recursos e seus rendimentos.

Representam as exigências de fluxos futuros de caixa por parte de fornecedores de capital à entidade. Exemplos:

a) caixa recebido pela emissão de ações ou outros instrumentos patrimoniais;
b) pagamentos em caixa a investidores para adquirir ou resgatar ações da entidade;
c) caixa recebido pela emissão de debêntures, empréstimos, notas promissórias, outros títulos de dívida, hipotecas e outros empréstimos de curto e longo prazos;
d) amortização de empréstimos e financiamentos; e
e) pagamentos em caixa pelo arrendatário para redução do passivo relativo a arrendamento mercantil financeiro.

São aquelas que resultam em mudanças no tamanho e na composição do capital próprio e no capital de terceiros da entidade. Podem ser empréstimos de investidores e/ou credores e seus pagamentos ou amortizações, assim como a captação de recursos de seus sócios e os pagamentos a estes desses recursos e seus rendimentos.

A DFC poder feita por dois métodos: direto e indireto.

Método Direto:

As principais classes de recebimentos brutos e pagamentos brutos são divulgadas. Evidencia todos os pagamentos e recebimentos decorrentes das atividades operacionais da empresa, devendo apresentar os componentes do fluxo por seus valores brutos.

Para elaborar a DFC por esse método, necessitamos saber todas as movimentações ocorridas no caixa.

Método Indireto:

O lucro líquido ou o prejuízo é ajustado pelos efeitos de transações que não envolvem caixa, pelos efeitos de quaisquer diferimentos ou apropriações por competência sobre recebimentos de caixa ou pagamentos em caixa operacionais passados ou futuros, e pelos efeitos de itens de receita ou despesa associados com fluxos de caixa das atividades de investimento ou de financiamento.

Consiste na demonstração dos recursos provenientes das atividades operacionais a partir do lucro líquido (ou prejuízo), ajustados pelos itens que afetam o resultado (tais como depreciação, amortização e exaustão), mas que não modificam o caixa da empresa.

O Lucro Líquido é extraído da DRE.

É na DRE que verificamos quais operações a empresa praticou, em quais custos incorreu, seja para produzir ou vender mercadorias, seja para prestar serviços. Também verificamos os lucros que a empresa obteve.

Alguns, porém, podem não estar relacionados às atividades principais. É aí que entram os ajustes abaixo. Primeiro partimos do lucro líquido e depois vamos fazendo os ajustes para retirar desse lucro aqueles valores advindos de atividades que não são as operacionais.

Exemplo:

Considere as informações extraídas do Balanço Patrimonial e da Demonstração do Resultado do Exercício da empresa Horizonte, empresa rural, referentes ao exercício de X2:

Cia. Horizonte
Balanço Patrimonial – Exercício Findo em 31/12/X2 – Em R$ (mil)

ATIVO	31/12/X1	31/12/X2	PASSIVO	31/12/X1	31/12/X2
Circulante			Circulante		
Disponível	35.000,00	30.000,00	Fornecedores	100.000,00	87.500,00
Clientes	110.000,00	140.000,00	Salários a Pagar	27.500,00	32.5000,00
Estoques	75.000,00	55.000,00			
Total do Circulante	220.000,00	225.000,00	Total do Circulante	127.500,00	120.000,00

Cia. Horizonte
Demonstração do Resultado do Exercício de X2 – Em R$ (mil)

Receita Bruta de Vendas	900.000,00
Impostos sobre Vendas	(223.000,00)
Receita Líquida de Vendas	677.000,00
CMV	(340.000,00)
Lucro Bruto	**337.000,00**

Com base nestas informações, determine o valor recebido de clientes em X2.

Solução:

Basta aplicar a fórmula de sempre para a conta Clientes:

Saldo inicial + entradas − saídas = saldo final

As entradas são as vendas; as saídas, os recebimentos de clientes.

Saldo inicial + entradas − saídas = saldo final
Saldo inicial + vendas − recebimentos = saldo final
110.000 + 900.000 − Recebimentos = 140.000
1.010.000 − Recebimentos = 140.000

Recebimentos = 870.000

13.14 Capital de giro

São investimentos da Empresa Rural em ativos de curto prazo, ou seja, caixa, aplicações a curto prazo no mercado financeiro, contas a receber e estoques.

A administração do capital de giro visa minimizar o risco da Empresa Rural de não ter condições para cumprir suas obrigações a vencer, procurando contrabalançar a estrutura de vencimentos de suas receitas e despesas.

A liquidez do capital de giro é definida pela diferença entre o ativo circulante e o passivo circulante, que é o Capital Circulante Líquido, ou seja, indica qual é a capacidade que o Capital de Giro de determinada Empresa Rural tem para saldar seus compromissos a curto prazo.

Os ativos circulantes representam o tempo exigido para que uma aplicação em dinheiro gire inteiramente dentro de um ciclo de operações. Envolve desde a compra de insumos e pagamento de funcionários até o recebimento correspondente à venda de produtos agropecuários.

13.15 Análise do capital de giro

Causas e problemas internos na empresa rural

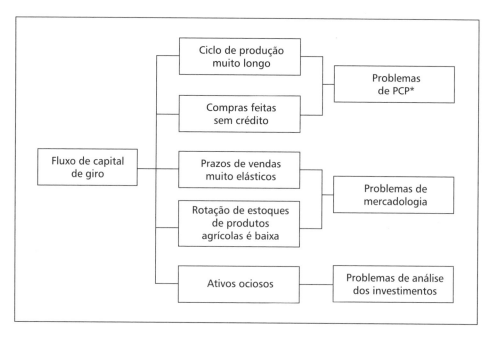

* PCP = Planejamento e Controle da Produção.

1. Empresa com capital de giro próprio

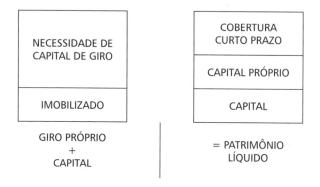

2. Empresa sem capital de giro próprio (coberturas financiam as necessidades e o imobilizado)

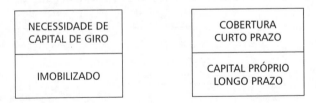

3. Empresa sem capital de giro

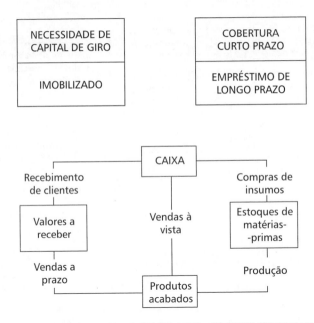

CAPITAL DE GIRO = ATIVO CIRCULANTE – PASSIVO CIRCULANTE

13.16 Necessidade de capital de giro

Quando as saídas de caixa ocorrem antes das entradas, há a necessidade de recursos para manter as atividades da Empresa Rural durante esse espaço de tempo.

Quando ocorre o inverso, isto é, quando as entradas acontecerem antes das saídas de caixa, a necessidade de capital de giro é nula, pois o que ocorre é a formação de um fundo de recursos para a Empresa Rural.

13.17 Fatores redutores e geradores do capital de giro

Os fatores a seguir enumerados influem diretamente na formação do Capital de Giro, aumentando-o ou reduzindo-o.

Reduzem:

- Imobilização em excesso
- Compras à vista
- Distribuição de lucros
- Retiradas em excesso
- Ineficiência nas cobranças
- Níveis elevados de estoques
- Prazos de venda muito longos

Aumentam:

- Vendas à vista
- Cobrança eficiente
- Venda de imobilizações
- Aumento do capital com recursos próprios
- Lucratividade
- Aumento dos prazos de compra
- Redução dos estoques a níveis aceitáveis
- Redução do ciclo produtivo
- Maior rotação nos estoques

Análise do capital de giro

```
Falta de capital de giro        Consequências imediatas

┌──────────────┬──────────────────┬──────────────┐
│   Atrasa     │     Atrasa       │   Atrasa     │
│   salários   │   fornecedores   │   impostos   │
└──────┬───────┴────────┬─────────┴──────┬───────┘
       │                │                │
┌──────┴───────┐ ┌──────┴───────┐ ┌──────┴───────┐ ┌──────────────┐
│  Empregados  │ │ Fornecedores │ │  Paga juros  │ │  Prejudica o │
│ desmotivados │ │ cortam o cré-│ │   de mora    │ │   cadastro   │
│              │ │dito e descon-│ │              │ │              │
│              │ │     tos      │ │              │ │              │
└──────┬───────┘ └──────┬───────┘ └──────────────┘ └──────┬───────┘
       │                │                                 │
┌──────┴───────┐ ┌──────┴───────┐ ┌──────────────┐        │
│   Reduz o    │ │    Falta de  │ │   Insumos    │        │
│   volume     │ │  insumos para│ │    caros     │        │
│              │ │   produção   │ │              │        │
└──────────────┘ └──────┬───────┘ └──────────────┘        │
                        │                                 │
                 ┌──────┴───────┐                  ┌──────┴───────┐
                 │  Redução no  │                  │ Dificuldades │
                 │ lucro ou au- │                  │  para obter  │
                 │ mento do pre-│                  │    crédito   │
                 │    juízo     │                  │              │
                 └──────────────┘                  └──────────────┘
```

13.18 Análise econômico-financeira

Para proceder à análise econômico-financeira de uma Empresa Rural, o empresário vai precisar de informações que constam de seu balanço patrimonial, do controle de caixa e do controle de estoque. Com esses três documentos na mão, o empresário rural terá os dados para a análise econômico-financeira de sua Empresa Rural.

13.18.1 Indicadores

Os indicadores econômico-financeiros são valores quantitativos, ou seja, números utilizados para identificar a situação e o desempenho econômico--financeiro de uma Empresa Rural. Depois de apurados, eles devem ser comparados com os resultados de períodos anteriores e com as projeções, no processo de análise e avaliação.

13.18.2 Análise

Os primeiros indicadores usados para analisar econômico-financeiramente uma empresa são:

Despesa média mensal. Você terá facilmente este dado se tiver seus boletins de caixa atualizados.

Some as despesas mensais de um determinado período e divida pelo número de meses. Normalmente, utiliza-se período de um ano.

Suponhamos que a soma das despesas de uma Empresa Rural, nos últimos doze meses, tenha sido $ 360 mil. Dividindo esse valor por doze, chegamos a despesa média mensal de $ 30 mil.

Receita média mensal. Use a mesma Fonte – o boletim de caixa – e a mesma fórmula para calcular este valor.

Na Empresa Rural hipotética as receitas (receitas de venda mais receitas não operacionais) dos últimos doze meses somaram $ 1.898.400,00, que significa uma receita média mensal de $ 158.200.

Ativo circulante. Esta informação você vai encontrar em seu Balanço Patrimonial. Você se recorda de que o ativo circulante é a soma do disponível (dinheiro em caixa e nos bancos) e do realizável (contas a receber, duplicatas, estoque e outros créditos a receber no prazo de 360 dias).

Suponhamos que o disponível da empresa seja no momento de $ 210 mil e o realizável a curto prazo some $ 510 mil, seu ativo circulante será, portanto, de $ 270 mil.

Ativo realizável a longo prazo. Este número também consta de seu Balanço Patrimonial. É tudo o que você vai receber em prazo superior a 360 dias.

A Empresa Rural que estamos analisando tem $ 300 mil em créditos de longo prazo, ou em ativos realizáveis a longo prazo.

Ativo permanente. Mais uma vez, consulte seu Balanço Patrimonial e some os valores de seu patrimônio imobilizado (imóveis, veículos, móveis e equipamentos) e o capital que você tiver em investimentos financeiros. No caso, o capital imobilizado está avaliado em $ 240 mil e os investimentos somam $ 120 mil. Seu ativo permanente é, portanto, de $ 360 mil.

Passivo circulante. Continue consultando seu Balanço Patrimonial. Verifique seu débito com fornecedores, a folha de pagamento, os encargos sociais, os impostos, os empréstimos de curto prazo, os dividendos, as contribuições sociais, enfim, tudo o que você tiver que pagar em até 360 dias. A soma desses débitos e obrigações é seu passivo circulante. Este item soma $ 250 mil na empresa que estamos analisando.

Passivo Circulante. É tudo aquilo que você terá que pagar depois de um ano ou mais.

A Empresa Rural da qual estamos tratando tem um passivo circulante de $ 350 mil.

Passivo não Circulante. Soma das receitas antecipadas cuja realização só se efetivará depois de 360 dias. A empresa que estamos analisando conta com $ 600 mil.

Patrimônio líquido. A conta é simples: some os ativos (ativo circulante e ativo não circulante) e subtraia os passivos (passivo circulante e passivo não circulante).

O patrimônio líquido da empresa que estamos analisando é de $ 180.000,00.

Lucro bruto. Você chega ao lucro bruto subtraindo o custo médio mensal das mercadorias vendidas da receita média mensal de seu estabelecimento.

DISCRIMINAÇÃO	$
Ativo Circulante	1.020.000,00
Ativo Não Circulante	360.000,00
TOTAL	1.380.000,00

DISCRIMINAÇÃO	$
Passivo Circulante	600.000,00
Passivo Não Circulante	600.000,00
Total	1.200.000,00
Patrimônio Líquido	170.000,00

A Empresa Rural obteve uma receita média mensal de $ 158.200,00. O custo médio mensal das mercadorias vendidas foi de $ 101.700,00. O lucro bruto, portanto, foi de $ 56.500,00.

Lucro líquido. Você chega a ele subtraindo do lucro bruto a despesa média mensal da empresa.

Temos um lucro líquido de $ 20 mil, que é o lucro bruto de $ 56.500,00 menos a despesa média mensal, que na empresa é de $ 36.500,00.

Capital de giro próprio. Você sabe quanto pode contar em capital de giro próprio, como já vimos anteriormente, subtraindo o passivo circulante do ativo circulante.

Na nossa situação hipotética, o ativo circulante é de $ 720 mil e o passivo circulante de $ 250 mil. Assim, a empresa pode contar com um capital de giro próprio de $ 470 mil.

De posse desses dados econômico-financeiros, o proprietário rural fez a análise econômico-financeira de sua empresa. O próximo passo é utilizar os indicadores econômico-financeiros que apresentam os sintomas de sua empresa.

13.18.3 Avaliação

Agora sim, com todas essas informações, você pode analisar seus livros e documentos contábeis para verificar se seu negócio vai bem. Esses números, como você verá a seguir, serão transformados em índices que denunciam o grau de eficiência da administração e a saúde de seu negócio.

Índice de rentabilidade. Este é, sem dúvida, o mais significativo indicador econômico das empresas privadas, pois sintetiza o desempenho da Empresa Rural em termos de resultados. Resume, enfim, a eficiência com que o negócio está sendo administrado. Você encontra o índice percentual de rentabilidade dividindo o lucro líquido pelo patrimônio líquido.

Vamos ver como está o desempenho da Empresa Rural que tomamos como exemplo. Ela conseguiu um lucro líquido de $ 20 mil para um patrimônio líquido de $ 180 mil. Dividindo o primeiro número pelo segundo, chegamos a um índice de rentabilidade de 11%.

Índice de lucratividade. Este é um indicador importante principalmente para o empresário rural traçar a estratégia de vendas de sua empresa. Isoladamente, sua importância é relativa, já que uma empresa pode compensar índices de lucratividade baixos aumentando seu volume de vendas.

Você descobre o índice de lucratividade de seu negócio dividindo o lucro líquido pela renda operacional líquida.

Nossa Empresa Rural hipotética obteve um lucro líquido de $ 20 mil, conforme já calculamos. Sua renda operacional líquida foi de $ 158.200,00. A divisão do primeiro pelo segundo resulta em 0,1264, o que quer dizer que seu índice de lucratividade é de 12,64%.

Índice de liquidez. Este é um indicador exclusivamente financeiro, e, portanto, expresso em valor monetário. Ele vai demonstrar quanto a empresa possui em créditos com relação ao que ela tem a pagar. Você chega ao índice de liquidez dividindo o ativo circulante pelo passivo circulante da Empresa Rural.

No exemplo que estamos utilizando, o ativo circulante é de $ 1.020 mil e o passivo circulante é de $ 600 mil. Dividindo o primeiro valor pelo segundo, chegamos a 1,70. O que quer dizer que, para cada real que a empresa terá que pagar em curto prazo, ela tem $ 1,70 para receber.

13.18.4 Sintomas

Encontrados os indicadores econômico-financeiros de sua Empresa Rural, você vai, agora, conhecer os sintomas de seu negócio. Eles dirão respeito à tendência de lucratividade, situação de rentabilidade, tendência do valor real das vendas e situação de liquidez. Em todos esses casos, você pode constatar que sua empresa está tendo um desempenho saudável, que está estagnada, que apresenta tendência de queda ou de crescimento exagerada, que é um sintoma igualmente indesejável por ser uma situação insustentável a médio ou longo prazo.

Você pode observar que a Empresa Rural que utilizamos como exemplo apresentou sempre índices positivos e compatíveis com sua capacidade.

13.18.5 Causas

De posse dos sintomas socioeconômicos, o empresário rural poderá analisar as causas que levaram seu negócio a ter aquele desempenho. Essa análise mostrará, claramente, quais são as raízes dos problemas que interferem no bom andamento do empreendimento rural.

Ao contrário do exemplo que utilizamos, o dia a dia de uma empresa não raro apresenta problemas. Por essa razão é bom estar prevenido para identificá-los e resolvê-los.

Geralmente, os problemas de uma Empresa Rural podem ser provocados por dois tipos de causas:

Estratégicas – quando são provocados pela escolha inadequada das bases do negócio ou pela forma como são utilizados os recursos da Empresa Rural. Este tipo de problema normalmente se localiza nas áreas diretiva e gerencial, às quais cabe a tomada de decisões estratégicas.

Operacionais – problemas que ocorrem por insuficiência de recursos financeiros, humanos, materiais ou organizacionais na execução das operações ou estão relacionados aos métodos e técnicas de execução das tarefas.

Como você viu, não é difícil conhecer bem sua Empresa Rural e se habilitar para enfrentar e resolver problemas que, como em todo ramo de atividade, também fazem parte do mundo dos negócios. Mais bem preparado e informado, você estará apto a tomar decisões na hora certa para melhorar o desempenho de seu negócio.

13.19 CAPEX E OPEX

A sigla CAPEX vem do inglês *CAPital EXpenditure* e significa Despesas de Capitais ou Investimentos em Bens de Capitais. Envolve todos os custos relacionados à aquisição de recursos que determinada empresa gastou na compra de bens de capital e, visam a melhoria de um produto, serviço ou da própria empresa. São dispêndios que geram benefícios futuros.

Sua contrapartida, ou seja, despesas com capital (CAPEX) são os custos incorridos para o desenvolvimento ou fornecimento de componentes não consumíveis de um produto ou sistema.

OPEX vem do inglês *OPerational EXpenditure*. Ao contrário do CAPEX, nesta modalidade o foco está nas Despesas e Dispêndios Operacionais e no Investimento em Manutenção de Equipamentos. Refere-se às despesas operacionais, ou seja, associadas à manutenção dos equipamentos. Evidenciam os custos contínuos incorridos por um produto, uma empresa ou um projeto.

A aquisição de um equipamento envolve a estratégia CAPEX, enquanto os custos de manutenção representam OPEX. Nesse sentido, cada um tem impactos diferentes na contabilidade das empresas.

Múltipla escolha

1. Durante o ano a Agropecuária Desenvolvida S.A. adquiriu ações de sua própria emissão, pagou fornecedores de matéria-prima e três prestações de um arrendamento mercantil financeiro referentes à aquisição de uma máquina. Essas transações devem ser classificadas, respectivamente, na Demonstração dos Fluxos de Caixa como fluxos de caixa decorrentes das atividades:
   a) de investimento, operacionais e de financiamento.

b) de financiamento, operacionais e de investimento.
c) de financiamento, operacionais e de financiamento.
d) operacionais, de financiamento e de financiamento.
e) de financiamento, operacionais e operacionais.

2. Na Demonstração dos Fluxos de Caixa, pode-se citar como exemplos de fluxo de caixa das Atividades Operacionais: Recebimento de caixa:
   a) decorrente de contratos mantidos para negociação imediata e pagamentos de caixa decorrentes da aquisição de ações da própria entidade.
   b) decorrente da venda de ativo imobilizado e pagamentos de caixa decorrentes de arrendamento mercantil financeiro.
   c) proveniente da emissão de debêntures e pagamentos por aquisição de instrumentos patrimoniais de controlada.
   d) decorrente da emissão de ações e pagamentos de caixa decorrentes de imposto sobre a renda.
   e) decorrente de *royalties* e pagamentos de caixa a fornecedores de mercadorias.

3. Em relação ao conteúdo da Demonstração dos Fluxos de Caixa de uma empresa rural, assinale a opção **CORRETA**.
   a) A integralização de capital, com a entrega de um terreno, é apresentada simultaneamente como caixa consumido na atividade de investimento e caixa gerado na atividade de financiamento.
   b) Na liquidação de um empréstimo obtido, o pagamento dos juros pode ser classificado como atividade operacional ou de financiamento, mas o principal da dívida deve ser classificado como atividade de financiamento.
   c) O lucro líquido é apresentado como componente da atividade operacional quando a Demonstração do Fluxo de Caixa é elaborada pelo método direto.
   d) O pagamento de parcela de arrendamento mercantil financeiro, realizado pelo arrendatário, deve ser classificado na atividade operacional.

4. Com base na NBC TG 03 (R2) – Demonstração dos Fluxos de Caixa, na elaboração da Demonstração dos Fluxos de Caixa, classificam-se como atividade de financiamento os:

a) recebimentos de valores decorrentes da alienação de participações societárias.
b) pagamentos em caixa para aquisição de instrumentos patrimoniais ou instrumentos de dívida de outras entidades e participações societárias em *joint ventures*.
c) recebimentos de caixa resultantes da venda de ativo imobilizado, intangíveis e outros ativos de longo prazo.
d) recebimentos em caixa pela emissão de debêntures, empréstimos, notas promissórias, outros títulos de dívida, hipotecas e outros empréstimos de curto e longo prazos.

Exercícios

1. A Companhia Alfenas está preocupada em administrar seu caixa de maneira eficiente. Em média, as duplicatas a receber são cobradas em 60 dias, e os estoques têm uma idade média de 90 dias. As duplicatas a pagar são pagas aproximadamente 30 dias após sua emissão. A companhia gasta $ 3.000,00 a cada ano. Supondo um ano de 360 dias, calcule:

   a. O ciclo financeiro

   Ciclo Financeiro = $PMR + PME - PMP$

   (Prazos médios de recebimento, estocagem e pagamento)

   b. O giro de caixa

   $$\text{Giro de Caixa} = \frac{360}{CF} \text{ (dias do ano)}$$

   c. Necessidade de capital de giro

   $$\text{Caixa Mínimo Operacional (Necessidade de Capital de Giro)} = \frac{\text{Desembolso Total}}{\text{Giro de caixa}}$$

2. A Companhia Varginha tem um giro de estoque de 12 dias, um período médio de cobrança de 45 dias e um período médio de pagamento de 40 dias.

   A Companhia gasta $ 1.000,00 por ano.

   Supondo um ano de 360 dias, calcule:

   a. O ciclo financeiro

b. O giro de caixa

c. A necessidade de capital de giro

3. Com os dados abaixo, prepare o fluxo de caixa da empresa Agropecuária Goulart S. A., para os próximos três meses: janeiro, fevereiro e março.

   a. Previsão de vendas mensais: $ 5.000,00
   b. Política de vendas: 20% à vista
       60% com 30 dias
       20% com 60 dias
   c. A empresa espera contrair, em fevereiro, um empréstimo de $ 800,00, com vencimento em 60 dias, e as despesas financeiras equivalem a 3% ao mês e são pagas antecipadamente.
   d. Despesas com mão de obra, pagas dentro do próprio mês: $ 800,00
   e. Despesas com encargos sociais: 80% do valor da mão de obra. Estas são pagas no mês seguinte.
   f. O ICMS é de 10% do faturamento mensal. São pagas no mês subsequente ao do fato gerador.
   g. A empresa espera adquirir equipamentos no valor de $ 4.000,00 em janeiro, para pagamento com 30 e 60 dias (cada duplicata no valor de $ 2.000,00).
   h. Retirada dos sócios, realizada dentro do próprio mês: $ 500,00 mensais.
   i. O custo mensal dos fertilizantes e rações é de $ 1.200,00.
   j. Os vendedores são comissionados à base de 8% sobre o valor das vendas e recebem dentro do próprio mês.
   k. A Empresa Rural orçou em $ 100,00 mensais as despesas gerais.
   l. O custo da depreciação das máquinas e equipamentos agrícolas é de $ 15,00 mensais.
   m. O saldo anterior de caixa é de $ 700,00.

14

APURAÇÃO E TRIBUTAÇÃO DOS RESULTADOS

14.1 Atividades rurais consideradas para fins de tributação

A legislação tributária federal considera atividade rural: (1) a agricultura; (2) a pecuária; (3) a extração e a exploração vegetal e animal; (4) a exploração da apicultura, avicultura, cunicultura, suinocultura, sericicultura, piscicultura (pesca artesanal de captura do pescado *in natura*) e outras de pequenos animais; (5) a transformação de produtos agrícolas ou pecuários, sem que sejam alteradas a composição e as características do produto *in natura*, realizada pelo próprio agricultor ou criador, com equipamentos e utensílios usualmente empregados nas atividades rurais. Para essa atividade utiliza-se exclusivamente matéria-prima produzida na área explorada, tais como: descasque de arroz, conserva de frutas, moagem de trigo e milho, pasteurização e acondicionamento do leite, assim como produção de mel e suco de laranja, acondicionados em embalagem de apresentação, produção de carvão vegetal, produção de embriões de rebanho em geral (independentemente de sua destinação: comercial ou de reprodução).

O cultivo de florestas que se destinem ao corte para comercialização, consumo ou industrialização também é considerado atividade rural, a teor do art. 50 da Lei nº 9.430/96.

Não se consideram atividade rural o beneficiamento ou a industrialização de pescado *in natura*; a industrialização de produtos, tais como bebidas alcoólicas em geral, óleos essenciais, arroz beneficiado em máquinas industriais, café beneficiado (por implicar a alteração da composição e característica do produto); a intermediação de negócios com animais e produtos agrícolas (comercialização de produtos rurais de terceiros); a compra e venda de rebanho com permanência em poder do contribuinte em prazo inferior a 52 (cinquenta e dois) dias, quando em regime de confinamento, ou de 138 (cento e trinta e oito) dias, nos demais casos (o período considerado pela lei justifica-se como tempo suficiente para descaracterizar a simples intermediação, pois o período de permanência inferior àquele estabelecido legalmente configura simples comércio de animais); a compra e venda de sementes; a revenda de pintos de um dia e de animais destinados ao corte; o arrendamento ou aluguel de bens empregados na atividade rural (máquinas, equipamentos agrícolas, pastagens); a prestação de serviços de transporte de produtos de terceiros etc., conforme disposto no art. 406 do Regulamento do Imposto de Renda (RIR) – Decreto nº 3.000/99 com as alterações da Lei nº 9.250/95, art. 17, bem como a Instrução Normativa/SRF nº 257/02.

14.2 Regras tributárias para os produtores rurais

As atividades rurais são tributadas com base nas mesmas regras aplicáveis às demais pessoas jurídicas, com base no lucro real, presumido ou arbitrado, sujeitando-se ao adicional do imposto de renda, à alíquota de 10% (dez por cento), conforme o RIR/99. Os condomínios e consórcios constituídos por agricultores e trabalhadores rurais, nos termos do art. 14 da Lei nº 4.504/64, com redação dada pelo art. 2º da Medida Provisória nº 2.183-56, de 2001, submetem-se às regras aplicáveis às demais pessoas jurídicas rurais, de acordo com a IN SRF nº 257/02.

De acordo com os arts. 58 a 71 do Regulamento do Imposto de Renda, produtor Rural é toda pessoa física que explore atividades agrícolas e/ou pecuárias, onde não sejam alteradas a composição e as características do produto *in natura*. Ainda de acordo com tais artigos, o produtor rural que realizar o beneficiamento e a industrialização de sua produção, ou que comercializar a produção rural de terceiros, deverá se regularizar como pessoa jurídica (empresa), não sendo mais considerado produtor rural.

A vantagem que o produtor rural pessoa física tem, nesse caso, é a possibilidade de realizar a apuração do Imposto de Renda devido através do livro-caixa. Por esse regime, o contador do produtor rural irá apurar a base de cálculo do Imposto de Renda através do lançamento das receitas e despesas que tal produtor tiver com sua atividade, sendo que sobre o saldo resultante dessa operação, ou seja, receita menos despesas, será aplicada a alíquota do Imposto de Renda Pessoa Física, encontrando-se então o valor do imposto devido. No caso da pessoa jurídica (empresa), deverá optar por um dos regimes tributários existentes, a saber, Simples Nacional, Lucro Presumido ou Lucro Real.

14.3 Tributação da empresa rural

A carga tributária também tem seus reflexos no setor agrícola brasileiro, a despeito de esforços da União e dos estados no sentido de reduzir a incidência de tributos de sua competência sobre a produção rural, sobretudo de bens que compõem a cesta básica e mercadorias destinadas à exportação. Uma empresa que exerce a atividade agropecuária ou mesmo agroindustrial, assim como as empresas dos demais setores da economia, sujeita-se igualmente aos tributos (impostos e contribuições) considerados diretos e indiretos. Como tributos diretos, têm-se os de competência federal, que atingem as riquezas que a empresa produz, de acordo com sua capacidade contributiva, tais como o Imposto de Renda da Pessoa Jurídica (IRPJ) e a Contribuição Social sobre o Lucro Líquido (CSLL), ambos incidentes sobre o lucro líquido ajustado, por adições e exclusões, temporárias e permanentes, previstas em lei.

14.3.1 *Principais tributos incidentes na atividade rural*

Nos termos do art. 3º do Código Tributário Nacional, "tributo é toda prestação pecuniária compulsória, em moeda ou cujo valor nela se possa exprimir, que não constitua sanção de ato ilícito, instituída em lei e cobrada mediante atividade administrativa plenamente vinculada".

O tributo, como conceituado no art. 3º *supra*, é um gênero, do qual o art. 5º do mesmo Código indica como espécies os impostos, as taxas, as contribuições de melhoria e as contribuições sociais, assim definidos por Crepaldi (2012):

- Imposto é o tributo "cuja obrigação tem por fato gerador uma situação independente de qualquer atividade estatal específica, relativa ao contribuinte" (CTN, art. 16).

- Taxa é o tributo que tem "como fato gerador o exercício regular do poder de polícia, ou a utilização, efetiva ou potencial, de serviço público específico e divisível, prestado ao contribuinte ou posto à sua disposição" (CTN, art. 77).
- Contribuição de melhoria é o tributo instituído "para fazer face ao custo de obras públicas de que decorra valorização imobiliária, tendo como limite total a despesa realizada e como limite individual o acréscimo de valor que da obra resultar para cada imóvel beneficiado" (CTN, art. 81).
- Contribuição social é o tributo instituído com fundamento nos arts. 149 e 195 da Constituição Federal. Divide-se em três subespécies, quais sejam: contribuições de intervenção no domínio econômico, contribuições de interesse de categorias profissionais ou econômicas e contribuições de seguridade social.

Os principais tributos que incidem sobre a atividade rural evidenciam o fato gerador, o contribuinte, a base de cálculo, a alíquota e a forma de lançamento.

14.3.2 Imposto sobre a Propriedade Territorial Rural – ITR

O imposto sobre a propriedade territorial rural é da competência da União Federal (CF, art. 153, inc. VI, e CTN, art. 29), embora 50% do produto da arrecadação pertença aos Municípios nos quais os imóveis respectivos estejam situados, cabendo-lhes, ainda, a totalidade na hipótese de ser fiscalizado e cobrado pelos Municípios que assim optarem (art. 158, inc. II, na redação da EC nº 41, de 2003).

A Lei nº 9.393/96 estabelece que o ITR, de apuração anual, tem como fato gerador a propriedade, o domínio útil ou a posse de imóvel por natureza, localizado fora da zona urbana do Município, em 1º de janeiro de cada ano (art. 1º). Contribuinte do imposto é o proprietário do imóvel, o titular de seu domínio útil, ou o seu possuidor a qualquer título (CTN, art. 31).

A base de cálculo do ITR é o valor fundiário do imóvel, isto é, o valor da terra nua, sem qualquer benfeitoria (CTN, art. 30), e a alíquota é progressiva, variando de 0,03% até 20% conforme a área do imóvel e o seu grau de utilização, em atenção à função extrafiscal do imposto, cujo maior intuito é desestimular a manutenção de propriedades improdutivas.

O lançamento é feito por homologação, pois a apuração e o pagamento do imposto devem ser feitos pelo contribuinte, independentemente de prévio procedimento da Administração Tributária (Lei nº 9.393/96, art. 10). O prazo para a entrega da Declaração do Imposto sobre a Propriedade Territorial Rural – DIRT é 30 de setembro de cada ano.

14.3.3 Imposto Sobre Circulação de Mercadorias e Serviços – ICMS

O imposto sobre operações relativas à circulação de mercadorias e serviços é um tributo predominantemente fiscal, de competência dos estados e do Distrito Federal. Todavia, a Constituição Federal de 1988 estabeleceu que o ICMS poderá ser seletivo em função da essencialidade das mercadorias e dos serviços (art. 155, § 2º, inc. III), facultando, assim, o seu uso com função extrafiscal (CREPALDI, 2012).

O art. 12 da Lei Complementar nº 87/96 prescreve que deve ser considerado ocorrido o fato gerador do ICMS, dentre outras operações, no momento da saída da mercadoria de estabelecimento de contribuinte, ainda que para outro estabelecimento do mesmo titular ou da transmissão de propriedade de mercadoria, ou de título que a represente, quando a mercadoria não tiver transitado pelo estabelecimento transmitente.

De acordo com o art. 4º da LC nº 87/96, contribuinte é qualquer pessoa, física ou jurídica, que realize, com habitualidade ou em volume que caracterize intuito comercial, operações de circulação de mercadoria. A base de cálculo, nesses casos, é o valor da operação, e a alíquota depende da origem e do destino da mercadoria, conforme o Regulamento do ICMS de cada estado. No estado do Rio Grande do Sul, exemplificativamente, quando as operações realizadas não se encontram ao abrigo de benefícios fiscais, tais como o diferimento e a isenção, a alíquota do ICMS relativo à saída da mercadoria será de 17%.

O ICMS é lançado por homologação, nos termos do art. 150 do CTN. Ou seja, o contribuinte deve apurar o imposto e recolhê-lo. Porém, depois de feito o lançamento, caso esteja incorreto, ou caso não o faça na época própria, pode a autoridade administrativa lançar a diferença ou o tributo de ofício.

14.3.4 Programa Integração Social do Trabalhador – PIS e Contribuição para o Financiamento da Seguridade Social – COFINS

O programa de integração social – PIS é uma contribuição social de natureza tributária, que tem como objetivo financiar o pagamento do seguro-desemprego e do abono salarial aos trabalhadores que ganham até dois salários mínimos. A contribuição para o financiamento da seguridade social – COFINS é um tributo cuja arrecadação se destina integralmente ao financiamento da seguridade social.

Os contribuintes do PIS e da COFINS são as pessoas jurídicas de direito privado em geral, inclusive as pessoas a elas equiparadas pela legislação do Imposto de Renda, exceto as microempresas e as empresas de pequeno porte submetidas ao regime do Simples Nacional.

As duas contribuições, apesar de originarem-se de diferentes legislações (LC nº 7/70 – PIS e LC nº 70/91 – COFINS), têm uma relativa semelhança na base de cálculo, pois em sua formação devem ser somadas todas as receitas auferidas pela pessoa jurídica, com as exceções e exclusões previstas em lei.

Atualmente, existem dois regimes de tributação em relação ao PIS e à COFINS:

- **Regime cumulativo** – para pessoas jurídicas optantes pelo lucro presumido ou arbitrado, regido pela Lei nº 9.718/98, no qual não há desconto de créditos, calculando-se, regra geral, o valor das contribuições devidas diretamente sobre a base de cálculo; e
- **Regime não cumulativo** – para pessoas jurídicas optantes pelo lucro real, no qual podem ser descontados créditos calculados em relação às aquisições de bens e serviços, sendo a COFINS regida pela Lei nº 10.833/2003 e o PIS pela Lei nº 10.637/2002.

As alíquotas da contribuição para o PIS e COFINS, no regime de incidência cumulativo, são, respectivamente, de 0,65% e 3,00%; e no regime não cumulativo são de 1,65% e 7,6%. Sobre as vendas feitas pelo produtor rural pessoa física não incide nenhuma dessas duas contribuições.

O lançamento de ambas as contribuições é feito por homologação, ou seja, o sujeito passivo antecipa o pagamento respectivo sem que a autoridade administrativa tenha examinado os elementos com base nos quais ele foi calculado.

14.3.5 Contribuição ao Instituto Nacional do Seguro Social – INSS e ao Fundo de Assistência ao Trabalhador Rural – FUNRURAL

A contribuição de seguridade social constitui espécie de contribuição social que visa ao financiamento da seguridade social. É instituída pela União e, atualmente, também é arrecadada pela União, diante da unificação dos órgãos arrecadadores da Previdência e do Tesouro Nacional (CREPALDI, 2012).

Tanto os empregados quanto os empregadores rurais são contribuintes, não obstante os recolhimentos sejam distintos. Ocorre que a contribuição ao INSS devida pelos segurados empregados rurais segue a regra geral, cujas alíquotas podem ser de 8%, 9% e 11%, conforme o salário de contribuição percebido. Porém, a contribuição patronal devida pelo produtor rural não se dá sobre a folha de pagamento.

Em substituição à contribuição de 20% sobre o salário que os demais empregadores fazem (exceto optantes pelo Simples Nacional), o produtor rural realiza a contribuição ao Fundo de Assistência ao Trabalhador Rural – FUNRURAL, cujas alíquotas são incidentes sobre a receita bruta proveniente da comercialização da produção rural e variam de 2,3% a 2,85% (já incluída a contribuição de 0,1% ao risco de acidente de trabalho – RAT e de 0,20% ou 0,25% ao serviço nacional de aprendizagem rural – SENAR). O FUNRURAL deve ser destacado na nota fiscal, sendo descontado do produtor rural e recolhido pelo adquirente da mercadoria, seja este pessoa jurídica ou física, considerando que a Lei nº 11.718/08 revogou a isenção nas operações entre produtores rurais pessoas físicas.

14.3.6 Contribuição Social sobre o Lucro Líquido – CSLL

A contribuição social sobre o lucro líquido – CSLL também se destina ao financiamento da seguridade social, estando disciplinada pela Lei nº 7.689/88. Incide sobre as pessoas jurídicas e entes equiparados pela legislação do Imposto de Renda. A base de cálculo da CSLL é o lucro real ou o lucro presumido, sendo que este último equivale a 12% do faturamento da empresa, e a alíquota é de 9%.

Saliente-se que as equiparações não alcançadas por lei foram editadas pelo Poder Executivo, mediante a Instrução Normativa nº 390, de 2004. Recentemente, os contribuintes têm questionado sua cobrança sobre o lucro decorrente de exportação de produtos agropecuários a teor da imunidade das receitas de exportação à incidência de contribuições sociais (art. 149, § 2º, I, da Constituição Federal). A alíquota efetiva da CSLL também varia a depender do regime de apuração, que deve ser o mesmo do IRPJ, de 1,08% sobre a receita bruta a 9% sobre o lucro. Dentre os benefícios fiscais relativos ao agronegócio no âmbito do IRPJ e da CSLL, destaca-se a Depreciação Acelerada Incentivada, que constitui postergação do IRPJ e da CSLL devidos em relação à aquisição de ativo imobilizado aplicado na produção agrícola (art. 314 do Regulamento do Imposto de Renda).

14.3.7 Imposto de Renda sobre Pessoa Física – IRPF e Imposto de Renda sobre Pessoa Jurídica – IRPJ

O imposto sobre a renda e proventos de qualquer natureza é de competência da União Federal (CF, art. 153, inc. III, e CTN, art. 43), sendo a sua principal fonte de receita tributária. Embora se trate de um tributo com função nitidamente fiscal, também tem função extrafiscal à medida que se presta como instrumento de redistribuição de riquezas e incrementa o desenvolvimento econômico regional e setorial.

Com relação ao fato gerador, considerando o que dispõem o art. 153, III, da CF e o art. 43 do CTN, Hugo de Brito Machado afirma que o âmbito material de incidência do imposto de renda é a aquisição da disponibilidade econômica ou jurídica de *renda*, assim entendido o produto do capital, do trabalho ou da combinação de ambos; e de *proventos de qualquer natureza*, assim entendidos os acréscimos patrimoniais não compreendidos no conceito de renda. E contribuintes são a pessoa física, jurídica ou a esta equiparada.

Quanto à base de cálculo e alíquota aplicável, irá depender do regime jurídico. Em síntese, existe um para pessoas físicas, que tem como base de cálculo a renda líquida e alíquotas progressivas, e outro para pessoas jurídicas, que tem como base de cálculo o lucro real, presumido ou arbitrado (CTN, art. 44), e alíquota proporcional.

A expressão lucro real significa o próprio lucro tributável, para fins da legislação do imposto de renda, distinto do lucro líquido apurado contabilmente. De acordo com o art. 247 do RIR/99, lucro real é o lucro líquido do período de apuração ajustado pelas adições, exclusões ou compensações prescritas ou autorizadas pela legislação fiscal.

Lucro presumido é uma forma de tributação simplificada para determinação da base de cálculo do imposto de renda e da CSLL das pessoas jurídicas que não estiverem obrigadas, no ano-calendário, à apuração do lucro real. O imposto de renda, com base no lucro presumido, será pago trimestralmente. A base de cálculo do imposto e do adicional em cada trimestre será determinada mediante a aplicação de percentual (art. 223 do RIR/99) sobre a receita bruta auferida no período de apuração.

E lucro arbitrado é uma forma de apuração da base de cálculo do imposto de renda utilizada pela autoridade tributária ou pelo contribuinte. É aplicável pela autoridade tributária quando a pessoa jurídica deixar de cumprir as obrigações acessórias relativas à determinação do lucro real ou presumido, conforme o caso. Quando conhecida a receita bruta, e desde que ocorrida qualquer das hipóteses de arbitramento previstas na legislação fiscal, o contribuinte poderá efetuar o pagamento do imposto de renda correspondente com base nas regras do lucro arbitrado.

Por fim, o lançamento do imposto de renda é feito por homologação, embora já tenha sido um exemplo típico de lançamento mediante declaração, previsto no art. 147 do CTN. E, caso o contribuinte não faça ou realize de forma incompleta ou errada a sua declaração, a autoridade administrativa fará o lançamento de ofício (CTN, art. 149).

O IRPJ tem seu regulamento no Decreto nº 3.000, prevendo as formas de apuração (lucro real, presumido ou arbitrado), as deduções permitidas e vedadas, bem como as receitas não tributáveis, tais como o resultado positivo de equivalência patrimonial em investimentos relevantes em coligadas ou controladas e a receita de dividendos provenientes das demais participações. A alíquota efetiva do IRPJ varia de 2% sobre a receita bruta a 25% sobre o lucro, a depender do regime de apuração. Para as pessoas físicas que exercem a atividade rural, há a previsão específica de apuração de resultado tributável (art. 58 e seguintes do Regulamento do Imposto de Renda), sendo permitida a compensação integral com resultados negativos de períodos anteriores, bem como a presunção de lucros da atividade rural na base de 20% da receita bruta no ano-calendário.

14.4 Regimes de tributação

Independentemente do regime de tributação eleito pelo produtor rural, o cálculo do ITR a ser recolhido pelo contribuinte não sofrerá nenhuma alteração, ou seja, aplicar-se-á a mesma base de cálculo e alíquota em qualquer dos casos. Quanto aos demais tributos, poderá haver significativa modificação, conforme o regime eleito.

14.4.1 Pessoa física

De acordo com a IN SRF nº 83, há duas maneiras de o produtor rural pessoa física apurar o lucro a ser tributado: i. mediante a escrituração do livro-caixa, registrando todas as receitas, as despesas, os investimentos e demais valores que integram a atividade, apurando o lucro real (art. 11, *caput*); ou ii. optando pelo lucro presumido, igual a 20% da receita bruta (art. 11, § 5º). Nesse caso, o produtor rural também realiza a escrituração do livro-caixa, porém essa opção não lhe dá direito à compensação de prejuízos.

No caso de exploração de uma unidade rural por mais de uma pessoa física, prescreve o art. 14 da referida Instrução Normativa que cada produtor rural deve escriturar as parcelas da receita, da despesa de custeio e dos investimentos que lhe caibam. E quando a receita bruta total auferida no ano-calendário não exceder a R$ 56.000,00, é facultada a apuração mediante prova documental, dispensada a escrituração do livro-caixa (art. 22, § 3º), encontrando-se o resultado pela diferença entre o total das receitas e o das despesas/investimentos.

Independentemente da opção pelo lucro real ou presumido, o produtor rural pessoa física estará sujeito à tabela progressiva do IRPF, cuja alíquota de contribuição varia de 0% a 27,5%, conforme a base de cálculo. Por ocasião da declaração, o produtor rural pode optar pela alternativa que implicar menor valor a ser recolhido.

Por fim, salienta-se que o produtor rural pessoa física não se sujeita ao pagamento de PIS/COFINS e CSLL, e a alíquota do FUNRURAL é de 2,30% sobre a receita bruta proveniente de cada venda.

14.4.2 Pessoa jurídica

Já para quem explora a atividade rural sob a forma de pessoa jurídica, a alíquota do FUNRURAL é de 2,85% e, não sendo optante pelo Simples Nacional, sujeitar-se-á à IN SRF nº 257/2002, devendo pagar o imposto de renda e adicional em conformidade com as normas aplicáveis às demais pessoas jurídicas, observado o disposto na referida Instrução Normativa (art. 1º). Assim, pode determinar o imposto de renda com base no lucro real, presumido ou arbitrado, por períodos de apuração trimestrais, encerrados nos dias 31 de março, 30 de junho, 30 de setembro e 31 de dezembro de cada ano-calendário.

Optando pelo regime de tributação do lucro real, a alíquota do imposto de renda será de 15% sobre o lucro real e, se exceder o limite de R$ 20.000,00 mensais ou R$ 240.000,00 anuais, conforme o período de apuração eleito, ainda terá um adicional de 10% sobre o valor que exceder. Nesse caso, as alíquotas do PIS e COFINS serão de 1,65% e 7,6%, respectivamente, e a alíquota da CSLL será de 9%.

Caso opte pelo regime de tributação do lucro presumido, aplicará um percentual de 8% (de acordo com a atividade) sobre a receita e, então, sobre essa base aplicará a alíquota de 15% e, se exceder o valor de R$ 60.000,00 no trimestre, também terá um adicional de 10% sobre o valor que exceder. Nessa hipótese, as alíquotas do PIS e COFINS serão de 0,65% e 3,00%, respectivamente, e a alíquota da CSLL também será de 9%, porém sobre o lucro presumido equivalente a 12% do faturamento.

Todavia, aos optantes pelo lucro real são admitidos os seguintes incentivos fiscais:

- os bens do ativo imobilizado (máquinas, implementos agrícolas, veículos de carga, utilitários rurais, reprodutores, matrizes etc.), exceto a terra nua, quando destinados à produção, podem ser depreciados, integralmente, no próprio ano-calendário; e
- não se aplica o limite de 30% de que trata o art. 15 da Lei nº 9.065, de 20 de junho de 1995, à compensação dos prejuízos fiscais, decorrentes da atividade rural, com o lucro da mesma atividade.

Considera-se resultado da atividade rural a diferença entre o valor da receita bruta auferida e o das despesas incorridas no período de apuração, correspondente a todas as unidades rurais.

Integram o resultado da atividade rural:

a) o resultado na alienação de bens exclusivamente utilizados na produção rural; e
b) a realização da contrapartida da reavaliação dos bens utilizados exclusivamente na atividade rural.

Despesas de custeio são os gastos necessários à percepção dos rendimentos e à manutenção da fonte produtora, relacionados diretamente com a natureza da atividade exercida. Por outro lado, investimento é a aplicação de recursos financeiros que visem ao desenvolvimento da atividade rural para a expansão da produção e melhoria da produtividade.

Podem ser incluídos como custo ou despesa da atividade rural: o custo de demarcação de terrenos, cercas, muros ou valas; de construção ou de manutenção de escolas primárias e vocacionais; de dependências recreativas; de hospitais e ambulatórios para seus empregados; as despesas com obras de conservação e utilização do solo e das águas; de estradas de acesso e de circulação, de saneamento e de distribuição de água; as despesas de compra, transporte e aplicação de fertilizantes e corretivos do solo; o custo de construção de casas de trabalhadores; as despesas com eletrificação rural; o custo das novas instalações indispensáveis ao desenvolvimento da atividade rural e relacionados com a expansão da produção e melhoria da atividade.

E podem ser incluídos como investimento da atividade rural e imobilizados: benfeitorias resultantes de construção, instalações, melhoramentos, culturas permanentes, essências florestais e pastagens artificiais; aquisição de tratores, implementos e equipamentos, máquinas, motores, veículos de carga ou utilitários, utensílios e bens de duração superior a um ano e animais de trabalho, de produção e de engorda; serviços técnicos especializados, devidamente contratados, visando a elevar a eficiência do uso dos recursos da propriedade ou da exploração rural; insumos que contribuam destacadamente para a elevação da produtividade, tais como reprodutores, sementes e mudas selecionadas, corretivos do solo, fertilizantes, vacinas e defensivos vegetais e animais; atividades que visem especificamente à elevação socioeconômica do trabalhador rural, prédios e galpões para atividades recreativas, educacionais e de saúde; estradas que facilitem o acesso ou a circulação na propriedade; instalação de aparelhagem de comunicação e de energia elétrica; bolsas para a formação de técnicos em atividades rurais, inclusive gerentes de estabelecimento e contabilistas.

A receita bruta da atividade rural decorrente da comercialização dos produtos deverá ser sempre comprovada por documentos usualmente utilizados nesta atividade, tais como nota fiscal de produtores, nota fiscal de entrada, nota promissória rural vinculada à nota fiscal do produtor, e demais documentos reconhecidos pelas fiscalizações estaduais.

As despesas de custeio e os investimentos serão comprovados por meio de documentos idôneos, tais como nota fiscal, fatura, duplicata, recibo, contrato de prestação de serviços, laudo de vistoria de órgão financiador e folha de pagamentos de empregados, de modo que possa ser identificada a destinação dos recursos.

Ressalte-se que, de acordo com as regras da legislação fiscal que regem a dedutibilidade de despesas e custos, todos os gastos e dispêndios efetuados pela pessoa jurídica deverão, obrigatoriamente, encontrar-se lastreados e comprovados por documentos hábeis e idôneos, sob pena de serem considerados indedutíveis, na determinação do lucro real, para fins da apuração do IRPJ.

Por fim, de acordo com a LC nº 123/2006, o produtor rural pessoa jurídica enquadrado na condição de microempresa (com receita bruta anual igual ou inferior a R$ 360.000,00) ou empresa de pequeno porte (com receita bruta anual superior a R$ 360.000,00 e igual ou inferior a R$ 3.600.000,00) pode optar pelo Regime Especial Unificado de Arrecadação de Tributos e Contribuições, o Simples Nacional. Nesse caso, efetuará o recolhimento mensal, mediante documento único de arrecadação, do IRPJ, CSLL, PIS/COFINS e ICMS, cuja alíquota incidente sobre a receita bruta auferida no mês poderá ser de 4,00% até 11,61%, conforme a receita bruta anual.

Embora o senso comum acredite que o produtor rural pessoa jurídica pague mais tributos que a pessoa física, isso nem sempre corresponde à realidade. Assim, é fundamental que cada caso seja analisado individualmente, a fim de que seja tomada uma decisão estratégica, que efetivamente seja menos onerosa ao contribuinte.

Salienta-se que, além do ITR, cujo valor não sofrerá nenhuma alteração independente do regime de tributação, não serão objeto de análise no presente estudo o ICMS, pois depende principalmente da natureza da operação, se interna ou externa, e da finalidade resultante da venda, se para indústria, comércio, consumidor etc., conforme o Regulamento do ICMS de cada estado, e o PIS/COFINS, ante a necessidade de dados concretos quanto a créditos e débitos para a realização de simulação de regime não cumulativo.

14.4.3 Tributação do produtor rural pessoa física

TRIBUTO	MERCADO INTERNO	EXPORTAÇÃO
IRPF	15 ou 27,5%	15 ou 27,5%
CSLL	Não há	Não há
PIS/Pasep	Não há	Não há
Cofins	Não há	Não há
INSS	2,3% sobre a receita bruta 2,7% sobre a remuneração	2,3 sobre a receita bruta (1) 2,7% sobre a remuneração
ICMS	Legislação de cada Estado	Não há
IPI	Não há	Não há
CUSTO FISCAL TOTAL	20% ou 32,5%	20% ou 32,5%

(1) Há possibilidade de discussão judicial para não pagamento das contribuições no âmbito do INSS incidentes sobre as receitas decorrentes da exportação de produtos, ainda que por meio de *tradings* ou empresas comerciais exportadoras, haja vista que a Constituição Federal assim prevê, ao passo que o INSS permite a não incidência apenas para as vendas diretas a adquirente domiciliado no exterior.

14.4.4 Tributação do produto rural pessoa jurídica

TRIBUTO	MERCADO INTERNO	EXPORTAÇÃO
IRPJ (1)	2% ou 25%	2% ou 25%
CSLL (2)	1,08% ou 9%	1,08% ou 9% (3)
PIS/Pasep (4)	0,65% ou 1,65%	Não há
Cofins (5)	3% ou 7,6%	Não há
INSS	2,85% sobre a receita bruta 2,7% sobre a remuneração	2,85% sobre a receita bruta (6) 2,7% sobre a remuneração
ICMS	Legislação de cada estado	Não há
IPI	Não há	Não há
CUSTO FISCAL TOTAL	12,28% ou 48,8%	8,63% ou 39,55%

(1) A depender da sistemática de pagamento do IRPJ. Se pelo lucro presumido ou pelo lucro real, respectivamente.

(2) A depender da sistemática de pagamento da CSLL. Se pelo lucro presumido ou pelo lucro real, respectivamente.

(3) Há possibilidade de discussão judicial para não pagamento de CSLL na exportação, com grandes possibilidades de êxito. Já existem liminares concedidas pelo Poder Judiciário.

(4) A depender da sistemática de apuração do PIS/Pasep. Se pelo regime cumulativo ou pelo regime da não cumulatividade, respectivamente.

(5) A depender da sistemática de apuração da Cofins. Se pelo regime cumulativo ou pelo regime da não cumulatividade, respectivamente.

(6) Há possibilidade de discussão judicial para não pagamento das contribuições no âmbito do INSS incidentes sobre as receitas decorrentes da exportação de produtos, ainda que por meio de *tradings* ou empresas comerciais exportadoras, haja vista que a Constituição Federal assim prevê, ao passo que o INSS permite a não incidência apenas para as vendas diretas a adquirente domiciliado no exterior.

14.4.5 Tributação da agroindústria

TRIBUTO	MERCADO INTERNO	EXPORTAÇÃO
IRPJ (1)	2% ou 25%	2% ou 25%
CSLL (2)	1,08% ou 9%	1,08% ou 9% (3)
PIS/Pasep (4)	0,65% ou 1,65%	Não há
Cofins (5)	3% ou 7,6%	Não há
INSS	2,85% sobre a receita bruta 2,7% até 5,8% sobre a remuneração (7)	2,85% sobre a receita bruta (6) 2,7% até 5,8% sobre a remuneração (7)
ICMS	Legislação de cada estado	Não há
IPI	TIPI	Não há
CUSTO FISCAL TOTAL	12,28% até 51,9%	8,63% até 42,65%

(1) A depender da sistemática de pagamento do IRPJ. Se pelo lucro presumido ou pelo lucro real, respectivamente.

(2) A depender da sistemática de pagamento da CSLL. Se pelo lucro presumido ou pelo lucro real, respectivamente.

(3) Há possibilidade de discussão judicial para não pagamento de CSLL na exportação, com grandes possibilidades de êxito. Já existem liminares concedidas pelo Poder Judiciário.

(4) A depender da sistemática de apuração do PIS/Pasep. Se pelo regime cumulativo ou pelo regime da não cumulatividade, respectivamente.

(5) A depender da sistemática de apuração da Cofins. Se pelo regime cumulativo ou pelo regime da não cumulatividade, respectivamente.

(6) Há possibilidade de discussão judicial para não pagamento das contribuições no âmbito do INSS incidentes sobre as receitas decorrentes da exportação de produtos, ainda que por meio de *tradings* ou empresas comerciais exportadoras, haja vista que a Constituição Federal assim prevê, ao passo que o INSS permite a não incidência apenas para as vendas diretas a adquirente domiciliado no exterior.

(7) A depender do Código FPAS referente à atividade da Agroindústria.

Saliente-se que o art. 149, § 2º, I, da Constituição Federal concedeu imunidade às receitas de exportação em relação à cobrança de contribuições sociais, desonerando ainda mais a cadeia agropecuária voltada para a exportação, afastando o recolhimento das contribuições sobre a receita bruta de venda de produtos agropecuários. Todavia, a Instrução Normativa nº 3, de 2005, trouxe restrições à fruição da imunidade, pois estabeleceu que ela só ocorre nas vendas diretas para o exterior, o que implica em prejudicar as comerciais exportadoras (*trading companies*) que atuam como intermediárias na exportação. No entanto, a despeito dessa norma infralegal limitativa, os produtores rurais e agroindustriais vêm obtendo êxito em discussões judiciais a respeito nas instâncias iniciais. Resumindo em quadrantes pode-se definir dessa forma, como regra geral, a tributação dos produtores rurais pessoa física, jurídica e agroindústrias.

Conforme demonstrado, o setor agrícola brasileiro, apesar de a carga tributária excessiva, que ataca as margens de lucro dos empresários do setor, a maior produtividade e menores custos de produção, vem mantendo a competitividade diante dos concorrentes internacionais. Todavia, as tentativas do Poder Público de desoneração tributária nas etapas iniciais da cadeia produtiva não têm sido suficientes para reerguer os segmentos mais prejudicados com fatores climáticos e econômicos internacionais, atravancando o crescimento da produção e exportações, principalmente de produtos agrícolas de maior valor agregado, processados no próprio país. Destarte, é essencial que os empresários do setor e seus assessores estejam atentos à carga tributária incidente sobre a produção das *commodities* agrícolas, de forma que possam planejar suas atividades a fim de minimizar os impactos dos excessivos custos tributários a que estão submetidos os produtos agropecuários e todas as etapas da cadeia produtiva (produção e comercialização).

14.5 Receita da atividade rural

14.5.1 Conceito

A receita bruta da atividade rural é constituída pelo montante das vendas dos produtos oriundos das atividades definidas acima exploradas pelo próprio vendedor.

A receita bruta da atividade rural é computada sem a exclusão do Imposto sobre Operações Relativas à Circulação de Mercadorias e sobre Prestações de Serviços de Transporte Interestadual e Intermunicipal e de Comunicação (ICMS) e do Fundo de Assistência ao Trabalhador Rural (Funrural).

14.5.2 Valores integrantes

Integram também a receita bruta da atividade rural:

I – os valores recebidos de órgãos públicos, tais como auxílios, subvenções, subsídios, Aquisições do Governo Federal (AGF) e as indenizações recebidas do Programa de Garantia da Atividade Agropecuária (PRO-AGRO);

II – o montante ressarcido ao produtor agrícola pela implantação e manutenção da cultura fumageira;

III – o valor de alienação de investimentos utilizados exclusivamente na exploração da atividade rural, ainda que adquiridos pelas modalidades de arrendamento mercantil e consórcio;

IV – o valor da entrega de produtos agrícolas, pela permuta com outros bens ou pela dação em pagamento;

V – o valor pelo qual o subscritor transfere os bens e direitos utilizados na exploração da atividade rural e os produtos e os animais dela decorrentes, a título de integralização de capital, nos termos previstos no art. 23 da Lei nº 9.249/95;

VI – as sobras líquidas decorrentes da comercialização de produtos agropecuários, apuradas na demonstração de resultado do exercício e distribuídas pelas sociedades cooperativas de produção aos associados produtores rurais.

14.5.3 Vendas a prazo

As receitas de alienação a prazo de bens devem ser computadas na apuração do resultado da atividade rural na data do recebimento de cada parcela.

14.5.4 Adiantamentos de recursos recebidos por conta de venda para entrega futura

Os adiantamentos de recursos financeiros, recebidos por conta de contrato de compra e venda de produtos agrícolas para entrega futura, são computados como receita no mês da efetiva entrega do produto, observado o seguinte:

I – nos contratos de compra e venda de produtos agrícolas, o valor devolvido após a entrega do produto constitui despesa no mês da devolução;

II – nos contratos de compra e venda de produtos agrícolas, o valor devolvido antes da entrega do produto não constitui despesa, devendo ser diminuído da importância recebida por conta de venda para entrega futura.

14.5.5 Venda com preço final sujeito a variação

Nas vendas de produtos com preço final sujeito a cotação da bolsa de mercadorias ou à cotação internacional do produto, a diferença apurada por ocasião do fechamento da operação compõe o resultado da atividade rural.

14.5.6 Venda da terra nua

O valor de venda da terra nua não constitui receita da atividade rural, devendo o resultado positivo apurado ser tributado como ganho de capital.

14.5.7 Comprovação

A receita bruta da atividade rural, decorrente da comercialização dos produtos, deve ser comprovada por documentos usualmente utilizados nessas atividades, tais como Nota Fiscal de Produtor, Nota Fiscal de Entrada, Nota Promissória Rural vinculada à Nota Fiscal de Produtor e demais documentos oficialmente reconhecidos pelas fiscalizações estaduais.

Quando a receita bruta da atividade rural for decorrente da alienação de bens utilizados na exploração da atividade rural, a pessoa física pode comprovar com documentação hábil e idônea, na qual necessariamente conste o nome, o número no Cadastro das Pessoas Físicas (CPF) ou o número no Cadastro Nacional da Pessoa Jurídica (CNPJ) e o endereço do adquirente ou do beneficiário, bem assim a data e o valor da operação em moeda corrente nacional.

14.6 Despesas de custeio

As despesas de custeio dedutíveis são aquelas necessárias à percepção dos rendimentos da atividade rural e à manutenção da fonte produtora, relacionadas com a natureza das atividades rurais exercidas, tais como os gastos realizados com combustíveis, lubrificantes, salários, aluguéis, arrendamentos, ferramentas e utensílios, corretivos e fertilizantes, defensivos agrícola e animal, rações, vacinas e medicamentos, impostos (exceto Imposto de Renda), taxas, contribuições para o INSS etc.

Os encargos financeiros efetivamente pagos em decorrência de empréstimos contraídos para o financiamento de custeio e de investimentos da atividade rural podem ser dedutíveis na apuração do resultado.

14.7 Investimentos

14.7.1 Valores considerados investimento

Considera-se investimento a aplicação de recursos financeiros, durante o ano-calendário, que visem ao desenvolvimento da atividade rural, à expansão da produção e da melhoria da produtividade, realizados com:

I – benfeitorias resultantes de construção, instalações, melhoramentos, reparos, bem assim de limpeza de diques, comportas e canais;

II – culturas permanentes, essências florestais e pastagens artificiais;

III – aquisição de tratores, implementos e equipamentos, máquinas, motores, veículos de cargas e utilitários rurais, utensílios e bens de duração superior a 1 (um) ano, bem assim de botes de pesca ou caíques, frigoríficos para conservação da pesca, cordas, anzóis, boias, guinchos e reformas de embarcações;

IV – animais de trabalho, de produção e engorda;

V – serviços técnicos especializados, devidamente contratados, visando elevar a eficiência do uso dos recursos da propriedade ou exploração rural;

VI – insumos que contribuam destacadamente para elevação da produtividade, tais como reprodutores, aquisições de matrizes, alevinos e girinos, sementes e mudas selecionadas, corretivos de solo, fertilizantes, vacinas e defensivos vegetais e animais;

VII – atividades que visem especificamente à elevação socioeconômica do trabalhador rural, tais como casas de trabalhadores, prédios e galpões para atividades recreativas, educacionais e de saúde;

VIII – estradas que facilitem o acesso ou a circulação na propriedade;

IX – instalação de aparelhagem de comunicação, bússola, sonda, radares e de energia elétrica;

X – bolsas para a formação de técnicos em atividades rurais, inclusive gerentes de estabelecimentos e contabilistas.

Observe-se que não constitui investimento o custo de aquisição da terra nua.

14.7.2 Dedução no mês do pagamento

Os investimentos são considerados despesas no mês do efetivo pagamento.

As despesas relativas à aquisição a prazo de bens são dedutíveis nas datas dos pagamentos, observando-se o seguinte:

I – no caso de bens adquiridos mediante financiamento rural, a dedução ocorre na data do pagamento do bem e não na data do empréstimo;

II – em relação aos bens adquiridos por meio de consórcios ou arrendamento mercantil, considera-se dedutível a despesa no momento do pagamento de cada parcela;

III – no caso de consórcio ainda não contemplado, o valor das parcelas pagas somente pode ser dedutível na apuração do resultado da atividade rural quando do recebimento do bem.

14.7.3 Comprovação

As despesas de custeio e os investimentos são comprovados mediante documentos idôneos, tais como Nota Fiscal, fatura, recibo, contrato de prestação de serviços, laudo de vistoria de órgão financiador e folha de pagamento de empregados, identificando adequadamente a destinação dos recursos.

A Nota Fiscal Simplificada e o Cupom de Máquina Registradora, quando identificarem o destinatário das mercadorias ou produtos, são documentos hábeis para comprovar despesas efetuadas pelas pessoas físicas na apuração do resultado da atividade rural.

14.8 Resultado da atividade rural

Considera-se resultado da atividade rural a diferença entre os valores das receitas recebidas e das despesas de custeio e dos investimentos pagos no ano-calendário, correspondentes a todas as unidades rurais exploradas pela pessoa física, observando-se que, se o resultado da atividade rural for negativo (prejuízo), poderá ser compensado nos anos-calendários posteriores.

14.8.1 Compensação de prejuízos

Do resultado da atividade rural poderá ser excluído o montante de prejuízos compensáveis de exercícios anteriores, observado o seguinte:

I – para efeito de compensação de prejuízos, o contribuinte deve apresentar a Declaração de Ajuste Anual no modelo completo desde o ano-calendário em que obteve prejuízo até o ano-calendário em que efetuar a compensação;

II – a pessoa física fica obrigada à conservação e guarda do livro-caixa e dos documentos fiscais que demonstrem a apuração do prejuízo a compensar;

III – o saldo de prejuízo não compensado pelo *de cujus* pode ser utilizado pelo meeiro e pelos sucessores legítimos que continuarem a exploração da atividade rural, após o encerramento do inventário, proporcionalmente à parcela da unidade rural recebida;

IV – para compensação de prejuízo acumulado, a pessoa física deve manter escrituração do livro-caixa, mesmo que esteja dispensada dessa obrigação. A falta da escrituração implica a perda do direito à compensação do prejuízo acumulado;

V – é vedada a compensação de resultado positivo no Exterior com resultado negativo obtido no Brasil, bem assim de resultado negativo no Exterior com resultado positivo obtido no Brasil.

14.8.2 Resultado presumido

À opção do contribuinte, o resultado da atividade rural, quando positivo, limitar-se-á a 20% (vinte por cento) da receita bruta no ano-calendário, observando-se que:

I – a pessoa física perderá o direito à compensação do total dos prejuízos correspondentes a anos-calendários anteriores ao da opção;

II – essa opção não dispensa o contribuinte da comprovação das receitas e despesas, qualquer que seja a forma de apuração do resultado;

III – esse procedimento não se aplica à atividade rural exercida no Brasil por residente ou domiciliado no Exterior.

14.9 Forma de apuração do resultado

O resultado da exploração da atividade rural exercida pelas pessoas físicas é apurado mediante escrituração do livro-caixa, abrangendo as receitas, as despesas de custeio, os investimentos e demais valores que integram a atividade, observado o seguinte:

I – o período da apuração dos rendimentos da atividade rural deve coincidir com o encerramento do ano civil, independentemente do período regular do ano agrícola (Parecer Normativo CST n° 132/70);

II – o contribuinte deve comprovar a veracidade das receitas e das despesas escrituradas no livro-caixa, mediante documentação idônea que identifique o adquirente ou o beneficiário, o valor e a data da operação, a qual é mantida em seu poder à disposição da fiscalização, enquanto não ocorrer a decadência ou prescrição;

III – a ausência da escrituração implica o arbitramento do resultado à razão de 20% (vinte por cento) da receita bruta do ano-calendário.

14.10 Escrituração do livro-caixa

A escrituração consiste em assentamentos das receitas, despesas de custeio, investimentos e demais valores que integram o resultado da atividade rural no livro-caixa, não contendo intervalos em branco, nem entrelinhas, borraduras, raspaduras ou emendas, observando-se que:

I – é permitida a escrituração do livro-caixa pelo sistema de processamento eletrônico, em formulários contínuos, com subdivisões numeradas, em ordem sequencial ou tipograficamente;

II – o livro-caixa independe de registro;

III – o livro-caixa deve ser numerado sequencialmente e conter, no início e no encerramento, anotações em forma de "Termos" que identifiquem o contribuinte e a finalidade do livro;

IV – a escrituração do livro-caixa deve ser realizada até a data prevista para a entrega tempestiva da Declaração de Ajuste Anual;

V – a escrituração deve ser efetuada abrangendo todas as unidades rurais exploradas pelo contribuinte, de modo a permitir a apuração dos valores da receita bruta e das despesas de custeio e dos investimentos que integram o resultado da atividade rural.

A SRF disponibiliza o programa aplicativo livro-caixa da Atividade Rural para pessoa física que exerça a atividade rural no Brasil, o qual permite a escrituração pelo sistema de processamento eletrônico, no endereço: <http://www.receita.fazenda.gov.br>.

14.10.1 Insuficiência de caixa

As insuficiências de caixa deverão estar, inequivocamente, justificadas pelos rendimentos das demais atividades, rendimentos tributados exclusivamente na fonte ou isentos, adiantamentos ou por empréstimos, subsídios e subvenções obtidos, coincidentes em datas e valores, e que estejam comprovados por documentação idônea.

Tem-se aconselhado ao longo dos anos que o contribuinte demonstre, à margem do livro, a origem do valor que lhe deu condições de realizar aquela despesa.

Aconselha-se inclusive que essa justificativa seja feita no momento da insuficiência, no mínimo no final de cada mês, pois não podemos esquecer que a legislação exige essa comprovação com a informação da fonte do numerário coincidente em datas e valores com o saldo negativo.

Observe-se, ainda, que os empréstimos destinados ao financiamento da atividade rural, comprovadamente utilizados nessa atividade, não justificam acréscimo patrimonial.

14.11 Atividade rural exercida no Brasil por residente no exterior

O resultado decorrente da atividade rural, exercida no Brasil por residente no exterior, apurado por ocasião do encerramento do ano-calendário, constitui a base de cálculo do imposto e é tributado à alíquota de 15% (quinze por cento), observado o seguinte:

I – nessa hipótese, a apuração do resultado deve ser feita por procurador, a quem compete reter e recolher o imposto devido;

II – o imposto apurado deve ser pago na data da ocorrência do fato gerador;

III – ocorrendo remessa de lucros antes do encerramento do ano-calendário, o imposto deve ser recolhido no ato sobre o valor remetido por ocasião do evento, exceto no caso de devolução de capital;

IV – na apuração do resultado da atividade rural não são permitidas:

a) a opção pelo arbitramento da base de cálculo;

b) a compensação de prejuízos apurados.

14.12 Atividade rural exercida no exterior por residente no Brasil

O resultado da atividade rural exercida no exterior por residentes no Brasil, quando positivo, integra a base de cálculo do imposto devido no ano-calendário.

O resultado apurado em moeda estrangeira é convertido em dólares dos Estados Unidos da América pelo seu valor fixado para o último dia do ano--calendário a que se refere o resultado, pela autoridade monetária do país no qual a atividade foi exercida, e, em seguida, convertido em reais mediante a utilização do valor do dólar dos Estados Unidos da América fixado para compra pelo Banco Central do Brasil, para o último dia do ano-calendário a que se refere.

Na apuração do resultado são aplicadas as mesmas normas previstas para os contribuintes que exploram atividade rural no Brasil, e deve ser apurado em separado.

14.13 Cálculo do Imposto de Renda Pessoa Jurídica – lucro real

A base de cálculo do imposto de renda pessoa jurídica é o lucro real, arts. 219 e 246 e seguintes do RIR/99, sendo sua alíquota de 15%, conforme art. 541 do RIR/99.

Além do imposto cobrado à alíquota de 15%, há a incidência de um adicional de 10% sobre a parcela do lucro real que exceder o valor resultante da multiplicação de R$ 20.000,00 pelo número de meses do respectivo período de apuração.

O lucro real é o resultado do período de apuração, ajustado pelas adições, exclusões e compensações prescritas ou autorizadas pela legislação do imposto de renda (arts. 249 e 250 do RIR/99).

O ponto de partida para determinação do lucro real é o resultado líquido apurado na escrituração comercial.

O objetivo da adição é evitar que seja computada na base de cálculo do tributo uma despesa que afetou o lucro líquido, mas que a legislação tributária considera irredutível e que não deve, portanto, influir no valor do lucro real.

Por sua vez, o objetivo da exclusão é o de não computar na base de cálculo do imposto receitas que aumentaram o lucro líquido da pessoa jurídica, mas que a legislação do imposto considera não tributado, em regra em razão de já terem sido tributadas em outra oportunidade.

Por fim, a legislação admite que, se a pessoa jurídica houver incorrido em prejuízo fiscal em períodos de apuração anteriores, esse prejuízo seja compensável com lucros futuros (ou seja, possa ser deduzido de lucros de períodos de apuração subsequente). Essa compensação não poderá reduzir o lucro real em mais de 30% do valor que teria caso a compensação não fosse realizada, exceto no caso de empresas que exerçam atividade rural. Eventuais parcelas do prejuízo fiscal não aproveitadas poderão ser utilizadas em períodos de apuração posteriores.

Sobre o valor adicional não serão permitidas quaisquer deduções, devendo ser recolhido integralmente.

Não se considera atividade rural a comercialização de produtos rurais de terceiros e a compra e venda de rebanho com permanência em poder da pessoa jurídica rural em prazo inferior a 52 dias, quando em regime de confinamento, ou 138 dias, nos demais casos (art. 3º da IN nº 257/02).

A pessoa jurídica rural que explorar outras atividades deverá segregar, contabilmente, as receitas, os custos e as despesas referentes à atividade rural das demais atividades, e demonstrar, no Livro de Apuração do Lucro Real (Lalur), separadamente, o lucro ou prejuízo contábil e o lucro ou prejuízo fiscal dessas atividades (art. 8º da IN nº 257/02).

Vejamos o seguinte exemplo de determinação do lucro real e do cálculo do imposto:

1. Receita Bruta de Vendas de produtos rurais (café e gado).........R$ 500.000,00
2. (–) Deduções da receita bruta:
    2.1. Devoluções de sacas de café..R$ 2.000,00
    2.2. Impostos incidentes sobre vendas...................................R$ 18.000,00
    2.3. Desconto incondicional concedido na venda de gado......R$ 10.000,00
    (R$ 30.000,00)
3. (=) Receita bruta após exclusões ....R$ 470.000,00
4. (–) Despesa de custeio:
    4.1. Agrotóxicos..R$ 30.000,00
    4.2. Vermicidas ....R$ 20.000,00
    4.3. Salários de produção ....R$ 50.000,00
    4.4. Adubo..R$ 20.000,00
    4.5. Manutenção de cercas de arame.....................................R$ 5.000,00
    4.6. Manutenção de maquinários ....R$ 5.000,00
    4.7. Compra de gado ....R$ 10.000,00
    4.8. Compra de mudas de café ....R$ 20.000,00
    (R$ 160.000,00)
5. (=) Lucro Bruto (lucro operacional bruto)................................R$ 310.000,00
6. (–) Despesas operacionais:
    6.1. Vendas – leilões e transporte de gado e café...................R$ 30.000,00
    6.2. Despesas administrativas:
        – Salários..R$ 20.000,00
        – Despesas com brindes...R$ 2.000,00

– Multa de trânsito .... R$ 3.000,00
– Aluguel imóvel/lazer .... R$ 10.000,00
– Aquisição de bens – ativo permanente......................... R$ 5.000,00
(R$ 40.000,00)

6.3. Despesas financeiras (líquidas):
– Despesas financeiras (empréstimo) .... R$ 20.000,00
– Receitas financeiras (venda a prazo) .... R$ 5.000,00
(R$ 15.000,00)
(R$ 85.000,00)

7. Outras receitas e despesas operacionais:
    7.1. (+) alienação de bens utilizados na produção .... R$ 10.000,00
    7.2. (+) rendimentos – reforma agrária............................... R$ 90.000,00
    (R$ 100.000,00)

8. (=) Lucro operacional líquido... R$ **255.000,00**

9. (–) Contribuição Social sobre o Lucro Líquido (9%)................. R$ **22.950,00**

10. (=) Resultado do período antes do imposto de renda............... R$ **232.050,00**

11. (+) Adições:
    11.1. Multas de trânsito .... R$ 3.000,00
    11.2. Despesas com brindes... R$ 2.000,00
    11.3. Aluguel/imóvel lazer .... R$ 10.000,00
    11.4. CSLL.. R$ 22.950,00
    (R$ 37.950,00)

12. (–) Exclusões:
    12.1. Rendimentos reforma agrária....................................... **(R$ 90.000,00)**

13. (=) Lucro real antes da compensação de prejuízos .... R$ **180.000,00**

14. (–) Compensação de prejuízo fiscal....................................... R$ **20.000,00**

15. (=) Lucro real .... R$ **160.000,00**

16. Imposto: 15% × R$ 160.000,00... R$ **24.000,00**

17. Adicional: 10% × (R$ 160.000,00 – R$ 20.000,00).................. R$ **14.000,00**

18. Total .... R$ **38.000,00**

A pessoa jurídica poderá diminuir do imposto devido:

- o valor dos incentivos fiscais de dedução do imposto, observados os limites e prazos da legislação vigente;
- o valor dos incentivos fiscais de redução e isenção do imposto, calculados com base no lucro da exploração;
- o imposto de renda pago ou retido na fonte, incidentes sobre receitas computadas no lucro real;
- o imposto de renda pago indevidamente ou a maior em períodos anteriores.

14.14 Cálculo do Imposto de Renda Pessoa Jurídica – lucro presumido

O sistema de lucro real pode ser abandonado em duas hipóteses diversas:

- quando a comprovação contábil desse lucro real for imprestável ou impossível;
- quando a lei, pela natureza do negócio, aconselha, por simplificação, a adoção do sistema de lucro presumido.

O sistema de lucro presumido constitui um regime presuntivo, simplificado, ancorado na aplicação em massa da lei, atribuindo a determinadas pessoas jurídicas por opção destas.

A pessoa jurídica cuja receita bruta total, no ano-calendário anterior, tenha sido igual ou inferior a R$ 24.000.000,00, ou a R$ 2.000.000,00 multiplicado pelo número de meses da atividade no ano-calendário anterior, quando inferior a doze meses, poderá optar pelo regime de tributação com base no lucro presumido, art. 516 do RIR/99.

A base de cálculo do imposto de renda pessoa jurídica é o lucro presumido, que consubstancia o percentual de 8% sobre a receita bruta auferida no período de apuração, art. 518 do RIR/99 e art. 12 da IN nº 257/02, sendo sua alíquota de 15%, conforme art. 541 do RIR/99.

Além do imposto cobrado à alíquota de 15%, há a incidência de um adicional de 10% sobre a parcela do lucro presumido que exceder o valor resultante da multiplicação de R$ 20.000,00 pelo número de meses do respectivo período de apuração.

Considera-se receita bruta da atividade rural aquela decorrente da exploração das atividades rurais (art. 4º da IN nº 257/02).

O regime tributário estabelecido para a pessoa jurídica rural não permite a inclusão de receitas e despesas de outras atividades, as quais, se existentes, deverão ser segregadas.

Da receita bruta serão excluídas as vendas canceladas, as devoluções de vendas e os descontos incondicionais concedidos (art. 5º da IN nº 257/02).

Na receita bruta não se incluem os impostos não cumulativos cobrados destacadamente do comprador ou contratante, dos quais o vendedor dos produtos seja mero depositário.

Integram também a receita bruta da atividade rural (art. 6º da IN nº 257/02):

- os valores recebidos de órgãos públicos, tais como auxílios, subvenções, subsídios, Aquisições do Governo Federal (AGF) e as indenizações recebidas do Programa de Garantia da Atividade Agropecuária (Proagro);
- o valor da entrega de produtos agrícolas, pela permuta com outros bens ou pela dação em pagamento;
- as sobras líquidas da destinação para constituição do Fundo de Reserva e do Fundo de Assistência Técnica, Educacional e Social, previstos no art. 28 da Lei nº 5.764, de 16-12-71, quando creditadas, distribuídas ou capitalizadas à pessoa jurídica rural cooperada.

Os ganhos de capital, os rendimentos e ganhos líquidos auferidos em aplicações financeiras, as demais receitas e os resultados positivos decorrentes de receitas não abrangidas pelo art. 519 do RIR/93 serão acrescidos à base de cálculo do imposto de renda pessoa jurídica calculado pelo lucro presumido, para efeito de incidência do imposto e do adicional (art. 521 e seguintes do RIR/99).

Para efeito de pagamento, a pessoa jurídica poderá deduzir do imposto devido no período de apuração o imposto pago ou retido na fonte sobre as receitas que integraram a base de cálculo, vedada qualquer dedução a título de incentivo fiscal (art. 526 do RIR/99).

No caso em que o imposto retido na fonte ou pago seja superior ao devido, a diferença poderá ser compensada com o imposto a pagar relativo aos períodos de apuração subsequentes.

Vejamos o seguinte exemplo de determinação do lucro presumido e do cálculo do imposto:

1. Receita Bruta de Vendas de produtos rurais (café e gado)......... **R$ 500.000,00**

2. (–) Deduções da receita bruta:
    2.1. Devoluções de sacas de café... R$ 2.000,00
    2.2. Desconto incondicional concedido na venda de gado...... R$ 10.000,00
    (R$ 12.000,00)

3. (=) Receita bruta após exclusões .... **R$ 488.000,00**

4. Percentual de presunção... **8%**

5. (=) Lucro presumido (8% × R$ 470.000,00) .... **R$ 39.040,00**

6. Ganhos de capital e outras receitas:
    6.1. (+) alienação de bens utilizados na produção .... R$ 10.000,00
    6.2. (+) rendimentos – reforma agrária................................. R$ 90.000,00
    (R$ 100.000,00)

7. (=) Base de cálculo.. **R$ 139.040,00**

8. Imposto: 15% × R$ 137.600.. **R$ 20.856,00**

9. Adicional: 10% × (R$ 139.040,00 – R$ 20.000,00).................... **R$ 11.904,00**

10. Total .... **R$ 32.760,00**

14.15 Cálculo da Contribuição Social sobre o Lucro Líquido – resultado ajustado

A base de cálculo da CSLL, determinada segundo a legislação vigente na data de ocorrência do respectivo fato gerador, é o resultado ajustado (art. 14 da IN nº 390/04).

Considera-se resultado ajustado o lucro líquido do período de apuração antes da provisão para o IRPJ, ajustado pelas adições prescritas e pelas exclusões ou compensações autorizadas pela legislação da CSLL (art. 37 da IN nº 390/04).

Estão sujeitas ao regime de incidência da CSLL sobre o resultado ajustado, em cada ano-calendário, as pessoas jurídicas que forem obrigadas ao regime de tributação com base no lucro real (art. 36 da IN nº 390/04).

Na determinação do resultado ajustado serão consideradas as adições, exclusões e compensações dos arts. 38, 39 e 40 da IN nº 390/04.

A CSLL devida será determinada mediante a aplicação da alíquota de 9% (nove por cento) sobre o resultado ajustado (art. 31 da IN nº 390/04).

Da mesma forma que o imposto de renda das pessoas jurídicas, é possível a compensação com a base de cálculo negativa da Contribuição Social sobre o Lucro Líquido de períodos anteriores com a base de cálculo relativa ao período corrente, desde que não reduza esta última em mais de 30%, exceto no caso de pessoas jurídicas que exerçam atividade rural.

Passemos ao exemplo:

1. Resultado do período antes da CSLL .... R$ 255.000,00
2. (+) Adições:
    2.1. Despesas com brindes .... R$ 2.000,00
    2.2. Aluguel/imóvel lazer .... R$ 10.000,00
    (R$ 12.000,00)
3. (–) Exclusões:
    3.1. Rendimentos reforma agrária .... (R$ 90.000,00)
4. (=) Base de cálculo antes da compensação .... R$ 177.000,00
5. (–) Base de cálculo negativa a compensar .... R$ 0,00
6. (=) Base de cálculo da CSLL .... R$ 177.000,00
7. (×) Alíquota 9%
8. (=) CSLL devida .... R$ 15.930,00

14.16 Cálculo da Contribuição Social sobre o Lucro Líquido – resultado presumido

A base de cálculo da CSLL, determinada segundo a legislação vigente na data de ocorrência do respectivo fato gerador, é o resultado presumido (art. 14 da IN nº 390/04).

As pessoas jurídicas que optarem pela apuração e pagamento do imposto sobre a renda com base no lucro presumido ou que pagarem o IRPJ com base no lucro arbitrado determinarão a base de cálculo da CSLL conforme esses regimes de incidência (art. 85 da IN nº 390/04).

A base de cálculo da CSLL apurada com base no resultado presumido, corresponderá a 12% da receita bruta auferida no período de apuração (art. 88 da IN nº 390/04).

Os ganhos de capital, os rendimentos e ganhos líquidos auferidos em aplicações financeiras, as demais receitas e os resultados positivos decorrentes de receitas não abrangidas pelo parágrafo anterior, auferidos no mesmo período de apuração, bem como os demais valores arrolados nas alíneas do inciso III do art. 88 da IN nº 390/04, também compõem a base de cálculo da CSLL apurada pelo resultado presumido.

A CSLL devida será determinada mediante a aplicação da alíquota de 9% (nove por cento) sobre o resultado presumido (art. 31 da IN nº 390/04).

Da mesma forma que o imposto de renda das pessoas jurídicas, é possível a compensação com a base de cálculo negativa da Contribuição Social sobre o Lucro Líquido de períodos anteriores com a base de cálculo relativa ao período corrente, desde que não reduza esta última em mais de 30%, exceto no caso de pessoas jurídicas que exerçam atividade rural.

Passemos ao exemplo:

1. Receita Bruta de Vendas de produtos rurais (café e gado).......... R$ 500.000,00
2. (–) Deduções da receita bruta:
   2.1. Devoluções de sacas de café .... R$ 2.000,00
   2.2. Desconto incondicional concedido na venda de gado....... R$ 10.000,00
   (R$ 12.000,00)
3. (=) Receita bruta após exclusões .... R$ 488.000,00
4. Percentual de presunção... **12%**

5. (=) Resultado presumido (12% x R$ 488.000,00) .... R$ 58.560,00
6. Ganhos de capital e outras receitas:
   6.1.(+) alienação de bens utilizados na produção .... R$ 10.000,00
   6.2.(+) rendimentos – reforma agrária .... R$ 90.000,00
   (R$ 100.000,00)
7. (=) Base de cálculo .... R$ 158.560,00
8. CSLL devida: 9% × R$ 158.560,00 .... R$ 14.270,40

14.17 Cálculo da contribuição para financiamento da seguridade social – não cumulativa

A base de cálculo da Cofins não cumulativa é o faturamento mensal, que compreende a receita bruta da venda de bens e serviços nas operações em conta própria e alheia e todas as demais receitas auferidas pela pessoa jurídica (art. 2º da IN nº 404/04).

Não integram a base de cálculo de que trata esse artigo as receitas:

- isentas ou não alcançadas pela incidência da contribuição ou decorrentes de vendas de produtos sujeitos à alíquota zero;
- não operacionais, decorrentes da venda de ativo permanente;
- auferidas pela pessoa jurídica substituída, na revenda de mercadorias em relação às quais a contribuição seja exigida da empresa vendedora, na condição de substituta tributária;
- de venda dos produtos de que trata a Lei nº 9.990, de 21-7-00, a Lei nº 10.147, de 21-12-00, a Lei nº 10.485, de 3-7-02, o art. 2º da Lei nº 10.560, de 13-11-02, e os arts. 49 e 50 da Lei nº 10.833, de 2003, ou quaisquer outras submetidas à incidência monofásica da contribuição;
- referentes a vendas canceladas e a descontos incondicionais concedidos; e
- referentes a reversões de provisões e recuperações de créditos baixados como perda, que não representem ingresso de novas receitas, resultado positivo da avaliação de investimentos pelo valor do patrimônio líquido e lucros e dividendos derivados de investimentos ava-

liados pelo custo de aquisição, que tenham sido computados como receita.

A contribuição não incide sobre as receitas decorrentes das operações de (art. 6º da IN nº 404/04):

- exportação de mercadorias para o exterior;
- prestação de serviços para pessoa física ou jurídica domiciliada no exterior com pagamento em moeda conversível;
- vendas a empresa comercial exportadora, com o fim específico de exportação; e
- vendas de materiais e equipamentos, bem assim da prestação de serviços decorrentes dessas operações, efetuadas diretamente a Itaipu Binacional.

Sobre a base de cálculo apurada conforme acima indicado, aplica-se a alíquota de 7,6% (art. 7º da IN nº 404/04).

Do valor apurado na forma do art. 7º da IN nº 404/04, a pessoa jurídica pode descontar créditos, determinados mediante a aplicação da mesma alíquota, sobre os valores elencados no art. 8º da mesma instrução.

Passemos ao exemplo:

1. Receita Bruta de Vendas de produtos rurais (café e gado).......... R$ 500.000,00
2. (–) Deduções da receita bruta:
    2.1. Devoluções de sacas de café .... R$ 2.000,00
    2.2. Desconto incondicional concedido na venda de gado...... R$ 10.000,00
    (R$ 12.000,00)
3. (=) Receita bruta após exclusões .... R$ 488.000,00
4. Outras receitas:
    4.1. (+) alienação de bens utilizados na produção .... R$ 10.000,00
    4.2. (+) rendimentos – reforma agrária.................................. R$ 90.000,00
    (R$ 100.000,00)
5. (–) Exclusões:
    5.1. alienação de bens do ativo permanente.......................... R$ 10.000,00

5.2. créditos art. 8º da IN nº 404/04 .... R$ 288.000,00
                                                                              (R$ 298.000,00)

6. Base de cálculo apurada .... **R$ 290.000,00**

7. Alíquota 7,6%

8. Cofins devida: 7,6% × 290.000,00 .... **R$ 22.040,00**

14.18 Cálculo da contribuição para financiamento da seguridade social – cumulativa

A base de cálculo da Cofins cumulativa é o valor do faturamento, que corresponde à receita bruta, assim entendida a totalidade das receitas auferidas, independentemente da atividade por elas exercida e da classificação contábil adotada para a escrituração das receitas (art. 10 da IN nº 247/02).

Na apuração da base de cálculo da Cofins, não integram a receita bruta (art. 18 da IN nº 247/02):

- do doador ou patrocinador, o valor das receitas correspondentes a doações e patrocínios, realizados sob a forma de prestação de serviços ou de fornecimento de material de consumo para projetos culturais; e
- a contrapartida do aumento do ativo da pessoa jurídica, em decorrência da atualização do valor dos estoques de produtos agrícolas, animais e extrativos, tanto em virtude do registro no estoque de crias nascidas no período como pela avaliação do estoque a preço de mercado.

Para efeito de apuração da base de cálculo da Cofins incidentes sobre o faturamento, podem ser excluídos ou deduzidos da receita bruta, quando a tenham integrado, os valores (art. 23 da IN nº 247/02):

- das vendas canceladas;
- dos descontos incondicionais concedidos;
- do Imposto sobre Produtos Industrializados (IPI);
- do Imposto sobre Operações relativas à Circulação de Mercadorias e sobre Prestações de Serviços de Transporte Interestadual e Intermu-

nicipal e de Comunicação (ICMS), quando destacado em nota fiscal e cobrado pelo vendedor dos bens ou prestador dos serviços na condição de substituto tributário;
- das reversões de provisões;
- das recuperações de créditos baixados como perdas, limitados aos valores efetivamente baixados, que não representem ingresso de novas receitas;
- dos resultados positivos da avaliação de investimentos pelo valor do patrimônio líquido e dos lucros e dividendos derivados de investimentos avaliados pelo custo de aquisição, que tenham sido computados como receita, inclusive os derivados de empreendimento objeto de Sociedade em Conta de Participação (SCP); e
- das receitas decorrentes das vendas de bens do ativo permanente.

Na hipótese de o valor das vendas canceladas superar o valor da receita bruta do mês, o saldo poderá ser compensado nos meses subsequentes.

São isentas da Cofins as receitas (art. 46 da IN nº 247/02):
- dos recursos recebidos a título de repasse, oriundos do Orçamento Geral da União, dos Estados, do Distrito Federal e dos Municípios, pelas empresas públicas e sociedades de economia mista;
- da exportação de mercadorias para o exterior;
- dos serviços prestados a pessoas físicas ou jurídicas residentes ou domiciliadas no exterior, cujo pagamento represente ingresso de divisas;
- do fornecimento de mercadorias ou serviços para uso ou consumo de bordo em embarcações e aeronaves em tráfego internacional, quando o pagamento for efetuado em moeda conversível, observado o disposto no § 3º;
- do transporte internacional de cargas ou passageiros;
- auferidas pelos estaleiros navais brasileiros nas atividades de construção, conservação, modernização, conversão e reparo de embarcações pré-registradas ou registradas no Registro Especial Brasileiro (REB), instituído pela Lei nº 9.432, de 8-1-97;
- de frete de mercadorias transportadas entre o País e o exterior pelas embarcações registradas no REB, de que trata o art. 11 da Lei nº 9.432, de 1997;

- de vendas realizadas pelo produtor-vendedor às empresas comerciais exportadoras nos termos do Decreto-lei nº 1.248, de 29-11-72, e alterações posteriores, desde que destinadas ao fim específico de exportação para o exterior; e
- de vendas, com fim específico de exportação para o exterior, a empresas exportadoras registradas na Secretaria de Comércio Exterior do Ministério do Desenvolvimento, Indústria e Comércio Exterior.

A alíquota da Cofins aplicável sobre o faturamento é de 3% (art. 52 da IN nº 247/02).

Passemos ao exemplo:

1. Receita Bruta de Vendas de produtos rurais (café e gado).......... R$ 500.000,00
2. (–) Deduções da receita bruta:
   2.1. Devoluções de sacas de café .... R$ 2.000,00
   2.2 Desconto incondicional concedido na venda de gado...... R$ 10.000,00
   (R$ 12.000,00)
3. (=) Receita bruta após exclusões .... R$ 488.000,00
4. Outras receitas:
   4.1. (+) alienação de bens utilizados na produção .... R$ 10.000,00
   4.2. (+) rendimentos – reforma agrária.................................... R$ 90.000,00
   (R$ 100.000,00)
5. (–) Exclusões:
   5.1. alienação de bens do ativo permanente......................... **(R$ 10.000,00)**
6. Base de cálculo apurada .... R$ 578.000,00
7. Alíquota.. 3%
8. Cofins devida: 3% × 578.000,00.. R$ 17.340,00

14.19 Cálculo da contribuição para o programa de integração social – não cumulativo

A base de cálculo do PIS não cumulativo é o faturamento mensal, que compreende a receita bruta da venda de bens e serviços nas operações em conta própria e alheia e todas as demais receitas auferidas pela pessoa jurídica (art. 5º da IN nº 209/02).

Não integram a base de cálculo acima indicada as receitas:

- isentas ou decorrentes de vendas de produtos sujeitos à alíquota zero;
- decorrentes da venda de bens do ativo imobilizado;
- auferidas pela pessoa jurídica substituída, na revenda de mercadorias em relação às quais a contribuição seja exigida da empresa vendedora, na condição de substituta tributária; e
- de venda dos produtos de que trata a Lei nº 9.990, de 21-7-00, a Lei nº 10.147, de 21-12-00, alterada pela Medida Provisória nº 41, de 20-6-02, e a Lei nº 10.485, de 3-7-02, ou quaisquer outras submetidas à incidência monofásica da contribuição.

Excluem-se da base de cálculo:

a) as vendas canceladas e os descontos incondicionais concedidos; e
b) as reversões de provisões e recuperações de créditos baixados como perda, que não representem ingresso de novas receitas, o resultado positivo da avaliação de investimentos pelo valor do patrimônio líquido e os lucros e dividendos derivados de investimentos avaliados pelo custo de aquisição, que tenham sido computados como receita.

A contribuição não incide sobre as receitas decorrentes das operações de (art. 6º da IN nº 209/02):

- exportação de mercadorias para o exterior;
- prestação de serviços para pessoa física ou jurídica domiciliada no exterior com pagamento em moeda conversível; e
- vendas a empresa comercial exportadora, com o fim específico de exportação.

Sobre a base de cálculo apurada conforme acima indicado, aplicar-se-á a alíquota de 1,65% (art. 7º da IN nº 209/02).

Do valor apurado na forma acima indicada, a pessoa jurídica pode descontar créditos, determinados mediante a aplicação da mesma alíquota, sobre os valores arrolados no art. 8º da IN nº 209/02.

Passemos ao exemplo:

1. Receita Bruta de Vendas de produtos rurais (café e gado).......... R$ 500.000,00
2. (–) Deduções da receita bruta:
    2.1. Devoluções de sacas de café .... R$ 2.000,00
    2.2. Desconto incondicional concedido na venda de gado...... R$ 10.000,00
    (R$ 12.000,00)
3. (=) Receita bruta após exclusões .... R$ 488.000,00
4. Outras receitas:
    4.1. (+) alienação de bens utilizados na produção .... R$ 10.000,00
    4.2. (+) rendimentos – reforma agrária................................. R$ 90.000,00
    (R$ 100.000,00)
5. (–) Exclusões:
    5.1. alienação de bens do ativo permanente......................... R$ 10.000,00
    5.2. créditos – art. 8º da IN nº 404/04 .... R$ 288.000,00
    (R$ 298.000,00)
6. Base de cálculo apurada .... R$ 290.000,00
7. Alíquota.. 1,65%
8. PIS devida: 1,65% × 290.000,00 .... R$ 4.785,00

14.20 Cálculo da contribuição para o programa de integração social – cumulativo

A base de cálculo do PIS cumulativo é o valor do faturamento, que corresponde à receita bruta, assim entendida a totalidade das receitas auferidas, independentemente da atividade por elas exercida e da classificação contábil adotada para a escrituração das receitas (art. 10 da IN nº 247/02).

Na apuração da base de cálculo do PIS, não integram a receita bruta (art. 18 da IN nº 247/02):

- do doador ou patrocinador o valor das receitas correspondentes a doações e patrocínios, realizados sob a forma de prestação de serviços ou de fornecimento de material de consumo para projetos culturais; e
- a contrapartida do aumento do ativo da pessoa jurídica, em decorrência da atualização do valor dos estoques de produtos agrícolas, animais e extrativos, tanto em virtude do registro no estoque de crias nascidas no período como pela avaliação do estoque a preço de mercado.

Para efeito de apuração da base de cálculo da Cofins incidentes sobre o faturamento, podem ser excluídos ou deduzidos da receita bruta, quando a tenham integrado, os valores (art. 23 da IN nº 247/02):

- das vendas canceladas;
- dos descontos incondicionais concedidos;
- do Imposto sobre Produtos Industrializados (IPI);
- do Imposto sobre Operações relativas à Circulação de Mercadorias e sobre Prestações de Serviços de Transporte Interestadual e Intermunicipal e de Comunicação (ICMS), quando destacado em nota fiscal e cobrado pelo vendedor dos bens ou prestador dos serviços na condição de substituto tributário;
- das reversões de provisões;
- das recuperações de créditos baixados como perdas, limitados aos valores efetivamente baixados, que não representem ingresso de novas receitas;
- dos resultados positivos da avaliação de investimentos pelo valor do patrimônio líquido e dos lucros e dividendos derivados de investimentos avaliados pelo custo de aquisição, que tenham sido computados como receita, inclusive os derivados de empreendimento objeto de Sociedade em Conta de Participação (SCP); e
- das receitas decorrentes das vendas de bens do ativo permanente.

Na hipótese de o valor das vendas canceladas superar o valor da receita bruta do mês, o saldo poderá ser compensado nos meses subsequentes.

São isentas do PIS as receitas (art. 46 da IN nº 247/02):

- dos recursos recebidos a título de repasse, oriundos do Orçamento Geral da União, dos Estados, do Distrito Federal e dos Municípios, pelas empresas públicas e sociedades de economia mista;
- da exportação de mercadorias para o exterior;
- dos serviços prestados a pessoas físicas ou jurídicas residentes ou domiciliadas no exterior, cujo pagamento represente ingresso de divisas;
- do fornecimento de mercadorias ou serviços para uso ou consumo de bordo em embarcações e aeronaves em tráfego internacional, quando o pagamento for efetuado em moeda conversível, observado o disposto no § 3º;
- do transporte internacional de cargas ou passageiros;
- auferidas pelos estaleiros navais brasileiros nas atividades de construção, conservação, modernização, conversão e reparo de embarcações pré-registradas ou registradas no Registro Especial Brasileiro (REB), instituído pela Lei nº 9.432, de 8-1-97;
- de frete de mercadorias transportadas entre o País e o exterior pelas embarcações registradas no REB, de que trata o art. 11 da Lei nº 9.432, de 1997;
- de vendas realizadas pelo produtor-vendedor às empresas comerciais exportadoras nos termos do Decreto-lei nº 1.248, de 29-11-72, e alterações posteriores, desde que destinadas ao fim específico de exportação para o exterior; e
- de vendas, com fim específico de exportação para o exterior, a empresas exportadoras registradas na Secretaria de Comércio Exterior do Ministério do Desenvolvimento, Indústria e Comércio Exterior.

A alíquota do PIS aplicável sobre o faturamento é de 0,65% (art. 52 da IN nº 247/02).

Passemos ao exemplo:

1. Receita Bruta de Vendas de produtos rurais (café e gado) .... **R$ 500.000,00**
2. (–) Deduções da receita bruta:
    2.1. Devoluções de sacas de café .... R$ 2.000,00
    2.2. Desconto incondicional concedido na venda de gado ...... R$ 10.000,00
    (R$ 12.000,00)

3. (=) Receita bruta após exclusões .... R$ 488.000,00
4. Outras receitas:
   4.1. (+) alienação de bens utilizados na produção .... R$ 10.000,00
   4.2. (+) rendimentos – reforma agrária .... R$ 90.000,00
   (R$ 100.000,00)
5. (–) Exclusões:
   5.1. alienação de bens do ativo permanente .... (R$ 10.000,00)
6. Base de cálculo apurada .... R$ 578.000,00
7. Alíquota 0,65%
8. PIS devido: 0,65% × 578.000,00 .... R$ 3.757,00

14.21 Planejamento tributário

A efetivação do Planejamento Tributário que permite a racionalização da carga tributária a ser suportada visa reduzir o pagamento ou recolhimento dos impostos, tributos, taxas e contribuições; entretanto, sua implementação esbarra, muitas vezes, na falta de informação da classe empresarial sobre como a adoção de tal conduta poderia beneficiar seu empreendimento, levando-o a otimizar a aplicação dos recursos disponíveis. O planejamento tributário, de um modo geral, é imprescindível para o alcance e manutenção de bons resultados. Seus reflexos sobre a organização têm como objetivo medidas contínuas que visam à economia de impostos por meio de formas legais, levando-se em conta as possíveis mudanças rápidas e eficazes na hipótese de o fisco alterar as regras fiscais.

O Planejamento Tributário possui três finalidades básicas:

- evitar a incidência do tributo, quando se tomam providências com o objetivo de evitar a ocorrência do fato gerador do tributo;
- reduzir o montante do tributo, tomando-se providências com o objetivo de reduzir a alíquota ou a base de cálculo do tributo;
- retardar o pagamento do tributo, adotando-se medidas que têm como objetivo adiar o pagamento do tributo sem ocorrência da multa.

Entre as formas de tributação, dentro de uma escolha criteriosa sempre em parceria entre o contador e o empresário rural, deve ser escolhido entre o SIMPLES, LUCRO PRESUMIDO, LUCRO REAL e LUCRO ARBITRADO.

Vale ressaltar que não existe um modelo-padrão de planejamento tributário, e sim ser moldado conforme as características de cada empreendimento, visto que cada ramo de atividade tem seus tributos e peculiaridades, no entanto é preciso conhecer a realidade da empresa para se indicar a melhor forma de tributação.

Visando proporcionar o crescimento e o desenvolvimento no setor agrícola brasileiro, de forma a atrair maiores investimentos, a União e os Estados têm empenhado seus esforços no sentido de reduzir a incidência de tributos de sua competência sobre a produção rural, sobretudo de bens que compõem a cesta básica e mercadorias destinadas à exportação.

Uma empresa que exerce a atividade agropecuária ou até mesmo a agroindustrial, assim como as empresas dos demais setores da economia mista, sujeitam-se igualmente aos tributos (impostos e contribuições) considerados diretos ou indiretos.

A exploração na forma de pessoa física (produtor individual, condomínio, parceria etc.) ou na forma de pessoa jurídica (empresa Ltda. ou S.A.) pode representar ganhos tributários para o empresário rural, isto é, redução no valor de impostos pagos.

A seguir relacionamos um comparativo com relação às diferentes formas de tributação segundo sua categoria e tributos incidentes:

1) Tributação do Produtor Rural Pessoa Física

TRIBUTO	ALÍQUOTAS
IRPF (1)	15% a 27,5%
FUNRURAL/INSS (2)	2,3% Sobre a Receita Bruta 2,7% Sobre a Remuneração
ICMS (3)	*

(1) As alíquotas 15 ou 27,5% citadas acima se referem à aplicação limitada a 20% da Receita Bruta do período.

(2) Sobre a receita bruta a alíquota é 2,30% e sobre a remuneração é 2,70%.

Há possibilidade de discussão judicial para o não pagamento das contribuições no âmbito do INSS.

(3) As operações com ICMS dependerão principalmente de a operação ser de natureza interna ou externa e da finalidade resultante da venda, se para indústria, consumidor etc., conforme Regulamento do ICMS de cada Estado.

2) Tributação do Produtor Rural Pessoa Jurídica

TRIBUTO	ALÍQUOTAS		
	PRESUMIDO	REAL	SIMPLES
IRPF (1)	1,2%	15%	Imposto Único (4)
CSLL (1)	1,08%	9%	
PIS	0,65%	1,65%	
COFINS	3%	7,6%	
FUNRURAL/INSS (2)	2,85% e 2,70%	2.85% e 2,70%	–
ICMS	–	–	–

(1) As alíquotas de IRPJ e CSLL informadas no Lucro Real incidem sobre o lucro real como base de aplicação do imposto e não aplicados diretamente sobre o faturamento.

(2) Sobre a receita bruta a alíquota é 2,85% e sobre a remuneração é 2,70%.

Há possibilidade de discussão judicial para o não pagamento das contribuições no âmbito do INSS.

(3) As operações com ICMS dependerão principalmente se a operação for de natureza interna ou externa e da finalidade resultante da venda, se para indústria, consumidor e etc. conforme Regulamento do ICMS de cada Estado.

(4) A alíquota do Simples Nacional será gerada de acordo com o seu faturamento acumulado mensal. Enquadram-se neste regime de tributação a microempresa e a empresa de pequeno porte.

Considera-se Microempresa aquela que tenha auferido, no ano-calendário, receita bruta igual ou inferior a R$ 360.000,00 e Empresa de Pequeno Porte a que tenha auferido receita bruta superior à R$ 360.001,00 e igual ou inferior a R$ 3.600.000,00.

Com base nas informações, podemos simular a tributação em cada uma das situações, tomando por base as seguintes informações de uma propriedade rural.

Exemplo:

Dados:

Produção: Pecuária de Corte, Soja e Arroz

Faturamento/mês: R$ 100.000,00

Despesas/mês: R$ 65.000,00

1ª HIPÓTESE
PRODUTOR RURAL/Pessoa Jurídica

DISCRIMINAÇÃO	R$
IRPF	56.935,28
FUNRURAL	27.600,00
TOTAL/ANO	84.535,29

2ª HIPÓTESE
LUCRO PRESUMIDO/Pessoa Jurídica

DISCRIMINAÇÃO	R$
IRPJ	14.400,00
CSLL	12.960,00
COFINS	36.000,00
PIS	7.800,00
FUNRURAL	34.200,00
TOTAL/ANO	105.360,00

3ª HIPÓTESE
LUCRO REAL/Pessoa Jurídica

DISCRIMINAÇÃO	R$
IRPJ	63.000,00
Adicional IR – 10%	18.000,00
CSLL	37.800,00
COFINS	91.200,00
PIS	19.800,00
FUNRURAL	34.200,00
TOTAL/ANO	264.000,00

4ª HIPÓTESE

SIMPLES NACIONAL – Empresa de Pequeno Porte/Pessoa Jurídica

DISCRIMINAÇÃO	R$
Imposto Único	83.600,00
TOTAL/ANO	83.600,00

Observando os dados, pode-se constatar que o mesmo tipo de produção pode apresentar uma tributação variável de R$ 83.600,00 até um máximo de R$ 264.000,00. Isso representa um acréscimo na ordem de 215,8%.

Isso mostra que sem um planejamento fiscal adequado pode-se tomar decisões erradas e precipitadamente recolher um valor maior de tributos em virtude disso. Por isso, cada vez mais se faz necessário o auxílio de um profissional qualificado, o qual terá condições hábeis de fornecer a melhor opção para a tomada de decisão e consequentemente a redução da carga tributária.

14.22 As principais diferenças na tributação da parceria e do arrendamento rural

A tributação das receitas advindas do contrato de parceria rural é muito diferente daquela que incide sobre o arrendamento.

São dois tipos de contratos previstos no Estatuto da Terra, muito comuns no meio rural, especialmente no cultivo de culturas. Configuram espécies contratuais semelhantes em que o uso da terra é cedido a terceiro para a exploração da mesma.

A principal diferença entre os tipos contratuais, inclusive para fins tributários, é a assunção do risco. Se o risco da atividade a ser explorada é dividido, trata-se de parceria. Se o pagamento é fixo, excluindo-se os riscos da atividade, é arrendamento.

Quando o proprietário da fazenda arrenda sua terra, seja a destinação qual for – gado, cana, aluguel de torre, soja, milho, indústria, comércio etc., a tributação incidente não é aquela da atividade rural.

Para fins da tributação do arrendamento, sob a ótica do proprietário, não importa se a atividade é rural. Aquele que recebe por arrendamento não pode tributar a receita que aufere como atividade rural. Trata-se de operação equivalente a aluguel de imóveis urbanos.

O arrendatário deve recolher carnê leão (mensal), quando recebidos de pessoa física, e o imposto de renda é o da tabela progressiva, podendo chegar a 27,5% do valor recebido. Se recebidos de pessoa jurídica, deverá ocorrer tributação na fonte.

Totalmente diferente é o caso da parceria agrícola. Essa sim pode ter seu resultado tributado como atividade rural, com todas as suas vantagens e defeitos, se a exploração econômica da área é rural.

Nesse tipo de contrato, os parceiros partilham riscos e também o resultado. Para as parcerias, dois são os requisitos essenciais para a tributação das receitas como rurais: (i) divisão dos riscos da atividade (excesso de chuvas, falta de chuvas, quebra de safra, pragas, clima etc.) e (ii) exploração de atividade rural.

A tributação, nesse caso, será de até 5,5% (20% de base x 27,5% de alíquota) da receita para pessoas físicas, se adotada a opção de base de cálculo presumida, ou então o resultado da equação receitas menos despesas será a base tributável.

Outra vantagem da parceria é que o recolhimento só ocorrerá ao fim do exercício do IR, sendo anual para os produtores que exercem o negócio no CPF (cédula rural da DIRPF).

Apenas para esclarecer, a jurisprudência já firmou o entendimento no sentido de que não adianta trocar o nome do contrato. O que vale é a essência. Não resolve colocar o título de parceria no instrumento, se o risco não é dividido, e o pagamento é fixo.

Sem dúvidas, a tributação da parceria é muito mais vantajosa, mas nem sempre pode ser aplicada. É por isso que os produtores devem ficar atentos aos contratos firmados, sob pena de fiscalização, multa, juros e demais aborrecimentos.

Exemplo:

Considerando um **Contrato de Arrendamento** e a opção de tributar na Pessoa Física e na Pessoa Jurídica, teremos a seguinte carga tributária: Arrendamento anual de R$ 550.000,00.

Tabela 1. Incidência da carga tributária sobre a receita recebida

Impostos	Pessoa Física		Pessoa Jurídica			
	%	Contrato de Arrendamento	%	Lucro Presumido	%	Lucro Real
IRPF	27,5%	151.250,00	–	–	–	–
PIS	–	–	0,65%	3.575,00	1,65%	9.075,00
COFINS	–	–	3%	16.500,00	7,60%	41.800,00
IRPJ	–	–	4,80%	26.400,00	15%	82.500,00
CSLL	–	–	2,88%	15.840,00	9%	49.500,00
10% Adicional	–	–	10%	11.600,00	10%	31.000,00
TOTAL	–	151.250,00	–	73.915,00	–	213.875,00

É importante salientar que o Arrendamento é tratado pela legislação do imposto de renda como um aluguel, ou seja, não pode ser considerado uma receita da atividade rural, em que o proprietário da terra (pessoa física ou jurídica) recebe um valor líquido e certo sem correr riscos, como é o caso do produtor. Logo, na Pessoa Física, é um rendimento tributado direto na tabela progressiva, nesse exemplo a alíquota de 27,5%.

Pode-se destacar ainda que, de acordo com a legislação do Simples Nacional, a Pessoa Jurídica que recebe arrendamento está impedida de participar dele.

Por isso, fica claro através do exemplo acima que a melhor forma de tributação nesse caso é a tributação na Pessoa Jurídica optante pelo Lucro Presumido.

Vale salientar ainda que, para a Pessoa Jurídica optante pela tributação no Lucro Real, o IRPJ e a CSLL incidem sobre o resultado (receita menos despesa) e não sobre o faturamento, como é o Lucro Presumido. Como no exemplo acima não foi considerada despesa alguma, as alíquotas incidiram diretamente sobre o valor recebido.

Se compararmos a tributação na Pessoa Física e na Pessoa Jurídica (Lucro Presumido), a economia tributária foi da ordem de **R$ 77.335,00**, ou seja, uma redução superior a **51%**.

Também é importante lembrar que o rendimento obtido e tributado na pessoa jurídica será distribuído aos sócios na forma de rendimentos isentos, isto é, os sócios não pagarão impostos na pessoa física sobre esse rendimento auferido.

Essa simulação demonstra que, utilizando de forma correta a legislação vigente, é possível conseguirmos uma grande redução na carga tributária e de forma legal, além de desmistificar a crença de que a tributação na Pessoa Jurídica é superior à da Pessoa Física, uma vez que os números acima espelham vantagens na redução dos impostos, quando a opção se deu por Pessoa Jurídica.

Estudo de Caso

Considere um produtor com receita bruta mensal cerca de R$ 105.000,00 (cento e cinco mil reais), perfazendo R$ 1.250.000,00 (um milhão, duzentos e cinquenta mil reais) de receita bruta anual e R$ 187.500,00 (cento e oitenta e sete mil e quinhentos reais) de lucro. Neste caso, todas as hipóteses de regime de tributação puderam ser colocadas em teste. Ressalta-se que foram apurados apenas o imposto de renda, a contribuição social sobre o lucro líquido e o Funrural, que são os tributos mais impactantes. Vejamos:

Pessoa Física – Lucro Real	Base de Cálculo	Alíquota	Valor
Imposto de Renda	R$ 187.500,00	27,50%	R$ 41.259,80*
Adicional de IR	–	–	–
CSLL	–	–	–
Funrural	R$ 1.250.000,00	2,30%	R$ 28.750,00
Total			**R$ 70.009,80**

* deduzida parcela de R$ 10.302,70 – exercício 2016, ano-calendário de 2015.

Pessoa Física – Lucro Presumido	Base de Cálculo	Alíquota	Valor
Imposto de Renda	R$ 250.000,00	27,50%	R$ 58.447,30
Adicional de IR	–	–	–
CSLL	–	–	–
Funrural	R$ 1.250.000,00	2,30%	R$ 28.750,00
Total			**R$ 87.197,30**

* deduzida parcela de R$ 10.302,70 – exercício 2016, ano-calendário de 2015.
20% x R$ 1.250.000,00 = R$ 250.000,00

Pessoa Jurídica – Lucro Real	Base de Cálculo	Alíquota	Valor
Imposto de Renda	R$ 187.500,00	15%	R$ 28.125,00
Adicional de IR	R$ 0,00	10%	R$ 0,00
CSLL	R$ 187.500,00	9%	R$ 16.875,00
Funrural	R$ 1.250.000,00	2,85%	R$ 35.625,00
Total			R$ 80.625,00

Pessoa Jurídica – Lucro Presumido	Base de Cálculo	Alíquota	Valor
Imposto de Renda	R$ 100.000,00	15%	R$ 15.000,00
Adicional de IR	R$ 0,00	10%	R$ 0,00
CSLL	R$ 150.000,00	9%	R$ 13.500,00
Funrural	R$ 1.250.000,00	2,85%	R$ 35.625,00
Total			R$ 64.125,00

Presunção de Lucro = R$ 1.250.000,00 x 8% = R$ 100.000,00
Base da CSLL = R$ 1.250.000,00 x 12% = R$ 150.000,00

Pessoa Jurídica – Simples Nacional	Base de Cálculo	Alíquota	Valor
Tributos Unificados	R$ 1.250.000,00	8,36%	R$ 104.500,00
Total			R$ 104. 500,00

Segue um quadro-resumo comparativo dos resultados obtidos:

Pessoa Jurídica – Lucro Presumido	R$ 64.125,00
Pessoa Física – Lucro Real	R$ 70.009,80
Pessoa Jurídica – Lucro Real	R$ 80.625,00
Pessoa Física – Lucro Presumido	R$ 87.197,30
Pessoa Jurídica – Simples Nacional	R$ 104. 500,00

Portanto, de acordo com estas simulações, pode-se perceber que a opção de regime que proporciona maior economia tributária ao produtor rural é a da pessoa jurídica optante pelo lucro presumido, havendo uma diferença de R$

40.375,00 (quarenta mil, trezentos e setenta e cinco reais) em relação à pior opção, a do Simples Nacional, cuja carga tributária é cerca de 62% (sessenta e dois por cento) maior.

Mas ainda existem estratégias mistas, mais elaboradas, porém lícitas e perfeitamente factíveis, que também envolvem a constituição de uma empresa (EIRELI, sociedade limitada ou sociedade anônima), cujo capital social será integralizado mediante a conferência do(s) imóvel(is) rural(is), maquinário, implementos agrícolas e até mesmo animais, porém a atividade rural seguirá sendo explorada pelo produtor rural pessoa física. Esta relação jurídica se dará através da realização de um contrato de arrendamento rural ou parceria, conforme o caso concreto, sopesados os objetivos, princípios e características inerentes a cada uma dessas modalidades de contrato agrário.

Salienta-se que o art. 59 do RIR/99 estabelece que os arrendatários, os condôminos e os parceiros na exploração da atividade rural pagarão o imposto de renda, separadamente, na proporção dos rendimentos que couberem a cada um. E o parágrafo único complementa que, na hipótese de parceria rural, será devido o imposto pelo parceiro somente em relação aos rendimentos para cuja obtenção houver assumido os riscos inerentes à exploração da respectiva atividade.

Para fins de exemplificação, considerar-se-á a realização de um contrato de parceria na qual os resultados serão rateados na proporção de 50%-50%, entre a sociedade empresária (proprietária do imóvel, com casa de moradia, benfeitorias, maquinários e implementos agrícolas, além das sementes) e o produtor rural pessoa física; a primeira tributada pelo lucro presumido e o segundo pelo lucro real. Para fins de simulação e comparação, serão utilizados os mesmos valores do exemplo anterior:

Pessoa Jurídica – Lucro Presumido	Base de Cálculo	Alíquota	Valor
Imposto de Renda	R$ 50.000,00	15%	R$ 7.500,00
Adicional de IR		10%	R$ 0,00
CSLL	R$ 75.000,00	9%	R$ 6.750,00
Funrural	R$ 625.000,00	2,85%	R$ 17.812,50
Total			R$ 32.062,50

Pessoa Física – Lucro Real	Base de Cálculo	Alíquota	Valor
Imposto de Renda	R$ 93.750,00	27,50%	R$ 15.478,55
Adicional de IR	–	–	–
CSLL	–	–	–
Funrural	R$ 625.000,00	2,30%	R$ 14.375,00
Total			R$ 29.853,55

Total	R$ 61.916,05

Verifica-se, desse modo, que a adoção de um modelo misto pode ser ainda mais vantajosa ao produtor rural do que a simples mudança de regime de tributação, na medida em que lhe confere uma maior economia tributária, sem prejuízo das demais motivações extra tributárias, tais como proteção patrimonial e planejamento sucessório, o que ainda reforçará a legitimidade da estratégia e do próprio planejamento tributário.

14.23 Considerações finais

É relevante a escolha do regime de tributação pelo produtor rural, sendo precipitada a escolha pela exploração da atividade na pessoa física, que muitas vezes se dá de forma automática e sem a devida orientação profissional. É de extrema importância que cada um dos regimes passíveis de opção seja colocado em teste a fim de se identificar qual deles efetivamente se mostra mais favorável ao caso. Viu-se que essa avaliação prévia, por si só, já se trata de um planejamento tributário.

Exercícios

A empresa Pesa Ltda., com apuração do Lucro Real Anual, adquiriu em 1º de julho de 2015 uma máquina colheitadeira cuja vida útil é de 5 (cinco) anos, por R$ 2.110.000,00, com financiamento obtido no Finame-Rural e, com periodicidade de pagamento anual, utilizou-se do benefício fiscal da depreciação acelerada.

Responda às questões:

1. Qual o valor do encargo de depreciação contabilizada em 31/12/2015?

2. Qual a parcela a ser excluída em 31/12/2015, na apuração do Lucro Real correspondente ao benefício fiscal?

3. Supondo que a referida empresa, em 2015, tenha optado pela apuração do Lucro Real trimestralmente, qual o valor da depreciação a ser adicionado ao Lucro Líquido para determinação do Lucro Real do primeiro trimestre de apuração – 31/03/2016?

4. A Agropecuária Baependi S/A tem como atividade principal a produção e comercialização de sêmen e embriões no mercado interno e externo. Durante o ano-calendário de 2015, recolheu o Imposto de Renda da Pessoa Jurídica e Contribuição Social sobre o Lucro com base no lucro real, e em 31/12/2015 apurou o seguinte:

    - Receita líquida da venda de embriões – R$ 280.000,00;
    - Receita líquida da venda de sêmen – R$ 200.000,00;
    - Receita líquida da venda de botijão para acondicionamento de sêmen e embriões – R$ 220.000,00;
    - Custos e despesas da venda de embriões – R$ 180.000,00;
    - Custos e despesas da venda de sêmen – R$ 180.000,00;
    - Custos e despesas da venda de botijões – R$ 150.000,00;
    - Custos e despesas indedutíveis comuns às atividades exploradas pela empresa – R$ 80.000,00.

5. A Empresa Rural Luar do Sertão, empresa agropecuária, obteve uma receita de R$ 510.000,00 em X1.

    a) Seus custos foram:

    ✓ Mão de obra e encargos – R$ 190.000,00;

    ✓ Mudas e sementes – R$ 92.500,00;

    ✓ Custos – R$ 33.000,00.

    b) Os investimentos no ano-base foram:

✓ Estradas – R$ 65.600,00;

✓ Tratores – R$ 120.800,00.

c) Despesas operacionais – R$ 50.800,00.

PEDE-SE:

Calcular o IRPJ e a CSLL a pagar da Empresa Rural Luar do Sertão.

Gabarito

Capítulo 1

Múltipla escolha

1. a, b, a, b.
2. e.
3. d.
4. e.
5. (2) suíno   (1) terraço
   (1) curral   (4) fungicida
   (1) curral   (3) ceifadeira
   (2) asinino   (1) pocilga
   (4) fosfato   (4) sais minerais
6. (A) (B) (A) (A) (A) (A)
7. G/T/T/G/T
8. a, c, d.
9. a, c, d.
10. 3/2/1/2/3/2/1
11. b.
12. e.

13. c.
14. e.
15. d.
16. d.
17. a.

Capítulo 2

Múltipla Escolha

1. a; 2. b; 3. c; 4. d; 5. c; 6. c; 7. b; 8. d; 9. d; 10. e; 11. e; 12. c; 13. c.

Capítulo 3

Múltipla Escolha

1. c; 2. b; 3. a; 4. e; 5. c; 6. b; 7. a; 8. d; 9. d; 10. a; 11. a; 12. d.

Capítulo 4

Múltipla Escolha

1. b; 2. b; 3. a; 4. e; 5. d; 6. c; 7. c; 8. b; 9. c; 10. c; 11. b; 12. a; 13. d; 14. d; 15. c; 16. a; 17. c; 18. d; 19. a; 20. a; 21. c; 22. e; 23. d.

Capítulo 5

Múltipla Escolha

1. c; 2. F, F, V, V; 3. d; 4. c; 5. a; 6. b; 7. a; 8. d; 9. d; 10. 4, 5, 2, 6, 1 e 3; 11. d; 12. d; 13. a; 14. b.

Exercícios

1 e 2.

Solução:

CPCs 01 e 31 (R3).

O **CPC 01 – Redução ao Valor Recuperável de Ativos** estabelece procedimentos que a entidade deve aplicar para assegurar que seus ativos estejam registrados contabilmente por valor que **não exceda** seus **valores de recuperação**.

Um ativo está registrado contabilmente por valor que excede seu valor de recuperação se o seu **valor contábil** exceder o montante a ser recuperado **pelo uso** ou pela **venda do ativo**.

Valor recuperável de um ativo ou de unidade geradora de caixa é o **maior** montante entre o seu **valor justo** líquido de despesa de venda e o seu **valor em uso**.

Este Pronunciamento Técnico (CPC 01 – Redução ao Valor Recuperável de Ativos) deve ser aplicado na contabilização de ajuste para perdas por desvalorização de todos os ativos, **exceto:**

(...)

e (i) ***ativos não circulantes*** *(ou grupos de ativos disponíveis para venda)* ***classificados como mantidos para venda em consonância com o Pronunciamento Técnico CPC 31 – Ativo Não Circulante Mantido para Venda e Operação Descontinuada.***

3. Este Pronunciamento Técnico ***não se aplica*** *a estoques, ativos advindos de contratos de construção, ativos fiscais diferidos, ativos advindos de planos de benefícios a empregados ou* ***ativos classificados como mantidos para venda (ou incluídos em grupo de ativos que seja classificado como disponível para venda)*** *em decorrência de os Pronunciamentos Técnicos do CPC vigentes aplicáveis a esses ativos conterem disposições orientadoras para reconhecimento e mensuração desses ativos.*

Calculemos o **valor contábil das colheitadeiras em 1.1.2018**:

Colheitadeiras = R$2.600.000,00

(-) Depreciação = (R$1.440.000,00)

= **Valor Contábil = R$1.160.000,00**

Foi dado na questão que o **Valor Justo Líquido de Venda** das colheitadeiras era igual a **R$1.500.000,00.** Sendo este, portanto, seu **Valor Recuperável.**

Comparando os valores Recuperável e Contábil a fim de verificarmos a necessidade de eventuais ajustes, constata-se que não há nada a ser feito, pois não há perda a ser reconhecida quando o **valor recuperável** for **maior** que o **valor contábil.**

Quanto a eventuais despesas de depreciação no período compreendido entre 1.1.2018 e a data da venda das colheitadeiras em 31.3.2018, também não há o que contabilizar, pois **a partir de 1.1.2018** foram **classificadas no grupo Ativo Não Circulante Mantido para Venda** e, portanto, **não passíveis de depreciação.**

Na venda em 31.3.2018:

Valor da venda = R$1.300.000,00

(-)Valor Contábil = (R$1.160.000,00)

= **Ganho R$140.000,00**

3.

Solução:

O exercício informa que o valor presente é de R$ 196.901,35 e o valor justo é de 195.000,00. Como vimos nas definições anteriores, devemos registrar o arrendamento pelo menor valor entre o valor presente e o valor justo, nesse caso, o valor justo (R$ 195.000,00).

Outra informação dada pelo exercício é o pagamento de 60 parcelas de R$ 5.000,00, cada uma. Como o arrendamento foi registrado pelos R$ 195.000,00 do valor justo, o restante são juros. Ou seja:

Juros = (60 x 5.000,00) - 195.000,00

Juros = R$ 105.000,00.

Com isso, lançaremos assim:

DÉBITO Imobilizado (Trator) R$ 195.000,00

DÉBITO Juros sobre Arrendamento a Transcorrer R$ 105.000,00

CRÉDITO Arrendamento Financeiro a Pagar R$ 300.000,00

Importante:

- Imobilizado é uma conta do Ativo;
- Arrendamento Financeiro a Pagar é uma conta do Passivo; e
- Juros sobre Arrendamento a Transcorrer é uma conta redutora do Passivo, neste caso, redutora do Arrendamento Financeiro a Pagar.

Portanto, como podemos ver, tanto o Ativo como o Passivo serão aumentados em R$ 195.000,00.

4.

Solução:

O exercício informa que o valor presente é de R$ 196.901,35 e o valor justo é de 195.000,00. Como vimos nas definições anteriores, devemos registrar o arrendamento pelo menor valor entre o valor presente e o valor justo, nesse caso, o valor justo (R$ 195.000,00).

Outra informação dada pelo exercício é o pagamento de 60 parcelas de R$ 5.000,00, cada uma. Como o arrendamento foi registrado pelos R$ 195.000,00 do valor justo, o restante são juros. Ou seja:

Juros = (60 x 5.000,00) - 195.000,00

Juros = R$ 105.000,00.

Com isso, lançaremos assim:

DÉBITO Imobilizado (Trator) R$ 195.000,00

DÉBITO Juros sobre Arrendamento a Transcorrer R$ 105.000,00

CRÉDITO Arrendamento Financeiro a Pagar R$ 300.000,00

Importante:

- Imobilizado é uma conta do Ativo;
- Arrendamento Financeiro a Pagar é uma conta do Passivo; e
- Juros sobre Arrendamento a Transcorrer é uma conta redutora do Passivo, neste caso, redutora do Arrendamento Financeiro a Pagar.

Portanto, como podemos ver, tanto o Ativo como o Passivo serão aumentados em R$ 195.000,00.

Capítulo 6

Múltipla Escolha

1. c; 2. c; 3. b; 4. b; 5. 3, 3, 1, 1; 6. F, V, V, F; 7. V, V, V, F; 8. a; 9. b; 10. d; 11. c; 12. F, V, V, V; 13. D, E, E, D, E; 15. e; 15. c; 16. b; 17. d; 18. d; 19. c; 20. c; 21. d; 22. a; 23. c; 24. d; 25. b; 26. a; 27. d; 28. a; 29. b; 30. d; 31. d; 32. c; 34. b.

33. a

Comentários

TRATOR

Valor depreciável Depreciação anual Depreciação efetiva (4 anos)

35.000 - 20% x 35.000 = 28.000,00. 2.800.

R$ 11.200.00

Valor de aquisição	35.0000,00
(-) Depreciação acumulada	(11.200,00)
Valor contábil	23.800,00

MINA

Valor de aquisição = 110.000,00

Capacidade = 40 toneladas em 10 anos = 4 toneladas por ano.

Então, para quatro anos, deveríamos ter extraído 16 toneladas. Todavia, verificou-se que foram extraídas 20 toneladas.

A exaustão acumulada do período, portanto, foi de 40% x 110.000,00 = 44.000.00.

Valor de custo da mina	110.000,00
(-) Exaustão acumulada	(44.000,00)
Valor contábil	66.000,00

Somando o valor contábil do trator (23.800,00), com o da mina (66.000,00), temos que o total é R$ 89.800,00. Haja vista que a venda se deu por R$ 100.000. 00, teremos ganhos de capital no montante de R$ 10.200,00.

Problemas

1. Equipamentos $ 100,00
    Depreciação de equipamentos $ 5,00
    Resultado na venda de equipamentos $ 14,00

2. Depreciação = $ 220.000,00 × 0,20 × 3 = $ 132.000,00

   Note que o período de uso é de janeiro de 1988 a dezembro de 1990; são três anos de uso.

   Valor residual em 31-12-1990 = $ 220.000,00 − $ 132.000,00 = $ 88.000,00

3. Valor do arrendamento: $ 2.000,00 × 1.000 ha. = $ 2.000.000,00/ano.

$$\text{Taxa de amortização} = \frac{\$\ 2.000.000,00}{\$\ 2.250\ \text{caixa}} = \$\ 888,89\ /\ \text{caixa}$$

Abacate	630 cx.	× $ 888,89	=	$ 560.000,00
Abacaxi	310 cx.	× $ 888,89	=	$ 275.555,00
Laranja	1.310 cx.	× $ 888,89	=	$ 1.164.445,00
TOTAL	2.250 cx.			$ 2.000.000,00

4. Método Linear:

   Valor original do bem: 100.000,00

   Valor residual: 10.000,00

   Valor depreciável: 100.000,00 − 10.000,00 = 90.000,00

   Vida útil: 5 anos

   Despesa mensal de depreciação: $ 90.000,00 ÷ 5 = $ 18.000,00 por mês.

   Depreciação acumulada: 2 anos × $ 18.000,00 = $ 36.000,00

   Método Soma dos Dígitos

   O cálculo desse método é feito através da multiplicação do valor depreciável do bem com uma fração, na qual o denominador é a soma dos algarismos que compõem o número de anos de vida útil do bem, e o numerado é, para o primeiro ano (n), para o segundo ($n - 1$), para o terceiro ($n - 2$) e para o quarto ($n - 3$), sendo o n = número de anos de vida útil.

   Valor original do bem: $ 100.000,00

   Valor residual: $ 10.000,00

   Valor depreciável: $ 100.000,00 − $ 10.000,00 = $ 90.000,00

   Vida útil: 5 anos

Soma dos dígitos da vida útil: 15 (5 + 4 + 3 + 2 + 1)

1º ano de depreciação = $ 90.000,00 × 5/15 = $ 30.000,00

2º ano de depreciação = $ 90.000,00 × 4/15 = $ 24.000,00

Depreciação acumulada = $ 30.000,00 + $ 24.000,00 = $ 54.000,00

Capítulo 7

Múltipla Escolha

1. a. investimento; b. desembolso; c. custo; d. despesa; e. perda.
2. b. $ 570.000,00 : (400 – 20) = $ 1.500,00.
3. b.
4. b.
5. d.
6. d.
7. c.
8. c.
9. a.
10. b.
11. d.
12. a.
13. c.
14. b.
15. a.
16. d.
17. a.

    Custo dos produtos vendidos = Receita de Vendas – Lucro Bruto
    $ 1.900.000,00 – $ 586.000,00 = $ 1.314.000,00
18. d.

Custo dos produtos vendidos = Estoque inicial produtos agrícolas + Custo de produtos agrícolas − Estoque final de produtos agrícolas

$ 1.314.000,00 = $ 340.000,00 + Custo de produtos agrícolas − $ 320.000,00

Custo de produtos agrícolas = $ 1.294.000,00

19. c.

Custo de produtos agrícolas = Estoque inicial de colheita em andamento + custo de produção − Estoque final de colheita em andamento

$ 1.294.000,00 = $ 270.000,00 + Custo de produção − $ 230.000,00
Custo de produção = $ 1.254.000,00

20. b.

Custo de produção = Insumos + mão de obra direta + gastos indiretos de produção

$ 1.254.000,00 = Insumos + $ 500.000,00 + $ 415.000,00

Insumos = $ 339.000,00

21. a.

22. d.

23. d.

Exercícios

1. Custos Fixos Totais

Especificação	Valor atual	Vida Útil	Depreciação	Custo de Oportunidade 6%	Custo Fixo Parcial	Participação no Custo Fixo
Terra	—	—	—	29.700,00	29.700,00	10,5%
Incra (TR)	1.500,00	1	1.500,00	90,00	1.590,00	0,57%
Benfeitorias	150.500,00	20	7.525,00	451,50	7.976,50	2,84%
Equip. Ferram.	11.570,00	10	1.157,00	69,42	1.226,42	0,44%
Capineira	25.000,00	5	5.000,00	300,00	5.300,00	1,89%
Touros	10.000,00	4	1.500,00	90,00	1.590,00	0,57%
Vacas	2.400.000,00	10	220.000,00	13.200,00	233.200,00	83,11%
Custos Fixos Totais	—	—	—	—	280.582,92	100%

Área referente a exploração leiteira = 165 hectares

Terra $ 15, × 165 ha. × 12 meses = $ 29.700,00

Depreciação:

a. Touro

$$D = \frac{Va - Vr}{T} = \frac{\$\,10.000,00 - \$\,4.000,00}{4} = \$\,1.500,00$$

Valor Residual = $ 2.000,00 × 2 = $ 4.000,00

b. Vacas

$$D = \frac{Va - Vr}{T} = \frac{\$\,2.400.000,00 - \$\,200.000,00}{10} = \$\,220.000,00$$

Valor Residual = $ 2.000,00 × 100 = $ 200.000,00

Custos Variáveis Totais

Especificação	Dispêndio Anual	Participação
Manutenção da Capineira	10.000,00	17,55%
Forragem para ensilagem	15.500,00	27,20%
Alimentos e Medicamentos	2.350,00	4,12%
Luz elétrica	300,00	0,53%
Conservação de Equipamentos	300,00	0,88%
Conservação de Benfeitorias	500,00	0,53%
Transporte	500,00	0,88%
Mão de obra	300,00	0,53%
Administração	24.000,00	42,12%
SUBTOTAL	53.750,00	94,33%
Custos de Oportunidades (6%)	3.225,00	5,67%
CUSTOS VARIÁVEIS TOTAIS	56.975,00	100,00%

Produção

Leite = 1.200 litros × 365 dias = 438.000 litros/ano

$$CFMe = \frac{\$\ 280.582,92}{438.000\ l.} = \$\ 0,64$$

$$CVMe = \frac{\$\ 56.975,00}{438.000\ l.} = \$\ 0,13$$

CTMe = CFMe + CVMe

CTMe = $ 0,77/litro

Lucro = Receita – Custos

Lucro = $ 0,80 – $ 0,77

Lucro = $ 0,03

O lucro total deverá ser acrescido da receita de venda de bezerros, esterco e vacas no total de $ 25.000,00.

2.

DRE	TOTAL/MÊS (MÉDIO)	TOTAL/ANO
(+) RECEITA BRUTA	150.000,00	1.800.000,00
(-) DEDUÇÕES RECEITA BRUTA	3.000,00	36.000,00
FUNRURAL	3.000,00	36.000,00
(=) ROL - RECEITA OPERACIONAL LÍQUIDA	147.000,00	1.764.000,00
(-) CUSTOS DIRETOS VARIÁVEIS	90.495,00	1.085.940,00
INSUMOS	42.695,00	512.340,00
CORRETIVOS	1.900,00	22.800,00
ADUBOS QUÍMICOS	40.000,00	480.000,00
MICRONUTRIENTES	120,00	1.440,00
INSETICIDAS	335,00	4.020,00
FUNGICIDAS	220,00	2.640,00
SACARIA	120,00	1.440,00
OPERAÇÕES DIRETAS VARIÁVEIS	2.800,00	33.600,00
CAPINA MECÂNICA	500,00	6.000,00
CAPINA MANUAL	200,00	2.400,00
ADUBAÇÃO QUÍMICA	200,00	2.400,00
DISTRIBUIÇÃO CORRETIVOS	500,00	6.000,00
CONTROLE FITOSSANITÁRIO	500,00	6.000,00
CONSERVAÇÃO DO SOLO	500,00	6.000,00
COLHEITA	200,00	2.400,00
SECAGEM E ARMAZENAMENTO	200,00	2.400,00
ARRENDAMENTOS	45.000,00	540.000,00
ARRENDAMENTO RURAL	45.000,00	540.000,00
(-) CUSTOS INDIRETOS FIXOS	44.800,00	537.600,00
DESPESAS GERAIS	44.800,00	537.600,00
ADMINISTRAÇÃO	15.000,00	180.000,00
SALÁRIO PROPRIETÁRIO	20.000,00	240.000,00
INCRA (ITR)	9.800,00	117.600,00
(=) EBTIDA	11.705,00	140.460,00
(-) DEPRECIAÇÃO	103.000,00	1.236.000,00
DEPRECIAÇÃO MAQUINAS E EQUIP	60.500,00	726.000,00
DEPRECIAÇÃO BENFEITORIAS	42.500,00	510.000,00
(=) LAIR	-91.295,00	-1.095.540,00

Capítulo 8

Múltipla Escolha

1. d; 2. c; 3. e; 4. c; 5. a; 6. b; 7. d; 8. a; 9. d; 10. a; 11. a; 12. c; 13. d; 14. a; 15. d; 16. d; 17. b; 18. a; 19. d; 20. c; 21. b; 22. b; 24. a.

23. b

Solução:

Os critérios para reconhecimento de um ativo intangível, conforme a NBC TG 04 (R3):

Um ativo intangível deve ser reconhecido apenas se:

(a) for provável que os benefícios econômicos futuros esperados atribuíveis ao ativo serão gerados em favor da entidade; e

(b) o custo do ativo possa ser mensurado com confiabilidade.

O enunciado da questão informa que estima-se com confiabilidade que seu desenvolvimento em modelo estruturado proporcionará benefício econômico futuro da ordem de R$ 20.000.000,00, já trazidos a valor presente. Logo, a alínea "a" do item 21 foi cumprida.

Porém, a questão afirma que os custos relacionados à obtenção dos dados não puderam ser segregados das operações regulares, de forma que fossem identificados. Dessa forma, como não houve como mensurar o custo do ativo com confiabilidade, não se poderá contabilizá-lo como intangível. Portanto, os custos para obtenção dos dados deverá ser tratado como despesa e nenhum ativo intangível deve ser contabilizado.

Quadro de calculo – depreciação

QUADRO DEPRECIAÇÃO	R$ VALOR JUSTO	% DEPRECIAÇÃO	VLR ANO	TOTAL 6 ANOS
IMOBILIZADOS E BENFEITORIAS	2.910.000,00		206.000,00	1.236.000,00
CASA SEDE	460.000,00	5%	23.000,00	138.000,00
CASA DE COLONOS	350.000,00	5%	17.500,00	105.000,00
DEPÓSITO	550.000,00	5%	27.500,00	165.000,00
TERREIROS	340.000,00	5%	17.000,00	102.000,00
TULHA	90.000,00	10%	9.000,00	54.000,00
TRATOR	750.000,00	10%	75.000,00	450.000,00
PULVERIZADOR 300 L	80.000,00	10%	8.000,00	48.000,00
MAQUINA DE BENEFICIAR	200.000,00	10%	20.000,00	120.000,00
DESPOLPADOR	90.000,00	10%	9.000,00	54.000,00

CFT – Custo Fixo Total = 1.773.600,00

CFT – Custo Fixo Total sem Depreciação = 537.600,00

CVT – Custo Variável Total = 1.085.940,00

CFMe – Custo Fixo Médio = 147.800,00

CFMe – Custo Fixo Médio (s/ Depreciação) = 44.800,00

CVMe – Custo Variavel Médio = 90.495,00

CT – Custo Total = 2.859.540,00

CTMe = 238.295,00

Capítulo 9

Múltipla Escolha

1. d; 2. b; 3. b; 4. c; 5. c; 6. d; 7. a; 8. c; 9. b; 10. a; 11. b; 12. c; 13. a; 14. c; 15. c; 16. c; 17. c; 18. d; 19. a; 20. d; 21. c; 22. d; 23. a; 24. c; 25. a; 26. a; 27. b; 28. d; 29. a.

Capítulo 10

Múltipla Escolha

1. c; 2. d; 3. b; 4. c; 5. c; 6. d; 7. a; 8. c; 9. b; 10. a; 11. b; 12. c; 13. a; 14. c; 15. c; 16. c; 17. c; 18. d; 19. a; 20. d; 21. c; 22. d; 23. a; 24. c; 25. a; 26. a; 27. b; 28. d; 29. a.

Capítulo 11

Múltipla Escolha

1. c; 2. b; 3. c; 4. a; 5. b; 6. b; 7. c; 8. a; 9. a; 10. b; 11. c; 12. b; 13. c; 14. b; 15. b; 16. a; 17. b; 18. b; 19. d; 20. c; 21. b; 22. b.

Capítulo 12

Múltipla escolha

1. d.

Capítulo 13

Múltipla escolha

1. c.; 2. e; 3. b; 4. d.

Referências

BRIMSON, James A. *Contabilidade por atividades*: uma abordagem de custeio baseado em atividades. Trad. de Antonio T. G. Carneiro. São Paulo: Atlas, 1996.

CHIANG, H. Y. *Gestão baseada em custeio por atividade*. São Paulo: Atlas, 1995.

COGAN, Samuel. *Activity based costing* (ABC): a poderosa estratégia empresarial. São Paulo: Pioneira, 1994.

CREPALDI, Silvio Aparecido. *Administração rural*: uma abordagem decisorial. Belo Horizonte: UNA, 1995.

_____. A empresa rural: contabilidade e importância. *Revista Brasileira de Contabilidade*. Rio de Janeiro, nº 75, p. 55-61, abr./jun. 1991.

_____. *Administração da empresa rural*. Belo Horizonte: UNA, 1993.

_____. Contabilidade rural: sistema de informações para o produtor rural. *Revista Brasileira de Contabilidade*. Rio de Janeiro, nº 70, p. 4-7, jul./set. 1989.

_____; COELHO, Carlos R. Aspectos contábeis na cultura permanente. *Anais do XIV Congresso Brasileiro de Contabilidade*. Brasília: CFC, 1992.

_____; MASSA, Luiz Fernando Marcelini. Revista crítica de um exemplo de contabilidade rural em abordagem decisorial. *Anais do I Encontro Estadual de Professores de Contabilidade*. Belo Horizonte: CRC/MG, 1989.

FACCI, Nilton; RODRIGUES, Marcelo Soncini; SOUZA, Maria Cristina da Silva. *O sistema ABC e suas influências no estabelecimento do Custeio do Ciclo de Vida*. São Paulo, 2000.

FUNDAÇÃO INSTITUTO DE PESQUISAS CONTÁBEIS, ATUARIAIS E FINANCEIRAS. *Manual de contabilidade das sociedades por ações*: aplicável também às demais sociedades. Coordenador Técnico Eliseu Martins. 3. ed. São Paulo: Atlas, 1990.

HENDRIKSEN, Eldon. *Teoría de la contabilidad*. México: Unión Hispano-Americana, 1974.

HOFFMANN, R.; ENGLER, J. J. C.; SERRANO, O.; THAME, A. C. M.; NEVES, E. M. *Administração da empresa agrícola*. 3. ed. São Paulo: Pioneira, 1981.

KAPLAN, Robert S.; COOPER, Robin. *Custo e desempenho*. Administre seus custos para ser mais competitivo. São Paulo: Futura, 1998.

MARTINS, E. *Contabilidade de custos*. 8. ed. São Paulo: Atlas, 2002.

MATHEWS, Russel. *Contabilidade para economistas*. Madri: Aguilar, 1974.

McCULLERS, L. D.; DANIKER, R. P. Van. *Introdução à contabilidade financeira*. Rio de Janeiro: Interciência, 1978.

MENDES, Jefferson B.; HILDEBRAND, Elisabeth. *Custos como medida de desempenho e instrumento de gestão*. Curitiba: Silviconsult Engenharia, 1997.

NAKAGAWA, Masayuki. *ABC* – Custeio Baseado em Atividades. 2. ed. São Paulo: Atlas, 2001.

NEPOMUCENO, Francisco. *Custos e contabilidade na atividade agropastoril*. São Paulo: IOB, 1986.

PEREIRA, Luciano Evangelista. *Contabilidade setorial*. São Paulo: Unisa Digital. s/d.

RABELO, Gabriel; ROSA, Luciano. *Contabilidade geral e avançada*. Estratégia Concursos. s/d.

VALLE, Francisco. *Manual de contabilidade agrária*: a produção agrária, administração da empresa agrária, a contabilidade agrária. 2. ed. São Paulo: Atlas, 1987.

Pré-impressão, impressão e acabamento

grafica@editorasantuario.com.br
www.graficasantuario.com.br
Aparecida-SP